【新版】

ヨーロッパの中世

Europe
and
the Middle Ages

Tadaaki Kanzaki

神崎忠昭

慶應義塾大学出版会

Contentes

新版 ヨーロッパの中世

イントロダクション

　テレビの歴史番組を制作していた友人に「東洋史で番組をつくるのは
テーマを選べばできるが西洋史では難しい。だから日本史ばかりになる」
と言われたことがある。西洋へのなじみがなく、その歴史をよく知らない
からかもしれない。実際、関ヶ原の戦いに誰が参戦したかを問うと、東西
両軍で20名位の大名を挙げられる人がいる。小早川秀秋はなぜ寝返ったの
か、薩摩勢はどのように死地を切りぬけたか、説明できる人もいよう。一
方、同じ天下分け目の戦いながら、ワーテルローの戦いがどのような戦い
だったか知っている日本人はほとんどいない。

　結局、西洋の歴史を暗記したことはあっても、私たちは親近感をもって
理解していないのだろう。しかし西洋に対する関心が薄いわけではなく、
テレビをつければヨーロッパ紀行番組で溢れている。現地の人でさえ知ら
ないことを、一度も行ったことのない人が知っていたりもする。

　翻って周りを見ると、私たちはヨーロッパが発祥の地である事物や制度
に囲まれている。たとえばみなさんが受講している大学という制度である。
高等教育機関は大昔からインド、ギリシア、中国、イスラームなど世界各
地に存在し、日本でも足利学校は「大学」と見なせるかもしれない。しか
し厳密に考えれば今の大学はヨーロッパで生まれた「大学 universitas」の
子孫である。西洋における大学は11世紀後半に創設されたボローニャ大学
やオックスフォード大学、12世紀のパリ大学をその最初とする。これらの
地にはそれ以前からいくつもの学校が存在したが、そこに集う教師あるい
は学生が組合をつくって教皇庁や王権などから特許状を受けて学位を授け
るようになり、高度な学問に専心するとともに大学の自治と学問の自由を
主張した。これが大学の起源である。確かに現在の大学は中世のように神
学やローマ法・教会法を中心とはせず、19世紀以降の近代国家形成によっ

て生まれた新しい大学モデルに大きく影響されているが、それでも中世からの骨格は変わらない。大学はヨーロッパ、それも中世に生まれたのである。

　大学という一制度にとどまらず、私たちの周りには、ごく日常的と思えるようなものでも西欧中世の所産がたくさん存在する。たとえば複式簿記で、これはフランチェスコ会士ルカ・パチョーリ（1445頃-1517頃）が集大成したものといわれる。また適正金利という発想にもフランチェスコ会士が大きく寄与している。信仰のために財産を自発的に放棄するフランチェスコ会士（第11章2参照）が収入や資産を能率的に管理する方法をまとめ金利を正当化するとは、奇妙で矛盾のようにも見えるが、商業活動に冷淡なキリスト教と、利益なくしては生きていけない商人社会のジレンマの中で、財産を放棄できないにしても、それでもキリスト教による救いを願う人々に多く接するフランチェスコ会士の使命感がもたらしたものだろう。彼らは贅沢はせず無駄にしないという信条をつくりあげた。

　このように西洋の歴史は私たちの日常に深い影響を残している。そして中世はその原型を形成した時期であり、その苗床の時代であった。本書は中世を長く捉えて、約1,000年にわたる時代のさまざまな面を概説しようとするものである。

1　時代区分

　時代区分は歴史書の冒頭においてしばしば論じられるが、読み飛ばされることも多い。ときには何でこんなことが論じられる必要があるのかとさえいわれてしまう（筆者自身も若い頃はそう感じた）。しかし時代区分とはどのような基準で歴史を捉えるかという重要な問題で、これなくして歴史叙述はありえない。幾つかの例を挙げてみよう。キリスト教徒は聖書に基づいて歴史を理解し、神による世界の創造から最後の審判までの直線的な発展を考える。たとえばアウグスティヌス（354-430）は現世の事件は

ルカ・パチョーリ『スムマ（算術、幾何、比および比例大全）』〔初版〕
（1494年、慶應義塾図書館蔵）
パチョーリは当時のヴェネツィア商人が行っていた簿記を体系化し、その後の複式簿記法に大きな影響を与えた。

すべて神の計画に従うとし、それに沿った時代区分を唱えた。またカール・マルクス（1818-83）は歴史を動かす力は生産様式だと考え、それが政治や社会さらには文化や精神も律するとし、原始共産制社会、古代奴隷制社会、封建社会、資本主義社会、共産主義社会という発展段階を説いた。歴史学は時代区分を学ぶのに始まり、自らの時代区分を考えるに終わるといっても過言ではない。歴史観には、その人の「ものの見方」そのものが反映されているのだ。

中世という時代区分は歴史を3分割して捉えるキリスト教的歴史観（たとえばフィオーレのヨアキム（1135頃-1202））に由来し、世俗化したかたちでフランチェスコ・ペトラルカ（1304-74）、レオナルド・ブルーニ（1369-1444）、フラヴィオ・ビオンド（1392-1463）などのルネサンスの人

文主義的歴史家たちに受け入れられたものである。特にブルーニは「古代」「中世」「近代」という区分を用いた最初の歴史家とされ、キリスト教的歴史観とは距離を置いた。

　この時代区分は宗教改革者を経てドイツの歴史家クリストフ・ケラー（1638-1707）に受け継がれ、彼が教科書において提示した「古代」「中世」「近代」は標準的な時代区分としてその後も受け入れられた。古代の終わりを476年のロムルス・アウグストゥルス帝の退位、中世の終わりを1453年のコンスタンティノープル陥落とするのは彼の影響である。しかしこの時代区分はヨーロッパ史ではなく、ローマ史の文脈でなされている。コンスタンティノープルの陥落は確かに大きな心理的影響を与えたが、当時東ローマ皇帝コンスタンティノス11世（在位1449-53）はヨーロッパ諸国に必死に援軍を求めたものの、一衣帯水の位置にあるローマ教皇を除いて反応は鈍かったとされる。やはり別世界だったのだろう。にもかかわらずローマ帝国の滅亡をもって自らの時代区分としたのは、自分たちをギリシア・ローマの正統な継承者とする近代ヨーロッパ人の認識に基づく一つのイデオロギーの反映である。

　本書でも中世という時代区分を採用する。中世の始まりとしてゴート人によるローマ略奪（410）、ロムルス・アウグストゥルス帝の退位（476）、時代を下ってピピン3世の王位簒奪（751）やカール大帝の戴冠（800）なども候補たりうるだろうが、本書はメロヴィング朝のフランク王クローヴィス1世の治世（481-511）を採用したい。ローマ史の文脈ではなくヨーロッパ史という視座に立てば、彼の治世においてヨーロッパの原型が芽生えたと考えられ、画期と評価するからである。

　中世の終わりは15世紀後半から16世紀前半にかけていくつかの変化が重なって生じたと考える。活版印刷（1445頃）による知の伝達の変化、コロンブスの新大陸到達（1492）などによる世界の拡大、宗教改革（1517）による宗教的分裂、またカール5世退位（1556）に見られるような帝国型統治に代わって国民型国家が優位に立ったことなどの変化である。どれもが

重大だが、さまざまな要素が融け合って相乗効果が生じて次代の飛躍を用意した。もちろん中世の「しっぽ」は長く続き、三十年戦争（1618-48）を経てフランス革命（1789）によってようやく終わりを告げることになるだろう。時代区分を考えることは自分の歴史観を見つめなおすことである。皆さんも機会があったら試してください。

2　自然条件

ヨーロッパは大陸の一つに数えられることもあるが、ウラル山脈を境界とする最大領域で捉えたとしても約1,000万km²、地球の全地表面積の7％を占めるに過ぎない。ユーラシア大陸の一部分とするのが妥当だろう。大陸とされるのは文化など他の諸要素を評価したゆえにほかならず、ヨーロッ

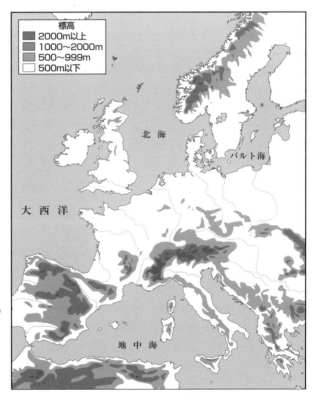

標高
2000m以上
1000〜2000m
500〜999m
500m以下

北海
バルト海
大西洋
地中海

ヨーロッパの地形

パ中心主義の産物とされることもある。

　地勢的には平坦で、アルプス山脈とピレネー山脈（これらの山脈はほとんどが2,000m級で、最高峰のモンブランでさえも5,000mに達しない）などを除けば、ほとんどが海抜500m以下の平坦な土地で形成されている。そのために移動が容易で、アフリカを出て中東を経て数十万年前にヨーロッパに到達したネアンデルタール人をはじめとして繰り返し民族の侵入にさらされてきた。人間の移動とともに広がる石器などの分布を考えると、今から1万年くらい前に複数のルートによって文明がもたらされたようである。さらに中部ヨーロッパにおけるケルト人の広がり、紀元前1000年代のアカイア人やドーリア人によるギリシアへの侵入、また中央アジアを発祥とするインド・ヨーロッパ語族の諸民族の移動などが生じ、さらに300年から700年代にかけてのゲルマン民族移動が続き、ヨーロッパ文明の形成に大きな影響を与えた。

　ヨーロッパは南北を海に挟まれ、それも移動を助けている。南には地中海、エーゲ海、黒海などからなる広域圏が存在し、紀元前8世紀頃成立した『オデュッセイア』に描かれるアルゴナウタエのように古くからギリシア人は黒海へと交易に向かい、地中海のマルセイユやナポリなどに植民した。また現在のレバノンを本拠とするフェニキア人は紀元前1000年頃には南スペインの植民都市カディス、さらにカルタゴなどを建設した。北にはバルト海、北海、ノルウェー海、イギリス海峡などからなる広域圏が存在し、ここにも多くの島が点在し移動を助けている。これらの海域には中世においても北ではハンザ同盟、南ではヴェネツィアやジェノヴァなどに率いられる経済圏が成立し、その後の発展に大きな影響を与えた。また標高差が小さいことから河川は容易に遡上することができ、ライン川やドナウ川をはじめとする河川に沿って都市が多く成立した。ノルマン人の活動（第4章4参照）は、これらの条件の上に成り立っている。

　土壌については地中海沿岸では比較的やせた赤土が、北フランスからライン地方にかけては重い黒土が分布する。そして中世ヨーロッパで忘れて

はいけないのは森で、植生や農業に深い影響を与え、ひいては社会全体を規定している（第5章5参照）。

　またヨーロッパの多くは北緯40度より北に位置する。東京は北緯35度に位置するが、同じ緯度の地をヨーロッパに求めるとクレタ島あるいは地中海洋上となり、北緯48度のパリや北緯51度のロンドンは樺太にあたる。このため夏や冬の昼夜の長さの差は大きく、北極圏に属するスカンジナヴィア半島北部では夏に白夜が見られる。にもかかわらずヨーロッパ西部で快適に生活できるのは南から流れる北大西洋海流などのおかげであり、気候は比較的温暖である。ロンドンでは1月の平均気温が5.8度、7月の平均気温が18.7度である。一方、大陸の東部は大陸性気候を示して寒冷で、ウィーンでは1月の平均気温が0.4度、7月の平均気温も20.9度にしかならない。東京の1月の平均気温が5.2度、7月の平均気温が26.4度に達するのと比べると違いははっきりするだろう。また地中海沿岸部は地中海性気候を示し、夏は乾燥し冬に降雨がみられるが、これらの気候的条件も歴史に大きな影響を与えている。

　さらに近年では中世に気候変動があったことがわかってきた。もともと年代記や日記などの古文書には天災や飢饉などが多く記録されており、気候変動が推測されていたが、ある程度の確度をもって立証されるのは20世紀後半からである。最近の技術の進展、またこの問題への関心の高まりから研究は緻密で多様になってきており、たとえばブドウ栽培の北限の移動、樹木の年輪、グリーンランドの氷床コアに含まれる酸素同位体比による研究などが行われている。これらの研究にはなお議論の余地はあるが、9世紀から13世紀にかけてヨーロッパでは気温が上昇し、耕地が北方あるいは高地に広がり、さらに大規模な森林伐採や湖沼干拓が行われたと考えられている。これにともない経済は拡大し人口は増加したが、14世紀になると寒冷期が訪れて低温や日照不足により繰り返し凶作に襲われ、1315年の大飢饉は深刻な記憶として刻まれることになる。これも経済や人口動態、さらに心性に影響を与えた。

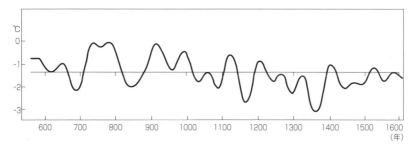

グリーンランドの氷柱からみた気候の変化

酸素同位体（^{18}O）は寒冷になると蒸発しにくくなるため、^{16}Oとの比を研究することで過去の気温を知ることができる。上図はグリーンランド中央部のクリート基地で採取された氷柱コアに含まれる^{18}Oを、19世紀後半以降の観測結果が残されているグリーンランドのゴットホープ（現ヌーク市）の気温変動と対比することによって得られた。
注）縦軸はゴットホープの気温との対比。

　河川の沖積によって地形が変化することもある。古代から中世にかけて港町として栄えたピサは、現在では海岸線より約10kmほど離れているが、これはアルノ川が大量の土砂をもたらし市街や港を埋めたためで、ピサの斜塔が傾いているのも沖積による軟弱な地盤による。西地中海の通商権をめぐるジェノヴァとの争いだけでなくアルノ川がこの都市の繁栄にとどめを刺したのである。

　中世が現在と同じ自然条件に恵まれていたと考えず、さまざまな要因を念頭において歴史は捉えられなければならない。

第1章

大いなるローマ

　ヨーロッパを旅するとどうしてもローマを意識せざるを得ない。その遺跡はニームの水道橋やアッピア街道、ハドリアヌスの長城など、2000年の歳月を超えてヨーロッパ中に遍在している。現代人が見てもその優れた技術には舌を巻くが、中世人にとってはどれほどの驚きであったろうか。たとえばコロッセオは長径188m、高さ48mの威容を誇り、この高さは通常の日本のビルならば12階建てにはなろう。中世初期には全体を覆っていた白大理石や無数の彫像もまだ剝ぎとられていなかったゆえ、その壮麗さは一層であったろう。中世の人々はローマの偉大さをさまざまな場所で仰ぎ見た。

　だがローマの遺産は、そのような目に見えるものだけではない。『ローマ帝国衰亡史』を著したエドワード・ギボン（1737-94）は五賢帝の治世を「人類史上もっとも幸福な時代」と評したが、その統治は後世に強い影響を与えた。本章では中世に深い刻印を残したローマ帝国の発展の過程と繁栄、そして後期に変化した統治の特徴を挙げる。またこの時代に生まれ中世に絶大な影響を与えたキリスト教、そして修道制の始まりについても説明することとする。

1 ローマの遺産 ────────────

　ローマは都市国家ローマを出発点とし、その支配領域を徐々に拡大していき紀元前220年頃にはほぼ現在のイタリアにあたる地域を支配するに至った。ローマ軍は重装歩兵を主力とし、標準化された投槍や長槍を用いて盾や鎧で身を固め、ケルト人やゲルマン人などに対しても身体的には劣るが装備的には優位にあった。さらに投擲機などの攻城具を備え、短期間にカストルムといわれる軍事拠点を建設するなど高い軍事技術を有した。その能力は帝国を縦横に走る街道建設にも発揮され、危機に即応して軍を移動させることを可能とした。またローマ人は食糧や兵装などの兵站維持にも優れていた。やはりローマの成功において軍事力は何よりも重要であった。

　版図拡大の過程で多くの都市がローマの支配下に入ったが、すべてがその直接支配に服したわけではなく分割統治が用いられ、独立を保ったまま実質的にローマ支配に組み込まれ市民権を認められなかった同盟市、ローマに併合され限定的な市民権を与えられた自治市、新たに植民者が派遣されローマ市民と同等の市民権を許された植民市などがあった。これらの都市は兵力供出を義務づけられたが、ある程度の自治を許された。ローマは、ギリシアに比べて市民権取得のハードルが低かったといわれる。

　さらにローマは前146年に西ではカルタゴを滅ぼし、東ではギリシアのアカイア同盟に勝利して西地中海の覇者となった。征服地の拡大は一部の有力者の力を増し、一方で戦費自弁での長期の従軍に疲れた自営農民の没落をまねいた。グラックス兄弟の改革（前133-前121）の挫折は「内乱の1世紀」の引き金となった。もともとローマ軍は自営農民からなっていたが兵力不足に対処するため軍装を国家負担で支給するようになり、この過程でローマ軍は有力者の私兵軍と化して職業的兵士となり、さらに軍事力を膨れ上がらせた。

　ユリウス・カエサル（前100-前44）の覇業と暗殺を受けてオクタウィア

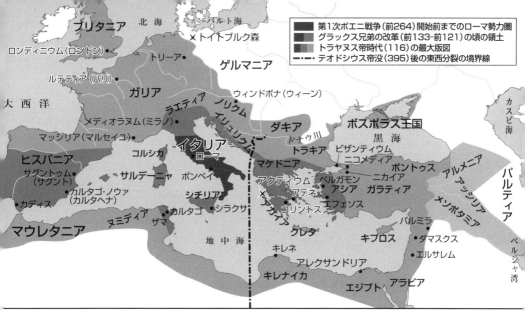

ローマ帝国の領土拡大の過程（第1次ポエニ戦争からトラヤヌス帝治下の最大版図まで）

ヌス（前63–後13）は前30年にライバルであるアントニウス（前82–前30）をアクティウムの海戦で破り、エジプトのプトレマイオス朝を滅ぼして地中海全域の支配者となった。オクタウィアヌスはアウグストゥスという尊称を奉られ、元首政を開始し、いわゆるローマ帝国を樹立した。

　その後イタリア半島に居住する全自由人に完全な市民権が与えられ、さらに212年の「アントニヌス勅令」によって帝国の全自由人にローマ市民権が付与された。これによってローマはイタリア半島を支配する都市国家連合を脱して、多くの民族や宗教を内包しつつも大領域を統治する国家へと脱皮を遂げたのである。

　ローマ支配は確かに破壊をもたらしもしたが、新たに征服した地域において土着有力者を取り込んで新たな支配層をつくり上げていった。イタリアからの植民者や除隊した古参兵が土地を与えられて土着化したことも影響していよう。また権力闘争や少子化（第2章2参照）によって断絶した成員を補充するために多くの新人がローマ市以外からも元老院議員に補任され、1世紀前半にはコンスル（執政官）職に就くスペインや南仏出身者も多くなった。皇帝たちの出自がこの傾向を示していよう。アウグストゥ

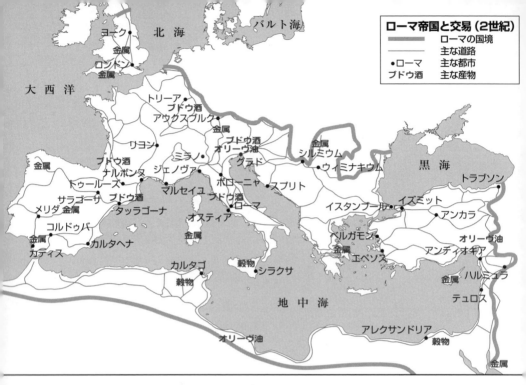

ローマ帝国の交易ネットワーク

スに始まるユリウス・クラウディウス家はローマの名門貴族だが、その断絶後の内乱を勝ち抜いて皇帝となったウェスパシアヌス帝（在位69-79）は自治市であったリエティ出身であり、さらに五賢帝の時代になるとネルウァ帝（在位96-98）はウンブリア地方出身だが、続くトラヤヌス帝（在位98-117）はスペイン出身で、イタリア出身ではない最初の皇帝である。続くハドリアヌス帝（在位117-138）もスペイン系で、アントニヌス・ピウス帝（在位138-161）とマルクス・アウレリウス帝（在位161-180）はイタリアで生まれたがスペイン人脈に連なる。帝国は狭義のローマ市民の支配ではなくなって民族的な出自の重要性はさらに低下し、五賢帝後の混乱を収拾したセプティミウス・セウェルス帝（在位193-211）は北アフリカのカルタゴ系という。拡大するにつれ帝国は変質し、功績や財産を基準にした比較的開かれた支配層が形成されていった。

　さらに元首政期においては税目は少なく税率も低く、人頭税、地税など

の直接税、関税や奴隷解放税などがあるにすぎず、税率は6～8％ほどであった。ローマの政体は軍事を優先して民政は請負に委ねられることが多く、役人数はきわめて少なく、元首政期においては執政官以下数百人にとどまる「小さい政府」であった。貧富の差は著しかったが、繁栄を謳歌する有力層にとってはきわめてメリットの多い体制であったといえよう。

南フランス・トゥーロン沖で発見された1世紀頃の難破船。多くのアンフォラを積んでいた。

　「ローマの平和」と呼ばれた1～2世紀の絶頂期においては経済も順調で、高品質で安価な大量生産品が溢れていた。ローマ市内の丘モンテ・テスタッチョは「陶器の山」という意味だが、スペイン南部から輸入されたオリーブ油の容器であるアンフォラ約5,300万個が投棄されてできたものと考えられている。規模はさまざまだが同じような工房が帝国内の多くの地に存在し、北イタリアの農民はナポリ近郊でつくられた食器を使い、北イタリア製のアンフォラに液体を貯蔵し、ローマ周辺などで焼かれた瓦で葺いた屋根の下で眠った。さまざまな製品の流通によって帝国は結びついていたのである。また割合については議論があるが、多くの人は読み書きができた。ポンペイで発見された多くの落書きがその証拠である。ローマ帝国崩壊後千年近くヨーロッパの人々が味わうことのない生活と知的水準である。

　皇帝による平和の下で、新たな「ローマ市民」はローマ的生活を享受した。ローマ市では前1世紀頃から大理石の巨大建造物が林立し、似たような都市が帝国内の他の地域にも建設された。市壁で囲まれた市域の中心に

は神殿と広場があり、劇場や円形競技場、公共浴場や水道なども整備された。さらに市街は有力者が建設した美麗な記念物に溢れていた。このような都市が北はイングランド、南は北アフリカにまで及んでいる。ローマ市民はこのような都市に暮らし、ラテン語や弁論術を学び、首都の最新流行の髪形や服装を模倣していた。ローマ人であるとは近代的なナショナリズムの文脈においてよりもむしろ「偉大な文明の継承者」、極言すれば「栄光ある文明人」という意味で理解されなければならないであろう。

2 キリスト教の成立

　ヨーロッパの歴史に絶大な影響を与えたものがやはりローマ時代に生まれている。キリスト教である。キリストは12月25日に生まれたといわれるが、そのとき「羊飼いたちが野宿をしながら、夜通し羊の群れの番をして」おり、彼らは天使のお告げを受け「飼い葉桶に寝かせてある乳飲み子を探し当てた」（ルカ福音書2章）とされる。だがこれは少し不思議である。12月に羊飼いが放牧のため野宿するだろうか。イエスの誕生日は実際には福音書に記されておらず、キリスト教徒がイエス・キリストが生まれた日として12月25日を祝うようになったのは4世紀頃からだという。それまでは生誕を祝わず、あるいは祝うにしても別の日（たとえば3月や5月）に行っていたようである。12月25日を祝うようになったのには太陽神信仰などさまざまな理由が考えられよう。

　地中海の東端で生まれたキリスト教は、イエス自身もそうであったユダヤ人を中心に最初は広まり、次いでギリシア語を話す人々に浸透していった。その浸透はゆっくりしたものだったが、3世紀にローマ帝国の屋台骨が揺らぐにつれて拡大のスピードを上げ、キリスト教は言葉や民族の壁を越えてラテン語を話す人々にも広がった。人々が地域に根ざした伝統的枠組みを離れて生きるようになり、あるいは不安を抱えて個人としての救い

を求めるようになったからである。

　この時代の地中海世界ではオリンポス12神信仰に代表されるような伝統的宗教は形骸化しつつあった。またアウグストゥス帝以降、東方起源の皇帝崇拝が行われたが、これは皇帝の権威を高める統治手段だった。古くからの太陽神信仰に新たな方向性を与えたヘリオガバルス帝（在位218-222）やアウレリアヌス帝（在位270-275）などの皇帝の試みもあったが、これも「一帝国一宗教」を強いて求心力の回復を目指したものであった。

　人々はさまざまな宗教を実践した。教養人層にはストア派、エピクロス派、新プラトン派などの「哲学」に入る者も多かったが、これらの哲学は観念にとどまるものではなく、知によって世界を説明し「よく生きる」指針を与えてくれる実践であり、一種の宗教であった。一方でまた、占星術、夢判断、神託など不確定な未来を明らかにしてくれる「お告げ」も人気があった。

　そのような雰囲気のなかで東方系の密儀宗教が広がった。これらの宗教は共同体ではなく個人を対象とし、秘密の儀式に与ることによって救済を目指すもので、たとえばエジプトのイシス神とオシリス神信仰、小アジアのキュベレ女神やアルテミス女神などの大地母神信仰、ディオニソス教やミトラス神信仰などがある。これらには共通して死と復活のモチーフがあり、帰依した者に救済を保障した。イエスの受難と復活を信仰の核とするキリスト教も人々の同じような必要と欲求に迎えられたのである。

　しかしキリスト教が後に見られるような教義体系をはじめから備えていたわけではない。ユダヤ教的傾向が強い共同体、逆に非ユダヤ人が多い共同体、あるいはグノーシス的傾向が強い共同体など多様なかたちが存在した。ユダヤ教的共同体では律法と割礼が守られ、グノーシス的共同体は霊肉二元論の影響によって独自の実践と世界観を有した。その様子は1世紀から2世紀にかけて成立した新約聖書や外典などが示している。たとえばマルコ福音書は65〜75年頃シリアの非ユダヤ人中心の共同体で成立し、マタイ福音書は85年頃までにパレスチナのユダヤ人中心の共同体で成立した

とされ、ニュアンスの違いがみてとれる。

　次第にユダヤ教とキリスト教は互いに距離を置くようになり、ユダヤ教は第1次ユダヤ戦争（66-74）および第2次ユダヤ戦争（132-135）を経て新たなアイデンティティを模索するようになり、キリスト教には多くの非ユダヤ人が加わり、違いが際立つようになった。新たなキリスト教徒の一例としては護教家と呼ばれる人々が挙げられよう。その一人であるユスティノス（165頃没）はストア派、ピタゴラス派、新プラトン派などを遍歴した後にキリスト教に入信し、「真理としての哲学とは神についての知にほかならず、これは原初において神によって啓示され、旧約の預言者たちにより宣せられた」とし、ギリシア哲学に対するキリスト教の優越性を主張したが、この考えはギリシア哲学を前提としている。彼はアントニヌス・ピウス帝と元老院に宛てて『弁明』を著しているが、永く繁栄をもたらした帝国への信頼を抱いていたため、誤解を解けば自分たちの信仰を認めてもらえるという信念によってであろうか。だが彼はマルクス・アウレリウス帝治下に殉教したという。

　ユダヤ的背景から離れて「イエスとはどのような存在か」と考えることはさまざまな異説を提起させた。特に問題であったのは、イエスは神であるか、あるいはそうではないかという問題であった。イエスを神とするならば父なる神に加えて、他の神を認めて、一神教という大前提を壊すことになってしまう。一方イエスを神ではないとすることは、キリストが人間のために受難したことの意義を低めることになってしまうからである。このような議論の延長線上にアリウス論争が生じる。アレクサンドリアの司祭アリウス（250頃-336）がユダヤ教以来の厳格な一神教に基づき「子なるイエス・キリストが父なる神と同格ではありえない」と説いたのに対し、アレクサンドリア司教アレクサンドロス（326頃没）やアタナシウス（298頃-373）は「父なる神と子なるキリストは同格である」と主張した。この対立は帝国東部のキリスト教教会を揺るがしたが、また他にもさまざまな教義や慣習の違いがキリスト教会内に生じていた。

　不安の時代にあってキリスト教の共同体は来世の安心を保障し、さらに現世においても強い団結力を誇り信者間の相互扶助を提供した。これはキリスト教の拡大に大いに力があった。さまざまな試算があるが、帝国におけるキリスト教人口は 4 世紀初頭には10％前後に達したといわれる。

3　後期ローマ帝国

　200年 以 上 にも及ぶ繁栄を築いたローマ帝国にも危機が訪れた。それまでどうにか抑え込んでいた帝国の全 防 衛 線 が 245年から270年にかけて破

シャープール 1 世に腕をねじ上げられるウァレリアヌス帝（中央奥）
（ナクシュ・イ・ルスタムの磨崖像）

綻した。北部国境ではゲルマン人がライン川・ドナウ川沿い国境に圧力を増し、3 世紀中頃からはゴート人が侵入を始めた。東部国境においてもパルティアに代わって224年に建国したサーサーン朝が攻勢を強めた。皇帝たちは反撃に努めたが、251年にはデキウス帝（在位249-251）がゴート人に敗れ、260年にはウァレリアヌス帝（在位253-260）がサーサーン朝のシャープール 1 世に捕虜とされる屈辱を味わった。

　ローマ軍の性格が大きく変わったことも帝国の危機に影響した。内乱期には60軍団にものぼる軍隊がイタリア半島から帝国全体に派遣されていたが、アウグストゥスによる平和確立により兵力は半減させられ、兵士の多

肩を抱き合う正帝と副帝たち。トーガではなく戦闘服をまとっている（ヴェネツィア、サン・マルコ教会）

くは退役し土地を与えられて帝国各地に土着化した。さらにイタリア半島だけではもはや兵力を賄うことはできず、2世紀前半には軍団兵の現地徴募が始まり、辺境地帯では蛮族出身の兵士が多数を占めるようになった。彼らは地域に密着し自らの利益を優先した。セウェルス朝（193-235）が断絶すると、各軍団はそれぞれの利益を求めて自分たちに都合のよい人物を祭り上げ、軍人皇帝時代（235-284）に突入した。

　古き良き時代は終わり、帝国の再編が急務となった。危機にあたって帝国はまずダキアなどを放棄して戦線を縮小して防衛を固め、騎兵を重用するようになった。すでにゲルマン人が軍の主力を形成するようになっていたが、のちに皇帝となった叩き上げの軍人にはゲルマン民族、特にバルカン半島出身が多かったことはよく知られている。軍人皇帝時代の混乱を収拾したアウレリアヌス帝はパンノニアのシルミウム出身、ディオクレティアヌス帝（在位284-305）はイリュリクム出身、彼の右腕マクシミアヌス帝（在位286-305）もシルミウム出身、ガレリウス帝（在位305-311）はトラキアの牧童出身だったという。アウグストゥスが帝位を確かにしたのがアントニウスを破ることによって並ぶ者なき軍事的覇権を確立できたためであったように、圧倒的な力を有するならば出自は問われなかった。このような帝国軍のゲルマン化は衣装にも表れ、伝統的なトーガに代わってゲルマン的な戦闘服やズボンが皇帝の正装として用いられるようになった。

　抜本的対策を打ち出したのがディオクレティアヌス帝である。彼は防衛を強化するため兵力増強や武装向上に努め、たとえば東部や北部の国境に

は防衛のための城塞を鎖のように連ねて建設した。機動性を高めるととも
に現場指揮官への兵力集中を防ぐためにも属州を細分化して100程度に増
やし、同時に上位区分として12の管区を設けた。また文官と武官を分離し
て信頼できる者に委ねた。皇帝はもはやローマではなく、前線近くのニコ
メディアやトリーアなどに都を構えて陣頭指揮をするようになった。この
改革を実効的にするために、さらに彼は帝国全土を 4 分割し、それぞれを
東西の正帝と副帝計 4 名が分担する四分統治制（tetrarchia）を創設した。
この制度は世襲を禁じ、正帝の主導で能力ある者を副帝に選び、その副帝
が次の正帝に昇格して権力継承の混乱を最小限にすることも狙っていた。
また軍備増強の費用を賄うために税制改革がなされ、検地が行われて新た
に地租や人租が課せられた。これは徴税のための役人を増やすことにもつ
ながり、さらなる増収を目指さなくてはならず、貨幣改鋳や価格統制が行
われ、税収確保のため社会の固定化が進んだ。この体制をドミナトゥス政
と呼ぶ。

　ディオクレティアヌス帝は帝国再編に目途をつけると、303年キリスト
教迫害に転じた。ローマ帝国による最後のキリスト教迫害である。キリス
ト教徒が増加するなかで、組織的な迫害は国家統合の危機を感じたデキウ
ス帝によってすでに始められており、彼は先祖伝来の信仰へ回帰すべくす
べての市民に対し帝国の神々に犠牲を捧げるよう命じたが、彼がゴート人
との戦いで敗死したため短期に終わった。ついでウァレリアヌス帝がキリ
スト教指導層の根絶を目指して、257年司教、司祭、助祭に対して神々に
犠牲を捧げるよう求めたが、彼がペルシアの捕虜となったためこれも短命
に終わっていた。ディオクレティアヌス帝の措置は先行する皇帝たちの迫
害をなぞり厳罰化したものであったが、それ以前のものより実効性があっ
たとされる。

　ディオクレティアヌス帝は305年に退位したが、彼の後継者たちのあい
だで際立って異なっていたのは対キリスト教政策であった。ガレリウス帝
はキリスト教を迫害したが効果なく、311年 4 月キリスト教を認めた。だ

コンスタンティヌス帝のコイン（317年頃トリーアで打刻）
右の像の頭部には太陽神を象徴する光線が冠のように見える。

が彼の甥マクシミヌス・ダイア帝が寛容を拒否するなど状況は錯綜していた。最終的には312年10月 親キリスト教のコンスタンティヌス１世（在位306-337）がローマ近郊ミルウィウス橋の戦いで反キリスト教のマクセンティウス帝を破って大勢は決した。翌年２月コンスタンティヌス帝とやはり親キリスト教のリキニウス帝（在位308-324）がミラノで会見してキリスト教徒への財産返還と権利回復を認めた。これがいわゆる「ミラノ勅令」であり、ここにキリスト教は公認された。

　コンスタンティヌス帝の信仰についてはさまざまな意見がある。彼の回心に戦勝感謝の側面があったことは確かで、マクセンティウス帝を破る前に彼は光り輝く十字架（キリストを意味する $\overset{\text{キーロー}}{\text{XP}}$ という説もある）あるいは「汝これにて勝て」という文字が空に現れるのを見たともいう。キリスト教徒を迫害したデキウス帝とウァレリアヌス帝が敗死や虜囚の辱めを受けたことも彼は意識していただろう。また彼にはキリスト教の神を不敗の太陽神と同一視する傾向もあった。これは330年の新都コンスタンティノープル竣工式典において彼が太陽神とその頭上の十字架を共存させていたことや、彼が鋳造させた貨幣（上図右）などに表れていよう。

　だが、ここで考慮に入れなければならないのは４世紀初頭にはキリスト教教義や制度がまだ確立しておらず、さまざまな理解が併存していたことである。本章２で説明したようにキリスト教理解は多様であり、三位一体論やキリスト論が現在のようなかたちで確立するのは451年のカルケドン公会議以降である。コンスタンティヌスは死の直前になって洗礼を受けたと伝えられるが、洗礼を遅らせるのも当時よく見られたことで、洗礼後の

罪の悔い改めの制度がなかったため洗礼志願者にとどまって死の直前に洗礼を受けるのは普通であった。

　そしてコンスタンティヌスはアウグストゥス以降定着していた皇帝が最高神官を兼任して神々に責任を負うというローマの伝統に則って、キリスト教に深く関わっていくことになる。皇帝は王権神授説的な君主であり、「13番目の使徒」「亜使徒」として12使徒に準じる聖なる存在となったのである。

　324年コンスタンティヌス帝は反キリスト教に転じたリキニウス帝を破り帝国を統一した。325年の第1ニカイア公会議は、キリスト教の勝利の祝典の面もあった。コンスタンティヌスは1,800名の司教を招集し、主に東方から318名あるいは250名が参加したという。ここではさまざまな問題が論じられ皇帝の裁可を仰いだ。司教たちは多くの問題を抱えていたが、彼らには決定的な強制力がなかった。たとえば迫害はキリスト教会内部に深刻な亀裂をもたらして、北アフリカでは迫害にあっても異教への犠牲を拒否した証聖者（confessor）と呼ばれる人々もいたが、他の多くの人々は何らかのかたちで「転んでいた」。実際に異教の神々に犠牲を捧げる者、祭壇の前で香をたく者、金銭でもって犠牲の証明書を買う者などの棄教者が続出したのである。迫害が止むと、証聖者の一部にはそのような者たちの教会への復帰受入を拒む者が出て、司教の二重選出も行われた。さらにローマ・アレクサンドリア・アンティオキアなどの各教会の地位、復活祭の日付、そしてアリウス派の問題などが山積していた。キリスト教徒たちも皇帝の助けを必要とし、その権威を認めたのである。

　一方でキリスト教は公認されただけでなく帝国からさまざまな援助を受けるようになり、聖職者は諸負担を免除され、ローマのサン・ピエトロ大聖堂、エルサレムの聖墳墓教会、コンスタンティノープルの聖使徒教会などの建設には莫大な公費が投入された。司教は迫害を受ける立場から一転して皇帝に伺候するようになり、343年には司教は任地にいなければならず宮廷にいてはいけないと決議されているほどであった。

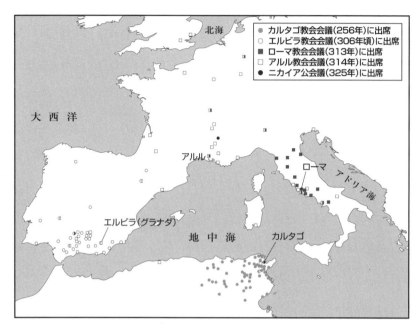

3-4世紀における教会の所在地

教会会議出席者名簿から得られたデータをもとに作成されている。キリスト教の浸透を示しており、教会は東部に多いが西部には比較的少なく分布も偏っていたことが分かる。また西部では包括的な会議が行われず帝国が断片化していたことも窺える。東部の諸教会はニカイア公会議にのみ参加し、ニカイア公会議に出席した西部の代表はコルドバ司教など数名にすぎなかった。

　皇帝は問題を解決し恩恵をもたらしたが、新たな問題を招いた。教会は皇帝の政策に振り回されることになる。コンスタンティヌス帝没後、跡を継いだ3人の息子はアタナシウス派とアリウス派に分かれて骨肉の争いを繰り広げ、甥の「背教者」ユリアヌス帝（在位361-363）は異教復興を目指した。混乱を収拾した皇帝テオドシウス1世（在位379-395）は381年第1コンスタンティノープル公会議においてアリウス派を排除した。389年にはアレクサンドリアのセラピス神殿が破壊され、391年には異教神殿での犠牲が禁止され、古代オリンピック競技は393年を最後に開かれなくなった。キリスト教は国教となったのである。

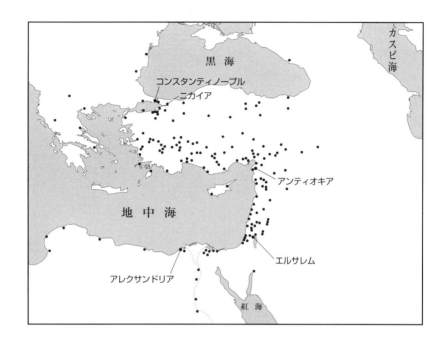

　この間に急速なキリスト教化が見られた。ディオクレティアヌス帝以降、権力の最上層には宮廷社会、すなわち廷臣たちの地位や権力が皇帝の恩恵と命令に依拠する社会が生まれており、権力者であり続けるために皇帝の意を迎えてキリスト教の洗礼を受ける者が増えた。帝権から遠く異教の伝統の強いローマでは382年にも勝利の女神ニケの祭壇再設置が元老院議員によって皇帝に請願されているが、皇帝の膝下である東方ではすでに335年頃に元老院議員が密儀宗教を断罪している。

　帝国の一体性を守ろうとする皇帝の宗教政策はなおも続く。5世紀頃からエジプトなどでキリスト単性論が信奉されたが、これは受肉したイエス・キリストは単一の本性しか有さないという立場で、キリストは神性と人性という二つの本性を有するという正統派と対立する。この対立を調停すべくゼノン帝（在位474-491）は「統一令」を発し、ユスティニアヌス1世（在位527-565）も単性論派との和解を目指したが、ともに成功しな

かった。その後も7世紀には本性の問題を避けての教義統一を企てて、キリストには一つの行動様式しかないとする単勢力説や、一つの意志しかないとする単意説などの試みが皇帝たちによって提起された。この動きは単性論が強かったエジプトやシリアが帝国から脱落するまで続く。帝国と教会は離れがたく支え合っていたのである。

　これらの改革によって帝国は小康を得たが、かつてとは大きく性格を変えていた。比較的開かれた支配層を有し、過酷ではあったが、ひとたび受け入れてしまえば負担は軽く多様な文化を許容してくれた帝国に代わって、皇帝の強い支配の下で、以前より重い税を課して固定した構造と宗教的文化的一元性を強いる社会が現れ、このモデルが後世に受け継がれていくことになる。

4　荒れ野に生きる人々

シメオンを描いた6世紀のプレート

シメオンは柱の上に立ち、悪魔の象徴である蛇をにらみつけている。

　少数者の宗教だったキリスト教への入信者が増加しさらに帝国に公認されると、キリスト教は変わった。多くの大勢順応的な人々を抱え、それにともなってキリスト教とは異質な多くの要素を受け入れていくことになり、これに満足しない人々も現れた。彼らは俗世とそれと馴染む教会に背を向け、自らの信じる理想を実現しようとした。またマニ（210-276）が創始したマニ教に見られるように、2世

紀頃から善悪二元論の隆盛にともなって物質および身体の価値を否定する禁欲主義が地中海世界に広がった。現世を超えて神の国を待望する宗教であるキリスト教は禁欲主義を吸収し、自らの罪を悔い改める人々の場である修道院が生まれた。

　キリスト教における禁欲主義の表れである修道制にはいくつもの潮流があるが、シリアに広がった柱上行者は禁欲の極北に位置するものだろう。その代表的人物であるシメオン（390頃-459）は押し寄せる信奉者から距離を置くためにも最終的には15メートル以上もある柱の上に立ち、40年近くを神に近い高見で過ごしたという。彼以外にも奇矯にも見える過激な実践に走る人々は多かった。森で暮らす者、野天で暮らす者、羊のように草しか食まぬ者、狭い房に籠る者などである。

　しかし後世において禁欲的な修道士の祖とされるのはアントニウス（251頃-356）である。だが彼にも師がいたことが『聖アントニウス伝』を読むとわかる。太陽のようなアントニウスのそばでは6等星のごとき先行者は見えなくなってしまうのだ。事実2世紀頃のエジプトには世俗生活に関わりながらもひとりで居住し信仰を実践する者が多くいたとされ、アントニウスの師もそのようなタイプの人物だったのだろう。アントニウスは285年頃「もし完全になりたいのなら、行って持ち物を売り払い、貧しい人々に施しなさい。そうすれば天に富を積むことになる。それからわたしに従いなさい」（マタイ福音書19章）という聖書の一節に導かれて生まれ故郷の近くで荒れ野に生きる隠修士として修行を始めたが、このときに有名なアントニウスの誘惑を体験したとされる。そののち彼はナイル東岸のピスピル山へ行き要塞跡に閉じこもって20年間の修行に打ち込んだ。さらに311年の迫害の際に殉教を志しアレクサンドリアへ赴いたが、当局に拒まれた。迫害は専ら教会幹部を標的としたのであり、一般信徒はよほどのことがなければ対象外だったことがわかる。彼は修道生活に戻り、さらに険しいコルジム山で死ぬまでの45年間を暮らした。最初はただの「変人」であったが、長い修行に裏打ちされて彼は「神の人」となり、その許には

多くの人々が彼の徳を慕って指導や助言や祝福を請いに集まった。殉教に代わって修道生活がキリスト教における救いの道となったのである。彼は長寿に恵まれたため活動は長く多岐にわたるが、彼の盛名はそれだけに負うのではない。反アリウス派の旗頭アタナシウスが著した伝記によって、彼の名は全キリスト教世界に広まって不朽のものとなり、修道生活、特に隠修士を志す人々が準拠すべきモデルとなったのである。

アントニウスに少し遅れて現れるのがパコミウス（292-346）で、兵士であったが回心して隠修士となった。彼は隠修士が陥りかねない指導なき独居生活の危険性を憂えて、院長の指導下で集団生活を送る修道院を320年頃ナイル中流域のタベンニシに開いた。キリスト教における共住修道院の始まりで、彼を慕って多くの人々が集まった。彼は346年疫病で死去したが、9男子修道院と2女子修道院を指導し、そこには3,000人の修道士がいたとされる。彼が求める規律は厳格であったが、この共住修道生活はモデルとして後世に受け継がれていく。

一方で厳格過ぎる生活に危惧を抱いた人々もいた。バシレイオス（330頃-379頃）は当時の代表的な神学者としてキリスト教教義の形成に貢献したが、修道制にも深い刻印を残している。彼は一族の所領で修道生活を送ったが、そこには寡婦となった母、姉、数名の女性も加わっており、特に姉マクリナ（327頃-379）は実質的な指導者の役割を担った。いわば家族が核となって修道共同体を築いたのである。自らの経験に基づいて彼は「修道士大規定」を著したが、過激な指針は与えず指導者の裁量に大きく委ねて中庸を重んじた。バシレイオスの規則は東方教会だけでなく西方教会でも読まれ続けることになる。

これらの試みはアタナシウスのように追放された者による称賛や、聖書のラテン語翻訳で知られるヒエロニムス（345頃-420頃）やマルセイユに修道院を建てたヨハネス・カッシアヌス（370頃-435）による紹介を通じて西方に伝えられ、レランス島修道院（第2章4参照）やヌルシアのベネディクトゥス（第3章5参照）に大きな影響を与えることになる。

第2章

古代世界の終焉とゲルマン人

　ローマ帝国の衰退の原因をめぐってはこれまで多くの説が提示され、その数は一説には200を超えるという。ヨーロッパ人はローマ人の子孫であることを誇りにしており、その原因究明は彼らにとってきわめて重要な問題だからである。異民族の侵入、伝染病や戦争などによる人口減少、ローマ市民権拡大にともなう新兵徴募の困難、ローマ人の異民族観の変化、キリスト教の広がり、気候変動とその深刻な結果など多くの原因が挙げられている。ここではまず侵入について説明し、帝国の衰退をめぐるさまざまな説を簡単に示したい。

　そののちにローマ帝国の廃墟に侵入してきたゲルマン人、特にヴァンダル人、西ゴート人、東ゴート人がどのようにローマ世界に定着し適応を模索したか、また当時のガリアやブリタニアの政治的文化的状況を説明し、どのような要因がそれぞれの存続期間を左右したかを考える。さらにゲルマン人がローマの文化遺産に対してどのような態度をとったかについて触れ、彼らが後世に残した影響について考えることとする。

1 侵入

　イントロダクションの2の「自然条件」で述べたように、ヨーロッパは平坦で開けた地形ゆえに多くの民族侵入を蒙ってきた。たとえばケルト人は東方から進んで前500年頃ラ・テーヌ文化という鉄器文化を発展させて周辺に勢力を伸張し、前390年ローマ市を攻囲した。ローマの歴史家リウィウス（前59頃-17)によればローマの「貴族たちは処刑され、残りの民も同じ運命をたどった。家々は略奪され、その後放火された」という。だがこれらの民もローマの征服活動と馴化政策によって次第にその支配下に組み入れられていった。

　前1世紀に新たな民族移動の波が押し寄せた。いわゆるゲルマン人の大移動である。「ゲルマン」とはゲルマニア地方に居住する諸部族に対するローマ人による呼称であり、彼らは一つの共同体を形成することはなく、離合集散を繰り返していた。また彼らのなかにはスラヴ系やケルト系の民族も含まれていたと今日では理解されている。「ゲルマン人」という概念はむしろ近代におけるドイツ民族イデオロギーと強く結びついているとみるべきだろう。

　新たな侵略者の圧力を避けようとしてガリア人の一派ヘルウェティイ人は西へ移動したが、これはローマ軍の反応を惹き起こし、カエサルによるガリア戦争（前58-前51）が進められた。この戦いはローマ軍の勝利に終わり、ガリア人をローマ体制に組み入れてゲルマン人を退けることにも成功した。ゲルマン人の一部はローマの秩序を認め、たとえばライン川周辺に住むケルスキ人の族長アルミニウスは、のちに大反乱を起こし将軍ウァルス率いる3軍団を壊滅させることになるが、ローマ軍で経験を重ねてローマ市民権を得て騎士階級への異例の昇格を果たすほどであった。

　その後も多くの民族、たとえばマルコマンニ人、クワディ人などがローマの版図と接する地域やローマ領内に居住した。マルクス・アウレリウス帝治下のマルコマンニ戦争（162-180）、またゴート軍によるデキウス帝の

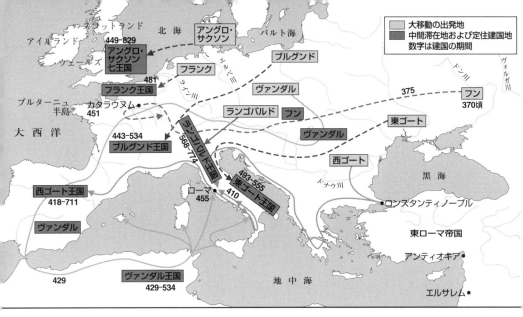

4-5世紀の危機

敗死（251）のように深刻な問題も生じたが、概してゲルマン人は平和裏に農業を営み、ローマと交易しローマ軍に加わり、第1章3で述べたように皇帝をも輩出した。

　このような均衡を崩したのがフン人の西進である。370年頃突然現れた彼らは黒海付近に居住していたゴート人を攻撃した。恐怖にかられたゴート人は西に移動を始め、これがローマ帝国前線の全面崩壊をもたらした。帝国に小康をもたらしたテオドシウス1世が死去すると、その2人の息子アルカディウス（在位395-408）とホノリウス（在位395-423）がそれぞれ東と西の皇帝となり、ローマ帝国は東西に分割された。これ以降、帝国の東と西はそれぞれの道を歩むことになり、比較的安泰であった東方でさえ自らを守りゲルマン人の攻撃を避けるため多額の貢納金を支払って彼らを西方へと誘導したとされ、弱体期と見なされてきた。

　だが、この時期に対する評価は最近見直しがなされている。たとえば側近や家族に操縦されていたとされる皇帝テオドシウス2世（在位408-450）は、実際には「テオドシウスの城壁」を建設してコンスタンティノープルを拡大し、官僚や学者を指揮して438年「テオドシウス法典」を

発布するなど国家機構の強化に努めた。また自ら前線に立って指揮することはなかったが、信頼する司令官を遣わして441年にはサーサーン朝と相互不可侵の約を結び、431年にはエフェソス公会議を召集して教会の内部対立を鎮めようとした。こののち東西の大統一はなされることはなかったが、皇帝個人の力だけではなく堅固で統一的な機構に支えられた国家が東方で生まれ、のちの繁栄につながるのである。

多くのゲルマン系民族がローマ帝国の西部になだれこんだ。405年にはラダガイスス率いるゲルマン人によってイタリア侵攻が試みられ、406年にはヴァンダル人やスエウィ人などがライン川を渡り、西ゴート人によるイタリア侵入が繰り返された。さらに407年ローマ皇帝を僭称したコンスタンティヌス３世（在位407-411）はブリタニアとガリア全土に混乱と掠奪をもたらし、５世紀初めに帝国西北部は回復不可能なまでの大打撃を受けた。さらに429年ヴァンダル人が北アフリカに渡ることに成功して、帝国西部で無傷のところはなくなった。

これと並行するように、西方における帝国軍のゲルマン化はさらに進んだ。ローマ軍総司令官として帝国の実権を握ったスティリコ（365-408）の父はヴァンダル人、やはり総司令官であったアエティウス（396頃-454）の父はスキタイ人、476年にロムルス・アウグストゥルス帝を廃位したオドアケル（在位476-493）はゲルマン系のスキリア人出身であったし、ロムルス・アウグストゥルス帝の父である将軍オレステス（476没）もゲルマン系だったといわれている。ゲルマン人による大被害を受けながら彼らにどのように対処するかは大きな問題であった。408年スティリコが皇帝の命令により処刑されると、それにともなって多くのゲルマン人傭兵とその家族が虐殺された。ゲルマン系のローマ兵は敵であった西ゴートのアラリック（在位395-410）のもとに身を投じたという。長年にわたり異民族の才能に対して寛容であったローマも変わろうとしていた。

異民族の猛威はフン人の王アッティラ（在位434頃-453）のもとで頂点を迎えその後衰えるが、一度崩れた秩序は以前のようには回復しなかった。

侵入によって帝国が受けた打撃がどの程度のものであったか示すのは難しいが、ローマの繁栄はまったく失われ、西部では鉄器時代にまで生活水準は低下したとする研究もあるほどである。

2　帝国の衰退

　帝国の衰退をめぐってはさまざまな解釈がある。異民族の侵入以外にもたとえば皇帝の無能を挙げる説がある。西方では無力で短命の皇帝が続き、皇帝ホノリウスが395年に即位してからの80年間に16名が帝位に就き、特に最後の20年間には 9 名の皇帝が乱立した。たとえば455年 7 月 8 日から456年10月17日までの15ヵ月余りの間帝位にあったアウィトゥス帝（395頃-456）は中部フランスのクレルモンの元老院議員の家に生まれ帝国の高官となり、西ゴート王とガリア貴族の支持によって皇帝に擁立された。しかし軍を維持する十分な資力も食糧もなく不人気で、ヴァンダル人に破れさらに北イタリアで敗北を重ねて、ピアチェンツァ市の司教にされた後に殺害された。彼に実権はなかった。西方では皇帝という結束の中心は失われてしまったのである。

　エリート養成の伝統が踏襲されなくなったことを強調する説もある。ローマのエリートは軍団将校を出発点に、財務官や法務官などの政務官を経て元老院議員に就任し、軍団長、執政官、総督、時代によっては最高司令官や独裁官などの文官と武官を務め

アウィトゥス帝の金貨（455年頃、ラヴェンナで打刻）
帝の横顔は線の細さを感じさせ、裏面には十字架が掲げられている。

ながら総合的な視野と能力を身につけた。だが新たな侵攻に対して指揮を執るのは太平に慣れた「アマチュア」では無理で、260年頃からは元老院議員が軍隊を指揮することはなくなり、兵士から叩き上げた職業軍人が指揮を執るようになった。これにともなって元老院は国政を動かす力を失い、軍に推挙された指導者を追認するだけの存在となり、自らの利益を最優先したというのである。

さらに第1章1で述べた「アントニヌス勅令」はローマが多くの民族や宗教を包摂する大領域国家へと成長する契機となったが、属州民を無条件にローマ市民としたことで属州民に課税されていた税を事実上廃止する結果となり歳入は減少した。また兵役を務めて市民権を得ようとする非市民が減って兵員不足を生じさせ、さらに本来の市民権保有者も特権と誇りを奪われて士気が減退する結果を招いたとする説もある。

社会の硬直化を衰退の原因と挙げる者もいる。新たな征服活動が行われなくなると奴隷が得られなくなり、労働力が払底することによって農民は土地に縛りつけられて農奴化した。また税収を確保して逃亡を阻止するため、職業選択の自由を廃止して身分を固定した。さらに公定価格を設定して手工業者に対する統制を強めたが、これらがローマの伝統であった寛容と活力を失わせたというのである。

また経済の崩壊を挙げる説がある。古代における富のほとんどは農業に由来するが、ローマ市は主食である小麦をシチリアや北アフリカなどの属州に依存していた。東方ではエジプトなどの穀倉を確保する限りにおいて十分な「血」が循環していたが、ヴァンダル人に地中海への侵入を許したことによって大規模な穀物輸入が不可能になり、さらに労働力不足や異民族の侵入のため広大な土地の耕作が放棄された。このため帝国は首都機能や国家制度を維持できず、軍隊に俸給や食糧を支給できなくなったというのである。

キリスト教を衰退の原因と断じる説もある。これは当時から強く唱えられており、アウグスティヌスが『神の国』を著した動機の一つは、古来の

神々を棄ててキリスト教を奉じたゆえにロー
マ市は西ゴート人に略奪されたのだという
非難に反論するためであった。この説は近
代になっても装いを変えて主張され続け、
ギボンは『ローマ帝国衰亡史』においてキ
リスト教は来世に望みを抱かせて現在への
関心を薄れさせ、またキリスト教化によっ
てローマはキリスト教以外の多様な要素に
対して不寛容となったと主張した。

　実際、キリスト教の司教は影響力を伸長
させた。たとえばミラノ司教アンブロシウ
ス（339–397）はガリア道長官の家に生ま
れ、370年ミラノの執政官に就任したが、
374年意に反してミラノ司教に選出された。
390年皇帝テオドシウス 1 世がテッサロニ
キで3,000人を虐殺すると、彼は皇帝の破
門を宣言して公開謝罪を要求し、これを強

アンブロシウス
（ミラノの聖アンブロシウス教会）

いることに成功した。このように有力者が教会の役職に就任する傾向が強
まっていった。

　またイントロダクションの 2 でも触れたように、最近では気候変動に注
目が集まっており、寒冷化とゲルマン民族の大移動を関連づける主張も多
い。人口動態を重視する説もあるが、当時出産リスクは高く、母親の出産
時死亡率は10%以上に達したとされる。それゆえ上層階級になるほど妊娠
出産を忌避して少子化を招く傾向が強く、元老院家系の多くは数世代で断
絶している。全体としても、最盛期でさえローマ帝国の人口は微増したに
過ぎず、危機の時代にあって人口減少はさらに深刻であった。疫病の影響
も深刻で、マルクス・アウレリウス帝の治世には伝染病が大流行し数百万
人の犠牲者が出たと推測されている。さらに542年から543年にかけても

「ユスティニアヌスの斑点」と呼ばれるペストが大流行し、1,000万人以上が死亡したとされる。これらは帝国の地力を大きく削ぐことになる。

さらに帝国の繁栄をもたらした寛容が失われ出自の違いが偏見を生み、ローマのアイデンティティ危機が訪れたことを重視する主張も近年では強まっている。前述のスティリコの処刑はそのよい例であろう。

これらはどれも妥当性があるが、単独で作用したのではなく複合的に働いたに違いない。ローマ帝国の一員となることはハードルが低く、デメリットよりもメリットがはるかに大きかったことが求心力と繁栄をもたらしたが、軍事的優位が失われて有利な状況が暗転し、ローマがより多くの負担を求めてより厳しい一致を命じるようになると、帝国は四散したといえよう。

中心となる皇帝がおらずゲルマン人の将軍と元老院議員と教会が優越するようになって西方は解体した。そのようななかで410年西ゴート人によるローマ略奪は物質的に精神的にも深い傷を残した。世界に冠たるローマが蛮族の蹄に蹂躙されたのだ。さらに455年のヴァンダル人によるローマ略奪は止めを刺した。元老院議員でも古くからの血統を誇る者はおらず、ローマなどの都に行ったこともない者も多く、彼らは思うがままにそれぞれの広大な領地にヴィッラを構えて土豪化した。それらの遺構にはポンペイを思わせるモザイクが残っており、彼らの在りし日の豪勢な生活を窺わせる。

3　統合の模索

帝国西部へと侵入したゲルマン人は、後期ローマ帝国からさまざまなことを学びながら、廃墟の中でそれぞれの王国を建設すべく模索した。ここではヴァンダル人、東ゴート人、西ゴート人について簡単に説明するにとどめたい。

ヴァンダル人

　ヴァンダル人は現在のポーランド付近に居住していたが4世紀末に西進を始め、フン人による混乱の隙を縫ってアラン人らとともに406年冬に凍結したライン川を越えた。3年間にわたってガリアを荒らしたのち、ピレネー山脈を越えて409年スペインに侵入した。スペインはローマ化も早く豊かで、トラヤヌス帝やセネカ（前4頃-65）など帝国を支える人材を輩出した土地である。ヴァンダル人はローマ・西ゴート連合軍によって南スペインに追い詰められたが、ガイセリック王（在位428頃-477）は429年8万人の民を率いてアフリカへ渡ることに成功した。439年彼らはカルタゴを占領し、海軍力を得てシチリア、サルデーニャ、コルシカを征服するに至った。アフリカこそが帝国西部の金城湯池であり、ローマ市はそこから送られる食糧に大きく依存していたため大打撃であった。さらにヴァンダル人は通商路を襲い、455年にはローマを略奪して皇妃や皇女をも攫った。彼らはこれらの蛮行によってヴァンダリズム（文化財などの破壊行為）という悪名を後世に得ることになる。

　ヴァンダル人はライン渡河以前にすでにアリウス派の洗礼を受けていたが、第1章3の地図に見られるように北アフリカはキリスト教化が進んでおり、これはアフリカのローマ系住民との間にさらなる軋轢をもたらした。宗教の違い、特に三位一体論が対立の種となるというのは現代の日本人からすれば不思議かもしれない。だが神学者ニュッサのグレゴリオス（335頃-394頃）はある説教の中で「誰かに両替を求めたならば彼はあなたと「子は生まれたのか、生まれなかったのか」と論議するだろう。パンの質について問うならば「父はより大いなるもので、子はそれより劣る」との答えを得るだろう。手洗いはどこかと聞けば「子が創造される以前には、何も存在しなかった」というだろう」と述べている。ここには誇張もあるかもしれないが、まったくあり得ないエピソードが説教で挙げられることはない。教義は民衆の日常生活の一部だったのである。宗教や生活の異なる少数者による多数者支配には無理があったに違いない。西ローマ帝国の

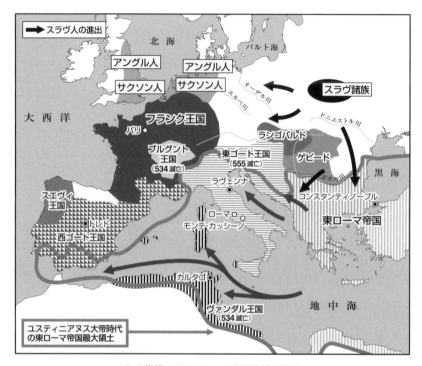

5-6 世紀におけるローマ帝国西部の状況

　皇女でローマから攫われたエウドキアの血をひくヒルデリック王（在位523-530）の治世のように迫害が比較的穏やかな時期もあるが、フネリック王（在位477-484）の治世などにおいてヴァンダル人は正統派を迫害したとされる。

　繁栄をもたらしたガイセリックの没後の王位継承は不安定で、土着民の反乱も絶えず内政は憂うべき状態となった。西方における領土回復を望むユスティニアヌス１世（在位527-565）が帝位に就くと事態は急展開する。親ローマ政策をとるヒルデリック王が廃位されるや、ユスティニアヌスは東部国境においてサーサーン朝との和睦をまとめてヴァンダル征伐を試み、534年ヴァンダル人は将軍ベリサリウス（505-565）率いるコンスタンティノープル軍によってあっけなく滅ぼされた。

東ゴート人

　ゴート人は緩やかな結合で結ばれたいくつもの集団からなり、バルト海沿岸地方に居住していたが３世紀黒海北岸へと南下し、この頃から彼らによるローマ帝国への攻撃が始まった。彼らは勇猛で知られ、251年にはニコポリスを包囲してローマ軍を壊滅させ、迎撃した皇帝デキウスを敗死せしめた。ゴート人はこれに乗じてギリシアに侵入してコリント、アテナイ等を略奪した。この頃すでに彼らは東ゴート人と西ゴート人に分かれていたようだが、フン人が西進すると両者ともに壊滅的な打撃を受け、そののち東ゴート人は長くフン人の勢力下に入ってアッティラに従い、451年カタラウヌムの戦いで（31ページの図を参照）もともに戦っている。宗教的には４世紀中頃ゴート人宣教師ウルフィラ（310頃-383）によりアリウス派に改宗した。

　東ゴート人が大きく飛躍するのはテオドリック王（在位493-526）の治世においてである。少年時代の10年間を人質としてコンスタンティノープルで生活したのち、彼は475年頃帰郷して東ゴート王位を継承しコンスル職も皇帝から授かった。488年東方のゼノン帝の要請により西方に進軍してオドアケルを破り、493年以後はラヴェンナを都にしてイタリアを30年以上にわたって統治した。東ゴート人は少数派であったが北イタリアに集中して軍事と治安を掌握し、税収の３分の１を割り当てられたと伝えられる。テオドリックは東ゴート人とローマ人を分割して統治し、行政は従来のままローマ人によって運営されるようにし、ボエティウス（480頃-524頃）やカッシオドルス（480頃-580頃）などのローマ系有力者を登用して大臣に任命し、表面的には共存共栄を実現した。ローマ人には正統派、東ゴート人にはアリウス派を信奉するように求め、自らはアリウス派であったがローマ教会にも強い影響力を及ぼし、自分に友好的なフェリクス４世（在位526-530）を教皇に登位させたほどである。さらにフランク王クローヴィス１世の妹アウドフレダを妻に迎え娘を西ゴート王国のアラリック２世（在位484-507）に、妹をヴァンダル王トラスムンドに嫁がせた。最盛

期には孫である幼王の摂政を務める西ゴート領を含めるとスペインからバルカン半島にまで広がる大版図を築いた。テオドリックは大王と呼ばれ、英雄叙事詩の「ベルンのディートリッヒ」のモデルとされ、のちのカール大帝もテオドリックを尊敬していたという。

　一方で彼の治世において東ゴート人のローマ化が始まり正統派に改宗する者も現れ、「貧しいローマ人はゴート人を真似し、豊かなゴート人はローマ人を真似る」とまでいわれた。テオドリック没後には東ゴート人が教皇に選出され、ボニファティウス2世（在位530-532）として登位しているほどである。テオドリックは賢明で強い指導力を誇ったが、やはり王国の二重構造はいかんともしがたく、晩年には疑心暗鬼に囚われてローマ系有力者がコンスタンティノープルと通じているのではないかと恐れて、ボエティウスらを処刑した。

　テオドリック亡きあと、王のカリスマに多くを拠っていたゲルマン諸王国において繰り返し見られることだが、東ゴートにも急激な衰退が訪れた。東ゴート王位継承をめぐる内紛もあり、ヴァンダル王国を滅したユスティニアヌス帝は535年東ゴートに対する開戦に踏み切りヴァンダル平定の凱戦将軍ベリサリウスを派遣した。当初、戦況はコンスタンティノープル側に有利で540年にはウィティギス王を捕虜にしたが、ベリサリウスが謀反を疑われて首都に召喚され、東ゴートでトティラ王（在位542-552）が即位した後は戦線が膠着し、この戦争は16年間の長きにわたって続くことになる。543年以降は疫病や飢饉が頻発し、かつて100万以上の人口を誇ったローマはほぼ無人の廃墟と化したという。その後544年に再びベリサリウスが司令官に任命されるが今度は成果を上げられないまま解任された。最終的には548年宦官ナルセス（478-573）が派遣されて555年東ゴート王国は滅亡した。イタリアは蛮族の手に委ねられるにはコンスタンティノープルに近過ぎたといえよう。さらにイタリアはランゴバルド人の侵入を受け、繁栄の回復にはその後何世紀もかかることになる。

西ゴート人

　前述のように、西ゴート人はフン人への対応をめぐり東ゴート人と方針を異とした。西ゴート人はフン人の攻撃を受けて帝国内に避難することを求めたが、結局交渉は決裂し378年ハドリアノポリスの戦いにおいて皇帝ウァレンス（在位364-378）を敗死させた。その後彼らはバルカン半島に一時定住したが、アラリック王のもとで401年イタリアに侵入し410年ローマを略奪した。この当時、西方の首都はラヴェンナにあったが、800年にわたって侵されることのなかった帝都ローマの惨劇は当時の人々に衝撃を与えた。その打撃の影響はのちのロムルス・アウグストゥルス帝退位（476）の比ではなく、多くの人々が東方に逃れた。

　そののち西ゴート人はガリアへと転じて西方の皇帝ホノリウスによって同盟軍として認められ、軍駐屯制を適用されて土地や奴隷を分与された。さらに418年にはガリア南部のトゥールーズを都にしてゲルマン人最初の国家を建設した。当初、彼らの主な関心は帝国への参加に向けられており、451年のカタラウヌムの戦いでは帝国軍と協力してフン人を撃退したが、次第に独立色を強めていった。

　西ゴートの最盛期を築いたのはエウリック王（在位466-484）で、西方における帝国の権威が失墜したのを受け、ガリアのオーヴェルニュ地方やプロヴァンス地方にも勢力を伸ばしてイベリア半島のタラゴナ地方を占領した。彼はまたラテン文学を愛好する古典教養の持ち主でもあり、「テオドシウス法典」の影響も受けて「エウリック法典」を編纂させた。これは部族法をラテン語で成文化したもので、継続的で体系的な統治が必要になっていたことを示していよう。彼の跡を継いだアラリック2世はイベリア半島への植民に努め、また506年には西ゴート王国内のローマ人のために「アラリック抄典」を編纂公布させて、西ゴート人とローマ系住民を分けてそれぞれを属人法によって統治しようとした。

　拡大のなかで危機が訪れた。507年アラリック2世がフランク王クローヴィス1世に敗れ戦死したのである。王位継承は紛糾し、東ゴート王テオ

ドリックが幼王の摂政として実質的に支配したこともある。王国の中心は
イベリア半島に移り王権は弱まり、世襲だけでなく合議や選挙によって王
が選出されるようになった。王の暗殺、廃位や内戦も頻発し、200年間に
26人の王が立ち平均在位は約8年であった。

　しかしながら混乱を潜り抜けて西ゴート王国は安定期を迎え、6世紀後
半にはトレドを中心にほぼイベリア半島全土を支配するようになった。そ
して589年王レカレド1世（在位586-601）はアリウス派からカトリックに
改宗した。さらに654年には旧来の属人法は廃止されて、王国内の全住民
に適用される領域法である「西ゴート法典」が発布された。建国以来250
年を経て、さまざまなレベルでゴート人とローマ系住人の差異が薄れたの
であろう。だが独自の道を築いたように見えた西ゴート王国もアフリカか
ら侵攻するアラブ・イスラーム勢力の軍事力に敗れ、さらに王位継承の混
乱と民衆やユダヤ人の反乱のため内部からも崩壊し711年消滅する。

　ゲルマン諸王国中でもっとも古く長く存続した西ゴート王国は特徴ある
政治体制を築き上げ、教会を柱とする統治を成立させた。たとえば王の戴
冠において初めて塗油の儀式を行ったのは西ゴート王国とされる。王国教
会会議が統治の中心となって司教や修道院長だけでなく世俗の有力者も
集ってさまざまな問題を議論し、たとえば633年の第4トレド教会会議は
セビリャのイシドルス（560頃-636）の主宰の下に王権を規定しようとし
た。これらの試みはフランク王国へと伝わり後世に影響することになる。

4　ガリア ─────────────────────

　ガリアの地には本章1で述べたようなケルト系の人々、さらには地中海
沿岸のマルセイユのギリシア系植民者など多くの民族が住んでいたが、ポ
エニ戦争を契機としてローマ人は拡張政策をいっそう進め、前121年には
ガリア南部を属州とし、前52年にはカエサルがガリア全土を制圧していわ

ゆるガロ・ローマ時代が始まった。カエサルの後継者であるアウグストゥス帝以降も、退役兵による植民市の建設も加わりローマ化が進んでいく。特にナルボンヌを中心とする地域は元老院議員を出すまでになり「属州というより、むしろイタリア」といわれるまでになった。在地有力者層も子弟にラテン語を学ばせるなど積極的にローマ化の波に乗った。多くのローマ的都市が建設され道路網も整備された。土着宗教もローマの宗教体系に受け入れられて、同じ属性を有する神々と同一視されてギリシア・ローマ的な表現を与えられた像が多く残されている。

　軍人皇帝時代の内戦、さらにはゲルマン民族の侵入によってガリアは混乱し、有力者は中央権力を頼ることなく自立自衛の道を模索した。軍人皇帝期の混乱のなかで建てられたガリア帝国（260-274）はそのよい例で、ガリア、ゲルマニア、ブリタニア、ヒスパニアなどの地域有力者を糾合して祖国防衛を唱えた。これらの有力者の多くはその出自を古くは遡れないが、セナトール貴族と呼ばれる。セナトールとは本来はローマ元老院に属する者を指したが、この頃には地方有力者の名誉的な称号と化していた。彼らのなかには帝国高官に出世することを目指す者もいれば土豪化する者もおり、司教へと転身する者も多く見られた。統合の核は失われ西方は断片化していったが、その変化をよく映しているガリアのキリスト教化について見てみよう。

　ガリア内陸でのキリスト教の存在が確認されるのは177年のマルクス・アウレリウス帝治下におけるリヨンの迫害によってである。おそらく 2 世紀中葉にキリスト教共同体がこの地に成立したのであろう。これらの教会は 3 世紀のオータンのギリシア語碑文が示しているように地中海や東方教会と強い結びつきを有しており、ラテン語系の言葉を話す現地人のものではなかったようである。状況が変わるのは古代末期の危機を経たのちで、旧来の伝統的宗教に代わってキリスト教が広がった。たとえば南ガリアでは 4 世紀初頭から石棺彫刻に聖書のモチーフが見られるようになるが、これは死後の世界にキリスト教が入ってきていることを示しており、エリー

アルルの石棺彫刻（4世紀末）
旧約聖書のモチーフである出エジプトの場面が描かれている。

ト層でのキリスト教化が進行した。

　ところでガリアのキリスト教化についてはトゥールのマルティヌス（397頃没）の活動がよくとり上げられる。スルピキウス・セウェルス（363頃-425頃）が著した『聖マルティヌス伝』によって、物乞（実はキリスト）に外套を裂いて与えたという伝説で特に有名な宣教師である。彼は現在のハンガリーに生まれローマ帝国兵士としての軍役を務めたのち、ポワティエ司教ヒラリウス（315頃-367）のもとで修行し祓魔師（エクソシスト）として活動した。ポワティエ近郊に修道院を建設したが、カリスマの誉れ高く370年頃トゥール司教となった。さらにトゥール近郊にマルムーティエ修道院を建設し、司教でありつつ修道者としての生活を送り、戦闘的な宣教活動を繰り広げた。たとえば土着民の反対を押し切って異教の神殿を破壊したり神木を伐採したりして同じ場所に教会を建設し、農村に6つの小教区教会を設立したという。これは都市に偏っていたそれまでのキリスト教布教とは異なっている。その際に彼は多くの奇跡によって治癒や蘇生を行ったと伝えられるが、彼のようなカリスマによってガリアのキリスト教化は成し遂げられたとするのである。

　しかしながら彼の名声が高まったのは後世になってからのようである。彼自身が設立したマルムーティエ修道院でマルティヌスの後継者になったのは彼と対立していた修道士であったし、プリスキリアヌス（386没）という禁欲主義者を支持するマルティヌスは、プリスキリアヌスを異端視す

る他の司教たちから孤立していたという。スペインからガリア南西部にかけては、彼のようなよそ者ではなくセナトール貴族出身の司教が優越していた。またマルティヌスに献げられた最初の教会が建てられたのは443年で没後40年以上を経ており、彼に捧げられた修道院は5世紀末でも約20で、マルティヌスはトゥールの地方的聖人に過ぎなかった。急速に崇敬が広まるのは507年クローヴィス1世が聖マルティヌスの外套をかかげて西ゴートに勝利を収め、これが戦勝をもたらす聖遺物とみなされてからである。それ以降、彼の名声はフランク王国の拡大にともなってヨーロッパ各地に広がっていく。

　では誰がガリアのキリスト教化を担っていたのだろうか。その鍵となるのはレランスという南仏カンヌ沖合に浮かぶ小さな島である。この島に410年頃ホノラートゥスという隠者が修道院を建設し、この共同体が5世紀から7世紀にかけてガリア全域に広範な影響力を及ぼすことになる。多くのセナトール貴族が混乱を逃れてたどり着き、なかには家族連れの者も多く見られた。彼らはここでキリスト教に基づいた生活を送ったが、それはマルティヌスのようなカリスマ的で戦闘的な修道生活とは対照的で、文書化された戒律に基づいたものだった。特筆すべきはレランスが多数の司教を輩出したことで、ホノラートゥス自身を含む複数のアルル司教、さらにリヨン、ジュネーヴ、アヴィニョン、マルセイユの司教など多数に上る。やはりレランス出身のアルル司教カエサリウス（在任502-542）によれば農村大衆は異教的伝統に従い続けており、彼らをキリスト教化することはきわめて困難であったというが、キリスト教化は社会の上層から、すなわち就くべき官職や地位が失われつつあった階層から広まっていった。

　そのような観点からこの時代の司教たちの経歴を検討してみると興味深い特徴が見てとれる。確かにルーアン司教ヴィクトリキウス（330頃-409以前）のようにマルティヌスと似たキャリアの者もいる。彼も兵士出身で、後に改宗して380年頃ルーアン司教に選出され、農村部に小教区教会を多く建設して司教座における修道生活を推進し、東北ガリア、フランドルな

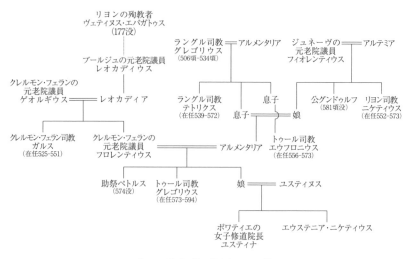

トゥールのグレゴリウスの一族

どにおいて異教徒に宣教したという。また本章5で触れるコルンバヌス（540-615）をはじめとするアイルランド修道士の宣教活動も深い影響を残している。

　だが多くの司教は彼らのようなよそ者ではなく、帝国高官や貴族出身の在地有力者であった。たとえばオーセール司教ゲルマヌス（378頃-448）はガロ・ローマ系貴族出身の帝国官吏であったが、418年司教になって私財を投じて教会を建設したびたび帝国と交渉した。またフランク王クローヴィス1世に洗礼を授けたランス司教レミギウス（437頃-533頃）もガロ・ローマ系貴族出身で、フランク王権やローマと協働してトゥールネ、カンブレー、テルアンヌ、アラス、ランに司教座を建設したという。有力者には、西方に唯一残る制度である教会へと身を投じ、そこでの地位を家産のように受け継ぐ者もいた。『歴史十巻』はメロヴィング朝フランク王国に関する根本資料であるが、その著者トゥール司教グレゴリウス（538-594）によれば、彼の前任トゥール司教18名のうち13名が彼の親族であるという。またトゥールのみならず多くの都市の司教を彼の系図に見出すこ

とができる。

　有力者はローマ系あるいはゲルマン系を問わず次第に帝国全体への関心を失い、自らの世界に引きこもって残された唯一の文明的な制度であるキリスト教へと入っていったのである。

5　海の彼方

　歴史家アンリ・ピレンヌ（1862-1935）は「イスラームの登場により、それまでの軸であった地中海のコミュニケーションは衰え、軍事的にもアラブ勢力がコンスタンティノープルやヨーロッパを圧迫し、それが教義的にも東方と西方の分断を決定づけた。その結果、ローマ教皇がフランク王国のカールを戴冠するに至り、これらの諸要因によって、農村を基盤とする停滞的な中世ヨーロッパが成立した」とする構想を打ち出し、中世史をヨーロッパという枠から解放して地中海世界に広げるという画期をもたらした。だがここで検討しなければならないのは北の「地中海」、すなわち北海、バルト海、ノルウェー海などからなる北洋を中心とするコミュニケーションである。

　中世初期のガリアと海の彼方、すなわちブリタニアとのつながりを証明する人物が幾人もいる。ケント王エゼルベルト（616没）はメロヴィング朝の王女ベルタを妃に迎え、メロヴィング朝の王クローヴィス2世（在位639-658）の妃バルティルド（680没）はアングロ・サクソン出身で攫われて奴隷にされた経歴の持ち主と伝えられる。6世紀に活躍した実在の修道士の生涯に基づく『聖ブレンダンの航海』に見られるように、海の彼方には「異界」が存在すると見なされていたが、実際にも豊かな交流がなされていた。

　ブリタニアではブリトン人の社会が栄えていたが、前55年のカエサルの侵攻以来ローマ勢力が浸透し、アントニヌス・ピウス帝の長城が示してい

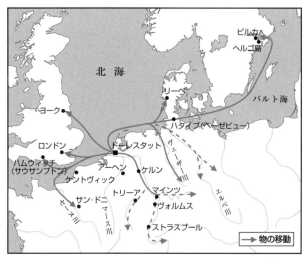

ドーレスタットの交易図
海や河川を通じて遠隔地にまで及んでいる。

るように帝国は２世紀中頃までにスコットランド南部まで支配下に収めた。その間にローマ文化が移植され大いに繁栄したが、３世紀中頃北方からピクト人やスコット人が南下した。この時期はゲルマン人の大移動による帝国の混乱期にあたり、帝国軍はブリタニアを退去することとなり一種の真空状態が出現した。これに相前後して４世紀後半から５世紀にかけていくつもの集団が西進した。たとえばジュート人、アングル人、ザクセン人は北ヨーロッパから侵出してライン川河口地域に定着していた。これらの民は西隣のフランクと衝突し多くの戦闘を繰り広げることになるが、彼らの一部は５世紀頃から海を越えてブリタニアに渡り、先住のブリトン人を征服して定着していった。ジュート人は七王国の１つケント王国を、アングル人は同じくノーサンブリア王国やマーシア王国などを、ザクセン人もウェセックス王国やエセックス王国などを建てたとされる。もちろん単なる破壊や征服だけではなく、同化も行われたであろう。イングランドでこれらの民は７世紀初めにキリスト教化されてローマ文化を受容し、のちに新たな北ヨーロッパからのノルマン人の侵攻に苦しみながらアングロ・サクソン人と呼ばれる集団を形成することになる。

　北洋をめぐる経済圏は６世紀末から再び発達し始めるが、それは必ずし

も地中海情勢とは連動せず、アングル人などのネットワーク、カロリング朝によってもたらされた平和、気候変動など地域固有の諸条件に拠っているとされる。現在はユトレヒト近郊の静かな村に過ぎないドーレスタットはライン地方、イングランド、スカンジナヴィアなどの間の交易の結節点として7世紀

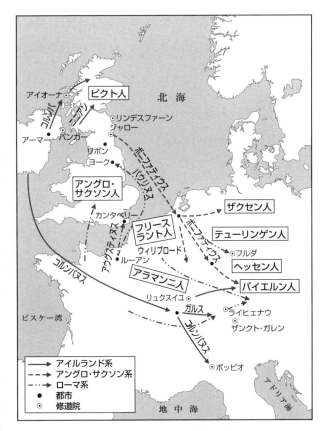

「海の彼方」をめぐる宣教活動

から9世紀にかけて繁栄していたことが文献からも考古学の成果からも明らかになっており、ライン地方からはブドウ酒、木材、穀物、陶器、ガラス製品、武器が、北からは奴隷、金属、皮革、毛皮、琥珀がもたらされた。また7世紀頃からビザンツ貨のような金貨ではなく銀貨が多く造られ、北洋沿岸の諸地域、さらには西方全体に流通していたとされる。経済は地中海ではなく、むしろ北を向くようになっていた。

　このような交易と歩調を合わせるように登場するのがアイルランド修道士である。彼らの始祖というべきパトリック（387頃-461）はアイルランド

の守護聖人として有名だが、ウェールズに生まれて彼も海賊に攫われてアイルランドで羊飼いをしたと伝えられる。その後帰国して修行に努め、再度アイルランドへ渡って宣教しキリスト教と修道制を根づかせた。パトリックの衣鉢を継ぐアイルランド修道士には神のための遍歴という理想があり、遠くへと旅立ちキリスト教を広めようとした。

　彼らのうちでもっとも有名なコルンバヌス（540-615）の生涯はアイルランド修道士の理想と当時の交流やキリスト教の状況をよく示している。バンガー修道院に学んだ後、彼は585年頃12人の仲間とともに大陸へ渡ったが、彼らも北洋を結ぶ交易路を利用したのだろう。そしてメロヴィング朝の王グントラム（593没）の宮廷へ行き、ボッビオ修道院など多くの修道院を大陸に創建した。彼の系譜をひく者にはザンクト・ガレン修道院を創建したガルス（550頃-646頃）やテューリンゲン宣教のキリアン（640頃-689頃）などがいる。ヨーロッパ内陸には多くの未踏の地が残され、彼らのような冒険的な宣教師が必要とされていたのである。

　だが一方で摩擦も生じた。リュクスイユ修道院は大陸においてもっとも有名なアイルランド系修道院の一つで、590年頃コルンバヌスによって創建され、アイルランド系のコルンバヌス戒律を採用していた。当初は特定の戒律の使用を当局に強制されなかったが、アイルランドと大陸では宗教的慣習が異なっており、復活祭の日取りや司教権をめぐって論争が生じて在地司教としばしば衝突することになる。

　アイルランド修道士の後を追うように大陸宣教に乗り出したのがアングロ・サクソン修道士で、彼らは教皇グレゴリウス１世（在位590-604）が派遣したカンタベリー司教アウグスティヌス（在位598-604）らの布教活動の成果であった。派遣のきっかけとなった「金髪碧眼の異教徒アングル人（Angli）は天使（Angeli）のように見える。彼らをぜひキリスト教徒にしたい」と熱望したというグレゴリウス１世の伝説は有名である。アングロ・サクソン人はローマ教会の忠実な信者になり、ベネディクトゥス・ビスコップ（628頃-689頃）という修道士は指示を受けるため５回もロー

マにおもむいたという。そして彼はジャロー修道院などを建て、そこに数
百の写本を備えた図書室を設けた。学問を重視するこの修道院の理想は一
つのモデルとなり、ビスコップの弟子であるベーダ（672頃-735）やその
伝統を受け継ぐアルクイン（735頃-804）はカロリング・ルネサンスに深
い影響を与えることになる。

　大陸宣教に乗り出したアングロ・サクソン修道士のうち、ウィリブロー
ド（658頃-739）はフランク宮宰ピピン 2 世（635/640-714）の援助と教皇
セルギウス 1 世（在任687-701）の認可を受けて690年フリースラント宣教
に着手した。695年にはユトレヒト司教に叙階されて「クレメンス（慈し
み深い者）」という名を教皇から授かっている。さらに大きな足跡を残し
たのがボニファティウス（672-754）である。彼は本名をウィンフリート
といい、「ボニファティウス（祝福された者）」という名は教皇グレゴリウ
ス 2 世（在任715-731）によって授けられたものである。彼は716年フリー
スラント宣教に向かうが、挫折してローマに向かいゲルマニアへの伝道と
教会改革の任務を与えられた。彼らアングロ・サクソン修道士の活動は
ローマ教会とフランク王権の方針に沿うもので、ボニファティウスはロー
マ教会の全面的庇護を得て719年にはバイエルンやヘッセンを宣教した。
そしてカール・マルテルの死後（741）王国教会会議を通じてフランク教
会全体の改革を図り、ローマ的な教会組織を王国全土に導入した。

6　文化の継承

　ローマ帝国の崩壊によって、その西部において文化は大打撃を受けた。
東部において状況はまだましだったが、プトレマイオス朝が建設し70万巻
もの巻子本を所蔵したアレクサンドリア図書館はローマ帝国末期の混乱の
中で失われてしまった。一方 9 世紀後半に西方でもっとも優れた図書室を
有するとされたボッビオ修道院でさえ蔵書数は600点余りに過ぎず、のち

に富豪コジモ・デ・メディチ（1389-1464）の援助を受けた人文学者ニッコロ・ニッコリ（1365頃-1437）が生涯をかけて集めた写本も800点に過ぎなかったという。活版印刷以前の時代において、羊皮紙に手で書き装飾を施す本は貴重で、文化を伝えるのは至難の業であった。

　古代から中世への混乱の中で文化はかろうじて継承されたが、すべてを受け継ぐことはできず、多くは失われ、選択と整理は避けられなかった。地中海沿岸を除いて世俗的学校は姿を消し、西欧において読み書きができる者は激減してキリスト教聖職者にほぼ限られることになった。その中で将来の知の種子となる「教科書」を著す者たちが古代末期に現れた。

　まず挙げられるべきはマルティアヌス・カペッラ（5世紀後半に活躍）である。彼は初期中世の教育の基本である七自由学芸の基礎をすえた人物で、カルタゴで法学教育を受けたといわれる。彼の主著『文献学とメルクリウスの結婚』は教訓的なアレゴリーで、散文と韻文を混合した文体を用い、各巻にそれ以前の著作家の作品の抜粋が付せられた百科事典的な作品で、12世紀まで文法教育において重要な役割を果たした。

　次いで本章3で触れたボエティウスが挙げられよう。彼は大臣にまで上ったが、皇帝ユスティヌスとの文通をテオドリック王に疑われて524年頃反逆の咎で処刑された。高い教育を受け、キリスト教、新プラトン主義、アリストテレス主義、ストア主義に精通した古代末期有数の知識人で、獄中での著作『哲学の慰め』で知られるが、それ以上に重要なのは、アリストテレス全作品のラテン語訳を試みたことである。結局、『範疇論』『分析論後書』などを訳するにとどまったが、彼の仕事はヨーロッパ初期中世で知られたほぼ唯一のアリストテレス翻訳であり、やはり彼が訳したポルフィリウス『アリストテレス範疇論入門』などによらなければ論理学を学ぶことはできなかった。

　やはり東ゴート王国に仕えて教科書を著したのがカッシオドルスである（本章3参照）。カッシオドルスもボエティウスと同様テオドリックの大臣となるが、彼も東方との絆を有したようで、540年に王都ラヴェンナが陥

落するとコンスタンティノープルへ逃避し551年頃まで滞在した。最晩年はイタリア南端の所領に戻って隠棲し、図書館を付設した修道院を設立した。これは文化の避難所としての修道院の先駆の一つだが、この修道院でさえも7世紀にはその名が聞かれなくなっており、現在ではその位置を特定することもできない。彼は『聖なる文献と世俗の文献の綱要』などの著作を残したが、これも聖書と自由学芸についての百科事典的な入門書であり、『正書法』という著作はこの頃すでに正しい書き方が忘れられていたことを示している。

　彼らに劣らず重要なのがセビリャ司教イシドルスである（本章3参照）。彼は七自由学芸の重要性を説き、司教区ごとに学校を設立して消え去ろうとしていたギリシア語やヘブライ語を教えさせた。彼の主著『語源』は特に重要で、これも当時の百科事典であり、その全20巻448章には当時の知識の粋が盛り込まれている。その範囲は文法、修辞学、論理学、数学、医学、法学、計時学、聖書、聖務日課、神学、教会論、言語、人、動物、宇宙、地球、建築、金属、農業、戦争、立法、船、家、衣服、食品、道具、家具にまで及んでいる。現代人から見れば必ずしも学問的な定義ではないが、知識の伝達という点では大きな役割を果たした。

　一方、彼の同時代人である教皇グレゴリウス1世になると中世的な色彩が強くなる。彼は教皇を輩出した名門一族出身で、ローマ市の執政官を務めたのち修道士となった。駐コンスタンティノープル教皇使節を務めたがギリシア語は得意ではなかったようだ。590年に教皇となるが、この頃教皇とはローマ周辺地域の支配者でもあり、彼は対立するランゴバルド人やラヴェンナ総督と交渉した。彼の諸著作、たとえば『対話』や『ヨブ記講解』などには数多くの手稿本が現存し、このことは彼の著作が中世人の鑑となっていたことを示す。内容的にはキリスト教に強く傾いており、言語的にも中世を強く感じさせるものである。もはや古代ではなく中世が始まっており、古代文明は憧れの彼方にあり、かろうじてわずかな断片だけが伝えられたのである。

第3章

フランク王国

　地中海を中心とするローマ文明に綻びが見えるなかで新しくフランク人が登場した。「フランク」とは「自由な人」「勇敢な人」を意味するといわれるが、固有の意味でのフランク人だけでなくガロ・ローマ人も統合してフランク人をつくり上げたのがメロヴィング家のクローヴィス１世である。彼は戦いの治世の末にローマ皇帝に比肩しうる王になり、ゲルマンの伝統に従いつつ正統信仰の擁護者となった。中世の始まりである。そしてフランク王国の最盛期であるカール大帝（742-814）は現在のフランス、ドイツ、イタリアにまたがる大帝国を築き、さらに中欧やバルカン半島、イベリア半島にも影響力を及ぼした。聖俗の頂点に立つ彼らの統治は長く畏敬の対象となり、のちのヨーロッパの国制に深い影響を及ぼした。彼らこそがのちのヨーロッパ文明の礎を据えたのである。

　本章では、メロヴィング朝、さらに彼らに取って代わったカロリング朝について概説し、政治面だけでなく文化面宗教面におけるフランク人の貢献、すなわちカロリング・ルネサンス、ベネディクト修道制の普及について論じたい。そしてカロリング朝の限界とそれがもたらした混乱についても略述する。

1 メロヴィング朝

　フランク人はゴート人やヴァンダル人のように数千kmの道なき道を踏破したわけではなく、ライン川下流地域に住むさまざまな集団が離合集散した結果できたものと考えられている。彼らの人的消耗は少なかったし、またその過程ではローマ系住民も吸収したであろう。358年ユリアヌスは現在のベルギー北西部のフランク人の一派をローマ帝国の補助軍とした。これ以降フランク人はローマ政局にもしばしば登場し、なかにはコンスル職に就く者さえ現れた。西ゴート人の進出などにより一時勢力を陰らせることもあったが、クローヴィス1世の父キルデリク1世（457頃-481頃）の頃に再び注目されるようになった。彼はコンスタンティノープルに滞在したことがあるとの説もあり、彼の墓からは軍馬の生贄などゲルマン的風習を思わせるものだけでなく、コンスタンティノープルとの結びつきを感じさせる印環などの品々も発掘されている。実際、キルデリク1世は北ガリアのローマ系住民と協力して西ゴート人に対抗した。

　フランク人が大発展を遂げるのは次代のクローヴィス1世の治世においてである。彼は即位後ライン川下流域の諸部族をまとめ上げ、486年には父と協力関係にあった北ガリアの「ローマ人の王」シャグリウスを破って支配地域をロワール川北部にまで拡大した。一方で巧みに婚姻関係を結び、妹のアウドフレダを東ゴート王テオドリックに嫁がせ、自らはブルグント王女クロティルダと結婚した。そして496年アラマンニ人に勝利した後、王妃の助言で兵士3,000人とともにランス司教レミギウスからカトリックの洗礼を受けたと伝えられる。第2章3で述べたように、ゴート人やヴァンダル人はすでにキリスト教に改宗していたが、その宗派はアリウス派であった。新たな宗教を信奉することは伝統的な祭祀や慣習と結びついた抵抗勢力の力を削ぎ、他方で同信の国々や集団からのさまざまな支援を期待できた。実際、当時のガリア住民は大部分がカトリックであったため、クローヴィスのカトリック改宗はローマ系住民との絆を強化する結果になり、

当時の司教たちはクローヴィスを受け入れ、あた
かもキリスト教を公認したコンスタンティヌス大
帝の再来のように称賛している。507年には宿敵
である西ゴートに大勝して王アラリク 2 世を敗
死させ、アキテーヌを獲得した。彼の治世下にフ
ランク王国の版図は数倍にも拡大し、彼の築いた
「フランク／フランス」王国は王朝が替わろうと
も近代まで続くことになる。

キルデリク 1 世の印環
のコピー

　クローヴィスは511年に逝去し、その遺領は 4 人の息子によって分割相
続されたが、彼亡きあともフランクの領土拡大は続いた。534年にはク
ローヴィスの子キルデベルト 1 世（在位511-558）とクロタール 1 世（在
位511-561）がブルグント王国（フランク王国の分王国として残ったが、
9 世紀にブルグントの名を持つ独立した王国が再出現（第 6 章 1 参照）。
その後も興亡を繰り返し、地域名として残り、ブルゴーニュ公国などにつ
ながっている。第14章 2 を参照）を滅ぼして自領とし、536年にキルデベ
ルト 1 世はさらにプロヴァンスを獲得し、その領土は地中海に達した。

　だが問題はメロヴィング家の統治がこうした王のカリスマや戦勝によっ
ており、王国の枠組みを支えうる装置がまだ見出されていなかったことで
ある。確かにクローヴィスは洗礼を受けることによってアリウス派を排除
するカトリック王となって司教たちの支持を集め、511年にはオルレアン
に初めて王国教会会議を招集して王権と教会の協働を実現した。さらに、
メロヴィング家は「サリカ法典」「リブアリア法典」などの法を発布して
秩序と平和を保障し、広大なローマ皇帝領と徴税制度を接収して、自らの
血統を唯一無二の権威あるものに高めることができた。だが王国は急速に
機能不全に陥った。

　その第 1 の原因は王家の内紛である。メロヴィング家には分割相続の慣
習があり、領土を単なる不動産のように扱って、王統が絶えるとその所領
は一族の他の者に帰属することになっていた。それゆえに内戦や暗殺が絶

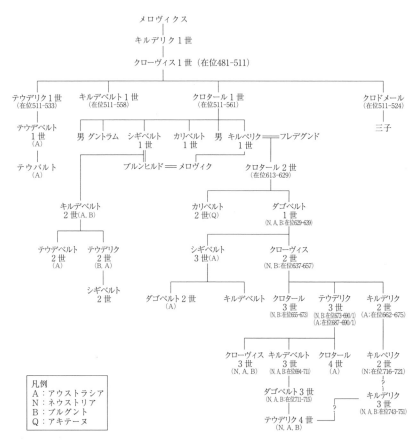

メロヴィング家の系図

えなかった。特に有名なのはシギベルト1世（在位561-575）の王妃である
るブルンヒルド（543頃-613）をめぐる内紛であろう。約40年間にわたっ
て王家では兄弟殺しや甥殺しが続き、ブルンヒルド自身も四つ裂きの刑に
処せられた。この経緯は『ニーベルンゲンの歌』に着想を与えたといわれ
る。まがりなりにも王国全体を統一した王は、クローヴィス1世、クロ
タール1世、クロタール2世（在位613-629）、ダゴベルト1世（在位629-
639）の4名だけである。末期の王たちも単独で統治しているが、彼らは

実権を失い、もはやカロリング家の傀儡に過ぎなかった。

　そのような状況で病弱な君主や幼君が続き、王家は勝利をもたらすことができなくなった。家臣は新たな征服地や略奪品を望めなくなったが、王は家臣の支持をつなぎとめるために贈り物を続けて「気前よさ」の美徳を誇示し、また来世の救いを求めて修道院などにも多大な寄進を行った。国王貴顕の寄進熱によって8世紀後半から9世紀にかけて教会財産は数倍に増えたが、修道院も例外ではない。たとえばクローヴィス2世の妃バルティルドはコルビー修道院やシェル修道院などを創建したが、前者には2万haを超える領地が与えられたという。パリ近郊のサン・ジェルマン・デ・プレ修道院は6世紀後半にメロヴィング家により創建されたが、9世紀末の院長イルミノンによる土地台帳が現存する。それによれば多くの寄進の結果、この修道院は25荘園を擁し、約1万人の農民を有した。

　この頃には地域ごとのまとまりも固まり、アウストラシア、ネウストリア、ブルグントなどの地域単位（分王国）が成立したが、王に代わって地域の実権を握って台頭するのが貴族である。特にクロタール2世がブルンヒルドを打倒する際に貴族の助力を募ったことが大きく、614年王は「パリ勅令」を発布し、各分王国の貴族の要求を受け入れて筆頭貴族である宮宰に多くの権限を委譲した。623年にはピピン1世（580頃-640頃）を宮宰に任命し実質的にアウストラシアを委ねている。王位を簒奪するカロリング家のみが有名であるが、数多くの貴族が無力なメロヴィング家の王の下で覇権を争った。たとえばネウストリア宮宰エブロイン（681没）は一時アウストラシアとブルグントもその勢力下に置いた。

2　カロリング家の台頭

　衰退するメロヴィング家に代わって台頭したのがカロリング家である。この家門はアウストラシアの有力者であったメッス司教アルヌルフ（582

頃-640頃）の息子アンゼギゼル（610頃-662頃）と宮宰ピピン1世の娘ベ
ガが結婚したことによって生まれた。のちにカロリング家と呼ばれるのは、
この王家を実質的に創設したカール・マルテル（688頃-741）にちなんで
である。

　ピピン1世の息子グリモアルト1世（616-657）も宮宰（在任640-657）
としてアウストラシアの実権を掌握したが、ネウストリア勢力によって処
刑された。アルヌルフ家とピピン家の地盤を受け継いだのはアンゼギゼル
とベガの息子ピピン2世（645頃-714）である（彼の名は母方の祖父ピピ
ン1世を受け継いだものであり、父系ではアルヌルフ家に属する）。彼は
680年にアウストラシア宮宰となり、687年にはネウストリア勢力を破り、
「フランク人の指揮官にして元首 Dux et Princeps Francorum」という称
号を名乗って実質的にフランクの3分王国すべてを支配した。この「元
首」という語にローマ帝国の皇帝のイメージが重なっていたことはいうま
でもない。また宮宰職の世襲化にも成功し、腹心や息子をネウストリアと
ブルグントの宮宰に立てた。

　彼の跡を襲ったカール・マルテルはピピン2世の「庶子」である。ピピ
ン2世の死後の内乱（715-718）において親族たちを排除し、718年にカー
ルはフランク王国全体の宮宰となった。さらに732年にはトゥール・ポワ
ティエ間の戦いでイスラーム教徒の騎馬軍を撃破し、信仰の擁護者という
名誉さえも得た。彼の統治は苛烈で現実を重視するものであった。「マル
テル（鉄槌）」という別称を得たのは、彼が繰り返し同じキリスト教圏の
南ガリアに対して行った略奪行為によるという。カールは家臣軍を再編し、
騎馬装備を賄う財源として教会財産を没収したことでも知られるが、ここ
で考慮に入れなければならないのは、教会領は王国全土の4分の1にも達
し、司教は政治的に中立ではなく政治の重要なプレイヤーだったことであ
る。カールは敵陣営の教会財産を集中的に没収して、自らに有利に進めた
のだろう。実際、彼は必ずしも反教会的だったわけではなく、宣教師ボニ
ファティウスに援助を行っている。だが、これもボニファティウスの宣教

活動が、彼の推し進
めるザクセン人やフ
リースラント人との
戦いに有利と判断し
たからであろう。こ
のような現実主義的
な態度は、メロヴィ
ング家の王テウデリ
ク 4 世（在位721-
737）が死去したの

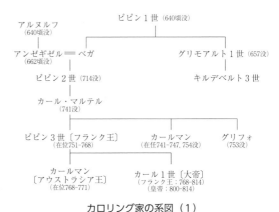

カロリング家の系図（1）

ち新たな王を立てることなく元首として統治したことにも表れている。

　カール・マルテルの死後、強権政治の反動が起こった。741年彼の息子カールマン（705/710-754頃）とピピン 3 世（714-768）の兄弟は直ちに異母弟グリフォ（753没）を幽閉し、二人でカール・マルテルの遺領を分割し、カールマンはアウストラシアを、ピピンはネウストリアを継承した。だが自らの立場を安定させる必要があり、一時しのぎに743年にメロヴィング家の末裔を探し出し、キルデリク 3 世（在位743-751）として即位させた。また兄弟はボニファティウスの協力を得て数回の教会会議を主宰し、フランク教会の改革に乗り出さざるを得なかった。父による教会財産の没収は深刻な混乱をもたらしていたのである。

　747年カールマンが宮宰を辞してモンテ・カッシーノ修道院の修道士になり、ピピンはフランク王国全体を単独統治することとなった。権力を確保したのち彼は次の段階に踏み出した。宮宰あるいは元首であることをやめ、王になろうとしたのである。だがメロヴィング家には250年以上にわたる歴史と血統があり、簡単に取って代わることはできず、伝統や慣習を超えた権威である教会によるお墨付きを求めるのである。

　750年ピピン 3 世は教皇ザカリアス（在位741-752）へ使者を遣わし、「王の称号のみを有する者と、王ではないが王権を行使する者のどちらが

王たるべきか」と尋ね、「実権を持つ者が王となるべき」という回答を得た。751年ピピンはキルデリク3世を退位させて修道院に幽閉した。そして教皇使節から塗油を受け、王として聖別された。さらに754年にはガリアを訪れた教皇ステファヌス2世（在位752-757）によってサン・ドニ修道院で二人の息子とともにふたたび塗油を受け、カロリング家以外の王を禁じる決定を授かった。これに対する返礼としてピピンは758年イタリアに侵攻してランゴバルド人を破り、ラヴェンナなどを「ピピンの寄進」として教皇に献じた。

ピピン3世はただ混乱を収め、強権によらない新たな権威による統治を確立しただけではない。759年にはナルボンヌを奪還してイスラーム教徒を駆逐し、さらに服属がつねに定かではなかったアキテーヌも王国に組み入れることに成功し、東方ではザクセンやバイエルンにも勢力圏を拡大した。彼は目立たないがきわめて有能な支配者であり、次代に大輪の花を咲かせる準備をしたといえよう。

3　カール大帝

フランク王国の絶頂期を築いたのは、いうまでもなくカール大帝である。彼はピピン3世の子として生まれ、754年には教皇ステファヌス3世によって父たちとともに王として聖別された。768年父王が没すると実弟カールマン（751-771）との共同統治を始め、カールはネウストリア、西アキテーヌ、北アウストラシアなど北から西へ弧を描くような地域を、カールマンは東アキテーヌ、南アウストラシア、ブルグント、シュワーベン、南フランスなど東南の地域を継承した。だがカールマンが771年急死すると、カールはその遺領を奪い、以後43年間にわたって単独で統治することになる。

カールの治世で何よりも特筆すべきは征服活動である。ほぼ絶え間なく

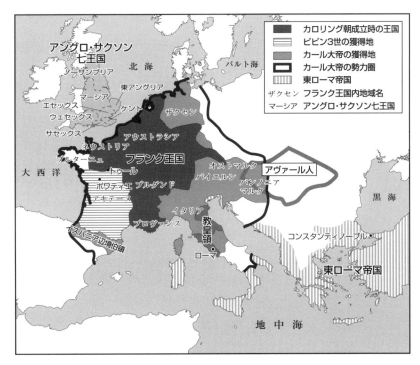

カロリング王国の拡大

続いた遠征によって彼は版図を大きく拡げた。即位すると、彼は弟のカールマンと協力して、ピピン3世の死後ふたたび反乱の兆しが現れていたアキテーヌを従わせた。カールマンの死後、彼はイタリアへと向かって774年ランゴバルド王国を征服し、王デシデリウスを捕虜とした。そして自らをランゴバルド伝来の「鉄の王冠」で戴冠してローマ教皇領の保護者にもなり、多くのフランク貴族を領主として送り込んだ。こののちローマ教会との関係は複雑で、さまざまな利害で助け合う一方で、衝突もしていくことになる。

　並行して772年にはザクセン征服に着手したが、これは804年まで30年以上続く戦争となって双方に多大の犠牲を強いた。この戦いはザクセン人にとって自らの独立を守るためであったが、フランク王たちによる宣教師支

援に見られるように、キリスト教への強制改宗に対する抵抗でもあった。だが最終的にはザクセン貴族層の分断と、虐殺も厭わぬ激しい方策によってカールの支配に屈した。

778年にはスペインのカタルーニャに遠征し、バスク人やイスラーム勢力を討ってエブロ川以北を占領して795年にイスパニア辺境伯領を置いた。この時の遠征を題材にしたのが、11世紀に成立した叙事詩『ローランの歌』である。

バイエルンへも鉾先を向けた。この地ではカールの従弟であるタッシロ3世（741頃-794以降）が大公となっており、757年には伯父であるピピン3世に臣従を誓っていたが、カールはその忠誠を疑い圧力をかけ続けた。788年アヴァール人との通謀の咎でタッシロは退位させられ修道院に幽閉された。794年タッシロは最終的に排除され、バイエルンはフランク王国に統合された。

791年にはアヴァール人に対して遠征を行い、804年までにドナウ川中流域を征服してケルンテン辺境伯領やパンノニア辺境伯領を設けた。799年にはブルターニュも屈服させている。このように彼の治世は何よりも勝利に輝き、王国の版図はかつての西ローマ帝国にほぼ劣らぬ規模に達した。これらの征服活動は彼に従う者たちに領土と略奪品をもたらし、カールに大きな威信を与えた。

ただ、このように広大な支配地は国家統合上の困難をもたらした。言語的にもゲルマン系からラテン系、あるいはスラヴ系まで抱え、宗教的にも数世紀にわたってキリスト教を信仰していた民もあれば、最近強制改宗させられた民もおり、あまりにも多様だったのである。どのようにすれば統治できるだろうか。

そのためにカールはいくつもの政策を実行した。たとえば公（dux）や伯（comes）を各地に派遣した。これらの職は後期ローマ帝国に遡るが、カールは彼らに軍事、行政、司法にまたがる多くの権限を与え、王の代理人とした。これらの職は当初は任期制であったが、終身化・世襲化する恐

れがあった。それゆえ彼らを監督すべく設けられたのが巡察使である。巡察使はつねに2名で構成され、1名は伯、もう1名は司教あるいは修道院長で、彼らは王の指示を実行し、監察を行い、ときに軍隊を募ることもあった。さらに勅令を公布し、

シャルル2世のデナリウス貨
（864年、シャロン・シュール・マルヌで打刻）

右には「神の恩寵により王」という銘文とシャルル2世のモノグラム、左には地名と十字架が打刻され、カール大帝以来の形式が受け継がれている。

集会を開き、王の意志を伯や臣民に徹底させた。786年、89年、92年、さらに802年には12歳以上のすべての自由人に対し王への臣従誓約を求めた。中世における誓約の重要性を考えるならば、これは大きな意義がある。しかし繰り返し求められたということは、一方でその効力の乏しさと実施の難しさを立証しているともいえよう。

　また貨幣を銀本位制に固定して794年デナリウス貨のみを流通させ、上位通貨のソリドゥス貨は計算通貨としてのみ残し、造幣権は王の独占とした。この措置は王国経済を活性化したが、やがて王権の弱体化とともに造幣権は横領されていくことになる。結局、カールの支配を支えたのは彼個人のカリスマであり、以下に述べるような伝統的な統合の手段によったものであった。

　カールが用いた伝統的な政策とは、まずキリスト教の利用である。コンスタンティヌス1世以来の後期ローマ帝国の政策を受け継いで、クローヴィス1世がカトリックの洗礼を受け、ピピン3世がローマ教会の同意を得て王位を簒奪したことはすでに述べた。近代におけるように普通教育を実施して臣民に共通の価値観を浸透させて一つの言語を強制することは、当時の状況では不可能であった。結集の核となる「国民」というイデオロ

シャルル禿頭帝の戴冠

天からの手によって戴冠され、教皇ゲラシウス1世（?-496没）〔左〕、グレゴリウス1世（540-604）〔右〕に祝福されており、カロリング的神権政治をよく表している。

ギーもまだ存在していなかった。そのためカールはローマ教会の力を借りて規範をつくろうとした。まず774年に教皇ハドリアヌス1世（在位772-795）がカールの求めに応じて贈った「ディオニシウス・ハドリアヌス教会法令集」を用いて教会法の統一を目指した。また典礼の統一が図られ、これにも790年ハドリアヌス1世が贈った「グレゴリウス典礼書」が用いられた。

ついで修道規則の統一も図られた。すでにピピン3世の治世にメッス司教クロデガング（712頃-766）による教会改革がなされており、彼は王と協力して修道院を司教権下に置き、755年「クロデガング戒律」を起草した。これはメッス司教座聖職者のために作成されたもので、ベネディクトゥス戒律を大幅に援用し、在俗聖職者に一定の規律を課そうとしたものである。カールの治世にはさらにフランク王国のすべての修道院にベネディクトゥス戒律を導入させ、アイルランド系修道院の代表格であるザンクト・ガレン修道院にも779年ベネディクトゥス戒律の採用を強いている。これは修道生活を一変させるものであったため抵抗も強く、787年、789年、794年、811年に実施せよとの命令が繰り返し下された。最後には本当のベネディクトゥス戒律とは何かをはっきりさせるためカールは813年モンテ・カッシーノ修道院の原本を複

写して送らせることまでしている。

　だが、ここにも王権の恣意が働いており、ベネディクトゥス戒律で定められた修道士による院長自由選挙を認められたのは4修道院に過ぎず、修道院はいわば王への忠誠の報酬として与えられ、たとえばアルクインは6修道院の院長を兼任した。本来は俗世を逃れるための制度であった修道院がさまざまな特権を授けられ（第2章4、5：本章1参照）、ときには軍役さえも負って王に兵を提供し、官僚として王に仕える者を出すようになった。カロリング朝は自らに有利なように王国を統一するため、ローマを基準にして教会制度の規範化を図ったといえよう。

　さらに聖職者修道士だけでなく、庶民の信仰にも関与しようとした。カールが789年公布した「一般訓令」は、学校を設けてすべての臣民をキリスト教徒として教育するよう全司教に命じ、統一的にローマ典礼を導入させた。王は民の救いに責任を有するゆえにこのように命じるのである。実現はできなかったが、きわめて理想主義的で後世にもなかなか見られない試みである。

　「フランク人は神に選ばれた民」という自覚をカールは新たに抱くようになっていたが、彼は教会改革を推進してキリスト教の保護者たらんとした。カールは「地上におけるキリストの代理人」として神に責任を負い、司教に対して人事権を行使し、有為な者たちを引き立てて司教や修道院長に据えた。司教も、伯と並んで国家運営の重責を担い、国王が発給する文書の作成・保管の任に当たった。国家そのものが教会である体制が成立し、カールは旧約の王「ダヴィデの再来」と称えられた。

　支配強化策のもう一点は「帝国」である。800年のカールの戴冠は誰のイニシアチブによるのか議論が尽きないが、カールの側近は彼をキリスト教的理想を実現する支配者として皇帝にしようと企図していたとされる。一方で教皇レオ3世（在位795-816）は799年ローマで暗殺者に襲われ、かろうじてカールのもとへ逃げ込んで助けを求めるような状況で、800年にカールがローマに赴いたのもレオ3世の裁判に決着をつけるためだった。

カロリング期の主な学校所在地

カロリング家の本拠であるアウストラシアとネウストリアに多く分布する。

アインハルト（775頃-840）の『カール大帝伝』によれば、800年のクリスマスミサの際、レオ3世はカールに帝冠を授けようとして辞退されそうになったという。おそらくカールは皇帝になることを計画していたが、このレオ3世による戴冠は事前には知らされていなかったのだろう。レオ3世は皇帝たらんとするカールの野心に気づき、先手を打って恩を売ろうとしたのかもしれない。またローマ教会は7世紀中頃から徐々にコンスタンティノープルの支配から脱しつつあった。ハドリアヌス1世が教皇座に登った772年以降、ローマではビザンツ式の年号は放棄されており、この頃からローマ教会はコンスタンティヌス1世から西方の支配権を委ねられたとする主張を始めていた。偽文書「コンスタンティヌスの寄進状」はこのような状況を反映している。

　さらに、ここに当時の東方帝国の事情が関わってくる。東方では聖画像破壊運動の混乱が収まらず、また800年当時コンスタンティノープルでは女帝エイレーネー（在位797-802）が玉座にあったが、男性優位的な「サ

リカ法典」を奉じるフランク人には、皇帝位は空位であるとみなされていたのである。

　ただ教皇による皇帝位の承認は前代未聞のことだった。通常の皇帝選出にあたっては元老院や軍に受け入れられ、ローマの民の歓呼があったのちに総主教による戴冠が行われるが、カールの場合では教皇による戴冠ののちに歓呼がなされている。カール自身も教皇による戴冠だけで皇帝となったとは考えていなかったようだ。カールにとって教皇とは祭儀のための補助者に過ぎなかったからである。カールとコンスタンティノープルとの間でその後も交渉が重ねられ、812年に妥協が成立した。東ローマはカールの帝位を認め、その代わりにカールが南イタリアの一部とヴェネツィアをコンスタンティノープルに譲ることで決着をみた。

　帝国を復活させたカール大帝が多くの機会に用いた称号は「いと高貴なるアウグストゥス、神により戴冠され偉大で平和をもたらす皇帝にして、ローマ帝国を支配し、神の憐みによってフランク人とランゴバルド人の王であるカール」となっている。彼が神によって認められたローマ帝国の支配者であり、同時に彼自身の権力基盤を成すフランク人と新たに征服したランゴバルド人の王であることを示している。古代ローマ帝国との断絶はなく、また伝統的な王としても支配したのである。実際、813年カールの息子ルートヴィヒ（単独皇帝在位814-840）が帝位に就いた際には、教皇ではなくカール自身によって戴冠されている。だがカールの死後、ルートヴィヒは816年教皇ステファヌス 4 世（在位816-817）による戴冠を改めて受け直している。これは後世にきわめて大きな影響をもたらす決定で、教皇による戴冠が皇帝になるためには必要とされるようになるのである。

4　カロリング・ルネサンス

　カロリング家の本拠であったアウストラシアはかつてほとんどローマ化

**マインツ大司教オトガーに
弟子のラバヌス・マウルスを紹介するアルクイン**
人間関係はきわめて重要で、庇護を求めるべく重要
人物への著作の献呈がしばしば行われた。

されなかった地域であり、たとえ文化の芽が存在したとしても混乱の中で根絶されていた。100年を超える名門の当主であるカール自身さえも文章を書くことは生涯できなかったという。しかし国家を運営するに識字力は絶対に必要であった。さらにカールがキリスト教に統治の基礎を置くことを考えたため、正しい「ことば」が求められた。この当時、聖書はラテン語だったが、実際にはフランク王国の大半で正しいラテン語を知る者はほとんどいなくなっていた。たとえば「父と子と聖霊の名において in nomine Patris et Filii et Spiritus Sancti」と言うべきところ、「祖国と娘と聖霊の名において in nomine Patriae et Filiae et Spiritus Sancti」と唱えて洗礼を授けた司祭がいたと伝えられている。日常の言葉と乖離していたゆえに、キリスト教の祝福のことばが呪文と化した社会において、誤った祈りは忌まわしい結果を惹き起こしかねないと恐れられた。

　それゆえカロリング朝はまず「ことば」の教育に着手した。しかし国内にこれを担う人材を見出すことができなかった。カールは国外に指導者を求め、イタリアからはパウルス・ディアコヌス（720頃-800）やアキュレイアのパウリヌス（730/40-802）らを、イングランドからはアルクイン（735頃-804）らを、スペインからはテオドルフ（760頃-821）らを招聘した。そして「一般訓令」で命じているように多くの学校を建設させた。アーヘンにおける宮廷学校、ランスやマインツなどの司教座付属学校、フルダなどの修道院付属学校である。ここからアンギルベルト（814没）、ア

インハルト、ラバ
ヌス・マウルス
（776頃‐856）、
フェリエールのル
プ ス（805頃‐862
頃）、ヴァラフ
リ ー ド（808頃
‐849）、ヨ ハ ネ
ス・エリウゲナ
（810頃‐877頃）た
ちの次の世代が巣

メロヴィング期文書の字体（上）とカロリング小筆記体（下）
メロヴィング期の字体が地震計の記録のようであるのに比べ、カ
ロリング小筆記体は整然としている。

立っていった。ルプスの「書簡集」が示すように、彼らはラテン語の書簡
で消息や見解を交換することにより、ある種の知の共同体を形成していた。
またヴァラフリードが使者として移動中に事故死したように、王や有力者
のためによく移動していた。彼らは学芸だけでなく行政や政治にも深く関
わり、君寵を競って俗人有力者とともに派閥を形成した。

　カロリング・ルネサンスは古典の下手な模倣に過ぎず、独創的な作品が
生まれなかった凡庸な時代と評されることがある。しかし、この時代は後
世に深い影響を残した。カロリング・ルネサンスでは比喩や象徴が多用さ
れ、たとえばリヨン司教アマラリウス（775‐850）はミサについての象徴
的解釈を行い、ミサ全体をイエスの生涯を記念する一種のアレゴリーとし
た。このような考え方は中世の大部分の時期にわたって認められる。

　長期的に見て特筆すべきは字体である。古い時代は碑文などに用いられ
るいわゆる「活字体」が主流で、つづけ文字はあまり見られなかったが、
筆記具の変化も影響して、古典古代末期にはいわゆる「筆記体」が次第に
用いられるようになっていた。ただ地域差・個人差があまりに大きく、判
読が難しいものも見られた。そこでイングランドのものなどいくつかの字
体を改良して出来上がったのがカロリング小筆記体である。ここにもカロ

リング朝の統一政策が反映されているが、この字体は人文主義の隆盛や活版印刷が考案されてから活字に採用され、現在用いられているアルファベット字体の原型の一つとなった。

　同時にカロリング期の修道士たちは俗語文学にきっかけを与えた。ラバヌス・マウルスは『ラテン語 - チュートン語辞典』を著し、彼の弟子の一人であるヴァイセンブルクのオトフリド（800頃-870以降）は俗語であるドイツ語に関する著作を残し俗語文化に影響を与えた。またザンクト・ガレン修道院ノートカー（952-1022）はボエティウスなどのラテン語の古典文学の作品やアリストテレスのラテン語訳を古高ドイツ語に翻訳している。彼らの活動をきっかけにして、俗語は新しい文法や語彙を得たのである。

　またカロリング期にはいくつもの神学問題が熱く議論され、これらは西方の独自性の形成につながった。第一は聖画像問題である。東方では聖画像破壊運動（第1期：726-787、第2期：815-843）の嵐が吹き荒れたが、西方はこれに激しく反発した。第2ニカイア公会議（787）で聖画像破壊は一応否定されたのだが、公会議議事録のラテン語翻訳のまずさもあり、東方は聖画像破壊に与したと西方は見なした。カールは790年教会会議を招集して第2ニカイア公会議を断罪させ、同時期に執筆させた『カールの書』にも同じ方針を示させた。またキリスト養子説問題も存在する。これは「キリストは神の真の子ではなく、養子」とする説だが、イスラーム支配下のスペインにおいて主張された。792年カールが臨席する教会会議はこれを断罪し、カールはアルクインに命じて養子説に対する駁論を書かせている。

　もっとも神学的に影響が大きいのは「子からもまた filioque」問題である。これは正統信仰の基準とされるニカイア・コンスタンティノープル信条に「子からもまた filioque」という1語を西方が付加したことをめぐる問題で、589年の第3トレド教会会議においてすでに挿入されているという。このスペインの慣行は800年頃からフランク教会で一般化し、カール自身もミサで使用していたが、807年聖地エルサレムのフランク人修道士

が用いて東方で大問題となった。教皇レオ3世は付加を許さぬよう努めたが成功しなかった。1000年頃にはローマでも一般的に用いられるようになり、東西教会分裂の一因となって現在に至っている。

　これらすべての問題についてカールは自ら決定に加わり、強い影響力を行使した。これは自らが「地上におけるキリストの代理人」であるという強い使命感によっている。カール治下での版図拡大による高揚も影響しただろう。これらの問題は西欧のキリスト教に独自の体系を与え、深い刻印を残していくことになる。カールの治世は領域の広がりという点からも、そして文化の基礎づけという点からも、のちに西欧となる地域に一つのアイデンティティを与えたのである。

5　ベネディクト修道士

　西方におけるキリスト教の発展に決定的な影響を与えた人物として、他にヌルシアのベネディクトゥス（480頃-546以降）がいる。だが彼の生涯については彼自身が著した「戒律」と教皇グレゴリウス1世が593年頃書いた『聖ベネディクトゥス伝』によって知られるのみである。彼は中部イタリアのヌルシア（現ノルチャ）の貴族の家に生まれ、おそらく東ゴート王テオドリックの治世のときに勉学のためローマに上京したが、混乱の世にあって修道生活を志した。当初は乳母と修道生活を始め、ロマヌスという師の指導下で皮衣をまとい、暦を忘れるほどの苦行生活を3年間送った。彼の許には指導を求める多くの人々が詰めかけるようになり、修道院長就任を要請されて彼は厳格な生活を他の修道士たちにも課そうと試みるが挫折した。再度修道院を設立したが、今度は近くの司祭と対立し、逃れるようにして南のモンテ・カッシーノに到り、アポロ神殿の跡地に洗礼者ヨハネとトゥールのマルティヌスを祀る聖堂を建てて529年頃モンテ・カッシーノ修道院を設立した。彼はこの修道院のために「戒律」を執筆し、

546年以降に逝去したとされる。

　没年がはっきりしないように彼は無名の人物であった。俗世を逃れるために修道生活に入ったのだから当然だが、もしかしたら歴史の中で忘却されていたかもしれない。そうならなかったのは皮肉にもモンテ・カッシーノ修道院が584年ランゴバルド人によって略奪されて修道士たちがローマに避難したためである。このとき彼らに出会ってベネディクトゥスの事蹟を聞いた教皇グレゴリウス1世が、彼の代表作『対話』の1巻を割いて『聖ベネディクトゥス伝』を著した。この中でベネディクトゥスは「神の僕」として描かれ、後世への模範としての地位を確立した。

　彼の「戒律」は先行する戒律や著作から大きな影響を受けており、カッシアヌス、アウグスティヌス、パコミウス、バシレイオスなどからの引用が見られるという。また「教師の戒律」という修道戒律との相関も高いとされる。それ以外にも彼の「戒律」に先行する現存の戒律だけでも20以上あるが、ベネディクトゥスはそれらを取捨選択してモンテ・カッシーノ修道院の状況にあったものを編集したのであろう。

　第1章4で触れたバシレイオスの「修道士大規定」が精神的助言であるとするならば、「戒律」は具体性に特徴がある。彼は共同体の運営を定め、修道士に沈黙や従順と清貧と貞潔を課し、聖務の時間を決めて衣食住の条件を明らかにし、外部との関係や修道志願者などの受け入れ方を指示している。たとえば病気の修道士について「病気の修道士は房を別にして、神を畏れ勤勉で注意深い者を看病に当てよ。病気の者にはいつものように風呂を使わせよ。しかし健康な者や特に若者にはそれほど頻繁でなくともよい。病人や弱っている者には回復のため肉を食事に供してもよい。しかし回復したならば、いつものように肉を避けなければならない」（第36章）と定めている。実際的で簡略で、先行する戒律に比べて穏やかで、ベネディクトゥス自身も「初心者のための控えめな戒律」と評している。この平凡ともいえる戒律がヨーロッパ中に広まったのはローマ教会、特に教皇グレゴリウス1世が称えたからだろう。

　ヌルシアのベネディクトゥスが定めたところに従えば、ベネディクト修道士の生活には怠惰を避けるための6時間の手労働と3時間半の読書と祈りが課せられていた。特に重要なのは神を称える集団の祈りであった。彼らの1日は定時課と呼ばれる祈りで刻まれ、それらは朝課、一時課、三時課、六時課、九時課、晩課、終課、夜課からなっていた。フランク期にさらに祈りの比重は高まり、夜を徹して祈り続ける修道院も現れた。この典礼への傾きを決定的にしたのがアニアーヌのベネディクトゥス（750頃-821）である。彼は西ゴート系貴族出身で本名はウィティザというが、ヌルシアのベネディクトゥスへの敬意ゆえにベネディクトゥスと名乗った。彼はルートヴィヒ敬虔帝の助言者となり、817年帝国のすべての修道院にベネディクトゥス戒律を遵守させようとしたが、ヌルシアのベネディクトゥスが1週間に1回詩篇全篇を読むよう規定したのに対し、アニアーヌのベネディクトゥスは1日に40篇読むよう求めている。修道院は地上にありながら、もはや自らの罪を悔い改める人の場所ではなく、神への賛美がこだまする、特権的で浴世とはかけ離れた神聖な場となった。

　修道院は莫大な財産を蓄積し（本章1参照）、その建設には「神の家」にふさわしく巨費が投じられ、聖務に与る聖職者の衣服も神を賛美するにふさわしいものが用意され、彼らは飢えに苦しむこともなかった。一般信徒の生活は豊かなものではなく（第5章3参照）、聖と俗、豪華と悲惨の対比は著しかった。修道士は神にもっぱら眼差しを向け、祈りの比重は高まり、次第に修道士の手労働は放棄されていき、さらに修道士の特権身分化に拍車がかかった。

　彼らは祈りのネットワークも築き、敬虔な有力者が死去すると過去帳（obituarius）をもった使者が各地の修道院などを回って死者の冥福を願ってくれるよう求め、聖俗を問わず多くの人々がこれに加わり、互いの魂の救いのために祈った。ライヒェナウ修道院の「記憶の書」にはこの修道院に魂の救いを願う4万人の氏名が記され、現存するノルマンディのある「記憶の書」の長さは21mに達するという。

　また祈りのために修道士は聖書や祈禱書を制作した。彼らは教父などを含むキリスト教著作を写したが、ザンクト・エンメラン修道院のオトローが生涯をかけて筆写したのが50冊と記録されている。貴重な手稿本に満ちたウンベルト・エーコの『薔薇の名前』（1980年）のような世界だ。ときに彼らは古典古代の異教作家の作品も複製保存し、図書室に納めたが、修道士が異教の古典を愛することもあった。子供の時アルクインは詩編よりウェルギリウスを好んだが、長じては弟子たちに『アエネイス』を読むのを禁じ、「神の詩人たちで十分だ。君たちがウェルギリウスの感覚的な雄弁で汚される必要はない」と諭したが、彼らは従わなかったという。

6　カロリング家の退潮

　カール大帝の治世にフランク王国は絶頂期を迎えたが、これは彼個人の功績の結果であった。確かにカールは支配安定のためさまざまな手立てを講じたが、その多くは彼の晩年から機能しなくなっていた。伯の職は次第に有力家門の手中に集中して統制が難しくなり、制度の欠如も否めなかった。カールはアーヘンを好み、その地を帝国の中心としたが、宮廷は移動しつづけた。一つにはこの当時の物流では宮廷の必要を賄うことができなかったため、物資を動かすよりも宮廷を物資のある王宮や修道院などへ巡幸させる方が効率的だったからである。また支配が何よりも人間関係に基づいていたため、つねに直接会って主従関係を更新し、自らの存在を臣民に知らしめるためにも、君主は移動しなければならなかった。必然的に宮廷は大規模たり得ず、大量の文書の発給・管理を行う官僚制度の発達は望めなかった。

　さらにピピン２世からルートヴィヒ敬虔帝までの５代にわたる単独統治は、早世や武力排除による幸運に過ぎなかった。長命であったカールの晩年に次代の権力闘争がすでに始まっていた。カールには多くの妻と息子が

いたが、有力な息子ごとに派閥が形成された。君寵が重要な宮廷社会においては勝ち馬に乗り、それに勝利させることが自らの一族の盛衰に関わる。統一を志向する派もいれば、分裂をもくろむ派もあった。カールは806年に「王国分割令」を発して息子たちの間での分

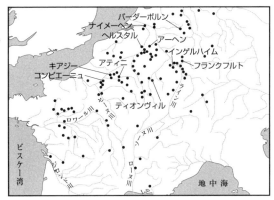

カロリング君主の王宮所在地

アウストラシアとネウストリアに偏っており、これらの地がカロリング家の基盤であったことが見てとれる。

割相続を定めたが、カール没後にルートヴィヒが単独で継承したのも、彼以外の兄弟が父であるカールより早く亡くなっていたために過ぎない。

　ルートヴィヒは778年カールの三男として生まれ、781年アキテーヌ分国王に立てられた。「敬虔」と呼ばれたように、修道院改革を主導したアニアーヌのベネディクトゥスをはじめとする教会人の強い影響を受けた。814年即位すると「フランク人の王国の再建」を目指して、帝国の一体性の維持に努めた。帝国内のすべての修道院にベネディクトゥス戒律を画一的に導入させたことなどはその一端であり、統一派に従ったのである。

　だが彼はそれを貫徹できなかった。817年ルートヴィヒは自らの死が迫っていると危惧して「帝国計画令」を発布して相続方法を定め、長男ロタールには帝位と版図の中核部分を、次男ピピンと三男ルートヴィヒには分国王としてそれぞれにアキテーヌとバイエルンを与えるとした。これは帝国の一体性を維持することを目指すと同時に分割相続の伝統に従ったものだが、息子たちの誰をも満足させられず不和の種を蒔いただけだった。またルートヴィヒは甥ベルナルドからイタリア王位を剥奪し、死亡させたが、このことに関して822年アティニで公に罪を悔いた。これは王の寛大

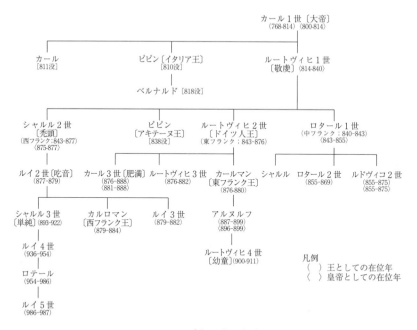

カロリング家の系図（2）

さと度量を示すためとする説もあるが、カール大帝ならば決して行わな
かったことだろう。

　ルートヴィヒが有力家門ヴェルフェン家の若きユディトを後妻に迎えて
823年シャルルが誕生すると緊張が高まった。シャルルの領土をひねり出
すために兄たちの領土を削ることが予想されたからである。830年息子た
ちの第1次反乱が勃発し、832年には第2次反乱が生じ、父と息子たちの
間で血みどろの争いが繰り広げられた。833年ルートヴィヒは退位に追い
込まれたが、834年玉座に返り咲くことに成功した。だが837年には第3次
反乱が生じている。最終的に決着がついたのは、あまりに悲惨な流血がな
され、誰もが勝利しきれないためであった。のちの異民族の侵入に抵抗で
きなかったのも、このときの人的損失を一因とする見解があるほどである。
　敬虔帝の死後、アキテーヌ王ピピンが838年にすでに死去していたため、

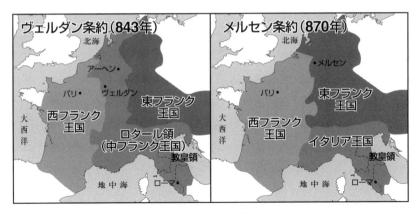

カロリング帝国の分割

843年ロタール1世（皇帝在位843-855）、ルートヴィヒ2世（在位843-876）、シャルル2世（在位843-877）の間でヴェルダン条約が結ばれ、ロタール1世は帝位およびアーヘンからローマに至る帝国の中核部分を、ルートヴィヒ2世は東フランクを、シャルル2世は西フランクを領有することとなった。しかし分裂はとまらず、855年にロタール1世が死去すると統一派であったはずの彼の遺領も三分割された。そしてロタール1世の二男ロタール2世（在位855-869）が死去すると、彼の遺領ロタリンギアは叔父であるルートヴィヒとシャルルに奪われ、870年メルセン条約によって分割された。その後も王の死去のたびに境界線は書き換えられた。

　カロリング朝は苦労して統一を保とうとしたが裂け目は広がっていった。兄弟の対立が激化するなか、ルートヴィヒ2世とシャルル2世は842年臣下たちとともにストラスブールに会同して盟約を結んだが、その際に彼らは東フランク諸侯には古高ドイツ語で、西フランク諸侯には古ロマンス語で誓ったという。「フランク人」は拡大の果てに言語的にも相互理解が難しくなっており、新たなアイデンティティが芽生えつつあった。

　諸侯は自らの利益を優先して自立化し、有利な条件を求めて鞍替えすることさえあり、君主は家臣の要求に応ぜざるを得ず、シャルル2世は即位

にあたって家臣の権利保護を誓い、877年には伯の世襲化に同意した。そのようななかで一部の者は野心を膨らませていった。たとえばセプティマニ伯ベルナール（795頃-844）は父ギヨームがカール大帝の従弟という名門出身でルートヴィヒ敬虔帝の側近だったが、王子たちの反乱に関与し、同時に自らの勢力圏をつくりだそうとした。シャルル2世はベルナールを抑えて844年彼を処刑したがその後シャルル2世も甥たちに敗れ、急速に王権は力を失っていくことになる。

　帝国の一体性を主張する司教でさえも自らの利益のために権力を志向した。ランス大司教エッボ（775頃-851）は農奴出身だがカール大帝に引き立てられ、引き続きルートヴィヒ敬虔帝の助言者となってランス大司教に立てられたが、833年敬虔帝に反抗して息子のロタールを支持した。834年ルートヴィヒが復位するとエッボは断罪され、840年ロタールが中フランク王に即位するとランス大司教に返り咲いた。だが841年シャルル2世がランスを支配すると再び失脚し、東フランク王ルートヴィヒ2世の宮廷に転じてヒルデスハイム司教となっている。彼とランス大司教位を競ったヒンクマール（806-882）はさらに権力志向で、ロタリンギア王ロタール2世の離婚問題に際して彼の庶子の権利を認めず、西フランク王シャルル2世をロタリンギア王に戴冠した。さらにシャルルの息子ルイ2世「吃音」（在位877-879）を戴冠し、その息子ルイ3世（在位879-882）とカルロマン（在位879-884）を支持し、ともに王として即位させキングメーカーとなった。諸侯も教会も王権のコントロールから脱しつつあったのである。

第4章

隣人たち
―交流と緊張―

　フランク時代に、のちに西欧となるもののアイデンティティが基礎づけられた。だが西欧は孤立して存在していたわけではない。隣には多くの民や文化が存在し、これらとの交流によって西欧は発展したのである。本章ではヨーロッパ中世の隣人たち、まず当時の西欧をはるかにしのぐ文明を誇ったコンスタンティノープルとイスラームをとりあげる。

　そしてゲルマン人の移動が落ち着いたのちも民族移動の波が止むわけではなかった。ユーラシア大陸中央部には移動を阻む国家という障壁がまだ十分設けられておらず、ゴート人などが去った後もさまざまな民族が西へと向かった。これらの民族は神聖ローマ帝国と東ローマ帝国という壁に突き当たって、中東欧に定住することになるが、その過程において、あるものは歴史の霧の中に消え去り、あるものはキリスト教に改宗し国家を形成した。それらのうちで東欧のアヴァール人、モラヴィア（チェコ）人、ブルガール人、マジャール人、さらにノルマン人に注目し、それらの民や文化について略述してヨーロッパ中世との交流と緊張について考えたい。

1　コンスタンティノープル ──────────

　コンスタンティノープルに新都が建設されたことに象徴されるように、ローマ帝国の重心が東方に移るにしたがってラテン語圏とギリシア語圏の溝は深まった。たとえば4世紀の教会会議は帝国の東西に別れて開催されることが多くなり、343年にはサルディカとフィリッポポリスで、359年にはリミニとセレウキアで教会会議が別個に開かれている。西方と東方は次第に距離を置き、東方はギリシア化した。ユスティニアヌス帝の時代には公用語はまだラテン語で「ユスティニアヌス法典」はラテン語で書かれているが、ヘラクレイオス帝（在位610-641）の治世から東方の公用語はギリシア語となった。

　しかし東方の帝国市民は自らがローマの後裔であるという誇りを有し、ローマ人と名乗った。「栄光ある文明人」という自負を抱き続けていたのである。ただ、このローマとは共和政期でも元首政期でもない、キリスト教的な後期ローマ帝国期のローマである。彼らの考えるローマ帝国とは異教的なものではなく、それゆえ哲学者といわれる人々はこの時期にはほとんどおらず、存在するのは神学者であった。確かに東ローマ帝国は古典の伝統を保持し、西欧に手稿本などの遺産を伝えたが、それは帝国末期のパレオロゴス朝ルネサンスにおいて古代ギリシア文献の研究が推し進められ、ゲミストス・プレトン（1360頃-1452）をはじめとする多くの古典学者がその成果を携えてイタリアを訪問あるいは亡命したからである。

　皇帝ユスティニアヌスの再征服は帝国のかつての栄光を回復させたように見える（第2章3参照）。しかし長期にわたる軍事行動は莫大な戦費を要し、征服地を荒廃させ、かつての市民たちの忠誠心をふたたび獲得することができなかった。もはや帝国は以前のように鷹揚ではなく、かなりの税負担を求めて画一的な宗教を強制した。帝国の支配はメリットよりもデメリットが大きくなっていた。疫病も猛威を揮った。サーサーン朝ペルシアとの長期にわたる消耗戦に加え、イタリアにはまもなくランゴバルド人

が、バルカン半島にはスラヴ人やブルガール人が侵入し、近東はアラブ人の快進撃の前に次々と呑み込まれていった。638年にはアンティオキアが、642年にはアレクサンドリアが、698年にはカルタゴが陥落した。最後の拠点コンスタンティノープルでさえも674-678年と717-718年にイスラーム軍に攻囲され、「ギリシア火」によってどうにか踏みとどまったに過ぎず、帝国版図は 7 世紀末には小アジアとバルカン半島沿海部に縮小した。

　テオドシウス朝以来新たな国家の方向性が現れていたが、この危機を脱する過程で帝国の国家機構は変容した。文官武官の分離は薄れ、現地軍司令官が行政権も兼帯するようになった。 8 世紀後半にはテマ（軍管区）制が成立し、スラヴ人などをテマ兵として入植させ、防衛力の確保と租税収入増による財政の安定を得た。地方分権への傾向が強まる一方で、中央政府は大土地所有者に対する中小農民の保護政策を実施し、全国への徴税権を握って得た財源を軍事費として再配分し続けた。

　イサウリア朝（717-802）の反攻を経て、エジプトやシリアなどは喪失はしたものの、帝国はマケドニア朝（867-1057）のバシレイオス 2 世（在位963-1025）の治世に新たな最盛期を迎えた。軍事的にもブルガール人などを従わせ、東方のイスラーム勢力を押し返し、経済的にも黒海とエーゲ海・地中海の交易を握る帝都は繁栄し、コンスタンティノープルの金貨は「中世のドル」として国際決済通貨の役割を果たした。文化的にも皇帝コンスタンティノス 7 世（在位913-959）の下でマケドニア朝ルネサンスを生み出し、ビザンツ文化は「東方の光」と称えられた。オットー 1 世（在位936-973）は962年の皇帝戴冠後にコンスタンティノープルに使節を送って自らの地位の正統性を認めるよう交渉を行い、息子オットー 2 世（在位961-983）のために皇女の降嫁を求めて、皇帝ヨハネス 1 世（在位969-976）の姪とされるテオファヌを迎えた。この動きは、なおも高いコンスタンティノープルの威信を示していよう。

2 イスラーム

　アラビア半島は地中海とインド洋、さらに東方を結ぶ交易路上に位置し昔から多くの商人が行き交っていたが、サーサーン朝ペルシアと東ローマ帝国の抗争が激化すると危険を回避するため商人は南に迂回してアラビア半島を経由するようになり、イエメンからメッカを経てシリアにいたる交易路が栄えた。7世紀のメッカには1万人以上の人々が住みつき、ユダヤ人商人のコロニーも存在したという。そのような環境下でムハンマド（570頃-632）は610年頃啓示を受けて宗教活動を始めた。メディナに移住することを余儀なくされる時期もあったが、彼は同士討ちを続けていたアラブ人を統合し、イスラーム帝国の礎を築くことに成功した。

　ムハンマド没後、選ばれて初代カリフに就いたアブー・バクル（在位632-634）はアラビア半島を統一し、第2代カリフのウマル1世（在位634-644）は635年ダマスクスを攻略し、642年にはエジプトを征服した。さらに636年サーサーン朝の首都クテシフォンを陥落させ、642年にはニハーヴァンドの戦いでサーサーン朝軍を壊滅させて、実質的に止めを刺した。第3代カリフのウスマーンの時代（在位644-656）には東は現在のイランとアフガニスタンの国境付近まで、西はチュニジアまで版図を拡大した。征服活動に参加したアラブ人には戦利品と俸給が与えられ、彼らは高い志気と勝利の確信に溢れていた。さらに降伏した民には異教徒であっても生命・財産・信仰の保持が保障されたことが、この大征服成功の理由であろう。

　661年ハーシム家の有力者で第3代カリフ・ウスマーンの親族であるムアーウィア（在位661-680）が政権を奪取し、ダマスクスを首都としてウマイア朝（661-750）を建国した。これはイスラーム最初の世襲王朝でアラブ人による支配を貫き、公用語としてアラビア語を採用した。イスラーム教徒とはこの頃はまだアラブ人のみを意味しており、イスラームへの改宗活動は熱心には行われず、非アラブ人にはズィンミー（庇護民）として

人頭税（ジズヤ）と地租（ハラージュ）を納める義務を負わせた。ウマイア朝は財政組織や駅伝制の整備を行い、貨幣を製造するなどイスラーム国家の基盤を築き、第６代カリフのワリード１世（在位705-715）の治世に版図は最大に達し、東ではブハラやサマルカンドを征服してフェルガナ地方にまで進出し、中央アジアにイスラームが広がるもととなった。西では697年東ローマ帝国からカルタゴを奪って北アフリカのほぼ全域を支配し、さらにイベリア半島に進出して、711年西ゴート王国を滅ぼした。これらの征服活動の結果、地中海は「イスラームの海」となり、ローマ帝国に代わってアラブ帝国が覇権を握った。

　750年ウマイア家の専横とアラブ人至上主義に対する反発によってウマイア朝は倒れ、アッバース朝（750-1258）が興った。コーランの下でイスラーム教徒が平等であることが確認され、イスラーム法に基づく統治を実現し、非アラブ人イスラーム教徒に課せられていた人頭税（ジズヤ）とアラブ人の特権であった年金の支給が廃止された。アラブ人による征服王朝がイスラーム帝国に変容し、イスラーム教、イスラーム法、アラビア語によって統合された新たな世界が生み出されたのである。

　アッバース朝第５代カリフのハールーン・アッ＝ラシード（在位786-809）の時代にアッバース朝は最盛期を迎え、首都バグダードは人口が100万人を超えた。商人の活動は比較的自由に認められ、バグダードを中心として幹線道路が張り巡らされ、港にはさまざまな国の船が行き交った。農業では新しい灌漑方法が広まり、耕地面積が拡大した。商品作物も増え、伝統的な作物に加えて米、サトウキビ、綿花などの栽培が進められた。またアッバース朝では科学が発展を遂げ、塩酸、硝酸、硫酸などの製造法が考案された。ギリシア・ローマの学問的伝統も受け継がれ、アリストテレスの『形而上学』やプトレマイオスの『アルマゲスト』が翻訳され、数学や天文学も発展して９世紀には地球の直径の測定も試みられたほどである。医学も発展し、同時代の西欧とは比較できぬほどの高い水準にあった。９世紀バグダードに設けられた図書館「知恵の館」では古今東西の学術文献

が翻訳され研究されたという。イスラームはローマに代わって多くのメリットをもたらす帝国を築いたのである。

　西欧との関係では732年のトゥール・ポワティエ間の戦いが強調される。確かに、この戦いによってアラブ軍の北進に歯止めがかけられ、フランクではカール・マルテルの威信が確立してカロリング朝、ひいては西欧の礎が据えられたが、2つの世界に乗り越えられない溝が穿たれたわけではない。この後も交流と緊張は続き、外交関係は維持されていた。798年ハールーン・アッ＝ラシードがカール大帝に象を贈ったと記録されているが、これは両者にとって対コンスタンティノープル外交の一環だった。

　またイベリア半島にはウマイア王家のアブド・アッ＝ラフマーン1世によって後ウマイア朝（756-1031）が建国された。これはアッバース朝に匹敵する繁栄を実現し、最盛期のアブド・アッ＝ラフマーン3世（在位912-961）の時代に首都コルドバの人口は50万人を超え、さまざまな宗教や民族が共存した。一部のキリスト教徒は去ったが、大部分はイスラーム支配下で信仰の自由を許されて暮らした。ユダヤ人も西ゴート王国時代には苛酷な扱いを受けることが多かったが、イスラーム支配下では自由と繁栄を享受した。またトレドも優れた図書館を備え、西欧の学者たちはその恩恵を大いに受けることになる。音楽も盛んで西欧の楽器リュート（lute）はアラビア楽器のウード（al-oud）が訛ったもので、東方よりもたらされたものである。

　しかし西欧はイスラーム帝国にとってはやはり他者であり、その関係には緊張が走ることもあった。また近東の高級品を買うには対価が必要だが、それに見合う製品を西欧はまだ産み出していなかった。それゆえ支払いには貴金属が用いられたが、一方的に流出するだけでは続かない。交流は細々としたものとなったのである。

3　東欧

　ここでは初期中世ヨーロッパに大きな影響を与えたアヴァール人、モラヴィア（チェコ）人、ブルガール人、マジャール人をとりあげることとする。なお、これらの民の初期については史料が乏しく謎が多いが、いずれも多様な人々が流転の中で離合集散を繰り返して形成されたものと考えられる。ゲルマン人とは何かが難しかったように、スラヴ人とは何かも同様に難しい。「民族」「人種」は歴史的所産であるが、近代国家形成期と関わる史学史的な問題を含んでいよう。

アヴァール人

　アヴァール人はモンゴル系の遊牧騎馬民族とされ、6 世紀中頃にドナウ川下流域に達し、西進しつつ周辺の諸民族を服属させた。中欧で地盤を築き、またランゴバルド人と結んでゲピード人を滅ぼしてハンガリー平原全域を支配した。ここにおいて彼らの勢力範囲はボヘミアからドナウ川流域を経て南ロシアにおよぶ広大なものとなり、そこから東ローマ帝国やフランク王国への侵入を繰り返した。東ローマ帝国は一時アヴァール人に強硬姿勢をとったが敗北したため、彼らへの貢納を再開した。その後コンスタンティノープルはアヴァール人から拠点を奪還し、ドナウ川を両国の国境とした。だが帝国内が混乱すると、ふたたび北方の守備が手薄となってアヴァール人の侵入は激化し、彼らとともに 6 世紀から 7 世紀にかけて農耕民であるスラヴ人もバルカン半島へ大挙移住し、バルカン半島のスラヴ化の端緒となった。

　791年カール大帝が東征し、804年までにドナウ川中流域を征服し、一方で南からブルガール人も侵攻したため、アヴァール人は急速に衰え、9 世紀にはマジャール人に吸収されて歴史の表舞台から姿を消す。一時の勢威は高かったが、固有のアイデンティティの形成に失敗したといえよう。

モラヴィア（チェコ）人

　東欧のアイデンティティ形成を検討する際に重要なのが現在のチェコ人の祖先にあたるスラヴ系のモラヴィア人である。現在のチェコ東部を中心とする地域にはゲルマン系やスラヴ系などさまざまな人々が暮らし、一時期はフランク人商人のサモ（658没）を中心とする国があったとされる。この国はアヴァール人によって滅ぼされたが、彼らの勢力が衰えると、モイミール1世（830頃-846）によってモラヴィア公国が樹立される。モイミールは831年頃にカトリックの洗礼を受けたが、彼が東フランク王ルートヴィヒ2世によって倒されると、代わって位に就いたラスチスラフ（在位846-870）は東フランク王国への警戒から正教に傾いた。コンスタンティノープル側としてもモラヴィアはブルガリアへの対抗勢力として重要であったため、キュリロス（827-869）とメトディオス（826-885）が宣教のために派遣された。彼らがスラヴ人の言葉を表すために考案したグラゴル文字は現地語表記の先駆的な試みとなる。だが東フランク王国と組んだスヴァトプルク1世がラスチスラフを倒して即位（在位870-894）するとモラヴィアは最終的にカトリックを信奉してラテン文字を採用した。

　かつてスラヴ人たちは「共通スラヴ語」を話しており、方言的な違いはあるものの相互に意思疎通ができるほどであったと考えられている。だがキリスト教の導入とともに文字と書き言葉が導入され、その際に西方を選んでカトリックとローマ文字を採用するか、東方を選んで正教とグラゴル文字やキリル文字を採用するかで、異なる道を歩むことになる。

ブルガール人

　同じくスラヴ系とされるブルガール人は、本来はトルコ系遊牧民とされ、7世紀後半に黒海北岸からドナウ川下流域に侵入して東ローマ帝国と戦い、スラヴ人を支配した。681年に東ローマ帝国と講和を結んでこの地域の支配権を認められた。南から攻め寄せるアラブ人と対決しなければならなかったコンスタンティノープル政府には対決の余裕がなかったのである。

彼らは第 1 次ブルガリア帝国（681-1014）を建国し、東ヨーロッパ随一の大国に成長した。9 世紀初頭にはトラキアに勢力を拡大し、813年にはコンスタンティノープルを包囲するほどであった。864年にボリス 1 世（在位852-889）は正教に改宗したが、コンスタンティノープルがブルガリアの独立を脅かすことを恐れ、彼はフランク王国と結んでローマ教会と組もうと試みた。結局、ローマ教会の譲歩を得られず、またブルガリア大主教区の実質的な独立という譲歩をコンスタンティノープルから得られたため、870年にギリシア正教を最終的に採用した。これは異教信仰を守ろうとする貴族の反抗を招いたが、王は鎮圧した。これ以降ブルガリアは一貫して東方圏に属することになるが、単純なギリシア化ではなく、モラヴィアを追われたメトディオスの弟子らを保護するなど教会生活や文化のブルガリア化が進んだ。シメオン 1 世（在位893-927）はコンスタンティノープル総主教から自立したブルガリア正教会を設立し、918年より皇帝と称した。彼の治世下で、ブルガリア帝国の領土はマケドニアやペロポネソス半島北部にまで及んで最盛期を迎えたが、その後は次第に衰え、「ブルガリア人殺し」の異名を得ることになる東ローマ皇帝バシレイオス 2 世に1018年敗れて滅亡し、雌伏の時代に移行することになる。

マジャール人

　一方、ウラル山脈の彼方から遊牧民のマジャール人が移動してきた。彼らはウゴール系の言葉を話し、フィンランド人らと同系統である。ドニエストル川とドン川に挟まれた地域に定住し、さらに 9 世紀末にハンガリー平原に侵入した。遊牧民であった彼らは農耕を学びながら先住民と融合した。彼らはそこを根拠としアールパード朝（850頃-1301）の下でバイエルンなどの中東欧各地を、さらにはフランスや南イタリアまで騎馬で蹂躙して、同時期に猛威を揮った海のヴァイキングとともに怖れられた。しかし955年にレヒフェルトの戦いでオットー 1 世に敗れた頃から、彼らはそれまでの自然崇拝を放棄し、西ヨーロッパに接近した。1000年にイシュト

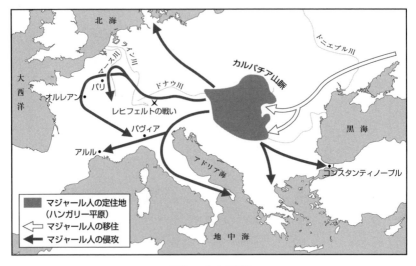

マジャール人の侵攻

ヴァーン１世（在位997-1038）はカトリックに改宗して、ローマ教皇から
ハンガリー国王としての聖別を受けて、戴冠された。その後も彼らは北は
モラヴィア、南はクロアチアを支配下に入れ、さらにルーマニアのトラン
シルヴァニアにも勢力を伸ばして絶頂期を築くが、モンゴルの侵略によっ
て大打撃を受けることになる。

　中世初期の中東欧は西方世界と東方世界という２つの文明圏に挟まれて、
どちらを向くか選択を迫られながら、さまざまな利害を考慮してアイデン
ティティを形成した。ときにはブルガリア正教会の自治獲得の際のように
両者を天秤にかけながら交渉することもあった。メロヴィング朝について
述べたように、新たにキリスト教を信奉することは、伝統的な祭祀や慣習
と結びついた反対陣営の力を削ぎ、同じ信仰を共有する他の国々や集団か
らさまざまな支援を期待できた。キリスト教はローマ的統治方法や教養と
一体化していたため、キリスト教への改宗は国家形成の核としての役割も
果たすのである。

4　ノルマン人

カロリング世界の北辺にもさまざまな民がいた。ジュート人、アングル人、ザクセン人は西隣のフランク人と衝突し多くの戦闘を繰り広げながら、海を越えて経済的なネットワークを張り巡らし、それに沿ってキリスト教宣教師が活躍したこ

オーセベリのロングシップ

とは第2章5で述べたとおりである。

　しかし、これらの民よりも大きな影響を与えたのがノルマン人である。彼らは現在の北欧、つまりスウェーデン、ノルウェー、デンマーク付近に発祥し、農耕とともに牧畜や漁業を営み、必要な物を入手するため船に乗って北洋を交易した。彼らの「ロングシップ」は細長く両端が反り上がり、オールで漕いだが、のちには1本マストを備え、帆走による遠洋航海もできるようになった。彼らの船は喫水が浅く、水深の浅い河川にも入ることができ、軽いため陸路を担いでいくことも可能でどこにでも接近できた。

　彼らは場合によっては交易先で略奪もしたが、その理由については諸説ある。だが角のある兜をかぶった狂戦士という後世に形成されたイメージをそのまま受け入れてはいけないだろう。発掘調査によってさまざまな面が明らかになっており、最近彼らの遺骨で実施されたDNA検査は、ひじょうに多様な人種的構成を示している。またビーズなどの考古遺物から考えると彼らの交易ネットワークはさらに広がっていただろう。

　彼らはスウェーデン系、ノルウェー系、デンマーク系の3系統に分けら

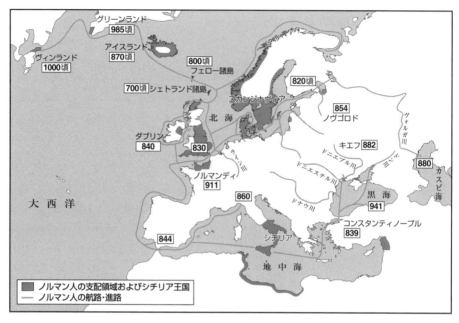

ノルマン人の進出年代と支配領域

れるが、そのうちの一つスウェーデン系は7世紀から現在のラトヴィア付近に交易拠点をもち、バルト海内を結ぶ交易網を形成しており、フィンランド湾を経てネヴァ川を遡り、ドニエプル川を下って黒海に入り地中海に達し、またヴォルガ川を下ってカスピ海にも足を延ばした。スラヴ人やフィン人から略奪や交易によって毛皮と奴隷を得て、西欧へと、またイスラーム世界やコンスタンティノープルへと運んだ。さらにスウェーデン系は傭兵としても重要な役割を果たし、ノヴゴロド国およびキエフ大公国における政権樹立に関わり、10世紀以後コンスタンティノープルでも皇帝の親衛隊として勤務した。

　一方ノルウェー系は北に向かい800年頃にフェロー諸島を、870年頃にアイスランドを発見し、985年頃にはグリーンランドを探検して植民した。最盛期にはこの島に100を超える農場があったと伝えられる。1000年頃に

はカナダ北東海岸からヴィンランド（現ニューファンドランド）を探検し
たが、これはコロンブスを先取りすること約500年である。並行して彼ら
の鉾先はブリテン諸島に向けられ、8世紀末のアイルランド攻撃を皮切り
に、9世紀前半から北スコットランド、イングランド北西部、アイルラン
ドに定住し、ダブリンにはノルウェー系王国が建設された。また彼らは北
フランスのルーアン、ナントなどを襲撃し、ビスケー湾経由でジブラルタ
ル海峡を越えて地中海にも進出し、セビリャ、コルドバ、アルル、ピサな
ども襲った。

　3系統のノルマン人のうちでもっとも猛威を振るったのがデンマーク系
のデーン人である。830年代からイングランドに侵入した彼らは9世紀後
半イングランド東北部の大半を屈伏させた。またカロリング・ルネサンス
に大きな影響を与えたイングランドの諸修道院のなかには彼らによって廃
墟と化すものもあった。アングロ・サクソン人も反撃し、エドガー王（在
位959-975）による統一と平和も見られたが、980年代デーン人によるイン
グランド攻撃が再開された。991年エセルレッド2世（在位978-1013、
1014-16）は彼らの退去を求めて平和金（デーンゲルド）を支払って、事
実上デーン人への貢納国となった。平和金の額は1018年までに記録上少な
くとも19万5,000ポンドに達するという。実際、北欧では980年代以降のア
ングロ・サクソン銀貨が5万枚以上出土しており、この支払いが実際にな
されたことを傍証している。また第5章1で述べるように彼らはフランク
帝国内にも勢力を築いて、ノルマンディ公国を建設し、さらにそこから南
イタリアなどへと雄飛することになる。

　外に向かっての冒険と掠奪の時代を経て、3系統は密接に絡まり合いな
がら国家形成を果たすことになる。主導権を握ったのはデンマークで、
960年頃ハーラル1世（在位958-985頃）がキリスト教に改宗し、10世紀末
にはデンマークとスウェーデン南部の統一をほぼ達成し、北海とバルト海
を結ぶエアスン海峡を支配して北洋経済圏の生命線を握った。

　後継者のスヴェン1世（在位985-1014）は1013年にエゼルレッド2世を

破ってイングランド王となったが、翌年スヴェン1世が急死すると息子ク
ヌート2世が戦いを引き継ぎ、1016年イングランド王に即位した。彼はイ
ングランド王（1016-35）だけでなくデンマーク王（1018-35）とノル
ウェー王（1028-35）も兼ね、さらにスウェーデンも有し、北海をまたぐ
帝国を建設した。彼の死後デンマーク王権は一時的に力を失うが、ヴァル
デマー1世（在位1157-82）の下で再建されてエストニアを支配下に組み
込み、さらにバルト海へと勢力を拡大した。

　一方ノルウェーでは、やや遅れて9世紀末にハーラル1世（在位872頃
-930頃）が沿岸部を統一して最初の統一王国が成立した。しかし山岳の多
いノルウェーでは地域権力が強く、王権は調停者としての役割が強かった。
10世紀末にキリスト教がもたらされたものの王室内の権力闘争は激化し、
11世紀にはデンマークに併合された。だが12世紀末に独立を回復し、13世
紀後半に王国は最盛期を迎えた。

　北欧3国のうちでもっとも王権の成立が遅いのはスウェーデンである。
小王国が群立し、伝説的な王は幾人も伝えられているが、初代の王とされ
るのはエーリク6世（970-995）で、1008年頃にオーロフ・シェートコヌ
ング王（在位995頃-1022頃）が洗礼を受け、キリスト教は軋轢を生じさせ
ながらも受容された。12世紀になるとスウェーデンはフィンランドに進出
し南部を併合した。

　北欧3国は高緯度に位置して耕作に適した土地は少なく、多くの人々を
養うことは難しかった。古い要素を留めているとされるアイスランドの全
島集会（アルシング）に表れているように、地域主義が優越し、その地域
に根ざした貴族の力が強かった。さらに現在でもデンマーク語、スウェー
デン語、ノルウェー語が相互に理解可能であるように言語や習慣の垣根は
低く、王家は互いに通婚し、有力貴族も国を超えて地歩を固めた。

第5章

鉄の時代
—混乱と再編—

　カロリング朝の栄光は今なお輝いている。特にカール大帝は「ヨーロッパの父」と称えられ、かつての都アーヘンにおいてヨーロッパ統合の理念に適う功績を挙げた人物にカール大帝賞が1950年から毎年授与されている。その第1回受賞者は汎ヨーロッパ主義の提唱者クーデンホーフ・カレルギー（1894-1972）であり、そののちもヨーロッパ統合に尽力した多くの人物がその栄誉に輝いている。カール大帝はヨーロッパが語られるときつねに仰ぎ見られる存在なのである。

　しかし彼が建設した帝国は急速に衰えた。彼はキリスト教に基づく帝国を築き、さまざまな国家装置を備えさせたが、後継者たちは無能と内紛によって勢力を衰えさせ、外敵の侵攻に苦しむことになる。以前の成功は再びの成功を保証してはくれない。しかし、この混乱の中から新たな均衡が生まれ、再編されたヨーロッパは活力を見出していく。本章では異民族の侵入を受けて封建制の成立にいたる過程とその特徴を説明し、荘園と農民、農業革命、平和の回復について述べていくこととする。

1　異民族の侵入

　カロリング家の衰退は止まらず、帝国は分裂を続けた。ロタールの帝国は3分割され、東フランクのルートヴィヒ2世の王国も3等分され、西フランクのシャルル2世の王国はルイ2世（在位877-879）を経て孫3人に受け継がれた。それらの王国の寿命は短く、東フランクのルートヴィヒ2世の3人の息子のうちカールマン（在位876-880）とルートヴィヒ3世（在位876-882）が相次いで世を去ると、残るカール3世「肥満」（在位876-888）が父の遺領すべてとイタリア王国などを統べることになった。カール3世は881年に教皇から皇帝に戴冠され、さらに西フランクのカルロマン（在位879-884）が死去すると西フランクの貴顕は彼に王位を捧げ、カール3世がカロリング帝国の全版図を一身に背負うこととなった。折しも外敵の侵入が続き人々は強力な王を望んだのである。だが彼はそれに応えられなかった。どのような侵入を帝国は蒙っていたのだろうか。

　南からはアラブ人の攻撃を受けていた。大規模な騎行はもう見られないとしても、アラブ人は艦隊を編成して略奪を繰り返し、都市を占拠した。イタリアを支配する皇帝ルドヴィコ2世（単独在位855-875）は即位前にも846年イスラーム海賊からローマを死守し、871年バーリをイスラーム教徒から奪取した。だが、その後も南イタリアは1091年にイスラーム勢力が一掃されるまで両者の衝突の最前線であり続けた。イスラーム教徒はまた毎年のようにローヌ川を遡った。842年にはアルルを攻撃し、彼らの拠点である南フランスのフラシネは889年から975年までイスラーム支配下にあり、そこからアルプス越えの峠道をコントロールした。732年のトゥール・ポワティエ間での勝利ですべてが解決したわけではない。

　東からはスラヴ人が押し寄せており、カロリング帝国は絶えず彼らの脅威に悩まされていたが、さらに猛威を振るったのがマジャール人（第4章3参照）である。彼らは900年頃から襲撃を繰り返し、907年には東フランクの副王格であったバイエルン大公を戦死させた。東部の諸辺境領が失わ

れ、910年にフランク軍は壊滅
的敗北を喫した。マジャール人
はそれから数十年間にわたって
自由に振る舞い、沈静化は955
年のレヒフェルトの戦いまで待
たなければならなかった。

　しかし何よりも深刻だったの
はノルマン人の脅威である（第
4章4参照）。ノルウェー系ノ
ルマン人がブリテン諸島北部に
現れ、793年には北イングラン

聖フィリベルトゥスの聖遺物の移動

ドのリンデスファーン修道院を略奪し、810年代にはデンマーク系ノルマ
ン人によってフランス西岸ノワルムーティエ修道院が襲撃された。修道院
は貴金属などの富を豊かに蔵するが、戦力がないため狙われやすかったの
である。ノワルムーティエ修道院は繰り返しノルマン人に襲われ、そのた
びに修道士たちは聖フィリベルトゥスの聖遺物を抱えて逃げ、5度の避難
の末にようやく875年トゥルニュに安住の地を得た。しかし、この地にお
いてさえも930年代にマジャール人の被害を蒙ることになる。

　一方デンマーク系ノルマン人は主に沿岸伝いにフリースラント、北西フ
ランスおよび東イングランドに侵入した。第2章5で述べたドーレスタッ
トが834年から863年の間に7回の襲撃を受けたように、カロリング朝下の
繁栄によって富が蓄積されていたライン・モーゼル川流域などにある多く
のフランク都市、たとえばアーヘン、ケルン、コブレンツ、トリーアが襲
撃され、西フランクのパリ、シャルトル、トゥール、オルレアンなどの都
市も攻撃を免れず被害は甚大であった。彼らの襲撃から身を守るため城壁
は厚く築かれた。防衛に成功する場合も次第に増え、891年には東フラン
ク王アルヌルフ（在位887-899）が劇的な勝利を収め、イングランドでは
ウェセックス王アルフレッド（在位871-899）が反撃に成功した。

　それらの防衛戦のうちでもっとも有名なのが885年から886年にかけての
パリ攻囲戦である。ノルマン人は9世紀半ばからパリを繰り返し襲撃した
が、885年彼らは「700艘の軍船に30,000人の兵士」を動員したと伝えられ
る。迎え撃つはロベール家のパリ伯ウードが率いる「兵士200名」。これら
の数字はウードの功名を高めるために誇張されたものであろうが、両軍の
戦力に大差があったことは確かだろう。攻防戦は数ヵ月に及んだが、ウー
ドらの奮闘によってパリは死守された。一方、皇帝カール3世「肥満」は
要請を受けて救援に来たが、ノルマン人との戦闘を避けて貢納金を支払い、
さらにはブルゴーニュでの略奪を許したという。887年カール3世は退位
を余儀なくされ、カロリング家の威光は大いに陰った。ピピン3世の戴冠
の際にカロリング家以外の者が王位に就くことはできないとされたが（第
3章2参照）、パリの英雄が西フランク王ウード1世（在位888-898）とし
て王に推戴される。

　ノルマン人はすでに820年代からセーヌ下流域に定着していたが、911年
シャルトル包囲戦に敗れたあとノルマン人指導者ロロは西フランク王シャ
ルル3世（在位893-922）によりルーアン伯に封ぜられて敵対を終え、の
ちのノルマンディ公家を創始する。こののち次第にノルマン人の脅威は静
まっていく。

　しかし、これらの侵入によって、すでに揺らいでいたカロリング帝国の
屋台骨は回復不能な打撃を蒙り、新しい時代に即した次なる力の均衡が求
められた。

2　封建制 ────────────────────────

　四分五裂したカール大帝の帝国の東半分はオットー朝のもとで第6章1
で述べるように統一を回復するが、西半分では混迷が進んだ。879年には
シャルル2世の義弟ボソがプロヴァンス王位に就き（在位879-887）、888

年にはパリ伯ウード1世が西フランク王となった。

　しかしカロリング家と覇を競うロベール家（カペー家の前身）も確固とした権力基盤を確立できず、ウード1世ののち王位は再びカロリング家のシャルル3世に戻った。ウード1世の弟は貴族の支持を集めて反乱を起こし、ロベール1世（在位922-923）として西フランク王位に就いたものの、シャルル3世と激突し戦死した。その後も王位争いは続き、最終的にはロベール1世の孫ユーグ・カペーが王（在位987-996）となっ

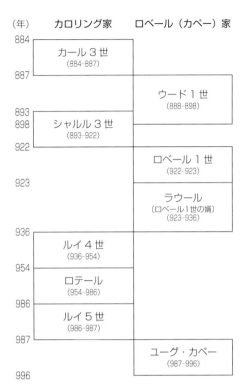

(年)	カロリング家	ロベール（カペー）家
884	カール3世 (884-887)	
887		ウード1世 (888-898)
893	シャルル3世 (893-922)	
898		
922		ロベール1世 (922-923)
923		ラウール 〔ロベール1世の婿〕 (923-936)
936	ルイ4世 (936-954)	
954	ロテール (954-986)	
986	ルイ5世 (986-987)	
987		ユーグ・カペー (987-996)
996		

西フランク王位をめぐる争い

てカペー朝（987-1328）を創始するが、カロリング家とロベール家の対決は長く、消耗を強いた。下剋上を果たしたカペー家でさえ、ユーグ・カペーの父である大ユーグ（898頃-956）の大所領を守れず、家臣であったブロワ伯やアンジュー伯の自立を許し、父の宗主権下にあったブルゴーニュは弟の所領となり、王の影響圏はきわめて限られたものとなった。王は名目的な存在と化し、ノルマンディ公、ブルゴーニュ公、アキテーヌ公、フランドル伯、アンジュー伯、シャンパーニュ伯、トゥールーズ伯などの有力者が大所領に加え、軍事指揮権、城砦の所有権、裁判権、造幣権などを私するに至った。そのような状況下で新たな体制、封建制（feudalism）が姿を現した。

　封建制はさまざまな国で見られるが、わが国では日本、中国、西洋における封建制を相互に関連させて論じられることがある。しかし土地の授受をともなう主従関係であることや地方分権的性格などが共通に見られるにしても、これら3つの封建制は多くの点で異なっている。また西欧に限っても、この概念についてはさまざまな理解が存在する。もともとfeudalismという語は中世には見られず、17世紀に法律家によって生み出されたもので、さらに啓蒙思想家がこの語を用い、モンテスキュー（1689-1755）の『法の精神』によって一般に広まった。彼らにとって、封建制とは反動と無知の象徴として否定されるべきものだった。さらにマルクス主義に取り込まれ、生産様式に基づく古代−奴隷制、中世−封建制、近代−資本主義という発展段階説の一環をなす術語となった。これによって封建制が「前近代において特徴的な農奴制に基づく体制」を指すこともある。その後も封建制を支配層内に限定する法制史的解釈、社会全体を貫徹する階層的社会構造とする解釈、さらには封建制という概念そのものの有効性を否定する解釈など、さまざまなものが生まれた。本書では西フランクなどで見られたものを中心に法制史的解釈に基づいて論じていくこととし、荘園（領主）制については本章3で論じることとする。

　その起源についてはさまざまな議論があるが、西欧における封建制はゲルマンの従士制（Gefolgschaft）とローマ末期の恩貸地制（beneficium）などに発するとされる。前者は「自由人が有力者から衣食や武器を与えられる見返りに死を賭して戦うことを誓う」という制度で、後者は「一定の奉仕を要求する代償に土地の使用権を貸与する」という制度である。8世紀のフランク王国においてこれらが結合したとよく主張されるが、直接的な結びつきを立証する根拠は乏しい。むしろ中央権力が弱い混乱期によく見られる現象と見なすべきだろう。

　貨幣経済が衰退し、国家の徴税・財政機構も機能しないなかで、家臣への褒賞および軍備・生計の資として封が与えられた。封はほとんどの場合において土地だが、収入をともなう特権などであることもあった。戦勝に

よって版図が拡大しない状況においては、教会領を没収して与えることが始まったが、この制度は教会領以外にも普及し、王と直臣の間、さらに有力者間の主従関係においても支配的になっていっ

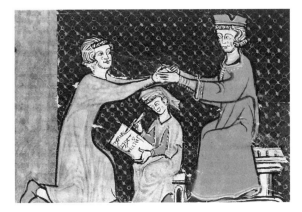

オマージュ

た。地域によっては個人だけではなく、都市も封建関係に加わり、主君に兵力提供などの義務を果たすこともあった。

　一方で本領安堵型の封建関係も存在した。外敵の侵入や内紛が激化し国家の求心力が失われていくなかで、自立的土地所有者も自らの土地を守るために地域の有力者にその土地を捧げ、改めて封として受けることによって、封建関係に組み込まれていったのである。また名目的に封建関係に入るが、実際には一種の同盟関係といえる場合もあった。封建制は中央権力を弱める面を有するが、一方で外敵に対する防衛などにおいては有効であり治安を回復させた。封建社会を無秩序状態とするのは必ずしも適当ではない。

　法制史的解釈によれば、西洋の封建制とは封の授受をともなう主従関係に基づく支配体制で、基本的に自由人の間の個人的契約であり、主君は奉仕と忠誠の見返りとして家臣に保護を約束し、軍備と生計の資として封を与える。手続きとしてはオマージュ（homage）の儀式によって始められる。家臣となる者が主君となる者の前に跪いて手を差し出し、その配下（homo）となることを誓う儀式である。身体的象徴的契機が重要で、主君がこれを受け入れて封を与えれば、そののちに家臣は神にかけて忠誠を誓

い封建関係は成立する。

　封建関係は本来、主従という私的な人的関係が封の授与という権利関係に優先するものであり、原則としてその権利は一代限りで当事者の死とともに権利は無効となったが、9世紀後半には世襲が認められるようになり、相続の際に家臣は継承を認めてもらう代償を支払った。また相続人が未成年あるいは女性であった場合、主君は彼らに対する後見権を行使し、有力家臣の娘が対立陣営に嫁することがないよう配慮した。一方、家臣の側では結婚への主君の干渉を排するために見返りを支払うこともあった。

　世襲化が進むと主従関係を結んで家臣に封を与えるというよりも、逆に封を保つために主従関係が結ばれることも生じた。人的関係よりも権利関係が優先し、封が前提となった。軍事と統治において、土地を媒介とする私的制度である封建制が国家の公的制度に取って代わったのである。

　家臣が授与された封の一部を、今度は自身が主君として他の者を家臣にして与え、新たな主従関係を結ぶことも多く行われ、封建関係は重層的になっていった。家臣は一人の主君に対して忠誠を誓うものであったが、封に付随して主従関係が発生するため一人の家臣が複数の封を有する場合、複数の主君を有することもあった。このような場合、主君同士が争うことに備えて「優先オマージュ」が考案され、ある特定の主君への忠誠を優先させるようになった。

　主君に義務違反があったならば家臣は主君に対して忠誠である必要はなく、逆に家臣に義務違反があった場合には封が没収されることもあった。だが現実がつねにこのようであるとは限らない。一例を挙げれば、1020年頃リュジニャン領主ユーグ4世（985頃-1026）は自らの忠誠にもかかわらず、主君アキテーヌ公ギヨーム5世（969頃-1030）が繰り返し彼を不当に扱い権利を侵害したと不満を訴えている。ユーグは近隣の領主たちと城砦を奪い合い、ときに家族を攻囲されたが、主君は十分な援助を彼にせず、のみならず彼の財産に損失を与えたというのである。だが、これは彼にとっての真実に過ぎず、主君は家臣を裏切り、家臣も自らの利益を飽くこ

となく追求した。最終的にユーグとギヨームは主従関係を誓約し直し平和を結んだが、その過程で多くの血が流された。それぞれが自らの利益を最大化するよう追い求めるのが封建制の実態である。

　主君と家臣が争うような状況で、さらなる下剋上も進んだ。たとえばアキテーヌ公領は早くから分解し、アキテーヌ公の支配領域は実質的にはポワティエ伯領と変わらないこともあった。最終的には伯の下の副伯、さらに城主にまで権力が移行することもしばしば見られる。

　主君からの封に対し、家臣が負う奉仕は従軍などの軍役が主であり、封地の広さなどに応じた数の騎士を自弁で一定期間（少なくとも40日間）提供するよう定められた。主君の城砦の守備兵、歩兵、弓兵などを提供する場合もある。その他に主君への助言や宮廷や裁判集会への出席の義務、また主君が捕虜になった際の身代金の支払い、主君の長男の騎士叙任、主君の長女の結婚の場合に資金提供の義務を負うが、主君がさらに特別な資金を家臣から徴収する場合には彼らの同意を得なければならなかった。これは身分制議会の起源の一つである。

　このように封建制に基づいて家臣が提供する軍は、前述の優先オマージュからも窺えるように主君・家臣双方にとって不都合が多かった。そのため貨幣経済の復活にともない、軍役ではなく軍役代納金が主流になった。代納金を含む資金によって得られた傭兵軍が重用されるようになると、封建制は軍事的重要性を失った。さらに13世紀頃から国王官僚が活躍すると、統治上の意義も低下していくこととなる。

　だが主君は封建的主従関係を利用して自らの権力を強化しようとした。集権的体制を構築しようと試みたフランドル伯シャルル1世（在位1119-27）が1127年ブリュッヘのシント・ドナティアン教会内でのミサのさなかに刺殺されたように家臣の激しい反発を惹き起こすこともあったが、フランス王は諸侯に対して宗主権を主張し続けて王権を強化し、12世紀頃には理論上は王を頂点とする新たなピラミッド的体制が確立された（第9章2参照）。

　一方、フランスとは逆の発展を示す地域もある。ドイツでは第6章1、2で述べるようにオットー朝やザリアー朝前期の皇帝権が強力であったため、当初はフランスのような封建制は展開されなかった。だが王朝の断絶が続き叙任権闘争により教会を基盤とする統治が難しくなると、12世紀中頃から次第に諸侯が自立化し、のちの領邦体制へとつながっていくことになる。またイングランドでは1066年ノルマンディ公ギヨーム2世（英名ウィリアム1世）の征服により在地領主がほぼ一掃され、代わって彼に従って戦った者たちがイングランドに所領を得た。そのため当初は君主の力が強かったが、13世紀にプランタジネット家が大陸領を失っていくにつれイギリス海峡をまたいで領地を有する貴族の不満は高まり、また都市も加わって、王権は制限を受けるようになった。国制は中世ヨーロッパにおいてさまざまな発展を見せるが、確かに封建制は大きな意義を有し、社会を秩序立てていったのである。

3　荘園と農民

　中世ヨーロッパ社会の支配層を規定したのが封建制であるならば、その基盤をなしたのが領主制である。俗人であれ教会人であれ、支配層に属する者は領主であった。徴税機構が未発達で俸給の支払いができなかったため、彼らは生計を維持し武具を揃え品位を保つことができるよう収入源となる所領を与えられ、土地を支配し、その上で生きる人々も支配した。

　中世において支配的な土地の領有形態は荘園で、これは中世ヨーロッパに成立した農業経営の単位であり、同時に領主の領域支配の単位でもあったが、その形態はつねにどこでも同一であるわけではない。地域的条件、また時代環境や歴史的条件によって大きく異なっていた。ここでは古典荘園制、バン領主制、農村の生活について簡単に説明することとする。

古典荘園制

　古典荘園制は土地領主制とも言い、8世紀頃にロワール・ライン間の地域に成立した。1ヵ村に複数の荘園が存する場合や荘園が複数の飛地からなっている場合も多く、非一円的な支配であった。そこに居住する農民には、大別すると領主が所有する不自由身分で土地をもたない隷属民と、自由身分だが領主から土地を借りる土地保有農民、自由身分で自ら土地を保有する独立的な土地保有農民の3タイプが存在した。荘園の土地は領主直営地と農民保有地からなり、前者は隷属民や土地保有農民の賦役によって耕され、後者は土地保有農民の経営に委ねられた。

　領主の生活は領主直営地からの収入と、支配下におく土地保有農民からの義務的な貢納によって支えられた。土地保有農民が負う賦役には、領主直営地での耕作以外にも、穀物やブドウ酒などを運ぶ運搬賦役、街道や橋の維持などが含まれ、その負担は重かった。彼らは法的には自由身分であったがかなり隷属的であったといえよう。彼らや隷属民が耕す領主直営地の生産性は低かったとされるが、土地保有農民の多様な活動を近年は重複する傾向がある。

　カール・マルテルの軍制改革に見られるように、騎士が軍の主力になって武装が高価になると自由民のうち武具を自弁できる者は貴族身分に上昇することもあったが、できない者たちは脱落して兵農分離が生じた。なかにはさらに従属化する者も現れた。彼らは有力者に土地を譲渡して保護を求めて土地に縛りつけられ、一方で隷属民は耕地を与えられて土地保有農民化されていった。彼らは合わさって次第に農奴身分を形成していくことになる。農奴は完全に自由ではなかったが、奴隷であったわけでもない。家族をもつ自由や住居や農具などの所有は認められ、地域の慣習に従って手数料を支払えば訴訟を起こすこともできた。

バン領主制

　9世紀後半にカロリング体制が解体し始めると、領主はさまざまな公権

力を横領して在地権力化し、不輸不入権（immunitas）によって公的な裁判権や課税権などからの免除が認められ公権力の介入を排除した。城主は、彼の本拠である城を取り囲む領域に、場合によって10ヵ村以上にわたって、土地所有に関係なく、裁判権や治安維持権などを行使するようになる。この支配権を罰令（バン）権といい、これを行使する者を「バン領主」と呼ぶ。バン領主は秩序維持だけでなく、有罪判決を受けた者の財産を没収したり罰金を徴収したりした。領主の収入源には、この他にも領主が所有する粉挽のための水車や風車、パン焼き窯などの使用を強制して徴収する手数料や森の使用権料なども含まれ、そのため臼などの私有が禁じられる場合もあった。さらに農奴は娘の結婚承認料や死亡税を納める義務も負った。また領主が所領に教会を建て、彼が指名した司祭を通じて教区を間接支配し、十分の一税を管理する権利を有する場合もあった。かつては荘園と村が空間的には一致しないのが普通だったが、本章4で述べるように開放耕地制を採用する地域において村落共同体が形成されると一円的に重なり合った。

　荘園は自給自足的であると以前は見なされていたが、今日では外部経済に開かれ、外界とさまざまな関係を有したと考えられている。塩やブドウ酒のように必需品だが産地が限られるものは荘園外から入手せざるを得なかっただろう。また前述の運搬賦役そのものが物資の移動を示している。実際、当時の大修道院は多くの所領を有しており、それらを結んでさまざまな物資を運搬させた。たとえば9世紀にプリュム修道院はライン川流域に多くの所領を有し、その所領の一つヴィヤンスの農民は年2回荷車1台分の小麦を80キロ離れたプリュム修道院まで運ばなければならなかった。また徒歩や馬で手紙や小荷物などを運ぶ軽量運搬賦役も存在し、専門的にこれを行う農民がいたことも知られている。さらに荘園の余剰生産物は都市などに運搬され、一部は市場で売られていた。

ディナン砦攻城戦（バイユー・タピストリーより）（上）
復元されたアンジェ近郊ラ・エ・ジュレン砦（下）

中世初期の城砦は防衛しやすい丘や土塁の上に柵をめぐらした簡単な木造のものであった。タピストリーに描かれた砦も下の写真のようなものだったろう。

農民の生活

　農民の生活は貧しく質素で、自然のサイクルに基づく農作業を中心とした。春には犂で畑を起こし種を蒔いた。夏には耕地の世話をし穂の具合を確かめた。秋には刈り入れをし収穫を祝って踊りあかし、冬に備え肉を塩漬けにした。自然の力に直面し続けた農民の生活には昔からの異教が強く残っていた。6世紀のアルル司教カエサリウスは多くの説教を残したが、彼は酒宴を自制して禁欲し、礼拝中の規律を守るよう繰り返し求めている。カエサリウスはまた異教を根絶するためには子どものときからキリスト教を教えることが必要だと述べているが、実際には積極的に対策が取られることはなくキリスト教はなかなか浸透しなかった。農民は司祭の祈りを聞

いたが、それはラテン語で唱えられ彼らには呪文にほかならなかった。き
わめて稀に聖体拝領をしたとしても、なかには呑み込まず口に含んで家に
持って帰り耕地に埋めて豊作のまじないにする者もいた。

　時代を経てもキリスト教の浸透はなかなか進まなかったようである。キ
リスト教化が遅かった地域ではあるが、ヴォルムス司教ブルカルドゥス
（1025没）が著した贖罪規定書には彼が見た庶民の生活を垣間見ることが
できる。殺人や強盗から始まり、偽誓や聖体への瀆聖、さらには密通、略
奪婚、淫行、堕胎など多くの性的問題が罪とされ、それらと並んで異教の
残存を示唆する条項が見られる。農民は１月１日に「鹿や牛の姿をして」
祝い（第99項）、「魔法の糸を巻き、紡ぎ、縫物を」し（第104項）、「食卓
に石を置き、祝宴を準備し、通りや広場に歌手や踊り手を連れてくる」
（第62項）。また木曜日を「ユピテルをたたえて祝った」（第92項）。中世初
期において農民の生活は異教時代とあまり変わっていなかった。

4　農業革命

　ヨーロッパ中世といえば閉鎖的で停滞した社会と思われがちだが、確か
に現在の水準からは比較にならないほど遅れている。フランス映画「おか
しなおかしな訪問者」（原題 Les Visiteurs、1993年）は、ジャン・レノ扮
する騎士ゴドフロワが12世紀のフランスから現代のフランスにタイムス
リップして珍騒動を繰り広げるという作品だが、その中でゴドフロワは入
浴剤に驚き、手で食事をしている。これは誇張されたコメディだが、実態
においても中世の生活水準はとても低かった。

　そのような社会もやはり少しずつ変化し、その過程で技術の進歩は大き
な役割を果たした。18世紀の産業革命は、それに先行する農業革命によっ
て準備されたとされる。囲い込みによって農地が集約化され、カブなどの
根菜とクローバーなどの牧草の導入によって従来不可欠だった休耕地は不

要になり、収穫増と地力回復を両立させる新しい輪作が可能となった。ま
た家畜はカブを飼料にして通年で飼育されるようになった（ノーフォーク
農法）。このように農業生産が増加した結果、人口増ももたらされ、産業
革命を可能としたというのである。中世にも類似した現象が見られる。こ
こでは中世におけるいくつかの農業技術の改善について触れることとする。

　まずは三圃制である。これは地域によってはカロリング期にすでに始
まっていたが、農地を春耕地、秋耕地、休耕地に分けて輪作する農法で、
北フランス、ドイツ西部、イングランドを中心に導入された。たとえば以
下のように輪作する。

1 年目	冬小麦	夏麦	休耕
2 年目	夏麦	休耕	冬小麦
3 年目	休耕	冬小麦	夏麦

　この農法を用いると、たとえば12haの耕地であれば二圃制なら6haしか
利用できないのに対して、三圃制では8haを利用できる。同じ収穫率なら
ば3分の4倍の収穫が可能となる。

秋耕地 （小麦） 6 ha	休耕地 6 ha

二圃制

秋耕地 （小麦） 4 ha	春耕地 （夏麦） 4 ha	休耕地 4 ha

三圃制

　誰でも考えつきそうなこの農法が実践されなかったのは、連作障害が生
じるため休耕して地力を回復させることが必要だったからである。その克
服のためにいくつもの農業技術の改善がなされた。一つには成長が早く多
収量のオート麦などが夏麦として導入されたことが挙げられる。また一つ

重量有輪犂（13世紀の写本）

にはその糞が肥料となる家畜が休耕地に放されるだけでなく、根粒菌を共生させるエンドウ豆などの豆類が栽培されるようになったことも見逃せない。もう一つには重量有輪犂が導入されたことも重要であった。この犂は土壌を切る犂刀と起こした土を反転させて土盛りする撥土板を車輪で支える農具だが、北西ヨーロッパの重い土壌を耕すのに適していた。また、土壌を反転させて新鮮な養分を地表近くへ運び、根や雑草を土中に鋤き込んで肥料とすることができ、土壌の通気を良くして適切な水分を保つのに役立ち、地力の回復が図られた。

　重量有輪犂の導入は次なる変化ももたらした。すぐに壊れないよう犂刀に鉄が用いられるようになるのと並行して鉄の生産が増え、次第に鉄製農具が普及していった。農民も鉄製の斧、鋸、鎌を用いるようになり、なお貴重品だったが、農民を描いた絵にも鉄製のものが登場するようになる。

　また、牛よりも飼育するのに費用がかさむが牽引力に優れた馬が用いられるようになった。引き具も改良され、牛や馬の喉や首を絞めつけるのではなく肩骨を支えとする首当てが9世紀頃から導入され、家畜の蹄を保護し力を入れられるようにする蹄鉄も金属生産の増加とともにかなり装着されるようになった。これらの効率的な農法を導入した結果、それまで場合によっては2-3倍ほどしかなかった収穫率は大きく向上した。

　一方で牽引する家畜が6頭あるいは8頭になることもあったため、重量有輪犂は、大型コンバインのように方向転換が難しかった。そのため圃場

	牽引力 (kg)	速度 (m/s)	馬力 (W)
馬	50-80	0.9-1.1	500-850
ラバ	50-60	0.9-1.0	500-600
雄牛	40-70	0.6-0.8	250-550
ロバ	15-30	0.6-0.7	100-200

家畜の牽引力、速度、馬力

整理が行われる地域もあった。すべての農民の土地は集約され、重量犂に適した細長い地条に整えられて、春耕地、秋耕地、休耕地ごとにまとめられた。特定の土地を所有するというよりも土地の権利を有するというのに近い。これを開放耕地制と呼ぶが、土地利用の複雑な管理が必要なため、これを採用する地域では村落共同体が形成され、農民は村落共同体の一員としてさまざまな共同体規制に服した。

　開放耕地制を採用した地域では家々は1ヵ所に集められ、教会や領主の館を核にして集村化した。耕地の周囲にある森などには入会権が設定され、農民は豚などを放したり家屋修理のための材木や燃料用の薪を採ったりする権利を有した。血縁に基づく大家族的な散村は、地縁的に結びつけられた大規模な村落共同体へと変化した。しかし、この変化もヨーロッパ全体で生じたわけではなく、土壌や社会条件に大きく左右された。たとえばブドウやオリーブなどに適した土地と、穀物栽培を主とした土地では条件は異なっていよう。地中海圏では二圃制が続き、数戸の家が緩やかに集まっている散村も多く見られ、重量有輪犂ではなく軽量犂が用いられた。関東と北海道では気候や面積、都市との関係の違いなどの理由で農村の形態が異なっているのと同様である。

　動力についても革新が見られる。中世は基本的には農業が中心で、農民が人口の8割以上を占め、動力の中核はなお人力や畜力であったが、水車や風車が前面に出てきた。これらは西方でもローマ時代から知られていた

が、水車が本格的に使われ始めるのは11世紀以降、風車の普及は少し遅れて12世紀末頃からで、11世紀から12世紀のフランスに水車は数万基以上存在したとされる。人力や畜力と比べると、水車は設置してしまえば費用がかからず、長時間の使用に耐え出力も桁が違う。ただ自然力を使うには力をうまく伝達し、たとえば回転運動を上下運動に変えなければならない。これを可能にしたのが歯車やカム軸で、水車の用途も製粉だけでなく、金属加工や研磨などにも及んだ。

　これらの技術革新によって、ヨーロッパ世界は成長のきっかけを得た。この展開は、ドッグイヤーの進歩といわれる現代の技術革新と比べれば、遅々たる歩みで数世紀を要しているが、技術は社会を変えるのである。

5　平和の回復

　侵入の沈静化や秩序の回復などによって人々は平穏を取り戻した。兵に追われ日々の糧に困るときには、多くの人が死に、新しい命が諦められた。平和の回復によって明日のことが安心して考えられるようになり、新しい秩序が模索された。

　その表れの一つが「神の平和」である。公権力の解体が顕著だったアキテーヌやブルゴーニュにおいて、司教や修道院長は領主の私闘や暴力を防ぐため、989年のシャルー教会会議を最初として教会会議に集った。平和を求めて聖遺物を掲げ、彼らは教会を略奪する者、農民や貧者や女子供を襲って家を焼く者、巡礼や商人を追い剝ぐ者らの破門を宣言した。さらに1027年トゥールージュ教会会議において「神の休戦」が布告された。これは四旬節、クリスマス、復活祭などの一定期間、加えてすべての日曜日、のちには水曜日から月曜日の朝までの武力行使を禁じるものであった。これらの運動は教皇庁やクリュニー修道院などに後援された。たとえば1095年のクレルモン教会会議は十字軍宣布の場として有名だが、その前に教皇ウ

ルバヌス 2 世（在位1088-99）によって神の休戦が宣せられている。

　一方で、この運動は早くから王や世俗諸侯の強い支持を得ることになる。治安の回復は彼らの権威と深く関わるからである。1047年ノルマンディ公が「公の平和」を、1064年カタルーニャ伯が「伯の平和」を宣言した。12世紀には王権が平和を宣言するようになり、1155年ルイ 7 世が「王の平和」を臣民に誓わせた。 同じような動きはフランスの影響を受けて帝国でも見られ、私闘を禁じるべく、1081年にリエージュで、1083年にケルンで「神の平和」が宣言された。この主導権はドイツにおいては皇帝に属するようになり、フランスより早く、1103年には皇帝ハインリヒ 4 世により「ラント平和令」が公布された。

　平和と秩序の回復とともに人口が増え始めた。第 2 次大戦後の日本のベビーブームとある意味で似ていよう。人口動態については、基礎となる人口調査が行われていないため諸説あるが、西ヨーロッパ全体で950年頃に2,260万人だったのが13世紀末に5,440万人に、あるいは10世紀末に4,200万人だったのが12世紀末に6,100万人とする説などがある。この急激な人口増加にはイントロダクションの 2 で挙げた 9 世紀から13世紀にかけての気候温暖期、さらに本章 4 で挙げた農業革命も影響を与えただろう。

　農業生産性は上がったが、それだけでは十分ではなく、人々を養う耕地を拡大すべく大開墾運動が起こった。それ以前ヨーロッパには広大な森が広がっていた。森林の存在を示す地名は多く、たとえばドイツ南西部のシュヴァルツヴァルトとは「黒い森」を意味し、密集して生える樅が暗く見えたことがその名の由来という。森は人が立ち入るのを拒み、恐れを抱かせたが、グリム童話の「ヘンゼルとグレーテル」に描かれる森への恐怖はその名残であろう。だが同時に森は人々がそこでさまざまな活動を営むことができるところでもあった。貴族は狩りを楽しみ、農民は豚を放牧して木の実を集め、薪を拾い炭を焼いた。ある人々は製材し、そして11世紀頃からは大量の炭を必要とする製鉄を行った。それゆえ多くの利権が交錯し、各人が最大限の利益を引き出そうとした。無用の土地であったわけで

はない。

　開墾は、地力の回復が難しい粗放農業の段階でも、連作障害を避けるためにしばしば行われており、そのため短期間で放棄された農地も多く散在していたであろう。開墾が11世紀から13世紀にかけて人口増も影響して、規模を変えて進められた。当初は農民が自分たちの村の周囲の耕作放棄地を再利用したりあるいは新規に少しずつ開墾していくのが主だったが、11世紀中頃からは隠修士やシトー会が森に建てた修道院を中心に開墾は広まり、さらに世俗領主が主導権を握って大規模に開拓した。のちにエルベ川を越え、またイベリア半島へも向かっていくことになる。

　これらの活動は、生活の維持に必要な量を超えて、余剰農産物を生み出し、それまで食べていくので精一杯だった農民は、領主に貢納を納めても若干ゆとりがある生活を営むようになった。この向上には農民の自助努力が大きく働いたが、聖俗領主の保護・支援も影響した。

　農業生産の向上は今度は農民を支配する聖俗領主の経済力を高め、彼らはその富を使って石造の城を築き宏壮な大聖堂を建設した。修道士ラウール・グラベル（980頃-1046頃）は「西暦1000年頃、世界のほとんどすべてのところで、とりわけイタリアとガリアにおいて諸教会堂が新たにされるということが起こった。あたかも世界そのものがその身を揺り動かして老いを投げ捨て、いたるところで白い衣を纏ったごとくだった」と記しているが、これは白い石でできた教会堂が各地で建てられたことを意味しているともされる。

第6章

皇　帝

　神聖ローマ帝国は、特に10世紀から13世紀までヨーロッパ史の軸であった。この重要性はどれほど強調してもし過ぎることはない。皇帝はヨーロッパ全体に威を振るい、聖俗の頂点に立っていた。皇帝は古代ローマ皇帝の後継者であり、自らを神の代理人と見なしたカール大帝の栄光を受け継ぐ者だったのである。しかしその地位に誰も異議を唱えないわけではなかった。虎視眈々と好機をうかがう者は多かった。皇帝たちは支配を確保すべくさまざまな手段を試みた。あるときは血族に頼り、あるときは古代の帝国の栄光を蘇らせ、あるときは教会を統治の柱としたが、必ずしもうまくいったわけではない。

　本章ではオットー朝による帝権確立と古代復興の夢、そして帝国教会政策について述べ、教会が国家といかに不可分な存在であったかを示す。また当時のローマ教会の状況を略述し、教会が「霞を食べて生きる」ような超然とした存在ではなく、さまざまな面を有したことを示した上でヨーロッパ史の転回点の一つである「カノッサの屈辱」について論じたい。

1 オットー朝

　東フランク王国におけるカロリング家支配はルートヴィヒ2世の孫アルヌルフのときに一時の安定をみた。彼はノルマン人などを退け、西フランク王に対しても自らの宗主権を認めさせ、896年には皇帝に戴冠された。だが899年に彼が死去すると、跡を襲ったルートヴィヒ4世（在位900-911）は6歳の幼君だった。王国の安定が王個人に依存している時代において、これは大きな問題だった。さらに彼が17歳で早世するとカロリング家嫡流の跡継ぎはいなくなった。西フランク王国が分裂していったように、マジャール人の攻勢に直面して東フランク王国も解体し、諸侯の覇権争いの末にザクセン、バイエルン、シュヴァーベン、フランケンなどの地域単位に雲散霧消する恐れは強かった。

　この局面で王に選ばれたのがフランケン大公であったコンラート1世（在位911-918）である。彼は王権再建を試みるが、ロートリンゲン貴族はカロリング家の西フランク王シャルル3世に臣従を変更し、ザクセン大公は王と対立し、バイエルン大公やシュヴァーベン大公は公然たる武装闘争に走った。そのさなかコンラート1世は重傷を負い、死に臨んでザクセン大公ハインリヒを次の王に推した。

　ハインリヒは王位（在位919-936）に登ると自らを「同輩中の第一人者」と位置づけ、戴冠や塗油は行わず、和解と協調を旨にバイエルン大公アルヌルフやシュヴァーベン大公ヘルマンと友好関係を結び、カロリング家の西フランク王シャルル3世から同格の王としての承認を取り付けた。一方で925年にはロートリンゲンに出兵してこの地を服属させ、マジャール人とは捕虜の返還と貢納金の支払を約束して9年間の平和を買いとり、その間に城塞を築いて辺境を固め、軍制を改革して騎兵を強化した。これらの対策が実り、933年にはマジャール人を破って彼らの不敗神話を打ち砕き、さらにノルマン人やスラヴ人にも攻勢をかけて支配圏を拡大した。

　当時は分割相続を原則としており、ハインリヒは家領を従来通り分割し

たが、王国と王権は分割せずに単独相続させ、このやり方が受け継がれて
いくことになる。彼には4人の男子がいたが、935年オットーを次の王に
指名し、他の男子らは王にしなかった。また家格を上げるため、カロリン
グ家に匹敵する名門であったイングランドのウェセックス王家よりオッ
トーの妃を迎えた。すなわち異教徒を撃退したアルフレッド大王を祖父に
もつ王アゼルスタン（在位924-939）の異母妹エドギタである。このよう
にしてハインリヒ1世は王国を再統合することに成功し、次代における発
展の礎を据えた。

　936年ハインリヒ1世が没すると、息子がオットー1世（在位936-973）
としてアーヘンで即位した。カール大帝の故地での即位は自らが偉大な皇
帝の権威継承者であることを宣言するもので、戴冠と塗油には王権の神権
的性格を示さんとするオットーの意志が垣間見える。今までの融和的な態
度からの転換は諸侯の不満を募らせ、また王位継承から排除された異母兄
タンクマールや同母弟ハインリヒもこれに同調した。938年から939年にか
けタンクマールやハインリヒ、さらにフランケン大公エーバーハルト、
ロートリンゲン大公ギゼルベルト、バイエルン大公エーバーハルトらが反
乱を起こした。彼らの戦死などによりかろうじて窮地を脱すると、オッ
トーは要所に自らの血族を配し、たとえばフランケン大公には娘を嫁がせ、
悔い改めた弟ハインリヒをバイエルン大公に据え、息子リウドルフをシュ
ヴァーベン大公の跡継ぎとし、5つの大公領すべてが王族の支配するとこ
ろとなった。さらに妹ヘートヴィヒを937年頃ロベール家の大ユーグに嫁
がせ、939年にはもう一人の妹ゲルベルガをカロリング家の西フランク王
ルイ4世（在位936-954）と再婚させている。

　ブルグント王ルドルフ2世（在位912-937）が没し、プロヴァンス伯で
イタリア王（在位924-948）のウーゴがこの地の併合を狙うと、937年オッ
トーは即座に介入し、ルドルフ2世の遺子コンラート3世（在位937-
993）をブルグント王に即位させ同国を保護下に置いた。さらに王位継承
問題で揺れるイタリアに侵攻し、951年オットー1世はイヴレア辺境伯ベ

レンガリオ2世（900頃-966）を排除し、妃のエドギタが亡くなり寡夫と
なっていたオットーは、イタリア王ロタリオ2世（在位947-950）の寡婦
でブルグント王ルドルフ2世の娘でもあるアーデルハイトと再婚して、イ
タリアを自らの宗主権下に置いた。

　エドギタとの息子リウドルフは、父がアーデルハイトとの間に男子を儲
けると王位継承に危惧を抱き、953年他の大公たちとともに反乱を起こし
た。オットー1世は一時窮地に追い込まれたが、マジャール人の侵入を逆
に利用し、リウドルフ陣営の諸侯に対し、マジャール人の襲来はリウドル
フがもたらしたと呼びかけた。これにより諸侯はリウドルフへの加担をや
め、オットーのもとでマジャール人撃退に結束した。955年マジャール人
はレヒフェルトの戦いで大敗を喫し、これ以降彼らの侵入は途絶えた。さ
らにオットー1世は同年レクニツの戦いにおいてスラヴ人を破り、キリス
ト教世界を異教徒から守った英雄として不動の地位を築いた。彼の版図は
カロリング家の皇帝の支配領域を想い起こさせるものとなったが、彼はこ
の時戴冠されなかった。オットーの勢威を教皇はむしろ恐れ遠ざけたから
である。

　ローマを支配する豪族スポレート公アルベリコ2世の息子で若冠18歳で
あったヨハネス12世（在位955-963）が教皇座に登ると、イタリア王と
なっていたベレンガリオ2世が教皇領に侵攻した。961年劣勢のヨハネス
12世はやむなくオットー1世に救援を依頼した。オットー1世はこれに応
じ、ベレンガリオ2世を屈服させた後、962年ローマで皇帝に戴冠された。
オットーはヨハネス12世と「オットーの特許状」と呼ばれる文書を交わし、
教皇の地位を安堵し教皇領を認めたが、教皇は皇帝使節の前で臣従誓約を
しなければならないと主張した。ヨハネス12世はオットーの要求に耐えか
ね、オットーがローマを去るとすぐに決起した。オットーはとって返し、
963年ヨハネスを背信の咎で廃位した。オットーの特許状が再確認され、
皇帝の同意が教皇選出の必要条件になり、教皇は皇帝の家臣となった。

　当初オットー1世は血族を重んじて彼らを大公に据えて版図を支配しよ

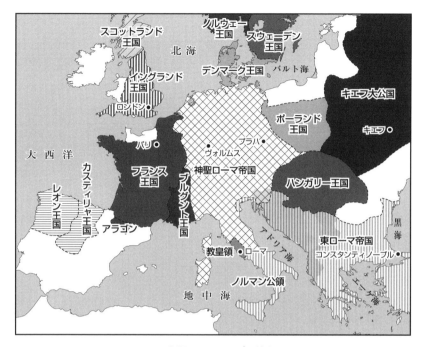

1000年頃のヨーロッパの勢力図

うとしたが、相次ぐ謀反に懲り、教会を支配の拠点とした。オットーは司教に王領地を寄進し、伯と同等の権利を与えた。また、たとえば高い教養を有し敬虔な末弟ブルーノをケルン大司教に任じ、さらに彼にロートリンゲン大公領を委ね絶大な権限を授けた。俗人の血族よりも規律ある教育を施した独身の司教は裏切らないと考えたのであろう。ブルーノは多くの司教や学者を養成し、このことは後の帝国教会政策の先駆となる。

　そののちオットー1世は966年から再度イタリア遠征を行い、以降もイタリア政策を推進した。戴冠後の12年間のうち10年間をイタリアで過ごしたことになる。ローマはやはり皇帝支配の理念的な要石であり、領土的にもイタリアは重要であった。972年彼は長男をオットー2世として共同皇帝に任命した。オットー1世はカール大帝に比肩する大版図を築き、教皇を補助者とした。まさにカール大帝の再来、大帝と呼ぶにふさわしい功績

を残して同年没した。

　彼の跡を継いだオットー2世（単独の皇帝在位973-983）の即位時、状況はかつてないほど平穏であった。だがすぐに彼は東奔西走せざるを得なくなる。オットー1世という重しがなくなるとさまざまな不満が噴出し、個人によるところが大きい当時の君主政では王が前面に出ざるを得なかったのである。従弟のバイエルン大公ハインリヒとの争いに始まり、974年にはデーン人の侵入に対処しなければならなかった。ロートリンゲン帰属をめぐっては978年西フランク軍が都アーヘンを攻撃し、オットー2世はかろうじて敵の手から逃げることができたに過ぎない。南イタリアでは父以上の目標を掲げ、ランゴバルド人支配層を再編して東ローマ帝国領を攻撃したが、982年シチリアから北進したイスラーム軍に惨敗した。さらに同年起こった西スラヴ人の大反乱は帝国西部の諸都市を破壊した。状況を立て直すべく奮闘中にオットー2世は983年28歳の若さで急逝した。

　跡継ぎのオットー3世（在位983-1002）はこのとき3歳の幼児だった。6歳で即位した東フランク王ルートヴィヒ4世の治世のように統治困難に陥る可能性は高かっただろう。それを防いだのが母であり摂政（983-991）を務めたテオファヌ（第4章1参照）である。彼女はマインツ大司教ウィリギス（在任975-1011）の協力を得て王位要求者を退け、聖俗諸侯を抑えて幼君の玉座を守りぬいた。同時に彼女は東方の儀礼や芸術を息子に教え、オットー朝ルネサンスに影響を与えた。コンスタンティノープル皇女としての高い自意識と深い教養、そして敬虔さは息子にもしっかりと伝わり、オットー3世にはドイツ人としてのアイデンティティ以上にローマ人としての意識が養われた。

　オットー3世は親政を始めるとすぐイタリアに入り、クレシェンツィ家が支配するローマに対する自らの支配権を確認した。そして教皇ヨハネス15世が死去すると、ローマ市民の同意を得ることなしに従兄のブルーノを教皇グレゴリウス5世（在位996-999）として立て、新教皇から帝冠を受けた。彼は当時の東ローマ帝国を超えた新たな普遍的帝国の建設を構想し、

『オットー3世の福音書』（1000年頃）

聖俗の高官に囲まれ玉座に座るオットー3世に、帝国の4大州であるローマ、ガリア、ゲルマ
ニア、スラヴを擬人化した女性が貢納しており、彼が目指した理想を反映している。

「ローマ人の帝国の復興」を目指した。激しやすい理想主義者の彼は、権
利を侵害されて蜂起したローマ市民を激しい手段で鎮圧し、首謀者クレ
シェンツィは斬首されて遺骸を晒され、オットーに重用されながらも裏
切った対立教皇（教皇の権威と利権をめぐって、しばしば複数の候補者が
擁立されたが、破れたり、後世において不適格と判断された者は対立教皇
と見なされた。対立教皇の擁立は教皇の権威が高かった15世紀まで続い
た）ヨハネス16世（在位997-998）は苛酷な刑を受けた。そののちオッ
トーはローマを恒久的な首都とするべくパラティーノの丘に宮殿を建設し、
古代ローマ式の儀式で官職を任命した。そして家庭教師であったゲルベル
トゥスを教皇に据え、シルウェステル2世（在位999-1003）と名乗らせた。
この名は皇帝コンスタンティヌス1世のときのローマ司教の名を継承する
ものであり、オットーが自らを大帝の後継者と宣言することでもあった。
　オットー3世はまたスラヴ圏に勢力を拡大させ、殉教者アダルベルト
（956-997）の眠るポーランドのグニェズノに巡礼し、999年ポーランド王

ボレスワフ1世（在位992-1025）と会談して彼を「兄弟にして帝国の協働者、ローマの民の友人にして仲間」と呼び、帝国のパトリキウスに列してグニェズノに大司教座を置くことに合意した。またハンガリー王イシュトヴァーン1世（在位997-1038）の戴冠と首都グランにおける大司教座設置に同意した。これら東欧の地域を組み入れて、オットー3世は古代ローマ帝国さえも成し遂げられなかった拡大を実現したのである。まつろわぬ異教の地に司教座を設けてキリスト教化を推進することは、神の代理人である皇帝にとって何にも優る成果であった。

　しかしオットー3世の夢はあっけなく崩れ去った。アルプス以北の人々は皇帝の野心的な活動を負担に感じ、一方で以南の人々は外国人支配に反感を募らせたのである。1001年ローマ滞在中のオットー3世に対しローマ市民が蜂起した。皇帝は辛うじて難を逃れたが、ローマ奪還に向かう途上急逝した。彼の壮大な理想が受け継がれることはなかった。

2　帝国教会政策

　ローマを首都とする帝国の復興というオットー3世の壮大な構想が潰えると、現れたのは現実的な選択であった。現代人には違和感を与えるかもしれないが、次代のハインリヒ2世はカロリング朝を範としつつ教会を基盤とする統治体制を築いたのである。

　オットー3世が21歳の若さで死ぬと何人もの王位要求者が現れたが、そのなかで好機を活かしたのはバイエルン大公ハインリヒだった。彼は皇帝ハインリヒ1世の曾孫で祖父も父もオットー朝嫡流と王位を争って敗れたが、ただ一人残った男系血族であった。オットー3世の遺骸をイタリアから守り運んで埋葬し、1002年マインツ大司教ウィリギスによってハインリヒ2世（在位1002-24）として王に戴冠された。その後、帝国内を巡幸して有力者の臣従を得て、アーヘンでカール大帝の玉座に登った。

ハインリヒはオットー3世の「ローマ人の帝国の復興」に代わって「フランク人の王国の復興」の銘を印璽に採用し、重点をローマからアルプス以北へと戻した。そして潜在的な敵である大公たちの権限を解体する一方で、教会を統治の根幹とし、親族や有能な郎党を聖職者として教育し規律づけ、身近な宮廷礼拝堂で選別して帝国書記局などで中央行政の任にあたらせ、さらに司教や修道院長に選任し地域の統治を委ねた。これを帝国教会政策と呼ぶ。

キリストに戴冠されるハインリヒ2世
皇帝は天使や司教の視線の焦点に位置し、彼が握る聖なる槍と剣には、天使でさえも直接触れることはできない。

宮廷礼拝堂付聖職者はすでにカロリング朝で見られオットー朝3代において発展していたが、ハインリヒはさらに推進し忠誠と規律を司教に求めた。また彼は幼少の頃ヒルデスハイム司教座学校で聖職者となるべく教育されており、深い神学知識と神権的自己認識を身に付けていた。教会の正しい統治は君主の使命であり、自らを地上における神の代理人であるとし、皇帝は俗人ではなく司教と同じ神聖な資格を有し司教の指輪と杖を与えて聖職叙任することができると考え、多くの人々に受け入れられていた。皇帝による任命は決して俗人叙任ではなかったのである。

ハインリヒは司教座教会や大修道院に所領や特権を寄進した。たとえば「新しいローマ」として1007年バンベルク司教座を設置させて東部の拠点とし、多くの所領や権限を委譲して司教の世俗的権力を強め、豪華な彩飾

写本や工芸品も寄進した。その一方で司教を王権に奉仕させたが、その義務は金銭的負担、王の歓待、兵力提供、宮廷伺候などさまざまにわたる。バンベルク司教座学校も多くの司教を輩出することになる。

　一方イタリアへは必要以上の干渉をしなかった。1004年にはイタリア王としての権利を確保するため、1013-14年には皇帝戴冠のために、1021-22年には教皇ベネディクトゥス8世（在位1012-24）の求めに応じて南イタリアに進軍してビザンツ軍と戦ったに過ぎない。ベネディクトゥス8世はやはりローマ豪族のトゥスクラーニ家出身だったが、ハインリヒと協調してオットーの特許状を更新確認し合っている。

　子がないハインリヒ2世が死去すると、オットー1世の女系玄孫であったザリアー家のコンラートが王位（1024-39）に就いた。1024年マインツで王に戴冠され、アーヘンでカール大帝の玉座に登ると、コンラートは前任者と同様に版図内を巡幸して有力者の臣従を得た。1026年イタリアに向かい諸都市の反乱を粉砕してイタリア王となり、オットー朝が断絶してもイタリアは帝国の不可分の一部であることを確認し、1027年ローマで皇帝に戴冠された。

　コンラート2世の政策は基本的にはハインリヒ2世を継承するもので安定していた。彼は王領地の拡大を目指して大公たちの勢力を抑え、その地位を自らの血族に与えた。長男ハインリヒにはバイエルン、シュヴァーベン、ケルンテンの3大公位を授与している。さらに、1033年ブルグント王ルドルフ3世が死去すると、コンラート2世はその位を息子ハインリヒのために獲得し、ハインリヒ2世の目論みのとおりにドイツ、イタリア、ブルグントが帝国に統合された。

　ハインリヒ3世（単独在位1039-56）は即位時には21歳と若かったが、帝王教育を受け、すでに1028年には父王とともに王座に登って政治の実践も積み、1王国と3大公領を直接支配していた。1046年教皇に戴冠されると、「帝国の希望」「平和の友」と称えられ、コンスタンツ、トリーア、ハンガリー、ローマなどで集会を開いて平和を宣し、東に位置するポーラン

ド、ボヘミア、ハンガリーを帝国に服属させた。また聖俗有力者と太い人脈を築いており、クヌート王の娘クニグンデ、ついでアキテーヌ公の娘アグネスと結婚し、クリュニー院長ユーグは息子の名付け親であった。

　帝国内には確かに抵抗もあった。ザクセンでは大公位を世襲する家門を除くことはできなかったものの、直轄地を拡大しようとした。ロートリンゲンでは大公位継承に介入し、結果的には屈服させた。しかし、これはハインリヒ3世という英主にのみ可能な荒技で、彼亡きあと溜まりに溜まった不満は爆発することになる。

　教会に対しても皇帝はハインリヒ2世の方針を受け継ぎ強く関与した。彼は司教座に莫大な寄進を行い教会の権限を強化する一方で、彼の高い理想にそぐわない高位聖職者を処分した。皇帝は聖職売買を禁じ、皇帝の意志に背く者からは、顕職を剥奪した。皇帝も時代の子、厳格な規律を求める修道院改革運動の息吹を吸っていた（第8章2参照）。否、むしろ地上における神の代理人として先頭に立っていたというべきであろうか。

　このことを端的に示しているのが1046年のストリ教会会議である。当時のローマ教会は豪族の手中にあり、トゥスクラーニ家出身のベネディクトゥス9世（在位1032-44年、1045、1047-48）とクレシェンツィ家出身のシルウェステル3世（在位1045）が教皇位をめぐって並立しており、さらにグレゴリウス6世（在位1045-46）が教皇位をベネディクトゥス9世から金銭で購入するという事態が生じていた。ハインリヒ3世はシルウェステル3世とグレゴリウス6世を罷免してグレゴリウス6世をドイツに追放し、さらにベネディクトゥス9世も退位させた。そして自らの側近をクレメンス2世（在位1046-47）として選出した。オットー3世が任命した教皇たちと同様に落下傘人事だが、クレメンス2世、続くダマスス2世（在位1048）、レオ9世（在位1048-54）らの帝国出身の教皇は皇帝と緊密に協力し、聖職売買を厳しく糾弾した。

3 11世紀中葉までのローマ教会 ——————

　帝国発祥の地として、また聖ペテロと聖パウロの殉教の地としての誇り を有するローマ教会は高い格と伝統を有した。ローマ帝国の枠組みが崩れ ていくと、他の司教同様にローマ司教はローマ市をとりまく地域の支配者 となった。たとえばフン人と交渉したレオ1世（在位440-461）やランゴ バルド人に対処したグレゴリウス1世は防衛、外交、内政、救貧などさま ざまな分野で権限を掌握し、ローマ司教は次第に「教皇」として別格の地 位を築くようになる。

　それでもローマ教皇は一地方における権力者で、多くの場合は東方の皇 帝権の執行代理者に過ぎず、コンスタンティノープル政府に従う存在だっ た。特に顕著であったのはユスティニアヌス帝による東ゴート征服以降で、 教皇は即位にあたって東ローマ皇帝の承認を必要とした。領土が縮小した 東ローマ帝国にとってイタリア支配の重要性は高まり、しっかりと手綱を 引き締める必要があったのである。663年に最後にローマを訪問した東 ローマ皇帝であるコンスタンス2世（在位641-668）は、自らが支持する 単性論に反対する教皇マルティヌス1世（在位649-653）を逮捕し、クリ ミア半島へ流刑にした。教皇は赦されることなくその地で没した。

　また教皇の多くは駐コンスタンティノープル使節の経験を有し、イス ラーム勢力の拡大により東方の諸司教座が陥落すると、多くのギリシア人 やシリア人がローマに避難し、東方出身の教皇が激増した。678年から752 年にかけて在位した13名の教皇のうち5名はシリア出身、3名はギリシア 出身、3名がきわめてギリシア的であった南イタリア出身である。アング ロサクソン修道士ウィルフリード（633頃-709頃）は704年頃訴訟のため ローマを訪れ教皇にラテン語で訴えたが、ギリシア人教皇ヨハネス6世 （在位701-705）は助言者たちに向かって「微笑みながら、私たちには理解 できなかった多くのことを（ギリシア語で）話した」という。今なおローマ にはその雰囲気が漂う。「ローマの休日」で有名な「真実の口」がある

サンタ・マリア・イン・コスメディン教会は、現在は東方系メルキト派カトリックの教会だが、教会堂内部は昔のビザンツ様式の特徴を残している。

　だがローマは東ローマ帝国とは海を隔てており、コンスタンティノープル総主教のように政局に深く関わることもないが、ときに自由を享受できた。たとえば教皇ゲラシウス1世（在位492-496）は教皇権の皇帝権に対する優位を主張する「両剣論」を説いたが、その背景には単性論をめぐる東西教会の分裂があり、東ゴート王テオドリックが不干渉の態度をとって実質的に彼を保護したから発言できたのである。また聖画像崇敬をめぐっても東西教会は衝突し（726-787、815-843）、教皇グレゴリウス2世（在位715-731）は東ローマ皇帝レオン3世（在位717-741）を破門したと伝えられる。この頃コンスタンティノープル政府には、もはやローマ教会を強制する術はなく、さらにランゴバルド勢力拡大に対する援軍派遣要請に応える余裕も残されていなかった。北イタリアにおける最後の拠点ラヴェンナも731年に一度は陥落していた。コンスタンティノープル政府は恐れられることもなく、頼りにされることもできなくなっていたのである。

　それに並行して8世紀頃からローマ周辺ではローマ教皇座を中心とする地域単位が形成され、ローマ司教はオスティアやアルバノなどの近隣司教を配下の属司教として取り込んで広大な支配領域を実現した。これはほぼ現在のラツィオ州にあたり、「聖ペテロの世襲財産」と呼ばれ、教皇がその頂点に立つ。古代末期に教会は多くの寄進を受け財産を累積したが、司教は単なる「地主」であった。だが多くの地域で司教が伯権力を与えられて君主化していったように、ローマ司教も多くの権限を重ねて司教君主となっていった。これは特に異常なことではない。政変のたびに教皇座が標的とされるが、教皇位の重要性を端的に示しているだけなのである。

　そのような状況に新たに現れたのがフランク人である。第3章2に述べたように、ピピン3世は教皇ザカリアスに王位簒奪のお墨付きを求め、教皇はそれに応じて王として聖別する儀式である塗油を許した。その後、教皇ステファヌス2世は、ランゴバルド人によりラヴェンナが陥落すると、

アルプスを越えてピピン3世に救援を求めた。ピピンはランゴバルド人を破ると、奪ったラヴェンナなどをステファヌス2世に献上した。これがいわゆる「ピピンの寄進」であり、「聖ペテロの世襲財産」と合わせて後の教皇領の基になる。世俗的富の増大は教皇座をめぐる争い、特に豪族たちの争奪戦を激化させた。たとえば対立教皇コンスタンティヌス2世（在位767-768）は反対陣営によって投獄されて目を潰された。教皇レオ3世（在位795-816）の在位期も混乱が絶えず、カール大帝の戴冠はレオ3世の淫行と偽誓の咎が晴らされた裁判の2日後だった。

　その後も教皇座をめぐる争奪戦は続き、教皇は即位するとフランク王に承認を求めた。824年にはフランク皇帝による承認がなければ教皇は聖別されないと定められ、エウゲニウス2世（在位824-827）は皇帝の承認を待つため登位を6ヵ月遅らさなければならなかったほどである。しかしカロリング家の力が凋落すると、ローマ豪族が教皇選出において決定権を有するようになった。教皇ヨハネス8世（在位872-882）が暗殺されると、882年からの22年間に対立教皇を含めれば12名の教皇が立ち、その多くが廃位あるいは不自然な死を遂げている。そのうちの一人フォルモスス（在位891-896）は死後二度墓を暴かれて裁判にかけられ、遺骸はテヴェレ川に流された。

　10世紀初め頃から特定の豪族がローマ市政に大きな発言権を有するようになった。これが約1世紀半続き、皇帝は教皇座をめぐってこれらのローマ貴族と争うことになる。たとえばテオフィラクトゥス（924没）は4名の教皇を支配し、娘マロツィアはそのうちの一人である教皇セルギウス3世（在位904-911）と結婚して息子を儲け、その息子はヨハネス11世（在位931-935）として教皇座に登った。彼女の役割を揶揄して「教皇座の娼婦支配 pornocracy」と呼ぶこともある。またヨハネス12世の父であるスポレート公アルベリコ2世（954没）も6名の教皇を擁立した。続いて、本章1で述べたようにクレシェンツィ家がローマ市を支配した。オットー3世が没し、彼が立てたシルウェステル2世も後を追うように死去すると、

トゥスクラーニ家の教皇が続く。特に有名なのはベネディクトゥス 9 世で、彼は教会法に反して1032年から44年までと 1045年、次いで1047年から48年までの 3 回教皇座に登っている。

彼らと比べると、皇帝ハインリヒ 3 世が立てた教皇は、帝国教会政策が鍛えた禁欲的で敬虔な人物で皇帝に忠実だった。クレメンス 2 世（在位1046-47）は聖職売買を非難し帝国式の改革を試みたが、突然の死に見舞われ、続くダマスス 2 世（在位1048）も急死した。一説には二人とも毒殺とされる。跡を襲った教皇レオ 9 世（在位1049-1054）も典型的な帝国教会の高位聖職者である。彼はハインリヒ 3 世の親族で司教座学校で教育を受けてトゥール司教に任じられ、司教区の改革に献身した。教皇になっても情熱的に教会改革を説き、1049年ローマでの復活祭教会会議において副助祭以上のすべての聖職者に独身を義務づけ、パヴィア、ランス、マインツなどヨーロッパ各地を巡って聖職売買と聖職者妻帯を非難した。1049年ランス教会会議ではレオ 9 世自身が民衆の宗教的熱狂を利用して幾人もの司教や修道院長を破門断罪している。だがレオ 9 世の活動は皇帝ハインリヒ 3 世との協働を前提とした。レオ 9 世が、南イタリアで勢力を拡大しつつあったノルマン人に対する戦争に没頭し、1053年自ら軍を率いて戦ったのも、その一環である。だがレオ 9 世は敗れて捕虜となり、解放にあたって、帝国の秩序を維持するために排除すべき敵だったはずのノルマン人が南イタリアを領有するのを認めざるを得なかった。

彼ら改革者たちの主張はかなり急進的だった。たとえば聖職者の独身については、それまで結婚が当たり前であった在俗聖職者にも修道士のような禁欲生活を求めている。聖職者の独身は306年頃スペインのエルビラ教会会議においてすべての聖職者に求められたが、325年の第 1 ニカイア公会議においては議題にもならず、その後も東方教会では強制されることがない。西方教会でも初期中世まで独身は推奨されるが決して義務ではなく、妻帯司教は珍しくなかった。実際、11世紀にフランスのある司教は「（教皇は）聖職者に結婚を放棄させようとしている。だが新旧約聖書には、聖

職者の結婚を是認する多くの例があり、主は旧約において祭司の結婚を確かに定められた。その後に彼らに禁じられたとは旧約のどこにも書かれていない。新約においても同じようにおっしゃっている」と主張している。

4　カノッサの屈辱

　レオ9世率いるローマ教会にはさまざま派閥が存在した。彼は改革を進めるために幾人もの助言者を招いたからである。たとえばロートリンゲンからは修道院長フンベルトゥス（1061没）が参加したが、彼は厳格主義の代表格で聖職売買を全面的に禁止することを目指した。一方でレミルモン修道院長フーゴ・カンディドゥス（1099頃没）のように伝統的な立場をとる者もおり、彼はのちに反グレゴリウス7世陣営に走った。中間にはペトルス・ダミアーニ（1007頃-72）のような穏健派がいた。また改革に熱心な修道院長であるフリードリヒ（1020頃-58）もいたが、彼の兄ロートリンゲン大公ゴドフロワ3世は結婚によってトスカーナ辺境伯を兼ねており、イタリア政治への強い影響力を有した。そして言うまでもなく、時代を転回させることになるヒルデブラント、のちの教皇グレゴリウス7世（在位1073-85）がいた。ただ一方で当時の枢機卿司教の陣容をみるならば、在地豪族出身の者も多く、彼らの力を軽視することはできなかっただろう。

　レオ9世が死去すると、やはり皇帝の縁者であるウィクトル2世（在位1055-57）がローマ教会の要請を受けて教皇に就任した。だが、ここで問題が起きた。ハインリヒ3世が38歳の若さで1056年死去したのである。後に残されたハインリヒ4世は王に戴冠されてはいたが、まだ6歳の幼児であった。ハインリヒ3世の治世末期に彼の強権的な統治はすべてにおいて多くの反発を惹き起こしていた。母后アグネスがハインリヒ4世の摂政となり、ウィクトル2世が補佐し事態の収拾に努めたが、1057年教皇が逝去すると事態は悪化した。ハインリヒ3世が握っていた大公位は有力家門に

次々と譲らざるを得なくなり、あまつさえ1062年には幼王は母后の許から拉致され、ケルン大司教アンノが王の後見となって政務を取り仕切った。その後も争いは絶えず、ハインリヒ4世は1065年14歳で成人の儀式を挙げたが混乱は収まらなかった。

　その間にローマでは世代交代が進んだ。ウィクトル2世亡きあと、前述のトスカーナ辺境伯の弟フリードリヒがステファヌス9世（在位1057-58）として教皇に選ばれたのである。皇帝の事前承認は得られなかったが、事後の同意は求められ、使節が皇帝に派遣された。だが彼も在位1年に満たずして死去すると、ローマ豪族が自らに有利な教皇を擁立した。レオ9世が任命した枢機卿でトゥスクラーニ家出身のヨハネスが、実家などの支持を集め教皇ベネディクトゥス10世（在位1058-59）として即位したのである。これにヒルデブラントを中心とする勢力が対立し、トスカーナ辺境伯と母后アグネスの支持を得てフィレンツェ司教ゲラルドゥスを教皇ニコラウス2世（在位1059-61）として選び、豪族と対立するローマ市民層を味方につけ、武力をもってベネディクトゥス10世を排除した。これらの事件は教皇選出手続きをきちんと整える必要を強く感じさせたであろう。

　ニコラウス2世は1059年ラテラノ教会会議において「教皇選挙令」を制定した。これは選挙権者をローマ教会の枢機卿（初期においては司教である枢機卿のみ）に限定し、君主を含む俗人の介入を排除したところが画期的であった。第一義的にはローマ豪族の排除を目的とし、選出に際して皇帝に「ふさわしい名誉」とともに同意権を認めているが、皇帝の権限は曖昧であった。962年に課せられ、紆余曲折はあったものの守られてきた「オットーの特許状」の否定につながりかねず、帝国教会政策の礎石を大きく揺るがす可能性を含んでいた。

　その直前にはミラノで起こった民衆宗教運動パタリアをめぐって、教皇座はこれを支援してミラノ大司教グイド（在位1045-69）を屈服させ、ローマの権威を認めさせた。ミラノ大司教座は聖アンブロシウスの教会として高い権威を有し、ローマと長く対立しており、またグイドはハインリ

ヒ3世によって認められた司教であった。ニコラウス2世は自派の者たち
にローマ周辺の司教職を授け、さらにノルマン人との友好関係を強化し、
1059年その指導者ロベルト・グイスカルド（1015頃-85）の本拠メルフィ
に自ら赴いて彼のサレルノ公としての称号と所領を認め、その代わりとし
て自らへの忠誠と教皇の宗主権を受け入れさせた。ノルマン人と戦うため
自ら先頭に立ったレオ9世の路線からは大きく外れていった。

　1061年ニコラウス2世が死去すると、ルッカ司教アンセルムスがアレク
サンデル2世（在位1061-73）として教皇に選ばれた。アンセルムスはハ
インリヒ3世によって立てられた司教でドイツ宮廷でも尊敬される人物で
あったが、この選出はニコラウス2世が定めた「教皇選挙令」に則って行
われ、ハインリヒ4世に同意は求められなかった。ローマ豪族はハインリ
ヒ4世に使者を送って、彼の認める教皇を選ぶよう求め、ハインリヒ4世
は旧来の慣習に則ってパルマ司教カダルスを選んで教皇ホノリウス2世
（在位1061-72）として立てた。この対立は流血をともなったが、1062年幼
王の後見役アンノの主導によってアレクサンデル2世を認めることで決着
した。

　アレクサンデルは自立への道を歩み、フランスやスペインなど多くの地
に教皇使節を派遣して聖職売買や妻帯聖職者を非難した。さらに1061年か
らのルッジェーロ1世のシチリア征服や1066年のノルマンディ公ギヨーム
2世のイングランド征服の際には彼らに聖ペテロの旗を祝福として授け、
1066年にはミラノ大司教グイドに反抗するパタリア指導者エルレムバルド
にもこの旗を授けている。1073年にはラヴェンナ大司教が教皇に忠誠を誓
い、これは教皇に対する司教の忠誠の誓いの先駆けとなる。またハインリ
ヒ4世の側近司教5名を聖職売買の咎で破門するなど、教皇座はかつてな
い権威を主張するようになり、事態はますます険しくなった。

　ハインリヒ4世は6歳で王となったものの、親政を始めるにあたり信頼
に足る顧問を欠いていた。後見役アンノも権力闘争に明け暮れ、母后アグ
ネスは修道院に隠棲したのである。彼が未成年のあいだに王権はかなり削

がれており、成人に達するとハインリヒ4世は失ったものを取り返し、昔日の栄光を復活させようと奮闘した。ハインリヒ4世はスラヴ人居住地域や東ザクセンへの遠征を行ったが、そのやり方は強引で粗雑なもので多くの反発を惹き起こした。かつての誘拐事件の首謀者の一人であるバイエルン大公オットーは王の暗殺計画を企てていると告発されて大公位を剥奪され、ザクセンに有する彼の所領は掠奪された。オットーは1070年ザクセンで兵を挙げた。これはいったん収まったが、1073年ザクセンで再びオットーを指導者とする反乱が起こり、1075年にハインリヒ4世が勝利を収めるまで続いた。さらに南部ドイツでも離反の動きが出始めていた。

　ザクセン問題にひとまず目途がつくと、ハインリヒ4世は教皇座との問題に直面しなければならなかった。皇帝が対決することになるのはヒルデブラント、のちの教皇グレゴリウス7世である。彼は1020年頃の生まれで、ローマのクリュニー系修道院で教育を受けた。そして教皇グレゴリウス6世に師事し、彼がハインリヒ3世によって廃位されると配所のケルンまで付き随ったという。師の死後ヒルデブラントはローマに戻り、レオ9世などの下で重用された。皇帝への使節も繰り返し務め、教皇庁の財政を握ってアレクサンデル2世の主な相談役となった。1073年アレクサンデル2世が逝去すると、ヒルデブラントは民衆の歓呼によって、ついで枢機卿の同意によって教皇に立てられた。これは定められた手順とは異なるが有効とされ、皇帝に同意が求められ承認された。

　西暦1000年に世界が終わりを迎えるという終末論的恐怖が存在したかについては論争があるが、終末論は少なくとも教会人の間では無視できない要素であり、西暦1000年を越えても強い影響力を有した。終末を待ちながら、彼らは神の審問に備えねばならず、そのために自らの行いを正し、教会を浄化しなければならなかった。この切迫感がなければ、グレゴリウス改革も修道院改革も力を欠いたものとなったに違いない。

　グレゴリウス7世は聖なるものが俗なるものに汚されることを非難し、教会の自由を強く求め、そのためには正面からの対立も辞さなかった。彼

は「俗人」による叙任をすべて聖職売買として退け、聖職者の妻帯を断罪した。これは当時強く推進されていた修道院改革運動と同じである。また理想の実現のために世俗権は教会に奉仕しなければならないと考えたが、これはアウグスティヌスの『神の国』にみられる発想で「政治的アウグスティヌス主義」と呼ばれ、教皇ゲラシウス1世の「両剣論」に受け継がれ、グレゴリウス7世にも影響を与えた。またローマの栄光にも敏感な彼は教会改革を実現するためにも、ローマ教会の首位権を強く主張した。これらの主張は皇帝が行ってきた神権的な帝国教会政策と表裏一体の関係にある。中心が皇帝から教皇に置き換えられただけである。

　教皇座に就いたグレゴリウス7世に対し、ザクセン反乱に忙殺されるハインリヒ4世はその就任に同意し協調的であった。グレゴリウス7世は1074年にローマで教会会議を開き、聖職売買と妻帯聖職者を断罪し、各地に教皇使節を派遣し、多くの書簡を発して自派への支持を求めた。さらにふさわしくない司教を解任し、王の旧来からの権限を削減して、自らの理想を実行に移そうとしたが、それには皇帝ばかりか他の司教からの激しい反対があった。教皇も司教の同輩者であり、そのような権限はなく、「いかなる司教であろうとも、他の司教の管区には、その当該管区の司教が求め、あるいは許可したのでなければ、敢えて介入してはいけない」とする声も強かったのである。

　1075年6月ハインリヒ4世はザクセン諸侯を撃破すると、ミラノ大司教にテダルトを任命した。教皇から見れば「俗権」による叙任である。12月グレゴリウス7世はハインリヒ4世への非難書簡を送ったが、これに対しハインリヒ4世は翌76年1月ヴォルムスに帝国派の司教を集め、枢機卿フーゴ・カンディドゥスも加わえて「似非修道士」グレゴリウス7世の廃位を宣言させた。これに対してグレゴリウス7世は1076年2月ハインリヒ4世の破門を宣言し、聖ペテロの代理人である教皇はその「結び解く権能」によってハインリヒ4世の家臣を臣従誓約から解除した。

　事態は王の不利に傾いた。有力な聖俗諸侯が反対陣営へ転じ、もちろん

ザクセン諸侯も加わって王への対応について協議した。国王廃位を目指す強硬派もあれば、事態収拾を図る穏健派もいたが、彼らはハインリヒ4世に教皇との和解を求め、1年以内に破門が解除されなかったならば新王を選出するとし、彼らの決定に権威を付与する者として教皇をアウクスブルクへ招いた。窮地に追い込まれたハインリヒ4世は厳冬のアルプスを越え、カノッサ城に向かった。ここは教会改革派の後ろ盾であったトスカーナ辺境女伯マティルデの城で、アウクスブルクに向かう途中のグレゴリウス7世が滞在していたのである。1077年1月グレゴリウス7世はハインリヒ4世との会見を拒否したが、王は3日間待った。いわゆる「カノッサの屈辱」である。粗布の服を着て雪の中を裸足で待ったともされるが、これは教皇側文書の一つにのみ表れる記述で、同時代の他の記録には見られない。敵対者を貶める党派的傾きによるだろう。グレゴリウス7世が破門を解いたのは、罪を悔い改める者を赦すのは聖職者の責務であり、マティルデやクリュニー院長ユーグの取りなしを無視できなかったからである。

　反対派はその後も執拗に活動を続け、1077年3月シュヴァーベン大公ルドルフ（1025頃-80）を対立王に選出した。破門は反抗のきっかけに過ぎなかったのだ。これはドイツにおける初めての国王並立で、ルドルフは教皇に恭順を誓い自由な司教選挙に同意した。教皇の支持を得るため大きく譲歩したのである。これ以降、教皇は帝国における王の選出に大きな発言権を得ることになる。1080年1月ルドルフがハインリヒ4世に勝利を収めると、3月グレゴリウス7世はハインリヒ4世を再び破門した。報復のように6月ハインリヒ4世はグレゴリウス7世の廃位を宣言し、対立教皇クレメンス3世（在位1084-1100）を立てた。同年10月ハインリヒ4世軍はルドルフ軍と激突した。戦いそのものはルドルフ軍の勝利だったが、ルドルフは戦死した。

　ザルム伯ヘルマン（1035頃-88）がルドルフの後継者に立てられたものの、反対陣営は求心力を失った。ハインリヒ4世は形勢を立て直して主導権を握り、1081年イタリアに侵入し、トスカーナ辺境伯軍などの抵抗を排

除しながら1084年 3 月ローマを占領した。多くの枢機卿はグレゴリウス 7
世を見捨て、ハインリヒは対立教皇クレメンス 3 世に自らを皇帝に戴冠さ
せた。グレゴリウス 7 世はサン・タンジェロ城に立て籠り抵抗し、 5 月ノ
ルマン軍がようやく教皇を救出した。だが、ローマは彼らの略奪により大
被害を蒙りグレゴリウス 7 世の声望は地に堕ちた。グレゴリウス 7 世はノ
ルマン人とともに逃走し、1085年 5 月サレルノで客死する。

　グレゴリウス 7 世の治世は結局挫折で終わった。君主が教会の手によっ
て悔い改めさせられることにはいくつかの先例がある。390年テオドシウ
ス 1 世がアンブロシウスによってテサロニキの虐殺を悔い改めさせられた
例（第 2 章 2 参照）、あるいはルートヴィヒ敬虔帝が甥ベルナルド死亡に
関して822年アティニで悔い改めた例（第 3 章 6 参照）などである。だが
グレゴリウス 7 世はそれら以上の大きな先例を後世に与えた。教会は確か
に武力を持たず権力（power）に欠け、大軍を前にしては 1 枚の木の葉に
過ぎない。しかし大きな権威（authority）を有し、それを信じる者たち
に従うよう訴える力がある。これが状況によっては絶大な威力を発揮する
ことがわかったのである。グレゴリウス 7 世以降の教皇たちは長い時間を
かけて自らの権威を高め、ローマ教会が頂点に立つヒエラルキーを築き上
げていくことになる。

第7章

教　皇

　ヨーロッパ中世は教会、特に教皇が支配した時代であるとよくいわれるが、これは実態をよく反映していない。すでに第6章4で述べたようにハインリヒ4世は状況が苦しいときはカノッサの屈辱に甘んじたが、危機が去ると逆襲に転じた。教皇権はつねにオールマイティであるわけではない。またカノッサの屈辱から、絶頂期ともされるインノケンティウス3世の治世まで100年以上の月日が経っている。

　しかし教皇が他のいかなる時代にもまして12世紀後半から14世紀中頃まで、その権威を強力に行使したことは事実である。そして教皇は西欧全体の教会に自らの権威のみならずその権限をも認めさせ、教皇を頂点とする教会秩序を築き上げたことも確かである。このようなことは他の文明圏には見られず、後世における西欧文明の発展に大きな影響を与えた。本章では、まず聖職者とは何かを考えた上で、ローマ教会を頂点とするヒエラルキーの形成から、インノケンティウス3世に代表される絶頂期、そしてアナーニ事件の意味について考えることとする。

1　聖職者とは

　ヨーロッパ中世においてきわめて重要な役割を果たすのが聖職者である。教皇権の盛衰について述べる前に聖職者とは何かを説明する必要があろう。聖職者とは教会に何らかの仕方で属する者の総称であり、その範囲は広いが、ここでは「秘跡によって叙階された者」を指す。よく誤解されることだが、すべての修道士が中世において聖職叙階されていたわけではないので、修道士イコール聖職者とは限らず司祭ではない修道士も多かった。この聖職者のトップを形成するのが司教である。

司教

　ラテン世界はローマ帝国の属州制を手本にして司教区によって隙間なくカバーされているが、それを管轄するのが司教である。司教は司教区内の宗教問題の最高責任者であり、管轄地域内の修道院に対しても強い権限を有した。君主に付与されて、伯権力などの世俗権を獲得する場合も多く、たとえばベルギーのリエージュでは1000年頃に伯権力を得てからフランス革命の荒波を受けるまで、司教が領主として18世紀末にも5,000㎢を超える領域を聖俗両面にわたって支配した。それゆえ司教座は多くの者が狙う垂涎の対象であった。本来、司教は司教座教会に属する聖職者と一般信徒が選出するが、王侯の発言権は強く、特定の一族に世襲される場合もあり、またローマ教会を頂点とするヒエラルキーが成立するにつれて、教皇の管理権が強く及

祝福を与える司教

彼らは権威の象徴である司教杖を有し司教冠を帯びていたため、図像では一目瞭然である。左にいる人々は浸水礼（第18章１参照）を受けている。

14世紀のパリ・シテ島（模型）

ノートル・ダム大聖堂の下に広がるのが司教邸（左下）、その右に連なるのが司教座参事会士らの屋敷。写真上部に密集する民家と比べると、その差は歴然としている。

ぶようになった（第16章１参照）。

　すべての司教は使徒の後継者として本来的には同格なはずだが、その管轄地域はイタリアや南フランスのいくつかの司教区のように１つの小教区しかない狭小なものもあれば、ヨーロッパ北部におけるように広大な領域を誇るものもあった。それゆえ司教座はその所在都市の規模や伝統によって格差が生じた。また司教区を超えた案件の裁定などのために地域の司教たちが集まって教会会議を開いたが、それらの過程で大司教と呼ばれる者が現れた。大司教は自分の司教区に対しては司教であるが、大司教区に属する他の司教に対しては大司教として一定の権限を有した。

司教座と司教区

　司教の仕事を果たすには多くのスタッフが必要であり、彼の下には文書および行政を統括する文書係、ミサに不可欠な聖歌隊を指揮する聖歌隊長、金銭の出入りや財産を管理する財務係、聖書や高価な聖具を守る聖具係、

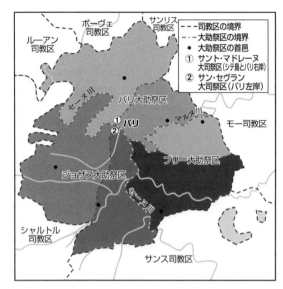

パリ司教区

パリ司教座は、王都としてのパリの重要性が増すにつれて、17世紀に大司教座に昇格したが、いくつもの大司祭区などの「副司教区」に分けられていた。

倉庫などの備品・日常品を管理する総務係、次世代を育成する教育係などがいた。これらの者などが司教座参事会を構成したが、ふさわしい生活を送れるように彼らには職禄が与えられた。各職掌は各司教区の伝統によって異なり、司教座の規模などによって司教座参事会の定員も異なった。11世紀から13世紀にかけては、第8章4で述べるように戒律に従った司教座参事会士の共同生活も見られたが、他の時期においては個々に屋敷を構えることも多かった。

　すべての都市に司教がいたわけではない。日本を例にとれば、東京司教座は東京都と千葉県を管轄地域とする。千葉市は100万を超える人口を有する県庁所在地だが、司教座はない。中世ヨーロッパにおいても大きな司教区には司教座都市以外にも有力都市が存在した。また司教区全体を一元的に監督するのも困難であった。それゆえ地域の首邑などの教会にも多くの聖職者が住する参事会教会が設けられ、その長は「大司祭 archpriest」あるいは「大助祭 archdeacon」（archdeacon は司教座聖堂参事会の長を指す場合もあり、その場合は助祭長と訳される）であった。司教と比べると劣るが、彼らは「副司教」格といえる。さらに大助祭を補佐する「地方代理（dean）」がいる場合もあった。たとえばパリ司教区は2つの大司祭

区と、時代と状況に応じて3つの大助祭区ないし7つの地方代理区に分か
れ、自らの管轄地域内の小教区を監督するようになる。

位階

　ここで重要なのは大司祭あるいは大助祭などを司祭などの位階と混同し
ないことである。大司祭や大助祭あるいは枢機卿などは教会行政に関する
役職であり、一方で司祭などは叙階の秘跡によるもので、7つの品級、す
なわち司教、司祭、助祭、侍祭、祓魔師、読師、守門に分かれる。最初の
3つは上級聖品と呼ばれるが、13世紀に司教が外れ副助祭が加えられ、ま
た最後の4つは下級聖品と一括される。執行できる秘跡も品級によって異
なり、7つの秘跡（聖体、洗礼、堅信、告悔、終油、結婚、叙階）のうち
叙階と堅信を行えるのは司教のみで、残りの5つを十全に行い得るのも司
祭以上であり、助祭以下の聖職者は補助的な役割しか与えられなかった。

　また彼ら正規の聖職者の下には、下級聖品に形式的に属する多くの者た
ち、また品級は有していないが聖俗の狭間に位置する者たちがいた。やが
て聖職者とは文字を書ける者、「事務員」を指すようにもなり、そこには
大学生や楽師、教会のさまざまな使用人や召使たちも含まれた。

　ローマ教会がその権限を増すと、聖職者は教会の裁治権に服しており世
俗裁判の対象とはならないとの治外法権が主張されるようになり、13世紀
に王権が伸長してくると教会と王権との新たな対立の原因の一つとなった。
王権は、聖職者が犯した、たとえば殺人などを見過ごすことはできず、自
国の教会をしっかりとコントロールすることを欲したからである。

小教区

　キリスト教が浸透するにつれ、司教座教会だけでは担当しきれず、都市
の周辺や農村に礼拝堂や洗礼盤を備えた教会が設けられたが、それらの教
会を核として形成されたのが小教区であり、人々の日常の宗教生活の舞台
となった。農村においては領主の発言権がきわめて強く、小教区の人事権

は事実上彼らが握っていた。また都市の人口が増加し経済力が高まるにつれ、都市内に小教区が多く設立されるようになった。たとえばパリのシテ島には1150年頃12の小教区が存在した。修道院が地域の宗教生活の核となることもあり、特に托鉢修道会は新しく都市化された地域に進出し、彼らが建てた修道院教会の数が都市化の指標となると主張されることもある。小教区教会内に有力者一族あるいは職能団体のための礼拝堂が設けられることも多かった。

2 ヒエラルキー

　教皇権とは、第6章4で述べたように一つの権威、すなわち「承認と服従の義務を要求する精神的・道徳的・社会的または法的威力」であって、物理的身体的に強制する権力ではないことが見落とされがちである。教皇が有する強制力は乏しく、たとえば軍隊はローマ豪族や教皇領諸都市が提供するあまり当てにならぬ軍や傭兵に頼らざるを得なかった。ボニファティウス8世（在位1294-1303）は敵対するコロンナ家と戦うため傭兵に100万フローリン金貨を費やしたという。それゆえ教皇は攻められたときは逃げ、サン・タンジェロ城に籠り、あるいはローマを去った。グレゴリウス7世が余儀なくされ、そののちも多くの教皇たちがたどった道である。

　グレゴリウス7世の客死後も教皇座をめぐる争いは続いた。ハインリヒ4世は父帝のような叙任権を回復したいと欲した。ウルバヌス2世（在位1088-99）はフランス貴族の子息でクリュニー会士だったが、グレゴリウス7世に招かれてローマ教会に入り、枢機卿となり教皇使節などの任務を務めていた。グレゴリウス7世の路線を守ろうとする彼はローマで即位できず、南イタリアに避難した。一時ローマに帰還することができたが、その支配は不安定であった。しかしウルバヌス2世はグレゴリウス7世よりもはるかに現実主義的で、巧みな外交手腕によって北イタリア諸都市を味

方にし、ハインリヒ 4 世の嫡男コンラートを自陣に引き入れるなどして足場を固めた。

　ハインリヒ 4 世を避けるようにして、ウルバヌス 2 世は北イタリアからフランスを巡って一連の教会会議を主宰した。その頂点をなすのが1095年のクレルモン教会会議である。多くの司教だけでなく俗人の参加する大会議となったが、「神は望み給う（Deus vult）！」の大合唱で十字軍が発動したとされ、実際にエルサレムをイスラーム教徒の手から奪取したことは

教皇在位表（1）

教皇	対立教皇
ニコラウス 2 世 (1059-61)	
アレクサンデル 2 世 (1061-73)	ホノリウス 2 世 (1061-72)
グレゴリウス 7 世 (1073-85)	クレメンス 3 世 (1084-1100)
ウィクトル 3 世 (1086-87)	
ウルバヌス 2 世 (1088-99)	
パスカリス 2 世 (1099-1118)	テオデリクス (1100-01) アルベルトゥス (1101) シルウェステル 4 世 (1105-11)
ゲラシウス 2 世 (1118-19)	グレゴリウス 8 世 (1118-21)
カリストゥス 2 世 (1119-24)	

教皇座の威信を大いに高めることになった。同時に、この教会会議ではいかなる司教や司祭も俗人によって叙任されてはいけないと決議され、離婚をめぐってフランス王フィリップ 1 世（在位1060-1108）が破門された点でも画期をなす。ウルバヌス 2 世は結婚も誓いをともなうゆえに教会の専管事項であるとして教皇の権限を主張したのである。

　1098年ハインリヒ 4 世は嫡男コンラートの王位を剝奪した。1101年にコンラートが急死したため事態はいったん収まったが、新たな後継者としたハインリヒ 5 世（王在位1106-25）も父に反逆した。旧来の秩序が崩れて皇帝一人の意志では決定できず、多くの勢力の意向を無視できなくなっていた。ハインリヒ 4 世は1105年息子に廃位され、翌年世を去ることになる。そののちも、教皇パスカリス 2 世（在位1099-1118）とハインリヒ 5 世の間で教皇権と皇帝権の関係を定める模索が続いた。幾度となく交渉がもた

れたが、合意には至らなかった。皇帝側が神権政治の象徴である「指輪と杖」による叙任を放棄しなかったのである。

　この間に教皇座と他の国々との間では合意が成立しつつあった。フランスとの間では1104年フィリップ1世が離婚をめぐる破門を赦され、1107年5月叙任権についても合意に達した。王は「指輪と杖」による叙任を放棄し、オマージュも求めず、ただ臣従誓約を求めると定められた。イングランドのヘンリー1世（在位1100-35）との間でも1107年8月「指輪と杖」による叙任を王は放棄するが、フランスの場合とは異なり叙階の前に王が臣従誓約とオマージュを要求することは認められた。これらの合意の鍵となったのはシャルトル司教イヴォ（1040頃-1116）による新しい教会法学の概念で、彼は1097年サンス大司教叙階に際して「霊的なもの spiritualia」と「世俗的なもの temporalia」を区分し、「世俗的なもの」すなわち財産や世俗的権限については世俗君主の関与を認めていた。この合意によって君主たちは「名」より「実」を得たのである。

　これらの動きを視野に入れながら、帝国とローマ教会の交渉は続いていたが、1111年パスカリス2世はローマ近郊のストリで予想外の大胆な提案をした。教会がカール大帝以降に世俗権から受け取った財産や権限を返還する代わりに、帝国は聖職叙任権を放棄せよと求めたのである。ハインリヒ5世はこの提案を受け入れたが、これは高位聖職者の激しい反対に遭い、ローマ市民の蜂起を招いた。彼らは自らの富と力が失われると恐怖したのである。合意は取り消され、教皇は2ヵ月にわたってハインリヒ5世に拘禁されることになる。教皇は「指輪と杖」による皇帝の叙任を認める協約に同意して解放されたが、のちに協約は強制の結果であるゆえ無効とされ、ハインリヒ5世は破門された。

　その後も交渉は重ねられた。グレゴリウス7世のときと比べて教皇の権威は高まっていた。次の教皇カリストゥス2世（在位1119-24）は枢機卿出身ではなく前身はフランスのヴィエンヌ大司教であり、フランス司教団とイタリア司教団のかなりの支持を集めていた。またドイツ司教団や諸侯

にも平和を望む声は強かった。1122年ヴォルムスにおいてローマ教会と帝国の間で合意が得られた。カノッサの屈辱から数えて40年以上の闘争を経て、ようやく妥協に達したのである。このヴォルムス政教条約によって、皇帝は司教と修道院長に対する「指輪と杖」による聖職叙任権を放棄し、帝国内の教会は教会法による選挙と、自由に叙任される権利を得ることになった。しかし被選出者は、ドイツ国内の場合、まず皇帝から世俗的財産と権限を「笏」によって授けられ、その際に臣従を誓い、その後に聖別されることになったが、皇帝もしくは彼の代理人が司教と修道院長の叙任に立会い、選出が難航したときには指名権を得ることになった。また皇帝支配下のイタリアとブルグントでは、司教として聖別されたのち、世俗的財産と権限が皇帝によって授与されることになった。

　これはシャルトル司教イヴォの考えに沿ったもので、イングランドやフランスで合意された内容と類似している。現状を追認したものであり、ある意味では皇帝の権限が明確化されたもいえよう。しかし他国にもまして教会に基づく神権政治を進めていた帝国にとって、やがてこれはボディブローのように効いてくる。さらに1125年ハインリヒ5世が嫡子を残さず死去し、ザリアー朝が断絶したことも皇帝権に大きな打撃となった。聖俗の頂点に立つ皇帝の権威は、こののちローマ教会によってさらに挑戦されることになる。

　ローマ教会は、この闘争を通じて、自らの権威を自覚するようになった。それは万能ではないかもしれないが、適切に用いるならば、自らの理想を実現するには十分であることに気づいたのである。皇帝ではなく、ローマ教会が主導する教会改革が始められた。その兆候はすでに教皇使節という制度に表れている。教皇使節そのものはすでに4世紀頃に見られるが、レオ9世以降、重要性を増していく。全権を帯びて各国に派遣された彼らは君主の宮廷で交渉しただけではない。教会会議を招集して教皇の決定事項を伝達し、訴訟を受けつけて裁定を下した。時には民衆の熱狂的賛同を得て司教に対立し破門した。側近を教皇特使として派遣するだけでなく、在

地の高位聖職者を教皇使節に任じて、教皇座の代理人とすることもあった。教皇の意向は全欧に隈なく伝えられたのである。

これと並行して教会法の体系が整備された。教会法とは聖職者身分を律し、教会財産や権限を規定するもので、結婚、誓約、遺言など、一般信徒の生活にも深く関わっていく。その多くは聖書、教父の見解、教会会議の決定などからなっていたが、次第に教皇が発する教皇令が増えてゆき、それらは収集編纂されて法典となっていた（第16章1参照）。

これらの動きを加速させたのが叙任権闘争で、皇帝側も教皇側も自らの主張の根拠を求めるべく、過去の典拠を博捜した。それらを組み立てるための理論として利用されたのがローマ法である。ローマ法は10世紀末頃から統治の原理として注目され始めていたが、1070年頃イタリアで「学説彙纂」の写本が再発見されて一気に研究が進んだ。ローマ法、特に「ユスティニアヌス法典」は皇帝を頂点とする法体系であるゆえに皇帝陣営が強く依拠したが、教皇陣営も皇帝を教皇に置き換えて自らを頂点とする法体系を構築した。たとえば皇帝に対する大逆罪はそのまま教皇に対する大逆罪に適用されている。法学研究はボローニャ大学において盛んに進められ、この地はローマ法と教会法研究の中心となった。グラティアヌス（1179年以前没）が1140年頃編纂した「教令集」は私撰ではあるものの4,000条近くの法令を収録しており、それらの矛盾を解決しようと試みることによって「教令集」は以降の法律実務と教育研究の規範となった。

法とともにローマの裁判機構も整備された。「殉教者アルビヌスとルフィヌス」（アルビヌスは白銀、ルフィヌスは純金を意味する）のように教皇庁の拝金主義を風刺する詩も見られるが、ローマには聖俗を問わず多くの訴訟が持ち込まれた。教皇座は実務に精通した裁判官を多数抱え、発給した文書の控えを有しており、当時の他のいかなる機関もこれに比肩できなかった（第9章1のグラフ参照）。教会は文書化された法令と権利に基づき、整備された手続きによって律せられるようになり、法的システムとしての教会が成立した。

　これ以前においてローマ教会の権威は、一つにはその長が使徒ペテロの後継者であることによって、また一つには栄光ある帝都ローマを管理する者として、異議なく認められていたが、これは名誉に関してであり、実効性には乏しかった。たとえば教皇が有力司教にパリウムと呼ばれる帯状の肩被いを贈る習慣は 6 世紀頃からあったが、儀礼的なものに過ぎなかった。だが 9 世紀頃からパリウムは大司教職の象徴と見なされ始め、11世紀以降は必須のものとされ、パリウムを授けられなければ大司教ではなくなったのである。

　前述のように司教は同格ゆえに、すでに司教である者が他の司教座に転任することは古くは禁じられていた。すでに司教であった者がローマ司教である教皇に転じたのはマリヌス 1 世（在位882-884）が最初だが、これは教皇座が周辺の諸司教座を組み込んだ体制を築きつつあったことを証するもので、次第に一般化していった。司教から大司教へ、大司教から枢機卿、さらに教皇というような昇任がよく見られるようになり、教皇が司教を任命・解任することも行われるようになる。

　教皇を頂点とする体制の構築を目指す動きを端的に示すのが1123年の第 1 ラテラノ公会議である。これは前年のヴォルムス政教条約について多くの司教の同意を得るために開かれたものだが、グレゴリウス 7 世以来の方針を再確認した。何より画期的であるのは、それまでの公会議がすべてコンスタンティノープルの皇帝によって招集されたものであるのに対して、教皇によって初めて「公会議」が招集されたことである（これ以降に西方で開かれた公会議を東方教会は認めていない）。教皇を頂点とする西方中心の教会秩序が形成されつつあった。

　このような秩序を建設するにあたって、司教制が再び重視された。教皇座がパタリア運動を用いてミラノ大司教を屈服させたように、グレゴリウス改革前半期では修道士を重んじて、司教をはじめとする在俗聖職者を軽視する傾向があった。しかしウルバヌス 2 世が修道参事会士の地位を修道士と同格としたことにも反映しているように（第 8 章 4 参照）、一般信徒

改革派教皇の勝利

旧ラテラノ宮殿にあったフレスコ画（現存せず）の16世紀のスケッチ。左図では教皇グレゴリウス７世とウィクトル３世の前に対立教皇クレメンス３世が屈している。右図ではカリストゥス２世が正面を向いて玉座にあり、対立教皇グレゴリウス８世が彼の前に倒れ伏している。さらに皇帝ハインリヒ５世が教皇に向かいヴォルムス政教条約を捧げている。現実の光景ではなく、プロパガンダである。

への司牧活動に関わる在俗教会組織がふたたび重視され、司教や大司教はローマ教会の秩序の中に組み込まれた。これは司教が単に教皇権に逆らえなかったためだけではない。教会が世俗権の軛（くびき）から解放されるにつれ、横領されたり強奪されたりしていた教会財産が返還され、また教会の威信が高まることによってさらなる寄進も増えたことも影響していよう。この時期に司教座教会などの大建造物が築かれるのは生産性向上によるだけでなく、このような動きの反映でもあるのだ。規律厳守は限定的であり、小教区司祭などについては俗人叙任や妻帯も続いていたし、高位聖職者に関しても規律が緩かったことは確かである。しかし出来上がったキリスト教的秩序は、聖職者を軸とするが、十字軍がその端的な表れであるように、一般信徒も含んだものとなった。そしてキリスト教的価値観も人々のうちに浸透していくことになる。

3　教皇権の「絶頂」

　ハインリヒ 3 世とレオ 9 世によって始められた教会改革はグレゴリウス 7 世によって転回し、ローマの首位権が主張されるようになった。さらにウルバヌス 2 世とカリストゥス 2 世を経て法的システムとしての教会への道を歩む。しかし一挙に教皇権が絶頂に至るわけではない。それへと至る過程を理解するためには、第 2 以降の 3 回のラテラノ公会議とそれらを主宰した教皇を検討するのが有益だろう。

　ヴォルムス政教条約が結ばれ、ザリアー朝が断絶したことによって、教皇陣営に平和が訪れたが、その後の方針をめぐって大きな亀裂が生じた。一つにはローマに根強くはびこる党派政治が復活したことである。今回はともにローマ豪族のピエルレオーニ家とフランジパーニ家が対立したことによる。カリストゥス 2 世を継いだホノリウス 2 世（在位1124-30）の選出時からすでに暗雲が立ち込めていたが、彼が逝去すると二人の教皇が並び立った。一人はインノケンティウス 2 世（在位1130-43）で、フランジパーニ家に支持された。一方、対立する党派はこの選出を無効として、ピエルレオーニ家のピエトロをアナクレトゥス 2 世（在位1130-38）として選出した。

　この教会分裂はまた教皇座がいかなる方向に向かうかの争いでもあった。教皇座は叙任権闘争を通じてヨーロッパ全体に及ぶ威信を獲得したが、それをどのように用いるかが課題であった。アナクレトゥス 2 世陣営は強力で、インノケンティウス 2 世はローマを追われたが、クレルヴォーのベルナルドゥス（1090-1153）やプレモントレ会創設者ノルベルトゥス（1080-1134）などの宗教指導者、また皇帝ロタール 3 世（皇帝在位1133-37）やイングランド王ヘンリー 1 世などの支持を得ることができた。一方これに対立するアナクレトゥス 2 世はシチリア伯ルッジェーロ 2 世に接近し、1130年彼にシチリア王位を認めることになる。結局アナクレトゥス 2 世の死によってインノケンティウス 2 世が勝利を収め、教皇並立は収拾された。

　この勝利を確実にしたのが1139年の第２ラテラノ公会議で、100人を超える司教が出席し、十字軍国家が成立したアンティオキアなどからもラテン系司教が参加した。インノケンティウス２世はアナクレトゥス２世によって叙階された司教を解任し、対立するシチリア王ルッジェーロ２世を破門した。第１ラテラノ公会議に引き続き、聖職売買と聖職者の妻帯が断罪されたが、興味深いのは公会議の決定が制度や規律、教会の権利に対する侵害にとどまらず、新しい問題にも及んでいることである。異端を断罪し、高利貸しを禁じ、馬上槍試合や弩（いしゆみ）の使用を禁止し、医療や司法にも教会の権威の網をかけようとした。現世から距離を置いて教会を浄化しようとするのではなく、シトー会や修道参事会などの新しい活力と結びついて外へと志向し、社会全体をキリスト教化しようとしたのである。

　その頃帝国ではロタール３世とその婿であるヴェルフェン家と、帝位から排除されたホーエンシュタウフェン家の対立が険しくなり、教皇座はいわば漁夫の利を得ていた。しかしホーエンシュタウフェン家のフリードリヒ１世バルバロッサ（在位1152-90）が王位に就くと事態は一変した。彼は帝国内部の混乱を収拾するために融和政策を採って諸侯に特権を与え、従弟でライバルでもあるヴェルフェン家のハインリヒ獅子公と和解した。一方でポーランド王国、ボヘミア王国、ハンガリー王国に対しても皇帝権の優位を主張した。また授封関係を最大限に活用して支配強化を図り、のちにはハインリヒ獅子公を追放することにも成功した。さらにローマ法を大幅に採りいれ、多くの法令を出している。帝国も法的システムとしての国家として現れたのである。

　さらにフリードリヒ１世が精力を傾けたのがイタリア政策である。彼は６次に及ぶイタリア遠征を行って38年の治世のうち13年を同地で過ごした。ドイツ国内の秩序がオットー朝の頃とは大きく変化し王権の急激な回復が見込めないのに対して、イタリアには強い世俗君主が存在せず、商工業の発展にともなって都市が経済的にも発展し、新しい展望が開けているように見えた。彼は1154年イタリア遠征を行い、翌年には教皇ハドリアヌス４

世（在位1154-59）から皇帝に戴冠された。彼は諸都市を自らの支配秩序に組み入れることを目指し、1162年には敵対するミラノを破壊した。

　すでに皇帝権の復興を目指す動きのなかで教皇権との闘争に再び火が点いていた。フリードリヒ 1 世にはヴォルムス政教条約を受け入れる気はなく、むしろ教会支配を強化しようとした。1157年「皇帝は教皇から恩恵として帝国を授かっている」という教皇使節の発言をめぐって両陣営は激突し、これ以降、皇帝は「神聖なる帝国 sacrum imperium」という名称を使用するが、これは「聖なる教会 sancta ecclesia」に対抗して神権的な支配権を目指す動きを表している。

　アレクサンデル 3 世（在位1159-81）は教会内の反皇帝派のリーダーだったが、教皇に彼が立てられると皇帝は対抗してウィクトル 4 世を擁立した。アレクサンデル 3 世は北イタリア諸都市を支援して1165年皇帝を破門した。1168年北イタリア諸都市は皇帝の政策に対抗してロンバルディア都市同盟を結成した。フリードリヒ 1 世はなお闘争を継続しようとしたが、これは遠征の負担を厭う多くのドイツ諸侯の離反を招き、1176年レニャーノの戦いで大敗した。この敗戦によってフリードリヒ 1 世のイタリア政策は一時挫折し、皇帝は長く対立してきたアレクサンデル 3 世を認めざるを得なかった。

　フリードリヒ 1 世が擁立したウィクトル 4 世らが一部の支持しか得られなかったのに対し、アレクサンデル 3 世は広い支持を勝ち取り、さらにトマス・ベケット（1118頃-70）殺害をめぐってイングランド王ヘンリー 2 世（在位1154-89）も屈服させ（第 9 章 1 参照）、第 3 次十字軍も唱導した。

　しかしこれらの勝利以上に重要なのは、教会法を熟知し縦横に駆使するアレクサンデル 3 世が「教皇こそが法の唯一の源である」として教会の多くの問題に決定を下したことである。それは彼が発した500近い教皇令によく表れている。彼は教会法廷の手続きを整備し、司教選挙が司教座参事会によってなされることを再確認し、結婚が教会の権限に属していることを確立した。彼がいわゆる法律家教皇の代表的人物とされる理由である。

教皇在位表（2）

教皇	対立教皇
アレクサンデル３世 (1159-81)	ウィクトル４世 (1159-64) パスカリス３世 (1164-68) カリストゥス３世 (1168-78) インノケンティウス３世 (1179-80)
ルキウス３世 (1181-85)	
ウルバヌス３世 (1185-87)	
グレゴリウス８世 (1187)	
クレメンス３世 (1187-91)	
ケレスティヌス３世 (1191-98)	
インノケンティウス３世 (1198-1216)	

これらが結実したのがアレクサンデル３世が1179年に招集した第３ラテラノ公会議で、これには300名以上の司教が出席した。第２ラテラノ公会議に出席した司教が約100名であったことを考えると、教皇座の威信向上が見てとれる。公会議はローマ教会の唯一性と普遍性を称え、教会分裂の終結を宣言し、アレクサンデル３世がそれまで遂行してきた政策を集大成した。教皇選挙手続きを整備し、小教区主任司祭就任の条件を定め、聖職者の妻帯を禁じ、すべての司教座が教師を任命して教育に力を入れるように命じ、異端鎮圧の義務を世俗君侯に課した。また同性愛者や高利貸しを破門し、ユダヤ人やイスラーム教徒に不利な条件を負わせた。公会議のこれらの決定はアレクサンデル３世の教皇令と合わさってローマ教会の権限を大いに増していくことになる。

　レニャーノの敗戦ののち、フリードリヒ１世は態勢を建て直して北イタリア諸都市にある程度の支配権を認めさせ、さらに息子ハインリヒ６世（在位1190-97）をシチリア王女コスタンツァと結婚させて南イタリアに影響力を得るのに成功した。だが彼は1190年十字軍途上トルコでの渡河の際に溺死し、ハインリヒ６世が即位した。ハインリヒ６世はコスタンツァとの結婚によるシチリア王国の継承権を主張して、1194年軍勢を率いてその王位を奪い、さらに帝国とシチリア王国を結びつけようと計画したが、こ

れは教皇座にとっては南北から挟まれる
という悪夢にほかならなかった。ハイン
リヒ6世は2歳の息子フリードリヒを
「ローマ人の王」に選出させることには
成功した。ローマ人の王とは皇帝として
選出されたが教皇によって載冠されてい
ない者を指し、皇帝の後継者であること
が多かったが、ハインリヒ6世は32歳の
若さで急逝した。帝国は混沌と化し、さ
らに母コスタンツァの死によって4歳の
幼君は教皇インノケンティウス3世（在
位1198-1216）の後見下に置かれた。

インノケンティウス3世

　インノケンティウス3世の教皇在位期は教皇権の絶頂期といわれるが、
それはこのような幸運が重なって初めて得られたものであった。ホーエン
シュタウフェン陣営はハインリヒ6世の弟フィリップ（在位1198-1208）
を改めて王に選出したが、反対陣営はヴェルフェン家のハインリヒ獅子公
の息子オットー4世（在位1198-1215）を王に擁立した。インノケンティ
ウス3世は皇帝の適格性を審査する権限を主張して1201年オットーを王と
して承認し、より脅威であるホーエンシュタウフェン家を退けた。1208年
フィリップが暗殺されると、教皇座に有利な条件を提示するオットー4世
が皇帝に戴冠されたが、彼はフリーハンドを得ると反教皇政策を採るよう
になる。教皇は1210年オットー4世を破門し、臣下の臣従誓約を解除した。
さらに1212年ハインリヒ6世の息子フリードリヒをふたたびローマ人の王
に選んだ。グレゴリウス7世のように皇帝と正面から激突するのではなく、
帝位を狙うライバルたちを競わせたのである。また彼らの対立の隙を突き、
ピピンの寄進以来、名目的に教皇座に属していたにすぎない中部イタリア
の実効支配もある程度達成した。

　彼は他の国々にも干渉した。カンタベリー大司教座をめぐって彼は1208

年イングランドにおける聖務執行を停止し、1209年にはイングランドの
ジョン王（在位1199-1216）を破門、さらに廃位した。大陸で敗戦を重ね、
臣下の反乱に苦しんだジョンがイングランド全土を封土として1213年教皇
に捧げるまで破門は解かれなかった。また離婚問題をめぐってフランス王
フィリップ2世オーギュスト（在位1180-1223）を破門した。さらにス
ウェーデン、ブルガリア、イベリア半島にも関与したが、彼は優れたバラ
ンス感覚を有する現実政治家で最大限に好機を利用したのである。

　だが彼は単なる権力政治家ではなかった。インノケンティウス3世は
ローマ豪族セーニ家に生まれ、パリで神学を、ボローニャで教会法を学び、
シトー会士を志したこともあったといわれる。彼は『人間の条件の悲惨さ
について』の中で人間がいかに悲惨であるかを論じ、蛆虫が這いまわる朽
ちた死体や最後の審判での劫罰を詳細に描き、「所詮、人間は糞の詰まっ
た袋に過ぎぬ」と断言する。現世を唾棄するペシミズムがこの作品を支配
しているが、そのような著書を残した彼がどうして権力政治家という印象
を抱かせるような行動をとったのだろうか。

　それはインノケンティウス3世が教皇として特別な使命を負うと確信し
ていたからだろう。彼によれば、教皇とは「神と人の中間に位置し、神よ
りは劣るが、人の上にあり、何びとによっても裁かれえない」。「君侯は現
世に対して、司祭職は霊魂に対して権能を有する。それゆえ霊魂が身体よ
りも価値あるように、教皇権は君主権より価値がある」。教皇はキリスト
の代理人として、キリスト教世界のあらゆる信仰上の問題について神に責
任を負ったのである。この教皇の権威を高らかに宣言する「キリストの代
理人」という称号は、「神の僕たちの僕」という称号に代わってインノケ
ンティウス3世以降、一般的に用いられることになる。世俗への干渉も、
彼個人の権力欲であるよりも、神のために神の国を地上に実現させるため
であったのかもしれない。

　それゆえ南フランスなどで当時猛威を揮っていた異端にも彼は神の秩序
を乱す者とみなして対処した（第11章1参照）。カタリ派を転向させよう

として宣教師団を派遣したが、団長の教皇使節が殺害されると異端者に対する聖戦を提唱した。これは領土を渇望する北フランスの中小貴族を呼び入れ、1209年アルビジョワ十字軍という血まみれの異端殲滅作戦へとつながった。だが彼の政策は単に鞭にとどまらなかった。フランチェスコ会やドミニコ会の基礎を据え、また受け入れ可能で正統的なワルド派異端の一部を教会に復帰させた。これは大幅な制度変更を必要としたが、時代の変化に教会を適応させ、異端に惹かれる民衆のエネルギーをとりこむため彼は精力的に改革を断行した。

　彼の活動の頂点を示すのが1215年の第4ラテラノ公会議である。これは中世最大の公会議で、多くの世俗君主の使節が集い、400人以上の司教や800名以上の修道院長が出席した。インノケンティウス3世は入念に準備を進め、この会議の決定には教皇個人のイニシアチブが深く関わっているとされる。従来見られたような俗人による聖職叙任権排除などの規律面に止まらず、決定は教義にも及び、たとえばミサにおいて「聖体のパンとぶどう酒の実体がイエス・キリストの肉と血に変化する」という実体変化説が正統教義と宣言された。重要な教義を定めるのはニカイア公会議やエフェソス公会議などの古代の公会議以来のことであり、これはローマ教会の威信と自意識の高さを示していよう。

　また社会全体をキリスト教化して、教皇を頂点とする秩序に組み入れようとした。異端者と異端を保護する者への処置と制裁を定め、すべての信徒に最低年1回の聖体拝領と告解を命じ、さらにユダヤ人とイスラーム教徒に特別な服装を義務づけた。インノケンティウス3世は多くの書簡を発し6,000通を超える書簡が現存する。また600に上る教皇令を出し、これらはカトリック教会法典に収められた。彼は偉大な立法者でもあった。

　だが彼の権威も完全無欠だったわけではなく、多くの妥協を強いられた。それが端的に表れているのが第4次十字軍である。アイユーブ朝の攻勢に対処するためインノケンティウス3世は登位直後から十字軍を呼びかけ、1201年聖地へと向かうべく諸侯がヴェネツィアに結集した。だが船賃を払

えず、十字軍はヴェネツィアの使嗾に乗って船賃の一部としてザラ市を陥落させた。教皇は激怒して十字軍士を破門したが、さらに彼らがコンスタンティノープルを陥落させると、東西教会合同のチャンスとして教皇は現状を受け入れた。彼はその後も聖地守護の思いに動かされて第5次十字軍実現のため奔走し、その戦費を得るために全欧の聖職禄に課税することも命じている。1216年に死去したのも十字軍宣布のために赴いていたペルージャであったが、彼の遺体は身ぐるみ剥がされ放置されたともいわれる。まさに「蛆虫が這いまわる朽ちた死体」となったのである。

　政敵はインノケンティウス3世を評して「汝の口は神のもの。されど汝の行いは悪魔のもの」といったという。彼の敷いた強権的な道は教皇座の威信を高めはしたが、危険な方向に進ませることでもあった。彼ほどの手腕を持たず、また運にも恵まれなかった後継者たちは彼を真似たが、これほどの成功を収めることはできなかった。時には虜囚とされ、時には憤死したのである。

4　帝国の落日

　何回もの王朝断絶を経て帝国では聖俗諸侯の自立化が進み、さらにローマ教会との激しい対立の打撃を受けて皇帝権は揺らいだ。その最後の輝きを放つのがフリードリヒ2世である。彼はギリシア人なども共存し優れた行政機構を有した南イタリアのノルマン王国に育ち、イスラーム教徒で編成された軍や東方風の宮廷を抱え、ラテン語・ギリシア語・アラビア語などの6言語に通じ、科学にも強い関心を示した。同時代の年代記では「世界の驚異」と描かれ、ブルクハルトによって「王座に登った最初の近代人」とも評された多面的な人物であった。彼の波乱に富んだ生涯には当時の帝国の状況が縮図のように表れている。

　フリードリヒ2世は1194年ドイツではなく、中部イタリアで皇帝ハイン

リヒ 6 世とシチリア王女コスタンツァの長子として生まれた。本章 3 で述べたように、父ハインリヒは婚姻により帝位に加えてシチリア王位も掌中に収め、南部イタリアからドイツ、ブルゴーニュに至る広大な版図を支配したが、1197年に病没した。幼いフリードリヒを激しい政争の嵐が襲った。イタリアにおいてもドイツにおいても幼君の権利は侵害され、最終的に1212年フリードリヒはローマ人の王にふたたび選出されるが、帝位は諸侯の利害と教皇権の干渉の間に漂っていた。

　フリードリヒは諸侯に積極的に挑んで権限を回復しようとはせず、ハインリヒ 6 世没後の混乱期に諸侯が獲得した特権を追認し、聖俗諸侯からの支持を得た。1214年のブーヴィーヌの戦いでライバルのオットー 4 世がフランス王フィリップ 2 世に敗れると、フリードリヒの勝利は確定的となったが、かつてのような皇帝権を望むことはできず、1232年彼は「諸侯の利益のための協定」を承認して帝国内の聖界諸侯が有する領域支配の権限を世俗諸侯にも許したが、この協定はのちに多くの自立的な領邦国家が簇生することにつながる。さらに彼はドイツにおける皇帝権の回復を欲して反乱を起こした息子ハインリヒ（1211-42）を廃嫡さえしている。

　1220年皇帝位を認められた際フリードリヒは教皇ホノリウス 3 世（在位1216-27）に十字軍の実行を誓約したが、妃を亡くしていた皇帝はエルサレム王ジャン・ド・ブリエンヌ（在位1210-25）の娘ヨランドと1225年再婚してエルサレム王位を得た。彼は誓約した十字軍に出立しようとしなかったが、教皇グレゴリウス 9 世（在位1227-41）の破門警告を受け、1228年 4 万の軍を率いてエルサレムに向かった。だが途中でフリードリヒは病に倒れ、聖地に達せぬまま帰国した。グレゴリウス 9 世はこれを仮病と見なしフリードリヒを破門した。フリードリヒは破門を解かれぬまま再び十字軍を起こし、エルサレムに向かい、そこを支配するアイユーブ朝スルタンのアル゠カーミル（在位1218-38）と聖地返還の交渉を始めた。一族や地方総督の反乱に悩まされるアル゠カーミルに迎撃の余裕がなかったためだが、アラビア語を解しイスラーム文化に関心を抱くフリードリヒに

158

アル=カーミル（中央）と
フリードリヒ2世（その左）の交渉

ある程度の親近感を覚えたためでもあろう。フリードリヒは一滴の血も流すことなく1229年に10年間の期限付きでエルサレムを奪回し、その際に互いの宗教的寛容を約束した。このような態度は中世においてきわめて稀で、教皇や十字軍士を激高させた。

　1229年帰国するや、フリードリヒは教皇軍に制圧されていた南イタリアを回復した。さらに1231年「皇帝の書」を発布した。これは祖父フリードリヒ1世がローマ法を用いて皇帝権を再編しようとしたように、ローマ法に基づいて自らの支配を強化しようとするもので、都市や貴族や聖職者の権利を制限し、司法や行政の中央集権化を進め、税制や通貨を統一した。さらに「皇帝の書」は皇帝に聖なる性格を認め、異端者の処罰は教会ではなく皇帝権に属するとした。フリードリヒは忠実で役に立つ異教徒には保護を与えたが、異端者には厳しかった。彼は神が委ねた聖なる秩序を守る責任を自らが有しているとし、近代的な宗教的寛容は考えられなかった。

　フリードリヒは息子ハインリヒの問題を解決するためにも、さらにドイツ諸侯に譲歩を重ね、政策の軸をイタリアに傾けた。1237年フリードリヒが廃嫡した息子と共闘するロンバルディア都市同盟との戦いに勝利したのも束の間、ふたたび戦争になると戦局は膠着した。この争いは皇帝と教皇の争いと化し、皇帝派（ギベリン）と教皇派（ゲルフ）の争いはイタリア都市間の抗争や都市内部の派閥争いにも波及した。教皇派はフリードリヒをアンチキリストと呼び、フリードリヒは公然と教皇に敵対して教皇派を投獄し、直属のイスラーム教徒軍を率いてイタリア各地を転戦した。教皇

インノケンティウス４世（在位1243-54）は皇帝派の手をかいくぐってリヨンに逃げ、1245年第１リヨン公会議を開いた。教皇はフリードリヒを廃位し、彼の封建家臣を主従関係から解除した。さらにフリードリヒに異端宣告を下し、彼に対する十字軍を呼びかけた。多くの君侯は教皇に批判的であったが、両者の戦いは引き返すことができない段階に達していた。数多くの暗殺の試みや、テューリンゲン方伯ハインリヒ・ラスペ（在位1245-47）とホラント伯ウィレム２世（在位1247-56）という対立王擁立をかわし、1250年フリードリヒは死去した。教皇は歓喜し、皇帝派は彼の死を信じようとしなかったという。

　フリードリヒの死によってもホーエンシュタウフェン家と教皇座の闘争は終わらなかった。フリードリヒ２世の後継者コンラート４世はローマ人の王（在位1237-54）となっていたが間もなく死去した。教皇は対立王ウィレム２世を支援したが、彼が私闘の末に戦死すると、1257年の国王選挙では帝国外から２人の候補者が推された。イングランド王ヘンリー３世の弟コーンウォール伯リチャード（1209-72）とカスティリャ王アルフォンソ10世（1221-84）である。コンラート４世の息子コンラディン（1252-68）は教皇庁と対立し、ホーエンシュタウフェン家の王を望まなかった諸侯の思惑によってローマ人の王に登ることもできなかった。一方南イタリアのホーエンシュタウフェン領はフリードリヒ２世の庶子マンフレーディ（1232-66）が実質的に支配した。

　教皇庁はホーエンシュタウフェン家打倒の手を緩めなかった。教皇アレクサンデル４世（在位1254-61）はマンフレーディを破門し、イングランド王などを誘って対ホーエンシュタウフェン十字軍を企てたが実現できなかった。続くウルバヌス４世（在位1261-64）はフランス王ルイ９世の弟であるシャルル・ダンジュー（1227頃-1285）に呼びかけた。ウルバヌス４世は成果を見ることなく死去したが、クレメンス４世（在位1265-68）は1266年シャルルをシチリア王とし、戦費を賄うため聖職者に対する３年間の臨時課税を認め、イタリア銀行家たちからの融資の斡旋もした。イタ

**シャルル・ダンジューにシチリア王位を
授ける教皇クレメンス4世**

リアに侵攻したシャルルは1266年ベネヴェントの戦いでマンフレーディを敗死させ、1268年にはシチリア王位を請求してイタリアに攻め入ったコンラディンもタリアコッツォの戦いで撃破し、捕らえて処刑した。イングランド王リチャード1世の例に見られるように（第9章3参照）、身代金を得るため身分の高い捕虜の命がとられることがなかった中世においては珍しいことだが、ここにホーエンシュタウフェン朝は滅びた。

　ドイツは大空位時代（1254-73）を迎えた。帝国外から帝位を狙う者たちは莫大な資金を使ったが成功せず、むしろ帝国諸侯の力を増しただけであった。自立性を高めた諸侯は強力な君主を望まなかったが、長期にわたる空位は帝国内の秩序を乱し、シャルル・ダンジューは甥のフランス王フィリップ3世（在位1270-85）を帝位につける野望さえも抱いたという。そのため、かつてはホーエンシュタウフェン家打倒を目指した諸侯や教皇が君主を欲し、1273年に当時は大諸侯ではなかったハプスブルク家のルドルフ1世をローマ人の王（在位1273-91）に選出した。皇帝が不在であった1254年に初めて「神聖ローマ帝国 sacrum Romanum imperium」という名称が用いられた。これは「聖なるローマ教会 sancta Romana ecclesia」という名称と対をなし、ローマの後継者であるという帝国とローマ教会双方の競合する主張を表している。

5　アナーニ事件

　教皇権は絶頂を迎えたかに見えた。司教選出をめぐって争いがある場合、教皇は司教選挙に介入することができ、そのような場合、教皇庁は自らの方針に忠実な司教を据えた。また第 3 次十字軍の頃から聖地遠征の戦費を賄うため聖職者への臨時課税が始まったが、これにより他の手段では得られぬ巨費を徴することができた。フランチェスコ会やドミニコ会をはじめとする托鉢修道会は教皇権の手足となって、ローマ教会の権限拡大に奔走した（第11章 2 参照）。

　一方で新たに深刻な問題も生じた。これは教皇選出が困難になったことに端的に表れている。たとえばクレメンス 4 世（在位1265-68）が逝去したのち、枢機卿ではなかったグレゴリウス10世（在位1271-76）が登位するまで 2 年 9 ヵ月以上の空位が続いた。莫大な富と権力を蓄積する一方で、教皇はひとたび就任したならば死以外妨げるもののない絶対的な力を揮うようになっていた。このことは選出をめぐる合意形成を困難にした。聖ペテロの座が敵の手に渡ったならば、すべてを失う危険性があったのである。

　さらに教皇選挙が困難になった背後には、フランス派枢機卿とイタリア派枢機卿の険しい対立があった。かつてホーエンシュタウフェン家を倒すべく歓迎されたシャルル・ダンジューの野心はとどまるところを知らず、もともと有したプロヴァンス伯領（1246年結婚により継承）とアンジュー・メーヌ伯領（1247年フランス王家より継承）にシチリア王国（1266年征服）を加え、さらに海を越えてアルバニア王国（1272年建国）、首都を失って名目のみになっていたラテン帝国（1273年実権掌握）、エルサレム王国（1277年王位請求者の一人から購入）、アカイア公国（1278年協定により継承）を獲得し、トスカーナや北イタリアさえも抑え、ローマ市政にも深く介入するようになったのである。そのため枢機卿たちは党派対立を一時鎮めるためにも枢機卿ではなかった人物を教皇に選ばざるを得なかったのである。グレゴリウス10世は1274年第 2 リヨン公会議を招集し

た。この公会議は新たな十字軍派兵や東西教会合同などを主たる目的としたが、ふさわしからざる司教の解任など教会の現状に対する危機感も示し、ハプスブルク家のルドルフをローマ人の王に選出することを支持するなどシャルル・ダンジューを祖とするシチリアのアンジュー家に対抗する勢力を復活させようとする意図も窺える。

　派閥と利害が教皇座を左右することは続く。アンジュー家の圧力にローマ豪族の勢力争いが加わった。ニコラウス4世（在位1288-92）逝去後ローマ豪族コロンナ家とオルシーニ家が対立し、教皇選挙は暗礁に乗り上げた。第3の候補として浮上したのがピエトロ・ダ・モローネ（1209頃-96）である。彼は農民出身で終末論的な禁欲主義の隠修士として知られ、アンジュー家のナポリ王カルロ2世（在位1285-1309）の庇護を得ていた。高齢であることも有利に働き、彼は1294年7月5日教皇ケレスティヌス5世として登位した。だがグレゴリウス10世とは異なり、彼は教会法を学ばず外交に携わったこともなく、教皇庁の複雑な機構も理解できなかった。教皇はカルロ2世の操り人形となり、多くの者が老教皇の未経験さにつけこんだ。紛糾する状況を前にして無力な彼は退位し、跡を襲ったボニファティウス8世の所領に囚われて死去した。教皇庁はあまりに多くの権益を抱え何よりも政治家であることを必要とする機構となり、敬虔ではあるが教会行政に通じぬ聖人によってはもはや運営できなくなっていたのである。

　次のボニファティウス8世（在位1294-1303）はケレスティヌス5世とはすべての面で対照的な人物である。彼はローマ近郊アナーニに新興貴族ガエターニ家の子として生まれ、ボローニャ大学でローマ法と教会法を学んだ。その後、外交官としてフランスに赴任し、1281年に枢機卿に選ばれた。強引で敵も多かったが、典型的な法律家教皇である。

　教皇座に就くと、彼は自家の繁栄を目論み、コロンナ家と衝突して彼らを破門服従させ、ガエターニ家の所領を拡大した。当時、互いに戦いあうフランス王フィリップ4世（在位1285-1314）とイングランド王エドワード1世（在位1272-1307）は教皇の同意を得ることなく聖職者に課税する

ことによってその戦費を賄っていたが、前述の
ように、これは一番容易に多額の資金を集めら
れる手段であった。教皇は教皇庁の権益を守ろ
うとしてこれを断罪し、1296年教皇勅書「聖職
者たちに対して一般信徒は（Clericis laicos）」
（教皇勅書はもっとも上位の教皇の文書形式で、
冒頭の2〜3語をタイトルとする）を発して両
王に聖職者課税を禁じた。フィリップ4世は直
ちに反撃し、フランス教会がローマに送金する
ことを禁止した。これはローマ教会にとって痛
手で、教皇は教皇勅書「言葉では言い表せない
愛（ineffabils amor）」を出して強硬な言辞と融
和的な言辞を混ぜながら着地点を求めた。1297
年教皇はフィリップ4世の祖父でローマ教会の
同盟者であった敬虔なルイ9世（在位1226-
70）を列聖した。一族の者が聖人として崇敬さ
れることは、その家門の威信を大いに高めるこ
とであり、しばしの小康状態が訪れた。

　その後ボニファティウス8世に栄光の時期が
訪れる。一つは1298年教会法典「第六書 Liber
sextus」を公布したことである。教会法実務の
基本をなしていたのは、本章2で述べたように、グラティアヌスの「教令
集」であったが、これは私撰であった。その後も多くの教会法令、特に教
皇令が出され、体系化の必要も生じていた。1234年にグレゴリウス9世が
公布した法典「教皇令集 Decretales」は、教皇権の発展を端的に示す金
字塔である。教会法を学んだボニファティウス8世にとって、偉大な教皇
たちの権勢を示す教皇令を体系化した「第六書」を送り出すことは大いな
る名誉であったに違いない。

教皇在位表（3）

教皇在位表
インノケンティウス4世 (1243-54)
アレクサンデル4世 (1254-61)
ウルバヌス4世 (1261-65)
クレメンス4世 (1265-68)
グレゴリウス10世 (1271-76)
インノケンティウス5世 (1276)
ハドリアヌス5世 (1276)
ヨハネス21世 (1276-77)
ニコラウス3世 (1277-80)
マルティヌス4世 (1281-85)
ホノリウス4世 (1285-87)
ニコラウス4世 (1288-92)
ケレスティヌス5世 (1294.7.5-12.13)
ボニファティウス8世 (1294-1303)

　さらにボニファティウス8世は歴史上はじめて1300年に「聖年」を宣言した。この頃、終末論的待望から多くの巡礼がローマに押し寄せていたが、彼らの願いに応じて「この年にローマに眠る使徒たちの墓廟に詣でる者は罪とその罰を免れる」としたのである。ある記録によれば20万人もの巡礼がローマを訪れたという。聖ペテロの「解き結ぶ鍵」の継承者というボニファティウス8世の意識はかつてないほど高まったであろう。

　フランス王との軋轢が、フランスの司教区をめぐってふたたび生じた。1301年ボニファティウス8世はフィリップ4世に諮ることなくパミエ市に司教座を設け、自らのお気に入りを司教に据えた。フランス王は自らの王国での権利侵害に怒りその司教を逮捕したが、教皇は教皇勅書「聴きなさい、息子よ（Ausculta Fili）」を発し、司教座を設けることは自らの権限に属すると応酬して対立は激化した。1303年ボニファティウス8世は教皇勅書「唯一聖なる（教会）を（Unam Sanctam）」を出し、教皇権の王権に対する優越を主張した。これは教皇権の優越に関するもっとも強硬な主張であり、教会は霊的権限だけでなく世俗的権限も有し、あらゆる人間は救いのために教皇に服さなければならないとした。

　1303年3月フィリップ4世は教皇を断罪し、同年6月フランス聖職者団はフランス王を支持した。フランス王の威信は高まっており、逆に教皇権はフランス聖職者団の利益を擁護せず、むしろ損なっていると感じられるようになっていたのである。ボニファティウス8世はフランス王の断罪を無視し、故郷アナーニに滞在して王に対する破門の準備を進め、9月8日に宣言することを予定していた。しかし9月7日フランス王の側近ギヨーム・ド・ノガレは、ボニファティウス8世に苦汁をなめさせられたコロンナ家などのローマ豪族の手勢とともにアナーニを急襲し教皇を捕虜にした。2日間囚われたのち教皇はアナーニの住民によって解放されたが、受けた打撃は大きく10月11日死去した。彼の栄光と挫折は、教皇権の本質をよく表していよう。教皇権とは権威であって、権力ではない。その力は状況に左右されるのである。

第8章

修道士

　修道士といえば、穏やかで静謐な生活を送る人をイメージするかもしれない。しかし修道士になるためには多くを捨てなければならない。ベネディクト修道士であれば、清貧のために財産、貞潔のために妻子、従順のために我意を放棄しなければならないのである。それゆえ修道士は生きるに当たり前のものを絶っても構わないという強い情熱を持たなければなれない。一方で西欧のキリスト教には聖職者カーストは存在せず、すべての聖職者は一般信徒の家に生まれ一般信徒の係累を有する。聖職者になっても、彼らは家族のために祈り家族のために考える。修道士は決して孤絶した存在ではなく、社会とともにあり、その変化の息吹を吸って生きる者でもあるのだ。

　ヨーロッパがキリスト教を受容したとき、最初に担ったのは王や皇帝であった。彼らはキリスト教によって聖別されて特別な存在となり、そして神に対する責任を負った。そして大貴族たちが王に倣って修道院を建て、自らの魂の平安を祈らせた。より上位のステータスの行動様式を模倣することは、かつては社会秩序の梯子を登ることであった。キリスト教化の階段を登るのは、今度は騎士である。本章では中世ヨーロッパの修道士を取り上げ、その時代の宗教心と社会の変化を見てみよう。

1 クリュニー

クリュニーは中世を代表する修道院で、絶大な権勢を誇ったことで知られる。特にグレゴリウス改革はクリュニーの修道院改革に先導されたともいわれる。グレゴリウス7世がクリュニー本院に在籍したとは今日ではいわれなくなったが、彼が支院の一つで多くのものを吸収したと今も多くの研究者が主張している。また、のちのウルバヌス2世をはじめとする多くのクリュニー出身者がグレゴリウス7世を支えた。だがグレゴリウス7世と同じように教会の浄化と独立を強く求めたが、クリュニーは正面から激突することはなかった。グレゴリウス改革とクリュニーのどちらが影響したというよりも、時代精神を共有していたというべきかもしれない。

クリュニー修道院がこのような力を得たのは教皇座との特別な関係のためとされる。910年アキテーヌ公ギヨームの援助を受けて創設されたとき「ペテロとパウロに捧げられて」ローマ教会の保護と所有に属し、いかなる世俗権にも服さなかったからだというのである。だが使徒への寄進は他にも多くの事例がある。たとえば巡礼で有名なヴェズレー修道院はヴィエンヌ伯ジラール（810頃–877頃）により860年頃創建されローマ教会の

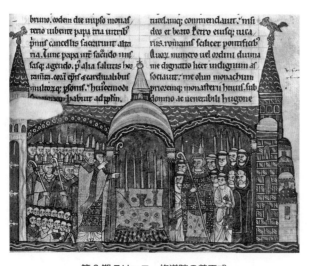

第3期クリュニー修道院の着工式
クリュニー出身の教皇ウルバヌス2世（左）、院長ユーグ（右）。

保護下に置かれた。しかし、教皇座への寄進がクリュニー発展の唯一の理由ではないだろう。実際クリュニーはさまざまな手段を通じて力を養ったのである。

　クリュニーは、何よりもその豪華で壮麗な典礼で知られた。ベネディクトゥス戒律が定めるミサでの詩編詠唱数を数倍に増やして徹夜の祈りが捧げられ、手労働の時間はなくなり、典礼が神のための労働（Opus Dei）とされた。カスティリャ王アルフォンソ 6 世（在位1072-1109）の莫大な寄進を得て1088年に着工された第 3 期クリュニー修道

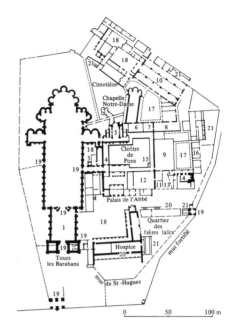

第 3 期クリュニー修道院の復原平面図

院教会の規模は長さ190メートル、高さ40メートルに達し、西欧で当時最大の建造物であった。24時間神を称える詠唱に満ち、クリュニーは「もし人間が甘受するこの種の場所を天使が気に入るならば、きっと立ち寄るだろう場所」といわれ、天上の至福を前もって感じさせるところとされた。クリュニー本院の豪華さは失われてしまったが、ベルゼ・ラ・ヴィル支院のフレスコ画が現存している。第 3 期クリュニー修道院内陣のフレスコ画を描いたグループの手になると考えられており、中世末から1887年に再発見されるまで石灰塗料に覆われていたため保存状態がよく、今も往時の雰囲気を偲ばせてくれる。

　この時期には家門の繁栄を祈るため幼くして修道院に送られた奉献修道士も多く見られたが、一方で宗教的回心を経て修道誓願を立てた者もいた。初期のクリュニー院長の前身を見ると、第 2 代オドー（在任926-949）は

トゥール司教座学校の教師、第4代マイオルス（在任964-994）はマコン司教座大助祭、第5代オディロ（在任994-1049）はブリウド司教座参事会員を経ており、彼らは司教座あるいは教皇位就任を提示されても拒んだ。修道士こそが「天使のごとき」卓越した地位なのである。

　人々は天使のような修道士たちの祈りの力にすがった。1030年頃クリュニー院長オディロは11月2日を死者の日と定め、11月1日（この前夜がハロウィンにあたる）にすべての聖人に祈って、故人の魂を救ってくれるよう神へのとりなしを請い、11月2日には亡き人々の冥福を祈った。この制度はすぐに全欧に広がった。また『聖オディロ伝』にはエルサレムから戻った修道士がある隠修士から聞いた伝奇が記されているが、煉獄で苦しむ人々が、神の憐みを求める「修道士の祈りによって、また貧者への施しによって、自分たちの魂が罰から逃れられるよう」願っており、特に「クリュニーとその院長に」宛てて「そのために祈りを増やし、夜を徹して祈り、貧者に施してくれるよう願っていた」としている。これは修道院を宣伝する「縁起」ではあるが、当時の心性をよく表している。修道士は罪に慄く人々のために神にとりなしの祈りを捧げ、それに応えて神は人々に恩恵を授け、それに対する報酬として人々は修道院に莫大な寄進を積んだ。神と人々の間を流れる祈りと恩恵と寄進の回路の完成である。ミサは本来、共同体全体で行うものであったが、自らや一族の魂の救いを求めて、修道士がひとりで特定の目的のために行う個人ミサも増えた。

　カロリング朝に始まる祈りのネットワークはクリュニーにおいて頂点を迎えるが、そのネットワークの証拠であるいくつかの「記憶の書」が現存する。クリュニーに帰属するマルシニー女子修道院のものは1090年頃に記載され始め、多くの修道士や修道女に交じって「われらの友なる女性ベルシレ amica nostra Berchilais」と俗人の名も見られる。そして記録者は「ここにその名が記されている男女がその功徳ゆえに天にその名が記されんこと」を求めている。これらの人物は寄進をしたのち「記憶の書」にその名を刻まれ、修道女の祈りやミサ、また故人の命日になされる施しなど

によって功徳を得ることができた。今日では無名なこの女子修道院の「記憶の書」には48,000人もの氏名が記されている。

この修道生活は当時の有力者の心にも適い、彼らの支援を得て各地に支院が新たに建設され、あるいは既存の修道院がクリュニーに託されて改革された。最盛期の院長ユーグの時代（在任1049-1109）に傘下修道院は1,000を超えた。さらにクリュニーの位置するブルゴーニュでは核となる世俗領主の力が弱く、この修道院の勢力拡大を止めることはできなかった。クリュニーは周辺に100以上の小教区を購入あるいは譲渡によって住民ごと所有し、傘下

マルシニー女子修道院の「記憶の書」

左上の余白に「amica nostra Berchilais」と書き込まれている。

の修道院から多額の貢納を受け、有無を言わせぬ実力を蓄えた。クリュニー帝国と呼ばれるゆえんである。

しかし寄進は一度得られれば保持できるというものではなかった。10世紀クリュニー近傍のグロ家という領主に関する特許状群は、在地勢力とクリュニー修道院の葛藤を明らかにする。この文書群は、951年ドゥウダという名の領主夫人が一族の魂の平安を祈るため先夫リエボー（1）との間に設けた息子リエボー（2）をクリュニー修道院に入れ、その際に先夫の所領を寄進する文書から始まる。だが彼女はその際に現在の夫アクインおよび彼との間に設けた子供らに所領を分け与えて、この寄進を認めさせている。見込みうる相続財産を失う可能性を償うため、親族を納得させるためにこれらの措置が必要だったのであろう。979年にリエボー（1）の甥で、のちにマコン司教（クリュニー修道院はこの司教区内に存し、それゆえ利

害の衝突も激しかった）となるリエボー（3）はクリュニー修道院に対してリエボー（2）とともに寄進された所領の権利を要求し、終身使用権を得ることに成功した。しかし、司教リエボー（3）は自らが犯した殺人の弁償金として前述の財産を被害者の親族に譲渡したことが、被害者の親族がこれらの所領を再度クリュニーに寄進したことからわかる。横領され長く私物化されていたのである。またリエボー（3）の甥マイオルスはクリュニー修道院に寄進もするが、長期にわたって財産について争いもした。死が迫るのを感じて、ようやく彼は和解に応じたようにも見える。クリュニー院長ペトルス・ヴェネラビリス（在任1122-57）が『奇跡録』の中で冥界で強欲の罰に苦しむグロ家のベルナール（1070頃没）の姿を描いているのも印象的である。これらの事例は、寄進地がしばしば寄進者の親族に貸し戻され、ときには返却されず横領される危険があったことを示している。修道士らは自らの権利を守らなければならず、ときには説話をもって領主の強欲に対抗したのである。

　この荒波に、クリュニーは何よりも優れた指導者に恵まれて立ち向かった。初代院長ベルノー（在任910-926）に始まり、オドー、マイアルドゥス（在任944-964）、マイオルス、オディロ、ユーグ、ペトルス・ヴェネラビリスに至るまで、その院長の多くは王侯や教皇から高く評価される人物だった。彼らは確かにローマから多くの特権を得た。931年には修道院財産保全と院長の自由選挙についての特権を、998年には司教の強制からの免除特権を、1016年にはクリュニー本院の特権が傘下の全修道院に及ぶという特権を獲得している。かつて修道院には司祭がいない、あるいはいても少数であったが、ミサを行うために修道士が司祭となる傾向が強まっており、司教が叙階の際に法外な手数料や臣従誓約を求めることがあった。このためにも司祭叙階の権限を有する当該教区の司教からの免除特権は、実際に行使されることは稀だったが、伝家の宝刀として重要だったのである。すべての修道志願者はクリュニー本院院長の手のうちで修道誓願を立て、院長の権限は最盛期には全欧に広がる支院に属する1万人以上の修道

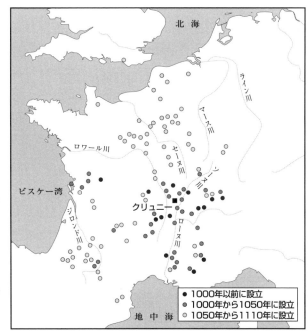

クリュニー修道院とその傘下修道院の分布

ここに示されたのはごく一部で、さらにスペインやイタリアにおいても
多く存在した。

士に及んだ。このようにしてクリュニーは世俗権のみならず、本来強い監督権を及ぼすはずの司教権からの自由のお墨付きも教皇庁から得た。だが遠く離れ強制力を欠く教皇座の特許状だけでは十分でない。クリュニーは彼らの特権を皇帝やフランス王からも繰り返し確認してもらっている。

　クリュニーは莫大な消費支出のため巨額の債務を負ったし、その独立的な統治のために世俗権の強い地域では歓迎されなかった。ブローニュ修道院（ベルギー）、ゴルツェ修道院（ドイツ）、フェカン修道院（ノルマンディ）などではクリュニー的な修道生活が採用されたが、独立は志向しなかった。対してクリュニーは「国家の中の国家」として、警戒されたのである。

2　隠修士 ─────────────────────

　クリュニーの生活に辛辣な批判が浴びせられた。一つにはクリュニーで
は長大な典礼を行うために、修道士の食事などが豪華になっていたからで
ある。すでに1045年頃には「戒律によって定められた制限に我慢できず、
定められた聖務日課に他の詩篇を加えて朗読を増すことによって過剰な食
事が許されたものであるかのようにした」と皮肉をこめて非難されている。
こののちクリュニーは院長ペトルス・ヴェネラビリスの下で綱紀粛正に着
手するが、潮目はすでに11世紀中頃から変わりつつあった。もっとも、これ
はクリュニーが退場して次のスターに取って代わられるというほど単純で
はない。贅沢を指弾する潮流が現れたのは11世紀だが、11世紀こそがク
リュニーの最盛期であり、院長オディロとユーグが統治した黄金時代でも
あった。修道生活の理想はいくつにも分かれ、多くの人々がその一層の繁
栄を支えていたのである。

　完全に移動のない社会などあり得ないが、11世紀頃から人とモノの移動
が少しずつ回復しつつあり、静止的ではない新しい心性が生まれつつあっ
た。それにともなって宗教的目的で旅する人も増えた。たとえばアン
ジュー伯フルク３世ネッラ（972-1040）は粗暴で貪欲な領主として有名だ
が、同時に1002年、1008年、1038年と３度エルサレムに巡礼し、1040年４
度目の聖地巡礼の帰途メッスで没している。１回の聖地行には半年以上の
月日と巨額の費用がかかり、またフルク自身が証明しているように、生き
て帰れるかも定かではなかったことを考えればたいへんに敬虔な行いであ
る。このような情熱に突き動かされた人々が聖地へと向かった。「過去に
聞いたこともないほどの人々の流れがエルサレムを目指した」。その際に
彼らはさまざまなことを見聞したであろう。彼らの中には『聖オディロ
伝』に出てくるような隠修士（本章１参照）に出会った者もいるに違いない。

　皇帝も例外ではない。オットー３世は厳格な修道生活に憧れ、隠修士
ロッサーノのニルス（910頃-1005頃）を称賛し、隠修士ロムアルドゥス

（950頃-1027頃）を登用しようとした。南イタリアへのイスラーム勢力侵攻のため、東方系の隠修士、たとえば小サバス（990没）がシチリアを去ってローマに逃れてきたのもこの頃である。

　終末を待ちながら神の審判に備える人々は、自らの行いを正して教会を浄化しようとした。彼らは船底の牡蠣殻のように修道生活にこびりついた悪弊を一掃して、原点に返らなければならないと考えた。彼らが戻るべきと考えたのはキリストの直弟子である使徒に従うことであった。これを「使徒的生活」の理想という。彼らはキリストに従い、自発的に財産や我意を棄てたため「キリストの貧者」と自称することもあった。

　使徒的生活の理解には2種類が存在した。一つは伝統的モデルで新約聖書の使徒行伝第2章に描かれた初代教会の生活に基づいて「皆一つになって、すべての物を共有にし、財産や持ち物を売り、おのおのの必要に応じて、皆がそれを分け合う」ことを目指した。ベネディクト修道院などの共住修道院の原型である。

　もう一つは新しく支持を集めたモデルで、福音書に描かれた使徒の生活を理想とした。キリストは「12人を呼び寄せ、2人ずつ組にして遣わすことにされた。その際、汚れた霊に対する権能を授け、旅には杖1本のほか何も持たず、パンも、袋も、また帯の中に金も持たず、ただ履物は履くように、そして「下着は2枚着てはならない」と命じられた。（中略）12人は出かけて行って、悔い改めさせるために宣教」（マルコ福音書第6章）することを目指した。このモデルが新しい時代の心性と一致し、清貧と説教の生活が求められた。

　新しい修道生活を志向する人々は原初へ回帰するにあたって東方修道制あるいはベネディクトゥス戒律に準拠した。そして彼らなりの原点を模索して、西方修道制に東方修道制のエッセンスを加えた。ロムアルドゥスはベネディクトゥス修道制に隠修士的要素を加えて、1023年頃カマルドリ修道院を設立した。同じようにヨハネス・グアルベルトゥス（995頃-1073）はカマルドリ修道院で修行したのち、ヴァロンブローサ修道院を設立した。

またグレゴリウス改革に尽力したペトルス・ダミアーニもフォンテ・アヴェラーナ修道院を建てている。これらの新修道院は使徒行伝のモデルに従って、厳格な共住修道生活を回復しようとするものである。

　このような傾向に属するもので永続的な影響を及ぼしたのがカルトジア会である。これはランス大司教座学校校長だったケルンのブルーノ（1030頃-1101）が1080年頃キリストの貧者として生きんことを決意して世を棄て、1084年頃グルノーブル司教の援助を得てグランド・シャルトルーズ修道院を建設したことに始まる。この修道院は隠修士の集合体で、各人に修道房が割り当てられた。各房には礼拝所、手作業のための作業室、寝室が備えられ、花や野菜を育てるための小庭も付属していた。彼らは祈り、瞑想し、手作業に従事し、修道房を出るのは共同体での祈りと散策のためだけであった。その厳格な生活ゆえに「腐敗せざる修道院」とも評され、第5代院長グイゴ（1109-36）をはじめとする霊的著作家を生み、長期にわたる影響を及ぼした。

　一方で、この時代には新しいモデルに基づく巡歴説教者も多く現れた。彼らはキリストが命じたように何も持たず、福音書のメッセージを伝えようとした。グレゴリウス改革が掻き立てた宗教的情熱もその原動力となった。タンケルムス（1115没）やローザンヌのヘンリクス（1148獄死）のように異端者とされた者もいるが、多くの説教師が修道院を設立して体制のうちに場を占めた。

　本章4で取り上げるノルベルトゥス（1080-1134）と並んで、彼らのうちで大きな反響を惹き起こしたのがフォントヴロー修道院を建てたアルブリュッセルのロベルトゥス（1055-1117）である。彼はパリで学び神学についてかなりの理解を有し、1089年故郷のレンヌに戻ると司教の求めに応じて教会の綱紀粛正に乗り出した。彼は聖職売買や妻帯聖職者を断罪し、俗人による干渉を退けた。これは多くの敵意を呼び、司教没後はレンヌを去らざるを得なくなり、こののち彼は一貫して禁欲的修道者としての生涯を送ることとなる。苦行者としての名声は多くの信奉者を惹き寄せ、西フ

ランス中を説教して回る彼の雄弁は男女を問わず人々を魅了し、これがさらなる非難を惹き起こした。ウルバヌス 2 世の認可を得たが、それでも彼に従って遍歴する男女の弟子たちの間で性的不品行が行われ、娼婦が混じっているとされた。非難中傷を逃れるため、彼は1100年フォントヴロー修道院を設立した。これはベネディクトゥス戒律の精神に従いながらも、修道女と修道士が一つの修道院共同体をなす二重修道院という独創的なものだった。ロベルトゥスはフォントヴローの院長に女性を据えたが、当時の男性優位の社会においてはきわめて珍しいことであった。修道生活はすでにベネディクトゥス的枠組に収まりきらなくなっていたのである。

3　シトー会

シトー会は1098年モレームのロベルトゥス（1028頃-1111）が21名の修道士とともに創設したブルゴーニュのシトー（Citeaux）修道院にその起源を有する。彼らはクリュニーと同じベネディクトゥス修道士だが、「ベネディクトゥス戒律を注意深く遵守し、一文字も、些細な事も疎かにせぬ」よう原点に回帰することを決意し清貧な生活を目指して、葦（cistels）の生える地に修道院を建設したが、この修道院が発展するのは第 3 代院長ステファヌス・ハルディ

シトー修道院の灌漑施設
新たに運河を造って水の流れを変え、いくつもの堰を設けている。

ングス（在任1109-34）のときからである。シトー修道院は1113年ラ・フェ
ルテに、1114年ポンティニーに、1115年クレルヴォーとモリモンに４つの
「娘」修道院を建設した。拡大は着実に進み、増加に歯止めをかけたにも
かかわらず12世紀末に傘下修道院の数は500を超えた。修道参事会や托鉢
修道会などのライバルが現れても、宗教改革直前まで少しずつではあるが
増加し続けた。

　その発展の原動力としては、まずクレルヴォーのベルナルドゥス（1090
-1153）の存在が挙げられよう。騎士身分出身の彼は、その厳格な生活と
雄弁によって自らの出自である貴族の心をとらえた。1129年のトロワ教会
会議においてテンプル騎士修道会則を認めさせることに成功し（本章５参
照）、1130年に始まった教会分裂の解決に大きな貢献を果たし（第７章３
参照）、1147年の第２次十字軍勧進を行っている。弟子がエウゲニウス３
世（在位1145-53）として教皇位に就くなど、12世紀は「ベルナルドゥス
の世紀」と呼ばれるほどである。

　だが彼のカリスマがシトー会の成功の理由のすべてではない。成功の理
由は、またその卓越した修道会統治にある。ベネディクトゥス戒律は修道
院内部の問題については細かく規定しているが、多くの修道院をどのよう
に統治するかの定めはなく、「修道会」のための規則ではない。クリュ
ニーにはその弊害が端的に表れており、修道院長の資質がそのまま修道会
の盛衰に反映されていた。この問題を解決し修道会統治を規定しているの
が、ステファヌス・ハルディングスが起草した「愛の憲章 Carta Cartatis」
である。この中で、たとえばシトー本院院長は直系傘下の修道院に対して
指導する権限を有するが、いかなる貢納も求めてはいけないとされている。
重要事項は全修道院長が参加する総会で決定し、シトー本院院長の矯正や
解任についても規定されていることも注目に値する。クリュニーの傘下修
道院の総数が漠然としか示せないのに対して、シトー会は数のみならず創
建年まで特定できる。このことにも表れているように、この修道会はきわ
めて優れた統治機構を有し、クリュニーのように帝国を志向しなかったゆ

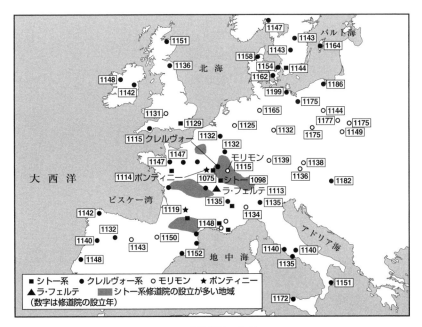

シトー会修道院の広がり

集中している地域もあるが、西欧全体に、さらに東欧や聖地にまで及んでいる。

えに、どの君侯からも拒まれることなく広がったのである。

　また彼らは「中世の土地開発業者」との異名を得るほどに優れた技術を誇った。シトー会修道院の名を見ていくと、クレルヴォー（澄んだ谷）、トロワ・フォンテーヌ（3つの泉）など、谷や水に関わる名称が多いことに気づく。彼らはベネディクトゥス戒律の原点である手労働に戻るため、そのような土地を選んで灌漑施設や水車を建設し自ら労働した。これはクリュニーが多くの小教区を購入して地代収入や特権などの不労所得を蓄積したのとは対照的である。シトー会士たちはベネディクトゥス戒律の遵守を目指したが、これはマックス・ヴェーバーの『プロテスタンティズムの倫理と資本主義の精神』が説くように、禁欲的な労働と、結果としての致富につながった。清貧が富をもたらしたのである。

　だが寄進される土地は彼ら修道士だけで耕せる規模ではなかった。それ

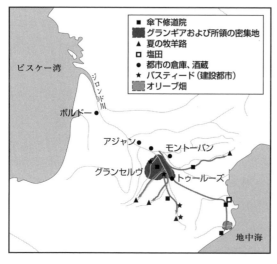

グランセルヴ修道院のネットワーク

多くのグランギアを有し、夏には牧羊を行い、都市には拠点を構え、塩田やオリーブ畑も有していた。

に加えて彼らはベネディクトゥス戒律が定める定時課に参加しなければならなかったため、その労働力は当てになるものではなかった。そのために採用されたのが助修士（fratres conversi）制である。これはヴァロンブローサ修道院などがすでに行っていたもので、正規の修道士教育を受けていない俗人を受け入れたものである。彼らには農民出身者が多く、主に肉体労働を担当し、「二級市民」扱いされたが、衣食住は確保されており、修道士であるということで救済の望みを持てたため、人口増の時期と重なる初期には成り手が多かった。また彼らが修道士となる前に身につけた技能によって展開された事業も会の発展に寄与した。

　シトー会は大成功を収め数多くの土地の寄進を得たが、それらは必ずしも修道院の近くに位置するものばかりではなかった。遠方にあるものも多く、そのために考え出されたのがグランギアである。これは一種の荘園で、専門化した助修士の集団が駐在して農耕・牧畜などに携わった。その数は全欧で6,000を超えたという。シトー会修道院には製鉄などに乗り出すものもあり、大量の余剰生産物を生み出した。一修道院単独で、あるいは複数の修道院が連携して生産や物流を管理した。テン・ドゥイネン修道院のように羊毛を売りさばくため自前の商船隊を有する修道院もあったという。

シトー会がこのように勤勉と清貧を愛したことは、建築や美術にも表れている。彼らは過度の装飾を拒否し、簡素な美を選んだ。クレルヴォーのベルナルドゥスは1125年にクリュニーの豪華さを批判して「私は聖堂

フォントネー修道院の参事会室跡

の果てしない高さ、その際限ない奥行、無駄な広さ、贅沢な装飾、好奇心をそそる図像のことはとりあえず黙しておく……それはそれで良い。神を敬うためのものだから。……（しかし）黄金で覆われた聖遺物箱が目にとまったときにはもう財布の口が開いている。聖人や聖女のすばらしい像が飾られるとき、彩色が鮮やかなほど、高い聖性を帯びると信じられている」と皮肉っている。世界遺産に指定されているフォントネー修道院、あるいはル・トロネ修道院などにはクリュニーとは対照的な簡素な美がよく表れている。

4 修道参事会士

　中世初期はベネディクト修道士の時代であった。彼らは地上にありながら天使のごとき生活を送り、彼らの祈りは救いをもたらすと多くの人々に評価され、修道生活の徳である清貧、貞潔、従順の実践こそがもっとも優れたキリスト教的生活と見なされた時代であった。一方、一般信徒の世話をする在俗聖職者への評価は低かった。神を忘れて俗事にかまけ、一般信

徒と同じく妻子を有し、ときには土にまみれて農作業に従事し、教育水準
も低かったからである。修道士、あるいは使徒の後継者であり有力家門出
身者が大半であった司教とも次元が異なっていた。

　グレゴリウス改革の結果、教会は俗権の桎梏を脱して規律を回復したと
いわれるが、それは教会のごく一部に過ぎなかった。確かに司教や修道院
長の一部については自由選挙が行われたが、第7章で見たように世俗支配
者の発言力は依然として強かった。教区の聖職者、特に農村小教区の聖職
者の指名権を世俗領主が手放すことはなかった。教会が徴収する十分の一
税はあまりにも魅力的だったからである。ある教区を管理する権限を与え
られた個人あるいは団体の教区主管者（rector）が当該教区の十分の一税
の過半を得て、わずかな報酬で満足する教区司祭代理（vicarius）に当該
教区の司牧活動を委ねることも多かった。場合によっては、できのよい農
奴の息子に最低限の儀式やことばを教えて任用することもあり、村の有力
者の子弟が就いて権力を揮うこともあった。

　このような蔑視の中で、北イタリアや南フランスの司教座などを中心に
司祭の修道士化の動きが始まる。彼らは修道士の徳を自らのものとしよう
とした。司教座参事会士の規律づけの動きは、第3章3で述べたようにカ
ロリング期のクロデガングの改革に見られるが、久しく忘れ去られていた。
1039年頃、南フランスのサン・リュフでアウグスティヌス戒律に則った律
修生活が復活し、この動きは北イタリアのルッカに伝わり、フランスのア
プト、サンリス、パリなどにも広まった。

　在俗聖職者の修道士化の動きは、司祭化する修道士との軋轢を生み、ど
ちらか優れているかの論争が勃発した。これに裁定を下したのは教皇ウル
バヌス2世である。彼は1092年「修道参事会士の生活はエルサレムにおけ
る使徒たちの生活に基づいている」と讃え、1096年には修道士と修道参事
会士を等しい地位に置き、修道参事会士の司牧活動は隣人愛の表れであり、
神に専心する修道士の生活に劣らないとした。長らく劣ったものとされた
在俗聖職者が高く評価されたのである。これには司教座を組み込んだ教会

秩序をめざすグレゴリウス改革の方向転換も影響を与えていよう。

　規律づけの規範とされたのがアウグスティヌス（354-430）である。この偉大な教父が北アフリカのヒッポで司教座聖職者の修道生活を組織したことはよく知られており、彼が6世紀に活動したヌルシアのベネディクトゥスよりも古い時代の権威であったことも重要であったろう。だがアウグスティヌスは戒律を書き残しておらず、いずれの著作を戒律と見なすべきかについては意見が分かれていた。採用する文書の違いによって私有財産の保持などについての違いが生じ、旧派と新派の対立も生まれた。にもかかわらずアウグスティヌス戒律が選ばれたのは、ベネディクトゥス戒律にはない柔軟性があったからである。この頃シトー会に見られるようにベネディクト修道制も俗世に開かれつつあったが、なお聖務日課などに厳しく縛られており、外に向けた活動を十分に行うことはできなかった。修道参事会士はわずかな規定しかないアウグスティヌス戒律を掲げ、各々の共同体は細部について自らの目的に即した慣習律を柔軟に定めたのである。

　実際、さまざまな形態と目的を有する修道参事会が生まれた。前述のサン・リュフの修道参事会はベネディクト修道院的な生活を目指し、1090年頃3人の隠修士により創設されたアルエーズ会もシトー会を模範として100を超える支院を有するに至った。神に専心しようとする修道生活の伝統ともアウグスティヌス戒律は矛盾しなかったのである。

　一方でアウグスティヌス戒律は活動を志向する修道会にも歓迎された。巡礼を保護し宿と食事を提供する修道参事会が多く創設され、中世でもっとも巡礼が行き交ったサンティアゴ・デ・コンポステラへの諸街道や峠道には修道参事会の施設が建てられた。1180年頃モンペリエで創設された聖霊病院修道会は病院運営を目的とし、最盛期の15世紀には1,000に近い施設を有した。1194年に創設された三位一体会は異教徒からのキリスト教徒捕虜買い戻しを主たる目的とした。これらは「弱者の援助」を目指していた。

　また従来の修道制の枠組を大きく超えて、12世紀初頭シャンポーのグリエルムス（1070頃-1121）によって設立されたパリのサン・ヴィクトール

聖堂参事会は学問研究で知られ、フーゴ（1141没）やリカルドゥス（1173没）などの学者を輩出し、パリ大学の母体の一つとなった。十字軍によるエルサレム攻略後、エルサレムの聖墳墓教会に設けられた修道参事会もアウグスティヌス戒律を採用したが、聖都防衛の兵力を提供する義務を負い、騎士修道会的要素を有した。1130年頃設立されたギルバート会は、その施設の多くが男女がともに属する二重修道院であったが、ローマ教会が認める修道生活の枠内にどうにか収まることができた。

　初期のアウグスティヌス修道参事会でもっとも成功を収めたのがプレモントレ会で、この会は巡歴説教師ノルベルトゥスによって設立された。ノルベルトゥスは財産を捨てて人々の間で福音を説き、多くの信奉者を得たが、彼の生活スタイルは異端的と見なされた。そのためノルベルトゥスは北フランスのラン司教の庇護を得て1121年アウグスティヌス戒律を採用して修道生活を始め、1126年には教皇ホノリウス２世の認可を得て修道会を設立した。このプレモントレ会は初めは９修道院を擁するに過ぎなかったが、次第に小教区での活動も委ねられるようになった。シトー会でさえも会としてこのような活動に乗り出すことはなかったが、ノルベルトゥスが1126年マクデブルク大司教に任じられたことも影響し、ドイツ、ボヘミアなどの辺境において布教と司牧に従事し、さらにイングランド、スペイン、ポルトガル、聖地などにも広がった。1137年に修道院数は120に達し、13世紀末には400を超えている。

　プレモントレ会の特徴は司牧活動への熱意とともに身軽さにあった。そのことをよく示すのがオックスフォードのオズニー修道院で、1129年ロバート・ドイリーにより創建された。彼は大貴族ではなくベネディクト修道院を建てるほどの資力はなかったが、当時このような「菩提寺」を設けることは家格を大いに高めることでもあった。そこでドイリーは自らと妻の罪を贖うためにも、100ポンドほどの年収を生み出す彼の全所領のうち20ポンドの年収を生み出す土地を基本財産として寄進して、オズニー修道参事会教会を設立した。アウグスティヌス修道参事会士なら年間３ポンド

で 1 名を養えるが、ベネディクト修道士ならばその 3 倍の費用を要したという。その後もオズニーは人々の宗教心を満たし、小口の寄進を募っていった。1150年までにオックスフォード州に120の小所領を有し、1500年頃の年収は654ポンドに達した。これは当初の30倍以上である。このように修道参事会は新たに信仰生活に入ろうと希求する人々の望みに応え、さまざまな活動をキリスト教的生活の枠内で実践することを可能としたのである。修道院を出て民衆に説教するドミニコ会もアウグスティヌス戒律を採用することになる。

5　戦士のキリスト教化

　戦士とは、突き詰めれば武力を用いて人を襲い殺す者にほかならず、彼らが自らの利益を最大限に追求するならば、力なき者が犠牲となり苦しむことになる。第 5 章 2 で取り上げたリュジニャン領主ユーグ 4 世の生涯は略奪行を繰り返すアウトローの物語である。教会は近隣領主の権利侵害に悩み、「神の平和」運動にも深く関わる一方で、教会人の多くは領主身分出身で、攻撃衝動は彼らとも無縁のものではなかった。修道士の絶え間ない祈りや、その際に見られる心性はこの衝動を昇華させたものという主張もあるほどである。また俗人は彼らの近しい縁者でもあった。領主に魂の平安を与え、キリスト教的秩序の中で戦士にしかるべき場を与えることは重要な課題であった。

　そのような点で興味深いのはクリュニー第 2 代院長オドーが930年頃著したオーリヤック伯ジェロー（855頃-909頃）の伝記である。この中でジェローは、聖職者としての教育を受け修道生活を志したが、その身分ゆえにむしろ俗人であってこそより多くの善をなすことができると説得され、俗世に留まったと描かれている。彼は密かに剃髪してそれを隠し、財産を軽んじ、貞潔を誓い、日々祈禱書を読み祈ったとされる。臣下の訴えに対し

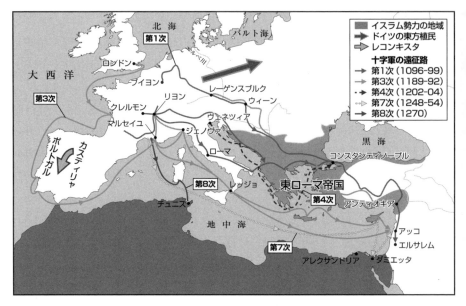

第1次から第8次までの十字軍の行程

ては公正な裁判を行い、自ら先頭に立って近隣の無法者から民を守り、農奴を解放して土地を与え、貧者とともに食卓を囲んだ。晩年盲目となったが、所領のオーリヤックに修道院を建設し、死後その祭壇近くに修道士の衣をまとって埋葬された。武器を揮う無法者としてではなく、騎士の理想とキリスト教的徳が統合されてキリスト教的騎士が誕生した。

　戦士のキリスト教化の試みで最も華々しいのは十字軍であろう。これは宗教の美名の下での戦争であるが、戦士のキリスト教化という文脈に置くこともできる。十字軍にはさまざまな数え方があるが、まず十字軍の概略について述べてみよう。貴族主体でエルサレムを陥落させた第1次（1096-99）、ローマ人の王コンラート3世（在位1138-52）とフランス王ルイ7世（在位1137-80）が参加した第2次（1147-48）、皇帝フリードリヒ1世、イングランド王リチャード1世（在位1189-99）、フランス王フィリップ2世が参加した第3次（1189-92）、当初の目的から逸れてコンスタンティノー

プルを陥落させた第 4 次（1202-04）、ハンガリー王が加わった第 5 次（1217-21）、皇帝フリードリヒ 2 世が無血でエルサレムを得た第 6 次（1228-29）、フランス王ルイ 9 世が率いた第 7 次（1248-54）

中世の地理理解
世界の奥地には多くの怪物的種族が暮らすと考えられていた。顔が胸にある人物や、「スキアポデス」という一本足の人物が描かれている。

と第 8 次（1270）が大規模なものである。この番号は後世につけられたものにすぎず、これ以外にも人々は無数の機会にさまざまな動機で聖地に向かった。アルビジョワ十字軍（1209-29）など異端者に向けられたものやドイツ東方植民に関わるものも十字軍に数えられることがある。ルイ 9 世の第 7 次、第 8 次十字軍ののちも廃れたわけではなく、人々の心に刻み込まれた十字軍という発想は、21 世紀のイラク戦争の際のように、突然浮上して猛威を振るうことがある。

　十字軍のそもそもの起源は聖地巡礼である。エルサレムへの巡礼には古典古代末期からの伝統があるが、終末論の影響を受けて西暦 1000 年および 1033 年に老若男女、身分を問わず、多くの巡礼者が聖地に向かった。本章 2 に述べたアンジュー伯フルク 3 世ネッラのように、人々はキリストが地上の生を送った地へと赴いて自らが犯した罪の贖いをし、聖地に埋葬されてキリストとともに天国に行くことを望んだ。キリストが天に昇ったとされるオリーブ山を詣でて、喜びのうちに「神よ、あなたに栄光あれ」と叫んで息を引き取った者もいたという。天上のエルサレムと重なり合い、地

上のエルサレムは天国にもっとも近いと考えられており、中世人の地理理解はなお神話的だったのである。西欧人はこのようにある種の幻想のうちに聖地巡礼に向かったが、巡礼者を襲撃略奪し、さらには捕獲して奴隷として売ろうとする者もおり、ファーティマ朝君主アル＝ハーキムが1009年エルサレムの聖墳墓教会を破壊するなど摩擦が強まったため、巡礼者の武装も強化されていった。このような人々を迎えるイスラーム教徒側でも緊張は増したであろう。

　十字軍が聖地へ進撃したのには、さらに当事者たちのさまざまな思惑があった。当時西アジアではトルコ人が勢力を拡大しつつあり、コンスタンティノープル軍は1071年マンジケルトの戦いで彼らに壊滅的大敗を喫した。さらに西方からもノルマン人やペチェネグ人に圧せられ、東ローマ帝国は軍事的苦境にあり、そのために援軍を切実に欲していたのである。一方ローマ教会はグレゴリウス7世の教皇在位を経て自らの権威を自覚し始めており、皇帝に攻められてはいたがウルバヌス2世は自らの主導権を発揮するチャンスを窺っており、教皇使節フンベルトゥスが1054年コンスタンティノープル総大主教と破門し合った問題を有利に解決することも望んでいた。さらにもう一つの要因は、西欧の世俗領主が社会の安定と経済的上昇によって外へと向かうエネルギーを蓄えていたことである。実際、自らの領地を飛び出して新天地を獲得した者も多く、ノルマン人は1040年代に南イタリアを、1066年にはイングランドを征服し、1095年頃にはブルゴーニュ公の孫アンリがポルトゥカーレ伯領を建てており、物欲に駆られ一攫千金を目論む者に不足してはいなかった。

　東ローマ皇帝アレクシオス1世（在位1081-1118）はウルバヌス2世に援軍派遣を求めた。教皇は自らの権威を確立すべく1095年に一連の教会会議を主宰したが、そのうちの一つフランスのクレルモンで開かれた教会会議において十字軍を宣言した。教皇は、聖墳墓のために戦い、「乳と蜜の流れる土地カナン」へと向かうよう信者を促し、武器をとる者には罪の赦しを約束し、留守中の財産などの安全を保障した。

アンティオキア攻防戦（13世紀後半の手稿本）

　十字軍はノルマンディやブルゴーニュの多くの貴族を惹き寄せたが、彼らの前に隠者ピエール率いる天国を夢見る人々が先行し、この貧者十字軍は行く先々でユダヤ人を虐殺した（第10章5参照）。世界を浄化しようとする狂気である。しかし騎士たちの心性も、程度の差こそあれ、変わらなかったであろう。彼らも虐殺を繰り返した。第1次十字軍が成功を収めたのは彼らの狂信と、また迎えるセルジューク朝が分裂内訌していたためである。イスラーム勢力にとって十字軍は青天の霹靂であったろう。西欧人はニカイア（1097）、エデッサ（1098）、アンティオキア（1098）、エルサレム（1099）を陥落させて、彼らの国を建設した。

　十字軍はイスラーム世界には災厄以外の何ものでもなかったが、キリスト教世界には大きな飛躍のきっかけとなった。まず世界に対する目が開かれ、東方のさまざまな文物が知られるようになり、建築や医術などの東方の先進的技術が伝えられた。アラブ人医師に手当てされて回復に向かっていた十字軍士を、西欧の聖職者が無謀な切断手術で死亡させたという逸話があるが、生死に関わる技量の差は印象的だったろう。また十字軍は西欧の遠距離商業への刺激となった。第1次十字軍は前掲図にも見られるように主として陸路で向かったが（これはマジャール人が11世紀にキリスト教

テンプル騎士団の紋章

さまざまな解釈があるが、一
説には馬上の2人はテンプル
騎士団員の2つの側面、騎士
と修道士を表しているという。

化されラテン世界に組み込まれた成果であっ
た）、次第に海路も用いられるようになり、ピ
サやジェノヴァ、ヴェネツィアなどの海港都市
の繁栄がもたらされた。西欧世界の地平線は大
いに広がったのである。

　さらに騎士のキリスト教化、正当化も進んだ。
教会は平和運動を支援して秩序安定を図り、キ
リスト教的騎士の理想を鼓吹したが、それを制
度として定着させ多くの者に信仰の道を与えた
のが聖地などに設立された騎士修道会である。
戦士とは、前に述べたように、その本分を全うしようとするならば殺人を
避けえぬものであり、キリスト教の「汝、殺すなかれ」という掟に抵触す
るが、「聖地を守護し、巡礼を保護する」という聖なる目的が殺人という
悪を正当化した。実際、テンプル騎士団の規定には異教徒を殺害した場合
についての条項が見られない。一方で既婚者を騎士団員として迎える場合
もあり、その夫人をどのように扱うかは細かく規定されていた。

　多くの騎士修道会が創設されたが、それらのうちでもっとも有力であっ
たのがテンプル騎士団と聖ヨハネ病院騎士団である。テンプル騎士団は
1119年巡礼者と聖地の保護を目的として騎士ユーグ・ド・パイヤンとその
仲間たちによってエルサレムのソロモン神殿跡に結成された。その場所が
テンプル（神殿）騎士団の名の由来となっている。この会は騎士の心性と
願望をよく理解するクレルヴォーのベルナルドゥス（第2次十字軍の主唱
者でもある）の支持を得た。ベルナルドゥスはテンプル騎士団の会則を自
ら著し、1129年トロワ教会会議において認可させた。さらに『新しき騎士
への称賛』という論考を公けにし、自らの危険を顧みず信仰のために死も
ためらわぬテンプル騎士団員を「新しい騎士」と讃えた。テンプル騎士団
は1149年戦闘用の城砦を獲得し、聖地防衛の主力となったが、彼らはアラ
ブ人を人間として理解しようとせず、信仰心に逸って無謀な戦いに乗り出

し、1187年ハッティンの戦いで壊滅的敗北を喫した。1291年には聖地本土に残る最後の拠点アッコを喪失してキプロスに撤退した。一方で彼らは入会時の寄進により西欧各地や地中海沿岸に莫大な所領を蓄積し、それを用いて地中海全域にネットワークを展開し、銀行のように為替取引を行い、フランス王室財政を実質的に管理するまでになった。聖地陥落後は存在理由を失い、さらにその余りの富強さゆえに戦費捻出に苦しむフランス王フィリップ4世の羨望を買い、1312年ヴィエンヌ公会議で廃絶されることになる。

　もう一つの大騎士修道会は聖ヨハネ病院騎士団で、11世紀末にエルサレムの聖ヨハネ病院で創設され看護と聖地守護を目的としたが、1113年騎士修道会となった。ハッティンの戦いでテンプル騎士団とともに惨敗したのちは1310年ロードス島に逃れ、さらにオスマン朝にこの島を奪われて1530年マルタ島に転進した。1798年ナポレオンに降伏して島を明け渡したのちはローマに移り、19世紀に軍事的性格を放棄して現在は多くの病院を運営する慈善団体となっている。このほかに聖トマス病院騎士団（1191年創設）や聖ラザロ病院騎士団（12世紀末創設）などの病院騎士団も存在した。

　騎士修道会は聖地だけでなく、他の異教徒の地へも向けられた。一つはバルト海に向けてである。リヴォニア騎士団（1202年創設）やドブリン騎士団（13世紀初創設）など在地司教の主導権で結成されたものもあるが、もっとも有名なのがドイツ騎士団である。これは1190年頃病院修道会として聖地に創設されたが1198年騎士修道会化した。聖地の状況が悪化すると1211年ハンガリーに移り、さらに1225年バルト海南岸に転進してドイツ東方植民に活躍することになる。ドイツ騎士団は皇帝と教皇からの認可を得てプロイセンの地を征服した。彼らはマリエンブルク（現マルボルク）を本拠に宗教的共和国ともいえるドイツ騎士団国を築き、西欧に穀物を輸出し、経済的にはハンザ同盟と深く結びつき、ケーニヒスベルク（現カリーニングラード）などの貿易都市を建設した。14世紀に最盛期を迎えたが、1410年ポーランドに惨敗すると次第に衰えて1523年総長アルブレヒト・

フォン・ブランデンブルクがルター派に改宗すると世俗化されてプロイセン公国となり、実質的に騎士団は消滅した。もう一つはイベリア半島の騎士修道会で、カラトラバ騎士団（1164年教皇認可）、アルカンタラ騎士団（12世紀創設）、サンティアゴ騎士団（同）など多数ある。これらはレコンキスタ運動で活躍したが、次第に王権の下に組み込まれ世俗的性格を強めていった。

　これらの試みを経て戦士はキリスト教によって正当化され、キリスト教的徳と「戦うこと」は両立するとして聖戦の理想が説かれた。これらは後世に大きな影響を与えることになる。王、大貴族、騎士に続いて、次はさらに下位の者たちが信仰への道を希求することになる。

第9章

英仏の葛藤

　フランク王国の例によく示されているように、王国とは王の所有物であった。それゆえ王が死去したならば単なる不動産のように分割され、あるいは相続によって集積された。あるいは王の個人的資質に王国の繁栄はかかっていた。また統合は宗教的権威に大きく依存していた。

　しかし王が死去しても支配は継続され、次第に新たに官僚制度と徴税制度を備えた国家 state が生まれようとしていた。イングランドのプランタジネット家は優れた統治方法を有していたものの、その版図はヘンリー2世（イングランド王在位1154-89）が相続や結婚によって得た断片的な領地の集積に過ぎなかった。一方フランスのカペー家は弱小であったが、粘り強く王権を強化し、フィリップ2世の治世にフランスの過半を実効的に支配することに成功した。さらにルイ9世（フランス王在位1226-70）やフィリップ4世（在位1285-1314）はカペー家の威信を飛躍させた。だが一方でイングランドの失敗は新たな国制をもたらすきっかけとなった。本章では領地が錯綜するなかで国家を築いていった英仏の葛藤について論じることとする。

1 プランタジネット朝 ─────────────

　1066年9月28日ノルマンディ公ギヨーム2世はイングランド南部のヘイスティングズに上陸した。従うは約1万名の兵士、その中には千を超える騎士も加わっていた。彼らの多くはギヨームの領地であるノルマンディだけでなく、北フランスのさまざまな地から馳せ参じて領土を得ようとした者であった。迎え撃つはウェセックス王家出身のイングランド王ハロルド2世（在位1066）。両軍は10月14日衝突し、激闘の末にハロルド2世は戦死した。伝承によれば、敵の矢で目を射抜かれての死であったという。この一戦の後も小競り合いは続いたが、ギヨーム2世は反乱を制し、12月25日ウェストミンスター大聖堂で戴冠されてイングランド王ウィリアム1世（以下、ウィリアムと記すこととする：在位1066-87）として新しくノルマン朝を開いた。これをノルマン・コンクエストという。

　この王朝は、ある意味では第4章4で示したクヌート2世の北海帝国の後継版である。実際、当時のイングランドでは土着のアングロ・サクソン人に加え北欧から来たデーン人が覇を競い、きわめて不安定な状況にあった。一時はサクソン系のウェセックス王家が王位を奪還したが、エドワード証聖王（在位1042-66）が後継者なく死去すると争いが再開された。エドワードの義弟ハロルド2世だけでなく、ハロルドの弟で、ノルウェー王ハーラル3世の支持を得たノーサンブリア伯トスティが争い、さらにエドワードの母方の親戚であり彼から後継者に指名されたと主張するウィリアムが加わった。ノルマン系であったウィリアムにとって、北洋を取り巻く版図を築くことに違和感はなかっただろう。君主の相続権と野心に基づく普通の継承戦争だったのである。

　だが、これ以降イングランドの方向性は大きく変わり、北欧ではなくフランスに向くことになる。まずウィリアムはイングランドの土着勢力を排除し、ヘイスティングズの戦いなどで戦死した諸侯の領土を没収して配下に分け与えたが、その際にまとまった一地域を許すことはなかった。こ

のため広域を支
配する強力な諸
侯は生まれず、
王権は最初か
ら強かった。こ
れらの施策の
結果は1085年の
「ドゥームズデ
イ・ブック」に
見てとれる。こ

ハロルド２世の死（バイユー・タピストリーより）

れはウィリアムが行った検地の結果を記録した土地台帳で、そこには１万
を超す土地が挙げられ、養魚池や水車なども細かく調査のうえ記載されて
いる。これによれば95％以上の土地がウィリアムの支持者の手に渡った。
有力貴族の多くは英仏海峡をまたいで所領を有し、たとえばレスター伯ロ
バートはノルマンディのムーラン伯であり、ヘレフォード伯ウィリアム・
フィッツオズバーンはノルマンディのブレトゥイユ領主でもあった。

　司教や修道院長が亡くなると、王は代わりにノルマン系や大陸系の人々
を指名してイングランド人の司教を一掃した。たとえばイングランドの首
座であるカンタベリー大司教に就いたランフランクス（1005頃-89）は北
イタリア出身で、その結果ローマ教会の影響力が強まることになる。また
ノルマンディの統治システムを導入し、各州に州長官を置いて王の支配を
全土に及ぼした。在地勢力は何度も反乱を繰り返したが、鎮圧された。

　これにともなってイングランド語にフランス語が大きく影響し始めた。
もともとのイングランド語は低地ドイツ語に属し名詞は格変化したが、ノ
ルマン・コンクエストの結果、古英語を話す人々が庶民となり、フランス
語を話す人々が新しい支配層になった。言語も支配層と被支配層で分かれ、
二重構造になったのである。動物を示す英語とその肉を示す単語（豚 pig
／豚肉 pork; 牛 cow, bull, ox ／牛肉 beef など）が異なるのは、飼うイン

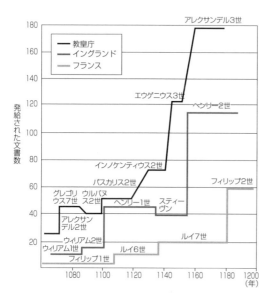

治世ごとに発給された現存証書数の推移

グランド人と食するフランス人という二重構造の名残とされる。

新王家の下で行政機構は発展を遂げ、たとえば会計監査記録は管状の巻物（ロール）という形状のためパイプ・ロールと呼ばれ、各地の州長官からの報告などに基づいてイングランド財務府において作成された。これは王領地や租税などの収支を監査・記録したもので毎年作成され保管された。イングランド王家が発給する公文書は数多く、フランス王家をはるかに凌ぎ、教皇庁と競うほどの質と量を誇った。

このノルマン王家を継承したのがアンジュー家で、家紋のエニシダ（プランタジネット）ゆえにのちにプランタジネット家と名乗り10世紀後半から所領を増していくが、ジョフロワ５世（在位1131-51）はイングランド王にしてノルマンディ公であるヘンリー１世（在位1100-35）の一人娘であるマティルダと結婚した。マティルダは父王の死後、その遺領を請求し、従兄であるブローニュ伯エティエンヌ（イングランド王としてはスティーヴン。在位1135-54）と骨肉の争いを繰り広げたが、決着は彼女らの長男であるヘンリー２世（1133-89）によって成し遂げられた。彼は父からアンジュー伯領などを継承し、さらに1152年フランス王ルイ７世（在位1137-80）の元王妃であった11歳年上のアリエノール・ダキテーヌと結婚し、彼女の相続地アキテーヌ公領の共同統治者となった。さらに彼はライバル

であるエティエンヌを圧倒して1154年イングランド王位に就いた。スコットランド、ウェールズ、アイルランド、ブルターニュにも手を伸ばし、ピレネーからアキテーヌ、ポワトゥーにかけてのフランス南西部、アンジュー、ノルマンディなどフランス北西部、さらにイングランドを含む大版図を築いたのである。

　彼の支配は、その広大さゆえに、ときにアンジュー帝国と呼ばれるが、結局は相続の結果であり、家産的な集合体に過ぎず支配は容易でなかった。ヘンリー2世は敵だけでなく、臣下、実弟、さらには妻アリエノールや息子たちとの絶えざる争いを余儀なくされた。彼は最前線で目を光らさざるを得ず、若年より馬上にあったため脛が湾曲していたとさえ伝えられる。実際、ヘンリー2世は成人後の生涯の37％をイングランドで、43％をノルマンディで、20％を残りのフランスで過ごしたと計算されている。ノルマンディのルーアンが実質的な首都だったが玉座を温める暇もなかった。

　だがヘンリー2世はノルマン王国の官僚制を重用して、できうる限りの王権強化を企てた。有能な人材を登用し、イングランドでは諸侯に命じて内戦期に築かれた城砦を破棄させて不当に奪った領土を返還させる一方で、戦略的拠点にはドーヴァー城のように彼の力の象徴となる城を建設した。戦争で疲弊したイングランド国土を再建し、巡回裁判官を各地に派遣して地方を監督させ、権限を国王裁判所に集中させて、イングランド全土に適用されるコモン・ローと呼ばれる慣習法が整えられた。

　そのような王権強化の動きのなかで生じたのがトマス・ベケット殺害事件である。イングランド王家とローマ教会はもともと良好な関係にあり、ノルマン・コンクエストの際には聖ペテロの旗を与えられ（第6章4）、前述のランフランクスのように大陸出身の高位聖職者を就任させていた。1107年には王権に有利なかたちでローマ教会との叙任権問題も解決していた（第7章2）。しかしローマ法、さらにローマ法に影響された教会法が発展するにつれてイングランドにおいても教会の法的管轄権が問題となった。教会法はローマ教皇に最終的判断を留保しており、教会所領は教会裁

判の管轄とされ、殺人などの重罪を犯した聖職者を王権は裁くことができなかった。これは裁判制度の一元化を目指す王権にとって大問題であった。ヘンリー2世は1164年クラレンドン法を定め、罪を犯した聖職者は、教会が位階を剥奪した後、国王の裁判所に引き渡されなければならないと定めた。トマス・ベケットはヘンリー2世のかつての側近であったが、この法に強く反対してイングランドから追放され、1170年イングランドに帰国したところをヘンリー2世のつぶやきに反応した騎士たちに殺害された。ベケットは殉教者と見なされ、ローマ教会は異例の早さで彼を列聖し、ヘンリー2世は屈服してベケットの墓に額ずいて懺悔した。このような問題は抱えていたものの、プランタジネット家はカペー家のはるか先を行く強力な王権を誇っていた。

2　カペー家

　一方フランスでは、987年にカロリング家のルイ5世が急死すると、ランス大司教が聖俗大諸侯を主導してユーグ・カペー（940頃-996）を王に選出させた。だがユーグの即位によって始まったカペー朝の支配基盤は弱かった。父である大ユーグの配下の離反が相次ぎ、所領は現在のイル・ド・フランスとオルレアン地方だけにまで縮小し、多くの大諸侯がカペー家と並び競った（第5章2参照）。大諸侯はカペー家の同輩としてかつてはともにカロリング家に仕えていた者であり、彼らの共謀によって他の家門から王が選出されることも大いに想定され得た。

　即位時にユーグは50歳に近かったが、同年暮れ息子ロベールを共同統治者として戴冠させて次代の王位を確保することができた。この王位継承方法は王権が確立するまで以降6代にわたり踏襲されることになる。その後、カペー家は直系男子に恵まれ続け1328年まで断絶しなかったことが、強い力を誇ったオットー朝やザリアー朝が早々と断絶し君主権の弱体化につな

がったのに対し、当初は弱小で
あったにもかかわらずカペー家が
王権を確立できた理由の一つであ
ろう。また王としてカペー家はラ
ンスなどの司教座に対する司教推
薦権を有し、多くの修道院も支配
下に置いていた。これらの教会領
の支援も大きかったであろう。

カペー家初期の各王の証書の年平均発給数

王（治世）	発給数
ユーグ・カペー（987-996）	1.7
ロベール2世（996-1031）	3.1
アンリ1世（1031-1060）	4.3
フィリップ1世（1060-1108）	3.6
ルイ6世（1108-1137）	12.1
ルイ7世（1137-1180）	19.0

　王位継承は確保できたものの、その後もカペー朝は大諸侯らに苦しめら
れ続けた。特に第4代国王フィリップ1世は叙任権闘争の余波を受け、さ
らに家臣の妻を奪ったことにより教会に繰り返し破門された。フィリップ
1世の威信は低下し、このため第1次十字軍に参加できなかったともいわ
れる。上の表はカペー家初期の王が発給した現存する証書の数を示してい
る。1000年の間に失われた証書も確かにあろうが、証書とは受領者が請求
することによって発給されるものであり、効力が期待できない証書は求め
られず、また保管されることもない。したがって、この数の推移はそれぞ
れの王の力をかなり正確に反映していると考えられよう。もっとも低下し
た時期においては王権は南フランスに及ばず、王領地内でさえも危うかっ
た。

　ルイ6世（在位1108-37）は「肥満」という綽名で知られるが、また
「戦争屋」とも呼ばれるほど戦いに明け暮れて王権の拡張に努めた。正式
に王位に就く前から彼は王領内の不穏分子を打倒し、世襲的な国王役人に
代わってサン・ドニ修道院院長シュジェール（1081頃-1151）をはじめと
する聖職者や小貴族を重用して支配に実効力をもたせ、勃興する王領外の
都市との連携を図った。これは封建関係に抵触することなく王権を他領に
浸透させ、また資金や兵力を調達する手段を王に与えた。王を頂点とする
ピラミッド状の封建秩序はシュジェールの構想によるとされるが、ルイ6
世は諸侯に対して発言力を強め、1108年アキテーヌ公、ブルゴーニュ公、

ノルマンディ公らが彼を王と正式に認めることになる。だが、まだ個人的臣従であるオマージュを得ることはできなかった。その子ルイ7世も父の政策を受け継ぎ、若気の失敗はあったものの、自らを封建宗主と認めさせるまで高め、1138年にはトゥールーズ伯から、1151年にはプランタジネット家のヘンリー2世からオマージュを得るに至った。

状況が大きく変化するのは第7代フィリップ2世（在位1180-1223）の治世である。彼はシャンパーニュ伯などの強力な北部諸侯を抑え、婚姻政策によりヴァロワなどを得て、本拠としたパリ周辺を固めることに成功した。しかし何よりも恐るべきライバルはプランタジネット家であった。この家門はフランス王国の半ばを支配していたのである。

フィリップ2世はヘンリー2世とその息子たちが不仲なことを利用した。最初はヘンリー2世の4男ブルターニュ公ジェフリー、次いで3男リチャードと結び、1188年彼に父への謀反を起こさせ、翌年ヘンリー2世を死に追いやることに成功した。リチャードが王位（在位1189-99）に就くと、今度は彼の末弟ジョンの王位への野望を焚きつけた。リチャードが十字軍からの帰途オーストリアで捕虜となるや、フィリップ2世は留守中にいくつかのプランタジネット領を奪ったが、身代金を払って帰国したリチャードに奪回された。戦闘という点ではリチャードに及ばなかったのである。だが1199年リチャード1世が反乱を鎮圧しようとするさなかに戦死し、彼の跡をジョンが襲ってイングランド王（在位1199-1216）となると、状況はふたたび変わった。フィリップは1200年の結婚に関してジョンを法廷に召喚したが、彼がこれを拒否すると、臣従義務違反としてジョンの全フランス領土の剝奪を宣言し、これらの領土の過半をジョンの甥であるブルターニュ公アーサーに与えた。ジョンがアーサーを捕らえ1203年に殺害すると、フランス諸侯はジョンに背を向け、プランタジネット領はほとんど抵抗せずにフィリップ2世に降り、ジョンに残ったのはわずかにボルドー周辺のみで、フィリップは懸案だったプランタジネット領の大部分の回収に成功した。

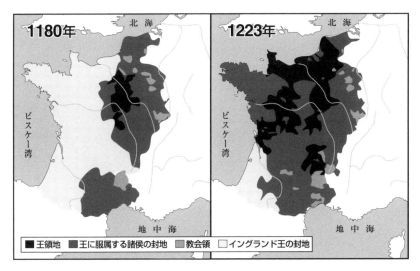

フィリップ２世による領土拡大

　その後もフィリップは自身の離婚問題ではローマ教会に苦汁をなめさせられながらも、歴史的に友好関係にあった教皇と連携してジョンを追い込んでいった。1213年にはインノケンティウス３世の支援を受け、1209年以来破門されていたジョンに不満を鳴らす諸侯と呼応してイングランド侵攻を企てた。この計画はジョンがイングランドを教皇に寄進してその封建臣下となったため中止されたが、翌1214年ジョンは甥の神聖ローマ皇帝オットー４世やフランドル伯と提携してフランスを東西から挟撃しようとした。だがフィリップは王太子ルイ（のちのルイ８世（在位1223-26））をアンジューに派遣してジョンを破らせ、自らは帝国・フランドル連合軍を迎え撃ち、ブーヴィーヌの戦いで大勝利を収めた。この勝利によりフランスは帝国に対して優位に立つとともに、プランタジネット家の旧領を確保して王権をいっそう強化した。

　フィリップ２世は十字軍に関心がなく、第３次十字軍の際も消極的で、参加しても病気を理由に早々と帰還している。1209年に火蓋が切られたアルビジョワ十字軍にも加わらず、当初はこれをシモン・ド・モンフォール

らの貴族の指揮に委ねた（第11章 1 参照）。だが1214年ブーヴィーヌの戦いに勝利し、アルビジョワ十字軍が南フランス諸勢力の抵抗に苦しんでいるのを見るや、フィリップは王太子ルイを派遣して介入した。最終的解決は1229年孫のルイ 9 世の治世においてだが、漁夫の利を得たカペー家はトゥールーズ、オーヴェルニュ、プロヴァンスなどへの勢力伸張にも成功し、王領地は即位時の数倍に広がり、もはや息子を自らの在世中に戴冠させる必要もなくなった。

　内政でもパリの整備を進め、携帯した重要文書を戦闘中に敵に奪われるという不始末を繰り返さないためにルーヴル城に公文書庫や会計院を設け、パリ大学の創立にも寄与した。王領地には国王代官を配して支配機構を整え、領主裁判権を超えて国王法廷への上訴の道をひらき、さらに都市を保護・育成して王権の同盟者とした。王権を復興させた偉大な王と評価され、ローマ皇帝アウグストゥスにちなんで「オーギュスト」と称されたほどである。

　ルイ 8 世の精力的だが短い治世の後、王位に就いたのがルイ 9 世である。彼は敬虔なことで知られ、死後カトリック教会によって列聖されて「聖王（サン・ルイ）」と呼ばれるが、その治世において優れた業績を上げている。父を早くに失ったルイ 9 世は12歳で即位したが、カペー家の支配強化に対する反発は幼君の下で噴き出し、しばしば反乱や陰謀が企てられた。ときには危機を迎えたが、優れた摂政であった母后ブランシュの手腕によって、また都市などの支援を受けて乗り切り、1229年ルイは親政を開始した。

　1241年イングランド王ヘンリー 3 世（在位1216-72）と彼に加担する諸侯が反乱を起こすとルイ 9 世は反攻した。最終的にヘンリー 3 世には、ジョン王が失ったノルマンディやアンジューを正式に放棄させる代わりにアキテーヌの領有を認めるという寛大な条件で和解を認めた。ルイは秩序を重んじ、現状維持を優先したのである。ヘンリーは1259年アキテーヌについてルイにオマージュを捧げることになり、これはのちに百年戦争のきっかけの一つとなる。

　ルイ9世はまた十字軍に献身的で、1248年第7次十字軍を率いてエジプトに出征したが、ダミエッタで捕虜となり、50万トゥルノワ銀貨の身代金によって解放されるまで彼はこの遠征に6年の歳月を費やすことになった。十字軍に失敗して帰還したルイは、だが英雄と見なされキリスト教的王と称えられ、皇帝フリードリヒ2世とローマ教皇の間の調停、1264年にはヘンリー3世とイングランド諸侯の間の調停を行うなど、ヨーロッパの調停役として敬意を集めた。

　彼は内政面でも改革に乗り出し、すべての者がよい裁判を受けられるよう国王裁判制度を整備し、財政を規律づけ、地方監察官を創設した。また王の貨幣しか認めず、諸侯が貨幣をつくることを制限し、エキュ金貨を発行した。モラルを重んじ、私戦を禁じ、売春や高利貸しに関する措置を取り、ユダヤ人追放令を発するなどさまざまな政策を打ち出した。「聖王」と呼ばれるゆえ教会に従順であったと見なされがちだが、敬虔ではあったものの、自らと王権の利害についてはローマにもはっきりと主張した。

　王権をさらに強化して中央集権化への道を歩んだのが聖王ルイの孫フィリップ4世である。彼は対フランドル戦争の戦費調達のため教皇の許可なく聖職者課税を行ったが、これは教皇ボニファティウス8世との激しい対立をもたらし、アナーニ事件につながったことは前に述べたとおりである（第7章5参照）。

　アナーニ事件後、教皇選出は困難を極め、1305年ボルドー大司教がクレメンス5世（在位1305-14）として登位したが、その後もフィリップ4世は教皇座に圧力をかけ続けた。ボニファティウス8世をケレスティヌス5世殺害の咎で裁くと脅し、1307年にはテンプル騎士団幹部を異端者として告発し一斉逮捕した。フィリップ4世はテンプル騎士団を解散させてフランス国内の資産を没収しようとし、騎士団長ら最高幹部は拷問による審問ののち、1314年火刑に処せられた。

　一方でフィリップ4世は王都パリ近くのシャンパーニュ伯領を婚姻により獲得し、1294年アキテーヌに勢力を伸ばそうとしてイングランド王エド

ワード１世（在位1272-1307）に戦争をしかけ、1299年エドワード１世を
アキテーヌ公としてフランス王に臣従させることに成功した。さらにフィ
リップは経済的に豊かだったフランドルに鉾先を向け、フランドル諸都市
やそれを支援するイングランド王とここでも激しく争った。この地域は毛
織物生産によりヨーロッパ経済の中心の一つだったが、原料である羊毛を
イングランドから輸入していたためイングランド王との関係が深かったの
である。戦局は一進一退を重ね、戦いはフィリップ４世が逝去する1314年
まで続いた。

　内政面では従来の聖職者に代えてレジストと称される俗人の法曹家を官
僚に採用するなど官僚制の強化に努めた。レジストの代表例はアナーニ事
件で指揮を執ったギヨーム・ド・ノガレだが、それ以外にも書記官長ピ
エール・フロートなど多くの人々を登用している。さらに1302年にはフィ
リップ４世はボニファティウス８世に対抗して国内の支持を固めるため、
聖職者・貴族・市民の３身分からなる三部会をパリに招集した。単なる領
土の集合体ではなく一つのアイデンティティを有するものとして王国を捉
え、フランス王国への臣民の帰属意識を高めさせたのである。かつてシュ
ジェールが主張した封建関係の頂点に王は立ち、新しい概念であるフラン
ス国家の利益のため、従来の慣習を超えて行動することが可能となった。
フランス王国は帝国や教皇庁に代わってヨーロッパの主役に躍り出るので
ある。

3　イングランドの混乱と立憲制の萌芽 ─────────

　アンジュー帝国は大版図を誇ったが、その実態は異なる背景を有する断
片を君主の下につなぎとめているものに過ぎなかった。たとえばヘンリー
２世がアリエノールとの結婚によって得たアキテーヌ公領は、他の領地と
はかなり異なっていた。この地域の支配者層は古くから半ば独立し、独自

の気質や文化を有した（第17章１参照）。アキテーヌ人はプランタジネット朝を支持したが、それはこの王権の下で自治を謳歌していたからである。地域を超えてイングランドと一体の「ナショナル」な感情は生まれなかった。

　本章２で述べたように、フィリップ２世が反攻をしかけ、ヘンリー２世の息子たちが失敗を重ねるにつれ事態は変化した。ヘンリー２世の嫡子リチャード１世は勇猛で十字軍に熱中した。10万銀ポンドとも試算される巨額の十字軍課税（敵将サラディンにちなんで「サラディン税」と呼ばれる）では足らず、多くの資産を売り払ってリチャード１世は1190年聖地に向かった。遠征先では武功も挙げたが、多くの乱暴狼藉をヨーロッパ勢に対しても働き、その報復のため帰途にオーストリアで捕虜とされた。解放のため65,000銀ポンドが身代金として支払われたが、これはイングランド王国の歳入の２倍に値したという。これらが新たな課税を呼んだことはいうまでもない。

　1199年リチャード１世の跡をジョンが襲ってイングランド王となったが、彼は失政を繰り返しフランス王フィリップ２世の術策にはまった。ジョンは領地を喪失した諸侯から重税にあえぐ庶民にいたるまでさまざまな層の不満に直面した。イングランドは内乱状態に陥り、ジョンは支持を失って1215年マグナ・カルタ（大憲章）を認めざるを得なかった。ジョンはその後これを否定しようとしたが、「王もまた法の下にあり、無制限な権力を有するわけではなく、古くからの慣習を尊重しなければならないこと」が初めて文書で宣言された。

　ジョン王が疫病によって死去すると1216年長男のヘンリー３世が９歳で即位した。幼君の治世において多くの権限や財産が横領されるのが中世の常である。王はイングランド人に対する不信を募らせ、外国人を重用した。さらに軍事的失敗が繰り返され、過度の野心により財政は破綻し課税は強化され、諸侯や聖職者はこれに反発した。レスター伯シモン・ド・モンフォール（アルビジョワ十字軍指導者の同名の息子）を指導者とする諸侯

は1258年オックスフォード条項をヘンリー3世に認めさせ、王権を監視する国王評議会を設置し定期的に議会を開くことを王に受け入れさせた。さらに諸侯だけでなく、各州を代表する2名の騎士と各特権都市を代表する2名の市民が選ばれて招集されて庶民院が誕生した。フランスのように王権と都市が提携するのではなく、諸侯と都市が同盟して王権に対抗する構図が生まれたのである。

　彼を継いだエドワード1世はイングランド指折りの名君と評されるが、野心家であった。即位した時には33歳の壮年に達しており、多くの法を発布して王権を強め、領土的野心に燃えてフランス、ウェールズ、スコットランドへと派兵した。他方で1295年高位聖職者、高位貴族（伯・男爵）のほかに、各州より2名ずつの騎士、各都市より2名ずつの市民、各司教区から2名ずつの代表などを集めて、いわゆる「模範議会」を招集した。これは戦費捻出のための課税に同意を得るためであったが、のちの立憲君主制の基礎となったとも評せられる。フランスとイングランドで新たな2つの国家像が姿を現そうとしていた。

第10章

都　市

　11世紀における平和の回復と農業生産の向上は生活の維持に必要な量を超えて余剰農産物を生み出し、都市が再び表舞台に現れる。ここは行政や裁判の中心であり、職人たちは腕を競い、同時に商人が集って市が立ち、地域のハブとなった。ときには遠国から貴重品がもたらされることもあった。また都市には独自の文化が発達し楽しみを求めて来る者もいただろう。都市は成長のエンジンとなって中世社会を動かしていくことになる。

　もちろん都市はその生まれた土壌に左右され、地域によりその性格は大きく異なる。この章で示す諸条件すべてを備えた都市は、いわば「ユートピア」であり、どこにも存在しない。ここでは都市とは何か、どのような人々が暮らしていたのか、人やモノの動きはどのようだったのか、どのような固有の文化が育まれたのかについて述べ、そして都市のさまざまなアウトサイダーについても説明する。

1 都市とは

　かつて都市とは、囲壁があり、商工業に特化し、文書による特権を有し、自由と自治を獲得した特別なものとされた。たとえば19世紀ドイツの法諺「都市の空気は自由にする」に従って、領主から逃亡した農奴が引き戻しの要求がなされることなく都市に1年と1日過ごした場合は自由身分を得られたと説かれた。都市は農村とは隔絶していることが強調され、ピレンヌ学説に見られるように、遠距離交易が都市復活の原動力と見なされた。都市の政体についても都市民の宣誓共同体を重視し、ここに近代市民社会の起源を求める主張が強かった。しかし今日では、これが普遍的なことであったとは強調されない。むしろ近代市民社会の価値を中世に投影して正当化しようとしたものとも言えよう。

　確かにローマ帝国末期から治安の悪化によって都市は囲壁を強化するようになるが、囲壁があれば都市であるとは限らない。イタリアや南フランスでしばしば見られる防備集落は、規模の点ではむしろ村と呼ばれるべきであろう。文書による特権を有するのも必ずしも都市だけではない。たとえば「ロリスの特権状」や「ボーモン・タン・ナルゴンヌ法」などの農村に与えられる特許状も存在する。前者はフランス王ルイ6世が1134年ロリス村に与えたもので、後者はランス大司教ギヨームが1182年自領のボーモン・タン・ナルゴンヌ村に認めたもので、限定的ではあるが領主権の明確化や領民の負担軽減が見てとれる。ともに他の農村に与えられた特許状のモデルとなり、多くの村落に与えられることになる。また現在では都市と農村の結びつきが強調されて一体として理解されるようになり、遠距離交易よりも、そのような地域経済の復興が都市復活の原動力と見なされるようになった。支配体制もさまざまなものが見いだされている。西欧中世における都市は多様であり、定義が難しいといわざるを得ないが、以下に中世都市について略述することとする。

　ゲルマン民族侵入の混乱が訪れる前、ローマ帝国には多くの都市（キ

ヴィタス）が栄えていたが、4世紀に治安と社会インフラの崩壊によって大打撃を受けた。都市は消え去ったわけではなく、司教座の所在地として、また商業の中心として存続したが、かつてのままであったわけではない。都市社会が支配的であったイタリアでさえ都市は衰退した。

　ローマは最盛期には100万を超える人口を擁し、それを囲むアウレリアヌス帝の城壁は全周19kmに達し、13.7km²の領域をカバーする。だが中世初期のローマの人口は3万5,000人程度と試算されており、これほどの城壁を維持する必要も余裕もなかった。城壁からは石材が剥がされて再利用され、トラステヴェレ地区やサン・ロレンツォ地区などに都市的集落があったに過ぎない。半ば崩れた城壁の中には耕地が広がり、豪族がローマの遺跡を改造して居館を構えた。ハドリアヌス帝の廟墓がサン・タンジェロ城になったのはその典型である。19世紀のローマを舞台の一つとした『モンテ・クリスト伯』の中で盗賊ルイジ・ヴァンパがカラカラ浴場を根城にしたと描かれるように、盗賊やオオカミも出没した。

　商人の定住地として、ローマ人が放棄した軍営の近くに生まれたドーレスタット（第2章5と第5章1参照）のように河川や街道沿いの要衝に誕生した都市もあった。これらは9世紀にノルマン人などの侵入、絶えざる王家の内紛や権力闘争によって治安が乱れると打撃を受けた。カロリング期の平和の下で人口が増え富も増していたため、一層被害は大きかった。

　破壊されたもの、移転を余儀なくされたものも多かったが、都市は多くの場合、10世紀頃から司教の主導下に囲壁をめぐらした。伯も都市の固い囲壁の内に退き、彼ら自身の居城を構えることも増えた。秩序が回復し領域支配が強まるにつれて、世俗領主の居城あるいは出城は都市化の核となり、商人や職人は城壁の保護を求め、緊急時には近隣の農民も避難したであろう。囲壁の拡張は都市復活の指標の一つとなろうが、たとえばフランスの多くの都市では11世紀末頃から拡張が始まった。

　都市には司教・修道院長や世俗領主などさまざまな権力が存在した。誰が権力者であるか、あるいは圧倒的支配者となるかは、個々の例において

異なるが、領域支配が進むにつれ行政の中心は都市に置かれるようになった。領主らは伯権力だけでなく、ときには国王大権の一部をも私物化し、裁判権、軍事指揮権、造幣権、市場統制権なども掌握した。彼らの高い消費性向を満足させるべく周辺には商人や職人が集い、また多くの臣民が行政や司法上の問題で訪れた。このようにローマ都市や領主の城塞の周辺に「城下町」として、あるいは修道院に隣接して「門前町」として都市が生じる場合があった。また港や橋が建設されて、そのそばに市場ができ、都市的集落に発展する場合もあった。

　領主は都市をさまざまな手段で統制し保護奨励していく。先行する小規模な商人定住地を核とし、さらに商人らを招き入れて特権を与えることもあった。ハインリヒ獅子公（第7章3参照）は1157年頃ミュンヘンを、1159年リューベックを建設し、またアウクスブルク、リューネブルク、ブラウンシュヴァイクなど多くの町を興した。これらは彼の経済的地盤を強化し、ドイツ東方などへの領土拡張の拠点となった。のちの時代の南フランスのバスティードと呼ばれるものも、領主による建設都市の一つである。

　都市は、以上のようにローマ都市の後裔、商人定住地の発展形、領主による建設都市などに大きく分けられようが、単純に分類することはできない。多くの都市はローマ都市と商人定住地が融合して発展するなど、複数の核から発達したからである。たとえばアルビ市は5世紀に遡る司教座と伯の居城という2つの核から発展し、その東に商人定住地が、さらに南にも参事会教会を中核として防備を固めた付属的な集落（ブール）が形成された。またこれらの地域をつなぐ辺りにも2つの小教区教会が11世紀末以前には建てられた。人々が周辺に住んでいた証拠である。またアルビ司教、プロヴァンス伯など5人の領主がいて、都市民はそれぞれの地域の領主に貢納金を納めていた。

　都市の政体についても、以前はブルジョワジー台頭の端緒として宣誓共同体を強調することが多かったが、今日ではもっと慎重に論じられる。コミューンが領主に反乱を起こした例としては1112年ランのコミューンが司

教ゴードリィを
殺害した事件が
有名だが、この
ような事例は稀
であった。なぜ
なら共同体は宣
誓者たちがコ
ミューン、つま
り「共同」の利
益を追求すべく
形成されたもの
であり、ときに
蜂起というかた
ちをとることが
あったというべ
きだからである。

12世紀末のアルビ市

司教座、城、参事会教会など複数の核から生まれたことが見てとれる。

なお宣誓共同体は領主である司教や伯の主導の下で恩恵として容認され、都市内の平和を目的とすることが多かったとする説もある。

　狭い地域に建物が密集し、個人や家門のエゴが衝突する都市では暴力が絶えなかった。自力救済の伝統が根強かったので、『ロミオとジュリエット』のように殺人は復讐を招いた。富者と貧者が併存し社会福祉のない時代において、身分間の争いも多発した。さらにそれを政治的に利用しようとする輩もいた。1378年フィレンツェで起こったチョンピの乱や1413年パリのカボシャンの乱はその典型である。また都市には若者、特に男性が多く、彼らによる性暴力も絶えなかった。領主の暴力に対抗して「神の平和」が説かれたように、都市内でも平和が求められた。

　都市と領主との関係もやはり多様で、領主は最大限の利益と住民の支持を確保し、住民は負担をできうる限り抑え繁栄できる環境を欲した。さら

に問題を複雑にしたのが都市領主より上位の権力の介入である。たとえばフランス王は王領地ではコミューンを認めなかったが、他領では認め、競合する封建臣下を弱体化すべく都市と同盟を結び、王を頂点とする階層秩序に直接組み込んだ。低地諸国やイタリアにおけるように都市国家の形成に向かう場合や、ドイツにおけるように領邦君主に屈する都市もあれば、リューベックのように自治を行使した都市が並存する場合もあった。

　都市の役職も、これらの背景を反映して多様である。コミューンが認められなかった地域では、王や領主の代官が置かれた。コミューンが認められたところでは、統治は都市評議会によって担われ、彼らは長を選出した。死刑判決など上級裁判権は多くの場合コミューンには与えられなかったが、喧嘩などに対する下級裁判権を得ることもあった。共同宣誓に参加するのはすべての住民ではなく、有力者だけである。都市内での不動産所有、一定額以上の資産、一定期間の居住などの資格条件が定められていた。その意味でコミューンとは寡頭政的で、民主政的ではなく、場合によっては司教以下の聖職者や騎士などの支配層も含まれた。役職の名称や条件も地域や伝統によって異なり、地中海沿いの地域では長はローマのコンスルの伝統に則りコンシュラあるいはコンソレと呼ばれた。

　また都市は飢饉や疫病を免れることができず、それに対応する装置が必要だった。たとえば1328-29年にトスカーナ地方で起きた飢饉の際に、フィレンツェ市は穀物確保のための特別委員会を設けて強権を授けた。治安維持のためにも多くの警吏が雇われ社会のさまざまなレベルで監視をした。党派政治の強い地域では治安機構が敵の手に落ちたならば致命的である。それゆえイタリアではポデスタ制が13世紀頃発達した。ポデスタとは治安維持や刑事裁判を担当する役職で、それに外国人を任用して公平性を担保したものである。ポデスタはスタッフ全員を連れて着任し、党派争いに巻き込まれぬよう措置して、任期を終えたら監査された。このように都市の形態や性格は多様で、それぞれの事例に応じて理解する必要があろう。

2　都市の人々

　確かに中世の人口の80％以上の人々は農民だが、これらとは異なるカテゴリーの人々が増えていった。都市民である。聖職者についてはすでに述べた（第7章1参照）が、他にも都市にはさまざまな人が暮らした。

伯や騎士

　ローマ帝政後期からメロヴィング期まではヨーロッパ北半でも都市に伯（comes）が駐在し行政一般を統括した。外敵の侵入とカロリング体制の崩壊によって秩序が大きく乱れると、城を単位とする支配領域が生じたが、伯などを頂点とする支配体制ができあがると都市は地域の中心となり、その行政を担うスタッフ、あるいは囲壁の防衛を担った騎士や兵も都市に居住した。

　彼らが都市とどのように関わるかは地域によって異なるが、都市文化が古代から存続する地中海沿いの諸都市では伝統的な貴族が権力を握り市政を支配した。フィレンツェでは、トスカーナ辺境伯家が断絶すると、アディナーリ家、カヴァルカンティ家、ブオンデルモンティ家などの家門が近郊に所領を有するとともに市内に居住して都市の支配を競った。彼らは塔をもって自らの力を誇示し、そこを拠点として武力闘争を繰り広げた。現在のサン・ジミニャーノにおけるように、12世紀のフィレンツェにも塔が林立し、その痕跡は現在もフィレンツェ各所に見ることができる。また貴族は香料、美酒、豪華な服装、武具、貴金属製品などを愛好し、その消費は都市の経済を大いに活性化させた。

専門職

　都市は農村には見られなかった職業を生じさせた。ものをつくるのではなくサービスを生み出す専門職である。たとえば法曹家で、これは判事、弁護士、公証人からなり、文書、特に証書にかかわるのが公証人である。

彼らは権利を文書化する伝統を有する地中海沿いの地域で存続していたが、ローマ法・教会法の浸透にともなって北方にも広がった。

　医師も専門職ではあるが、中世においては必ずしも地位が高くなかった。内科医は大学でギリシア以来の「自然学 physica」を学んだ者（それゆえ英語で physicianという）であるため、それなりの地位を有したが、外科医の地位はきわめて低かった。内科医の診断は机上の学問ゆえに往々にしてはずれたが、一方、外科医の臨床的知見の積み重ねは、第20章4で述べるように、新たな地平を開くきっかけとなる。

商人

　住民は聖職者や貴族を養うため生産物を都市に運んだが、また自らに確保した分を売って現金を得て、自分ではつくれないものを得るためにも周辺から集まった。領主などだけでなく、彼らも顧客として、商人が生まれた。彼らには自由身分の者もいれば、非自由人身分で司教に隷属する者もいただろう。後者としてはトゥールネ市の聖マリア衆などが有名である。商人には日常必需品を商う小売商もいれば、遠隔地商人や大きなビジネスを展開する者もいた。造幣業者のように王や造幣権を有する者から委託されてほぼ世襲的に貴金属に刻印を打つ者らもいただろう。

手工業者

　多くの人が往来し強い需要と消費意欲が見られる都市には、それ以前にはなかった高品質の製品が生まれた。たとえば中世初期において司教の祭服や貴族の正装のための高価な緞子は東方から輸入されたが、11世紀後半フランドルを中心に織布の技術革新がなされた。縦糸が床に対して水平に張られ、ペダルによって操作される水平織機が現れたのである。これによって長い布を効率的に織ることができるようになった。一方で高品質な布の生産は分業化を必要とした。羊毛を布にするためには、まず不純物を除き、毛質を選り分け、油脂分を洗い流し、繊維の向きをそろえるために

櫛をかけ、染め、糸に撚り、織り、縮充し、起毛するなどの工程を経なければならない。細かく数えれば30もの工程があるという。さらに服とするには、裁断し縫製しなければならず、それぞれにかなりの時間と熟練を必要とした。素材や使用目的に応じても分業・専門化は進んだ。たとえば金属加工が盛んなニュルンベルクでは、鍛冶業が鉄鍛冶、銅鍛冶、金細工師、銀細工師、さらに蹄鉄師、錠前師、刃物師、刀工、甲冑師、兜鍛冶、拍車師、釘師、鍋師などに分かれた。

同業組合

　これらの都市に暮らす人々は自らの利益と秩序を守るため同業組合をつくった。法曹家らも例外ではない。パリのギルドの数は13世紀中頃に100を超え、14世紀には350にも達したという。組合は親方で構成され、加入の際には一定の能力と資産が求められた。そのため手工業者らの場合には親方作品（マスターピース）の提出が課せられた。同業組合は品質や価格の維持に貢献することもあったが、多くの場合構成員の利益を優先した。近世におけるイタリア繊維産業の衰退は、この規制が原因の一つであったという。

　もっとも富裕な人々からなる一部の商人ギルドは、多くの工匠や職人を支配し、その他の中小ギルドに対して優位に立ち、実質的な統制力を有した。フィレンツェでは21の同業組合が結成されたが、そのうちの7ギルド、すなわち「法曹家組合」、外から毛織物を輸入して染色する「カリマラ商人組合」、「毛織物商人組合」、「両替商組合」、「絹商人組合」、「薬種商組合」、「皮革商組合」は大アルテと呼ばれ支配的な役割を果たした。彼らはアントウェルペンやロンドンなどの市場に進出して多くの特権を認められ貿易業者として活躍するだけでなく、多くの国々の王や貴族に貸付を行う資力を有した。彼らは資本を蓄積し、市参事会を構成する都市貴族として台頭し、ついには伝統的貴族の多くを追放して寡頭政支配を行うようになる。

3　人とモノの動き ————————————————

　一般的に都市は狭隘で過密であったが、内部には耕地やブドウ畑が広がり、自家用あるいは市場に出荷する野菜を栽培することもあった。だが都市が成長し、その役割が増すにつれ、それだけでは不足した。また羊毛や染色のための藍やミョウバンなどの原材料も必要で、都市のさまざまな消費を賄うため、周辺地域の経済的ハブの役割を果たすため、都市には多くの物資が出入した。

　たとえばパリの人口は1365年には27万5,000人を超え、彼らを養うために小麦、ブドウ酒、塩、魚などが河川あるいは街道を通じて四方から運ばれた。そのためにセーヌ川沿いにいくつもの船着き場が設置され、セーヌの水流を利用する水車も多く設けられ動力源となった。船着き場の近くには都市の日常生活を支える市場も形成され、穀物市場、食肉市場、魚市場、青物市場などが別個にある都市も存在した。また職種ごとに集住する傾向があり、皮革、鍛冶などの職人町が形成された。

　中世初期の復興は人とモノの移動に大きな刺激を与えた。古代ローマに遡る歴史を誇るピサは一時期衰退したが、9世紀には北アフリカに植民市を獲得し、12世紀にはスペインや南フランスにも商圏を拡大した。さらに促進したのが十字軍である。ピサは十字軍士を聖地へと運び、シリア、トルコ、ギリシアを結ぶネットワークを築いた。特にエジプトではアレクサンドリアとカイロに拠点を設け、木材、鉄、皮革、大理石などを輸出し、香辛料、絹、砂糖などを持ち帰った。やがてピサは衰退していくが、アドリア海の女王ヴェネツィアは第4次十字軍を経てラテン帝国の利権を握り、エーゲ海に植民市を建設した。ピサに勝利したジェノヴァは西地中海一帯に商圏を拡大し、ヴェネツィアを共通の敵とする東ローマ帝国に食い込み、コンスタンティノープルに近いペラ市やクリミア半島にも進出し、東ローマ帝国経済の実権を握った。マヨルカ島などのアラゴン商人も地中海全域に進出した。

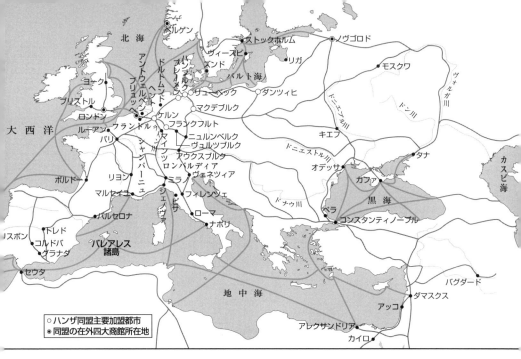

13〜14世紀における経済ネットワーク

　カロリング期に北洋経済圏が花開いた北方でも、ノルマン人の攻撃による一時的な退潮を経て、地域経済の復興とともに繁栄が戻った。ブリュッヘを通じてフランドルの織物が送り出され、スウェーデンからは鋼、バルト海からはニシン、またドイツ騎士団領からは木材、琥珀、ポーランド王国からは穀物、ロシア方面からは黒テン、熊、リスなどの毛皮が輸出された。交易で財をなした商人は都市貴族として市政を牛耳り、1241年リューベック市とハンブルク市の間に商業同盟が結ばれたのを皮切りに、彼らはバルト海沿岸に進出して主導権を握り、1358年ハンザ同盟を結成した。商業活動の発展にともなってハンザ同盟の影響圏は内陸部にも達し、西はロンドンから東はノヴゴロドにまで広がり、加盟都市は15世紀の最盛期には200を超え、西欧の南と北に大きな経済圏が形成されつつあった。

　この南北経済圏を結ぶ役割を果たしたのが内陸の大市である。マース川、モーゼル川、セーヌ川に囲まれた交通の要衝だったシャンパーニュ地方では12-13世紀に大市が栄え、ある者は川を遡り、ある者はアルプスの峠を

シャンパーニュの大市

さまざまな服装の人々が集い、近隣からの生きた家畜なども商われた。

越えて、地中海経済圏のイタリア商人と北洋経済圏の商人が集った。これがシャンパーニュの大市、5都市で行われる大規模な市のサイクルである。すなわちラニーのサン・ジノサン大市（1月2日-15日）、バール・シュール・オーブの大市（3月復活祭前-聖日曜日まで）、セザンヌの大市（復活祭の期間）、プロヴァンのサン・キリアス大市（5月）、トロワのサン・ジャン大市（6月24日から7月中旬まで）、プロヴァンのサン・タユール大市（9月）、トロワのサン・レミ大市（10月初めからクリスマスの前週まで）などからなる。それぞれの大市は3週間から約2ヵ月続き、またサン・キリアス大市とサン・ジャン大市の間にはサン・ドニで3週間の大市が開かれていたので、実質的には年間を通して大市が開かれていたといえる。似たような大市のサイクルは、ラングドック地方や低地地方などにも見られるという。

　大市の繁栄は立地条件だけでなく、領主の奨励によるところも大きかった。シャンパーニュの場合、ティボー1世（1089没）をはじめとするシャンパーニュ伯は大市に庇護を与え、大市に向かう商人を襲った貴族を罰するよう王に求めてさえいる。また度量衡の基準を定め、市場監督官を任命し、紛争を解決するための法廷も設置した。これも大市が金の卵を産む鶯鳥だったからである。1253年シャンパーニュ伯ティボー4世（在位1201-

53）が死去した際、トロワのサン・ジャン大市は1000金ルーヴルの、サン・レミ大市は700金ルーヴルの価値があると見積もられた。

　経済の拡大は貨幣にも表れている。第3章3で述べたように、カール大帝の貨幣政策によって西欧は事実上銀本位制になったが、銀貨では高額の決済はできない。国際決済通貨の役割を果たしたのは、東ローマ帝国の金貨であった。マケドニア朝の盛時においては金含有率も高く重量もあり、高い信頼を得ていたのである。しかしコンスタンティノープルの陥落などによってビザンツ貨の威信は失墜し、一方1252年頃ジェノヴァで西欧中世で最初の通常金貨がつくられ、同じ頃フィレンツェでフローリン金貨がつくられた。1284年にはヴェネツィアがこれに倣ってドゥカート金貨を造幣した。これには高額決済という実用目的もあったが、金貨を発行できるという繁栄の誇示の要素も多分に含んでいたであろう。フランスでも1290年代に王権によって金貨がつくられ始めたが、主に用いられたのはドゥニエ銀貨やルイ9世が1266年トゥールでつくらせたグロ銀貨で、後者は先行する貨幣の12倍の価値を有した。さらに貨幣ではなく為替による取引も行われるようになり、経済を拡大させることになる。ローマ帝国崩壊によって大きく低下した経済は、およそ800年の歳月を経て、かなり持ち直してきた。

　1270年頃ジェノヴァからジブラルタル海峡を経由してブリュッヘに向かう定期航路が開かれると、経済ネットワークの結節点は移動した。シャンパーニュは衰え、代わってリヨンなどが台頭する時期もあった。この動きには政治や戦争も大きく影響したが、経済そのものの局面も大きく変わり、大西洋が大きな経済圏を形成することになる。また近年の経済史研究の発展によって、ヨーロッパ中

フローリン金貨（1252年頃、フィレンツェで打刻）

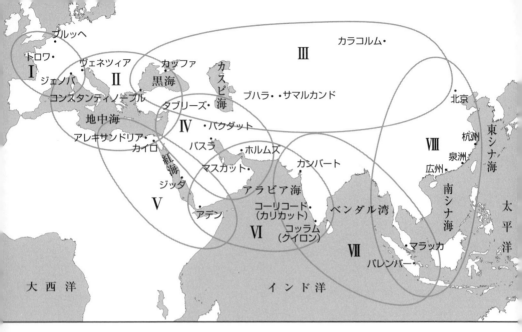

ジャネット・アブー・ルゴドによる中世の経済圏

アブー・ルゴドが唱えた13世紀の「世界システム」。ヨーロッパは世界システムの西端に逼塞している。

世をもっと広くグローバルな視点で見直そうとする傾向が現れてきているが、それらの展望はひじょうに興味深い。

4 都市の文化

　同時に都市にはそれ以前にはない独自の文化が生まれ、社会を大きく動かしていった。

文字

　たとえば文字や記録に対する態度である。中世初期には文字で書かれた記録への信頼は薄く、記憶が重視された。封建的臣従の際も、身体的要素を強く含んだオマージュがより重要であった。次の世代が村の境界線を忘れないように、幼いうちにその場に連れてゆき、思い切り殴ってその痛み

で記憶に刻み付けることもなされたという。

　しかし12世紀頃から文書数が飛躍的に増加する（第９章１参照）。この傾向は古代ローマ以来の成文法の伝統を有する地中海圏だけでなく、慣習法圏の北西ヨーロッパにも広がった。ローマ法や教会法の影響力の高まりに比例する部分もあろう。

学校教育

　文字に対する態度の変化に応じて、学校教育が重んじられるようになった。それ以前にも教育はもちろん存在した。だが聖職者教育を除けば、教育は家庭あるいは徒弟制のうちでなされたといってよい。親や親方の背中を見て、体で覚えたのである。しかし15世紀のフィレンツェの事例によれば、８人の子を抱えた50歳の寡婦は、所帯の年間収入が20フローリン程度で娘の婚資もない貧しさであったが、年長の５人の息子の稼ぎをやり繰りして６番目の息子の教育費を捻出したという。同様の事例は多く存在する。文字が多用されるに従って、教育は社会的上昇の必須条件となった。教育は価値あるものだったのである。

　その頃のイタリアの学校には３種類の形態があった。公立学校と私立学校と教会付属学校である。また２系統のカリキュラムが存在した。中世以来の伝統に則ってラテン語による読み書きを重視するラテン語学校と、実際の商業活動に役立つ知識を教授する俗語学校である。ジョヴァンニ・ヴィラーニ（1280頃-1348）によれば、フィレンツェの「8,000人から10,000人の少年少女が学校で読むことを学び、1,000人から1,200人の少年が６つの学校でアバクスを学んでいる。そして550人から600人程度が文法と論理学を４つの大きな学校で学ぶ」という。読み書きと並んで重視されたのが算盤の一種であるアバクスで（第12章１参照）、これは計算能力を高めた。

　確かにまだラテン語による科目は優位を占めていた。16世紀初めにストラスブールで出版された百科全書の扉絵には、中世の教育体系が寓意的に描き出されているが、その１階と２階には文法を表すドナートゥスとプリ

16世紀初めにストラスブールで出版された
百科全書の扉絵

スキアヌスがおり、3階には論理学のアリストテレス、修辞学のキケロ、算術のボエティウスがいる。4階には音楽（数学的な比に関わる分野で、数学や哲学に近かった）のピタゴラス、幾何学のエウクレイデス、天文学のプトレマイオス、その上階には哲学のプラトン、倫理学のセネカが座し、最上階には神学のペトルス・ロンバルドゥスが睥睨している。なお伝統的な学問秩序は力を有していたのである。

　都市民にもラテン語の古典やローマへの関心が強まっており、コーラ・ディ・リエンツォ（1313頃-54）の乱に見られるように古代ローマ共和政の復活を夢見る人々を生み出し、異教的古典古代への憧れを刺激したが、当時の記録を検討すると、ほとんどの生徒は読み書きとアバクスの段階にとどまり、それを超えて文法や古典に達する者は1割に満たなかったようである。重視されたのは、やはり成功のための実用的なスキルだった。

　イタリアのいくつかの都市には学校への公的扶助があり、その結果、文字文化の伝統の強いイタリアにおける就学年齢の男子識字率は1400年代のフィレンツェでは約30-33%、1500年代のヴェネツィアでも約33-34%に達したという。この頃から市民たちは日記や備忘録を書き残すようになった。当時の生活を垣間見られるようになるのはこのような識字率の高まりの反

映である。女性は男性ほどには文字を学ばなかったが、次第に親しむよう
になった。読書する女性という絵画などのモチーフはその表れである。
ヨーロッパの他の国々でも、イタリアほど普及しなかったが、文字は都市
文化の基底をなした。

数値

　アバクスの普及に見られるように、数値化や数学への関心が高まった。
これはアラビア数字の導入に表れている。それまで用いられていたローマ
数字は数値が大きくなると表記が長くなり、また計算が面倒であったが、
アラビア数字にはこれらの欠点がなかった。フィボナッチこと、ピサのレ
オナルド（1170頃-1240頃）は「フィボナッチ数列」に今もその名を残す
が、1202年に『アバクスの書』を出版した。彼はアルジェリアでアラビア
数学を学び、扱いが難しいローマ数記法を新しく学んだ数記法に置きかえ
たという。また複式簿記が14世紀におそらくヴェネツィアで発達した。フ
ランチェスコ会士ルカ・パチョーリがまとめ、多くの人が用いることになる。

　計時法も変化した。それまでは太陽を基準に
した時計を用いていたので、季節や緯度によっ
て異なるという問題点を抱えており、正確な測
定は困難であった。だが14世紀頃から機械式時
計が全欧に広まった。計測して数値化すること
も都市の新しい文化の一面である。

楽しみ

　都市は支配し働くだけの場所ではなく、他の
ところでは得られない楽しみもその文化の重要
な要素だった。秩序が回復して経済がある程度
向上すると、村でだけでなく、都市でも四季に
応じてカーニバルや、収穫を祝うビール祭りや

14世紀の機械式時計

ワイン祭りが行われ、人々は羽目を外して季節を実感した。また教会の祭礼には多くの人々が押し寄せ、特別に開帳される聖遺物を通して聖人の功徳に与るだけでなく、広場で行われる大道芸人たちのジャグリングやアクロバットに見とれ人形劇に笑ったかもしれない。あるいは踊る熊たちをはやし立てたり、「熊いじめ」という血なまぐさい見世物に興じたかもしれない。パレードも人気があり、王の入市式や葬列には一目その豪華さを見ようとぼろを着た人々も詰めかけた（第17章1の図版参照）。

　吟遊詩人たちが楽師と一緒に街角で偉人の勲を歌っていることもあっただろう。聖俗のテーマの境ははっきりせず、ローランたちの武勲を歌っていることもあれば、ワルドが回心したときのように聖人たちの偉大さを讃えていることもあっただろう（第11章1参照）。各地の教会や修道院は巡礼者を惹きつけるために、その守護聖人の偉大さを伝える宣布者を、江戸時代の説教節演者のように、各地に送りだしていた。また聖人の祭礼の仕掛けが大きくなって、聖書から題材を取った「ダニエル劇」のような典礼劇に発展していることもあったかもしれない。

　人の動きが増すにつれ街には宿屋や酒場がつくられ、料理や酒も提供したが、旅のガイドブックがつくられるようになると評判も重要になった。宿屋は、騒動もしばしば起こり当局の監視は厳しかったものの、付設した醸造所でつくった新酒や美味を味わいに来る人は多く、利益を上げていた。また酒を提供する場などには娼婦たちも欠かせない要素だった。

5　アウトサイダーたち

外国人

　都市には外国人もいた。「シリア人」と総称された東方人は8世紀メロヴィング期までは確認されるが、カロリング期になると次第に確認できなくなる。だが需要があるところには供給があり、供給者がいる。たとえば

「ギリシア人」と呼ばれた南イタリア人がいた。彼らはアマルフィ商人が中心で、東方商品をもたらした。パリなどには英仏海峡を越えて、またアルプスを越えて、またライン川を遡って多くの外国人が訪れ定着した。

　ユダヤ人のゲットーだけでなく、アウトサイダーが特定の地区に集住してコロニーをつくることも多く、彼ら自身の教会を建設することがあった。ロンドンのロンバード街はロンバルディア人と総称された北イタリア出身者が13世紀に集住して金融業に従事し始めたことで生まれ、ローマではスペイン広場周辺にはかつてスペイン人が駐在し、サン・ジョヴァンニ・デイ・フィオレンティーナ教会周辺にはフィレンツェ人が暮らし、サン・ルイジ・デイ・フランチェージ教会周辺にはフランス人の共同体があった。中世都市はさまざまなエスニック・グループのモザイク集合体でもあったのである。

ユダヤ人

　だが「アウトサイダー」で忘れてはいけないのは、やはりユダヤ人である。132年に始まったユダヤ人の大規模な反乱がハドリアヌス帝によって鎮圧されると、彼らは故郷から追放されて世界中に離散したが、宗教的結束を保ちつつ各地に定着し、ユーラシア大陸やアフリカにも張りめぐらされた共同体のネットワークを利用して、国際交易に乗り出した。ラダニム商人と呼ばれるユダヤ人は5世紀から10世紀にかけて西欧から中国を結ぶ交易路で香辛料や絹を運び、対立する宗教圏の壁さえも越えた。その後もユダヤ人は遠距離交易に従事し続け、12世紀のユダヤ人旅行家トゥデラのベンヤミン（1130-73）はスペインを出発して南フランス・イタリアを経て東方旅行したが、彼の旅程によってもユダヤ人の幾重にも重なったネットワークを垣間見ることができる。

　そのようなユダヤ人が西欧にも広がり都市住民の古層をなしていたことは、パリにおける最古のユダヤ人地区がシテ島にあったことからも推測される。ユダヤ人の文化はキリスト教文化にも影響を与えた。ユダヤ人哲

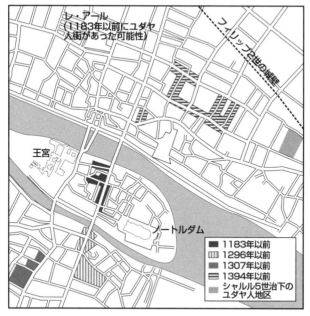

レ・アール
（1183年以前にユダヤ
人街があった可能性）

フィリップ2世の城壁

王宮

ノートルダム

■ 1183年以前
▥ 1296年以前
▨ 1307年以前
▤ 1394年以前
▦ シャルル5世治下の
　ユダヤ人地区

パリにおけるユダヤ人居住区の変遷
次第に中心部から遠ざけられていることが見てとれる。

学者マイモニデス（1135-1204）のアリストテレス理解は13世紀西欧の神学に反響を呼び起こし、人間の魂の上昇を通じて隠れた神との合一を目指すユダヤ・カバラ思想は、西欧の神秘主義に密かな影響を与えた。ユダヤの聖典解釈の伝統も豊かで、北フランスに生まれ育ったシュロモー・イツハキ、通称ラシ（1040-1105）は「聖書やタルムードは文脈から理解されるべきである」と強調し、これも中世後期のキリスト教の聖書解釈に否定できぬ影響を与えた。

　だがユダヤ人は繰り返し弾圧を受けた。ローマ帝国崩壊後のヨーロッパにおける最初のユダヤ人迫害は西ゴート王シセブト（在位612-621）によるもので、彼は南部や地中海沿岸に住む9万人のユダヤ人を強制改宗させ、拒む者は財産を没収して追放した。その後もユダヤ人はイベリア半島に居住し続けるが、反ユダヤ政策はエルウィグ王（在位680-687）などによって継続され、それに反発するユダヤ人の反乱は西ゴート王国の崩壊を早めた一因ともされる。

　多くの国でユダヤ教の経典であるタルムードが燃やされ、次第にユダヤ人には多くの制約が課せられるようになった。公職就任が禁じられ、土地

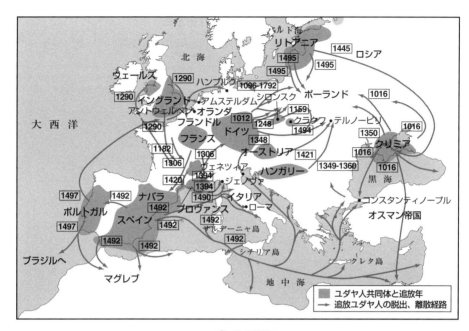

ユダヤ人の流浪

所有が不可能になって農業の道を断たれ、さらにギルドから締め出されて
手工業への道を閉ざされ、小売商や国際交易への参入も制限されて、高利
貸ししか生業はなくなった。同朋であるユダヤ人に対する高利貸しは禁じ
られていたが、異教徒であるキリスト教徒相手には許されていた。ユダヤ
人が生きるために、また資金が社会を循環するためにも高利貸しは必要不
可欠だったのである。だが高利貸しに特化したことによってユダヤ人はさ
らに憎まれ、貨幣経済の浸透にともなうすべてのマイナス感情が彼らに投
影された。

　1096年第1次十字軍の熱狂の中でライン地方では多くのユダヤ人が殺戮
された。ヴォルムスではユダヤ人が井戸に毒を投げ入れたという噂によっ
て800人が殺されたという（第8章5参照）。その後も社会不安が高まるご
とにユダヤ人は迫害の対象とされ、黒死病の際にもユダヤ人が井戸に毒を

投げ入れたという噂が広がり、数百の共同体が消滅した。

　1180年フランス王フィリップ2世は多くのユダヤ人を投獄し、解放のための身代金を要求した。さらに1181年王はユダヤ人のキリスト教徒への貸し付けを帳消しにし、翌年ユダヤ人の財産を没収してパリから追放した。1198年フィリップ2世はユダヤ人の帰還を許したが、それにも貢納金を支払わなければならなかった。1290年にはイングランド王エドワード1世が全ユダヤ人をイングランドから追放し、持って行けない財産をすべて没収した。翌年からフランス王フィリップ4世も地域ごとにユダヤ人のフランス居住を禁じ始め、1306年には着ている衣服以外の全財産を没収してフランスから追放した。追放者は約10万人に上るという。彼の後継者ルイ10世（在位1305-16）は帰還を許したが、このような激動のうちにユダヤ人は次第に富を失っていった。

　支配者の庇護が不可欠であるユダヤ人は彼らの都合のよい金蔓とされた。ユダヤ人に守銭奴のイメージが付きまとうのは、一つには偏見だが、一つには金こそが彼らの命を保障するものだったからである。だが中世に19世紀のロスチャイルド家のような大富豪はおらず、ユダヤ人はつねにむしりとられていた。

　教会もユダヤ人を保護することはなかった。1179年第3ラテラノ公会議はユダヤ人がキリスト教徒を訴えることを禁じ、1215年第4ラテラノ公会議はユダヤ人と特定できる服装の着用を義務づけた。ヨーロッパに留まったユダヤ人は自らの街区に閉じこもり、多くはヨーロッパを去った。

　彼らの一部はイベリア半島へと向かった（第15章3参照）。この地はイスラーム支配下にある頃、特に11世紀まではユダヤ人が栄え活躍していた。しかし十字軍による虐殺に先立ち、1066年にはグラナダでもユダヤ人虐殺が起こった。不寛容の波は高まりつつあったが、それでもユダヤ人は社会や経済に不可欠な存在であり、カスティリャ王アルフォンソ10世（在位1252-84）が定めた「七部法典」にはユダヤ人に対する一定の配慮が感じられる。実際、ユダヤ人の血が王家にも流れており、イサベル女王（在位

1474-1504）の高祖父母16人のうち３人はユダヤ人あるいは改宗ユダヤ人だったという。しかしスペイン王家は統一を進める過程でユダヤ人排除へ向かい、彼らの財産は没収され、隠れユダヤ教徒は異端審問所によって摘発され、ユダヤ人の血が入っていないという「血の純潔」が求められるようになった。東欧に逃れたユダヤ人はアシュケナジムと呼ばれ、南欧に逃れたユダヤ人はセファルディムと呼ばれるが、これらの地も安住の地ではなく、さらにオスマン帝国やロシアへと向かわざるを得なかったのである。

イスラーム教徒

またイスラーム教徒もキリスト教世界のいくつかの地域、特に南イタリアとスペインにおいて見られた。南イタリアのルチェラには皇帝フリードリヒ２世旗下のムスリム兵が駐屯し、長くイベリア半島では多くのイスラーム教徒が共存していたが、彼らも王の庇護に頼るしかなかった。王権が揺らぎ、あるいは国民意識が高まるにつれて生活は難しくなった。スペインでは、上述の「七部法典」においてイスラーム教徒はなお一定の敬意を受けていたが、国民国家形成にともない排除され、1492年「イスラーム教徒追放令」が出され国外退去か改宗を迫られることになる。

娼婦

中世におけるアウトサイダーといえば、娼婦も挙げざるを得ない。都市には多くの独身男性がいた。それには若者だけでなく聖職者も含まれるが、彼らの性的衝動を抑えることも治安維持には重要だった。また小間使いの社会的地位は低く、主人から性的被害を受けることも絶えず、所帯を営むことができない女性は数多かった。転落した女性に対する世間の視線は冷たかった。もちろんヴェネツィアやローマの「コルティジャーナ」と呼ばれるような高級娼婦もいたが、ヴィヨンの詩に描かれるように悲惨な道をたどる女性が多かった。だが良民の婦女子の保護という名目で彼女らの生活は必要悪として認められていた。

貧民

浮浪民といえばロマ、いわゆるジプシーが思い浮かぶかもしれない。だが彼らについてのヨーロッパ最古の記録は14世紀だという。彼ら以外にも多くの浮浪民がいた。キリスト教は「貧者」を助けるよう命じているが、これは近代的な意味での博愛や人類愛に基づいた行為ではない。「貧者」のうちにキリストの姿を見出し、施しをする者は貧者（＝キリスト）を助けることによって功徳を積もうとしたのである。「貧者」は一つの「救いの機関」であり、それゆえ現実の貧民の生活を根本的に改善しようとは誰も考えなかった。

また貧民にも２種類が存在した。身分にふさわしい生活を老齢などの理由によって失って零落した者と、まったくの無一物者である。施しの多くは前者に向かい、後者は警戒と疑いをもって見られた。中世後期の都市条例には貧民に関するものが多く見られるが、ハンセン氏病患者などの病人も対象に含まれる。

奴隷

ヨーロッパ中世といえば、土地に縛られた「農奴」ばかり注目されるが、「奴隷」も多く存在した。競争力のある商品がなかった西欧は、購入したい商品と交換するためしばしば地中海沿岸を襲って住民を拉致し、バルト海地域でも同じような行為を繰り返していた。一方で西欧が襲われることも多く、異教徒からのキリスト教徒捕虜買い戻しを目的とする三位一体会（第８章４参照）のような組織が設立されたことも、この被害の激しさの証拠となっていよう。また奴隷禁令や奴隷輸出禁令が繰り返し教会によって発せられているが、これも奴隷制度が根強いものであったことを証明していよう。実際、イタリア諸都市などでは黒海や地中海で拉致された家内奴隷が記録されている。中世社会は、多くのアウトサイダーを抱えつつ、彼らに対しては厳しかったのである。

第11章

新しい宗教生活

　社会は変化し、都市民が発言力を有するようになった。読み書きの能力が彼らの水平線を広げ、彼らも社会的上昇の梯子を攀じ登りはじめた。だが彼らの宗教的欲求や必要は満たされなかった。第8章3で述べたシトー会の助修士は衣食住を保障され魂の救済の望みを与えられたが、しょせん「二級市民」に過ぎず、意味のわからないラテン語ミサを黙って立って聞くしかなかった。彼らの中には騎士身分に属している者もおり、もっと高い宗教的生活を送ることを夢見て俗世を棄てて修道院に入ったが、希望していたものとの齟齬に涙する者もいたという。宗教と社会秩序が互いに支え合っていた前近代において、身分を顧みず自らの欲する道を目指すならば衝突は避けられなかった。しかし、かつて無法者であった騎士が新たな理想を創りだして自らの場を見出したように、都市民のなかにも試行錯誤の末に自らの生き方を正当化させていく者もいた。

　本章では体制と正面衝突した異端者、人々の宗教心の新たな受け皿となった托鉢修道士、そして托鉢修道士が中心となって進めた民衆のキリスト教化について説明することとする。

1　異端：ワルド派、カタリ派

　異端といえば黒ミサを行う怪しい集団というイメージがあるかもしれない。だが、これは古代におけるキリスト教への中傷が転用されて、フィクションの世界で増幅されていったものに過ぎない。異端とは、キリスト教教義においては「正しい教えから外れた考え方」を意味するが、その教義内容や行動によって定義するのは難しい。ある時代に「正しい」とされたものがつねにそうであるとは限らないからである。たとえば聖母マリアの無原罪、すなわち「原罪という人間ならば誰もが負っている罪を聖母マリアは免れている」という教えは19世紀のカトリック教会によって教義宣言されたが、中世においては必ずしも全員が認めていたわけではない。クレルヴォーのベルナルドゥスは、他の人々と同じくマリアも原罪を有したが、それにもかかわらず神の母とされたのは、人間性そのものに対する神の大いなる恩寵であるとして、聖母マリアの無原罪の教義に反対している。それゆえ本書では「異端とは、当該の時代や社会において、しかるべき権威によって異端とされたもの」という定義にしたがうものとする。

　キリスト教において異端は、その草創期から多数生じた。第1章3で述べたように、教義の大枠が定まるまで数世紀を要したからである。その後も異端は絶えることがなかった。しかし西欧においては9世紀以降異端の記録がない時期があり、1000年頃から徐々に異端者についての報告が増えていった。ただ異端の出現報告については注意する必要がある。記録されていないのは、現実に存在しなかったのか、それともさまざまな事情から記録する余裕がなかった、あるいは記録が失われて伝来しなかっただけなのかもしれないからである。さらに記録者の問題がある。異端についての史料はほとんどすべてが聖職者の手になるもので、読む際には彼らのフィルターを考慮に入れなければならない。彼らは自分たちが本で読んだ過去の異端を現在に読み込みがちで、眼前の異端をたとえばアリウス派と断定し、現実を無視する傾向があった。

　このような留保を加えたうえで、異端が再び出現した理由を考えてみよう。一つには12世紀ルネサンスに見られるように、古典古代への関心が高まるにつれ、古典古代の価値観をそのまま受け入れる者がいたことが挙げられよう。たとえば1000年頃ラヴェンナのウィルガルドゥスという人物は、「古典作家たちが言ったことはすべて信じられるべきである」と主張して断罪されている。また1020年頃オルレアンでは新プラトン主義的な思索が異端と宣告され、主唱者たちが処刑されている。

　グレゴリウス改革の余波も考えられよう。たとえばミラノのパタリアである。教皇アレクサンデル２世はハインリヒ４世を支持する大司教グイドを聖職売買者として1066年破門し、彼に敵対する都市民や聖職者からなるパタリアを支援し、そのしるしとして聖ペテロの旗を授けた（第６章４参照）。この後も聖職売買に反対し聖職者の独身を求めるローザンヌのヘンリクスなどの異端者が見られた。これらには地域の抗争に加えて、グレゴリウス改革の厳格主義が強く影響していよう。

　さまざまな階層の人々が、伝統的な枠組みにとらわれず、それぞれに新しいキリスト教的生き方を希求した。12世紀北イタリアのフミリアーティ派は福音に基づいた厳格な生活を送ることを目指す既婚の一般信徒などからなっており、財産を自発的に放棄して手労働で自らの糧を得た。これはベネディクト修道士やシトー会士、あるいは騎士修道会士の生き方とも異なっている。両者ともに聖書に基づいた生活を目指してはいるが、既存の修道士はそれ以前の生活を棄て、いわば出家するのに対して、フミリアーティ派は世俗にとどまりつつ福音の実践を目指す在家宗教の萌芽をはらんでいた。グレゴリウス改革は社会そのもののキリスト教化を目指したが、その試みは実を結ぼうとしていた。

　だが既存の秩序にとらわれぬ新人がすぐに受け入れられるわけではない。中世において社会秩序とキリスト教は互いに支えあっており、信仰の変化は、社会そのものを揺るがす可能性があったゆえに否定された。このことをよく示すのがワルド派である。創始者のワルドはリヨンの富裕な市民で、

もちろんビジネスで成功するために必要な読み書き算盤には通じていた。高利貸しも行っていたという。1170年頃彼は宗教的回心を体験した。ある記録によれば、吟遊詩人の語る清貧の聖人の生き方に打たれたという。福音に即した生活を送ることを志すが、彼はさまざまな手段で蓄積した自らの財産とキリスト教的救いの矛盾に苦しんだ。イエスは「金持ちが神の国に入るよりも、ラクダが針の穴を通る方がまだ易しい」(マタイ福音書19章)と述べているが、この時代にはまだ「富むこと」が十分正当化されていなかった。ワルドは俗人であることをやめ、いわば彼なりに出家して、財産を自発的に放棄し、不正に得た利益は返却して残りは貧者に施した。そして隠修士と同じく(第8章2参照)、彼もイエスが命じたように「財布も袋も履物も持」たず、「神の国はあなたがたに近づいた」と説くことを志した。多くの者が彼を支持し、彼と同じように生きることを欲した。

　これは聖職者の領分を犯すことで、衝突の道であった。まもなくワルドのグループはリヨン司教と対立した。保護を求めて、彼は教皇アレクサンデル3世にすがった。教皇はワルドの発心は評価したが、説教は認めなかったようである。この請願の様子をある聖職者が記録しているが、一般信徒が宗教生活を求めることをこの聖職者は「豚に真珠」と譬えている。ワルドの当初の願いは単に福音に則って生きることであり、教義的な問題はなかったはずだが、不従順という咎で異端とされ断罪された。しかし彼の運動はリヨンを超え、南フランス、北イタリア、ボヘミアなどへと広がっていく。

　ワルド派のような福音主義的異端と並んで、霊肉二元論的異端も出現した。おそらくは巡礼、十字軍、商業などの東西交流によって東方のボゴミール派などの厳格な生活や教えに影響されて始まったのだろう。1181年ケルンにカタリ派(ギリシア語の「καθαροί 清浄な者たち」という自称による)が現れたのを始まりとする。彼らは善と悪、霊と肉を対置する二元論的傾向を有し、物質を創造した悪神の手を逃れて霊を創造した善神へと向かい、霊にとっての牢獄である肉の支配から脱しなければならないと

説いた。彼らは肉食を否定し、性交を忌避した。出産とは霊が肉に囚われ続けることであり、救いとはその輪廻から解脱することだったのである。彼らは救慰礼などの固有の儀式を有し、完全者と一般信徒という固有の位階制も備えていた。カタリ派の世界観は理解しやすく、たとえば「善であるはずの神はなぜ不幸を許すのか」という問題に「不幸は悪神の仕業である」と答えることができた。また一般信徒には厳格な禁欲を求めなかったようで、彼らは教会に帰依することだけで救いが得られた。さらにカタリ派の世界観は現世否定という点では伝統的な修道制と似ているが、それまで注意が向けられてこなかった人々に積極的に働きかけた点で画期的だった。多くの人々の魂の世話は十分になされてなかったのである。

　北イタリア、ライン地方などでカタリ派は支持者の輪を広げて、特に南フランスではカトリック教会にとって代わる勢いを示した。この地方ではカトリック教会が領主として力を有する一方で、世俗領主が窮乏化しており、別宗教であるカタリ派を信奉することは世俗領主がカトリック教会の財産を横領する根拠となったからでもあろう。当初南フランスでは中小貴族、特に女性の帰依者が相対的に多かったといわれる。地域や時代によっては、フミリアーティ派やワルド派と同じように都市民の帰依者もいた。

　放置するには、彼らの勢いは強すぎた。宣教師を派遣して説得することも試みられたが、クレルヴォーのベルナルドゥスのように騎士層に絶大な感化力を有する人物を遣わしてもそれほどの成果はなかった。1209年この問題を解決すべく派遣された教皇使節が暗殺された。インノケンティウス3世は、南フランスのカタリ派であるアルビジョワ派とそれを保護するトゥールーズ伯などの南仏諸侯に対する十字軍を呼びかけた。これに応えたのはシモン・ド・モンフォール（イングランド王ヘンリー3世を屈服させ議会政治の基礎を築いた同名人物の父。第9章3参照）などの北フランス貴族であった。彼らは領地に飢え、何をしても許される対異端戦争において切り取り放題の限りを尽くした。無差別な殺戮も行われ、ベジエでは約1万人の住民が殺されたが、そのうちアルビジョワ派は約500人に過ぎ

なかったといわれる。アルビジョワ十字軍は一時南フランス全土をほぼ制圧したが、あまりの非道に住民も立ち上がり、戦局は膠着状態に陥った。最終的にはフランス王が漁夫の利を得た。当時帝国領だったプロヴァンスの征服に乗り出し、戦い疲れた南フランス諸都市はほとんど抵抗せずに降伏したのである。1229年ルイ9世はトゥールーズ伯とパリ条約を結び、南フランスを王権の下に組み入れ十字軍は終結した。1244年には最後の拠点であるモンセギュールが陥落し、南フランスにおけるカタリ派の組織的抵抗は終わりを迎えた。

　地下に潜ったカタリ派やワルド派もいた。彼らに対処するために創設されたのが異端審問である。異端審問はもともとは司教の権限に属したが、審問官が異端者に十分反論できないこともあった。神学や論争術などの専門性が問われたのである。異端者が神明裁判にかけられたり、恣意的にリンチのように裁かれることも多かった。一方で、この時代は教会法に則った手続きを教皇権が多くの面で要求し、その権限を拡大していった時代でもある。法に基づいた手続きは異端に対しても適用された。教皇グレゴリウス9世は1231年教皇直属の異端審問所を設け、のちにフランチェスコ会士なども加わるが、この運営をドミニコ会士に委任した。彼らは優れた神学教育を受けて尋問方法を洗練させた。この時期の異端審問はリンチや神明裁判ではなく、法に基づいた手続きによる裁判であり、のちのスペイン異端審問や魔女裁判と異なり処刑された者も決して多くはなかった。それまでの恣意的な裁判よりもはるかに合理的なものであった。その尋問のさまはル・ロワ・ラデュリの『モンタイユー』（1975年）から窺えるが、『薔薇の名前』では冷酷に描かれている異端審問官ベルナール・ギーでさえも実際に死刑判決を下した異端者は6％に過ぎないという。だが異端は「神に対する罪」ゆえに、異端審問は世俗法の制約を超えており、絶対王政建設の際に政治的に利用されることになる。

2　托鉢修道会

　アルビジョワ十字軍や異端審問は異端に大打撃を与えた。しかしキリスト教化が進む社会において、許されざる宗教生活を志す者は絶えなかった。もし力でのみ抑えつけようとしたならば、彼らの欲求は内からの圧力のため爆発したに違いない。富が力を得つつある社会において、どのように富とイエスのメッセージを一致させるかも重大な課題であった。異端を打つ鞭だけでなく、人々の信仰心の新しい回路をつくる必要があった。その任務を負ったのが托鉢修道会、すなわち個人的財産だけでなく共同財産も放棄して自らの労働あるいは托鉢によって生き、模範や言葉による説教のために「一所定住」の誓いに縛られない新しいタイプの修道会である。

　異端に対する措置は、本章1で述べたように、もともと西欧においては司教権に属したが、教皇座は異端へと流れる力を自らに迎え入れようとした。そのために舵を大きく切ったのがインノケンティウス3世である。彼はまず1201年フミリアーティ派を受け入れた。この派は福音に基づいた厳格な生活を送ることを目指した既婚の一般信徒も含んだが、彼はこの集団を再編し、独身で戒律に従った生活を送る第一会、禁欲的生活を送る一般信徒からなる第二会、世俗の生活を送る既婚信徒からなる第三会に組織した。これは旧来の修道組織の枠組みを超えた、インノケンティウス3世ならではの力技であり、都市民の巨大なエネルギーをローマ教会に取り込む企てであった。クレモナの既婚の仕立師トゥチェンギを、一般信徒であるにもかかわらず、その敬虔さゆえに聖オモボーノとして教皇が列聖したのも同じ頃（1199）である。さらにワルド派の一部にも働きかけ、1208年南フランスのワルド派指導者ドゥランドゥスとその支持者たちを、1210年北イタリアのワルド派指導者ベルナルドゥスとその支持者たちをローマ教会に復帰させた。福音主義者の彼らにはカタリ派のような教義的な障害がなく、彼らに共同生活と清貧を認める代わりに、ローマ教会への従順を復帰条件として求めたのである。

　このような文脈に位置するのがアッシジのフランチェスコ（1182頃-1226）である。彼はフランチェスコ修道会の創立者であり、愛と清貧の聖人として名高く、小鳥に説教し、太陽や風などの自然とともに神を称える「太陽の讃歌」で知られ、「ブラザー・サン・シスター・ムーン」（1972年）など多くの映画の主人公となっているが、この時代の人々の必要や欲求、またローマ教会の政策転換を映し出す鏡のような存在である。

　フランチェスコは1182年頃中部イタリアのアッシジに富裕な商人の子として生まれた。吟遊詩人の歌を愛し、一説には、フランチェスコという名は彼がいつもフランス語の歌を口にしていたからだともいう。1202年頃彼は騎士となることを夢見るが従軍して捕虜となった。解放後、彼は数次にわたる宗教体験を経て回心した。右図はその一つを表している。

　彼は福音書に従って生きることを願い、すべての世俗的財産を棄て、人々に自らと同じ生活を目指すよう説いた。当初は金持ちの放蕩息子が乱心したと思われたが、真摯な活動の結果、次第に信奉者を得るようになった。財産を棄て自発的に貧者となり托鉢で生きる小さき兄弟会（通称フランチェスコ会）が結成された。清貧と説教という彼らの生活態度は異端者と酷似していた。のちにフランチェスコ会士が言葉の通じぬドイツに布教に行ったとき、異端者とまちがえられて処刑されたほどである。アッシジの町にはカタリ派も居住しており、彼らと混同されないことは重要であり、彼は注意を払った。フランチェスコはつねに教会に従順であった。1210年頃フランチェスコはアッシジ司教グイドの仲介により、枢機卿、さらにインノケンティウス３世の接見を得た。ちょうど教皇がワルド派の一部に異端を棄てさせ正統信仰に復帰させることを試みていた頃である。接見後、教皇は傾いたラテラノ大聖堂をみすぼらしい男が支える夢を見たが、その男とは昼に会ったフランチェスコだったと物語ったという。このとき教皇は口頭で彼の生活を認めたとされるが、わずか11名の弟子を連れたに過ぎないフランチェスコにどれほど期待したかは定かではない。

　だがフランチェスコの小さな試みはその後大きな運動となっていく。彼

が1226年に死去した際には、悲しみに暮れる数千もの弟子が集まり、その貴重な遺骸が奪われないようアッシジは軍を派遣したほどであった。

フランチェスコには新しい時代にふさわしいカリスマがあった。彼は単純な信仰心を持ち、福音書の命じることを文字通りに実行しようとした。ワルドと同じように、彼も富を

フランチェスコの回心

父親（中央左）から得た衣服を脱ぎ捨てすべて返し、天の神（上部に手で示されている）のみを以後は父とすると宣言した。フランチェスコの裸身を布で覆っているのはアッシジ司教グイド。

自発的に捨て説教に献身しようとした。思弁的な学者のアプローチではなく、当時の民衆と同じ感性に立っていた。イスラーム教徒を改宗させようと2度試み、1219年には遂にエジプトでの宣教さえ敢行している。彼は「明日のことを思い煩うことなく」神を信じて進んだ。吟遊詩人を愛する彼の性格は彼の言葉や行動に劇的な彩りを与えた。キリストの生誕を祝う「まぐさ桶」の儀式は彼が1223年行ったものが最初というが、イエスが人であることを印象的に表したものである。人々はフランチェスコのうちにさまざまなものを、特にキリストの再来を見た。

フランチェスコの試みをローマ教会は保護し、積極的に支援することになる。教皇ホノリウス3世（在位1216-27）は1220年頃枢機卿ウゴリーノ

（のちに教皇グレゴリウス 9 世）をフランチェスコ会の保護者に任命し、異端者と似た彼らの運動を逸脱させないよう努めた。だが巨大化した組織を運営することはフランチェスコには苦痛であり困難となった。1221年フランチェスコは会則を著したが、教皇庁に認可されなかった。彼の会則は福音書の章句を集めたものに過ぎず、組織を運用できるようなものではなかったからである。1223年教皇庁に認可された会則は、結局その多くがウゴリーノ枢機卿の手になるものであった。1226年10月 3 日フランチェスコは世を去ったが、1228年 7 月16日グレゴリウス 9 世によって聖人の列に加えられた。この迅速な列聖は、いかに教皇座がフランチェスコの宗教性を認め模範として広めたかったかを表していよう。一般信徒が信仰の道を進むことは認められた。だが教会に従順であることが求められたのである。

　フランチェスコのカリスマに導かれ、小さき兄弟会は急激に広がった。新たな生活を求めてさまざまな人が流れ込んだ。一方には、本当の貧民がいたに違いない。他方には、清貧と説教に基づく福音的生活に惹かれる学者もいた。だが拡大する組織を運営するためには建物や基本財産も必要であったし、異端化しないよう教育するには高価な書籍も必要だった。さらに亡きフランチェスコを敬うにふさわしい壮麗な教会を建てることを一部の弟子たちは求めていた。財産を全面的に放棄しては活動を継続できなかった。小さき者たらんとしたフランチェスコが生前直面せざるを得なかった問題でもある。彼の死後、問題は激化した。修道会の全財産はすべて教皇庁に帰属し、会はただその用益権のみを保有するという方策さえも考え出された。これならば無一物の理想を守り、同時に修道会運営の必要も満たさせたのである。フランチェスコの運動は修道会の急速な拡大とそれにともなう官僚化と、彼の当初の理想への回帰を求める動きに引き裂かれ、さらにフィオーレのヨアキムが説く終末論に鼓吹されて、修院派と聖霊派に分かれた。『薔薇の名前』の世界である。教会大分裂（1378-1417）の際に修道会は事実上分裂し、1517年オブセルヴァンテス派とコンヴェントゥアル派に正式に分離し、1528年にはカプチン会が設立されるに至る。

　フランチェスコ会と同時期に設立されたのがドミニコ会である。これは東欧宣教の認可を求めるドミニコ（1170-1221）に対し、1203年インノケンティウス3世がより緊急の問題である南フランスへの宣教を求めたことから始まる。すでにシトー会士による対異端説教は行われていたが成果は上がっておらず、ドミニコも当初は聴衆を得ることができなかった。彼はフランチェスコとは異なり正規の聖職者教育を受けた修道参事会士であったが、カタリ派と同じ宣教方法を採ることにし、清貧と巡歴説教を取り入れた。1206年異端化の恐れがあった子女を集めた施設を南フランスのラングドックに設け、説教者兄弟会（通称ドミニコ会）を結成した。この修道会は異端者の改宗を第一の目的とし、清貧と托鉢はそのための手段として採用されたに過ぎない。清貧がつねに内部での論争の中心にあったフランチェスコ会とは大きく異なっている。1216年インノケンティウス3世から認可を受け、ドミニコ会はアウグスティヌス戒律を採用した。さらに異端者との論争に勝つため、ドミニコ会は早くから大学に進出して学問研究に励んだ。教皇庁への従順さでも知られ、ドミニコ会士（ラテン語でdominicanus）とは「主の狗」（ラテン語で domini canis）だとさえいわれた。ドミニコ会は優れた組織運営で知られ、個々の修道院総会、管区総会、修道会総会などから成るその階段状の意思決定機関と代議制は他の修道会に影響を与えた。だが次第に規律が弛緩し、特に黒死病後の堕落は著しく、清貧の誓いは有名無実化し、1475年正式に放棄された。カプアのライモンドゥス（1330頃-99）による厳修ドミニコ会が1380年に創設されるが、これは第18章4で述べるサヴォナローラが属した修道会でもある。

　フランチェスコ会とドミニコ会とともに、托鉢修道会には有力なものとしてカルメル会とアウグスティヌス隠修士会がある。前者は12世紀後半聖地カルメル山中で暮らすベルトルドゥスが始めた隠修士集団に起源を有し、1226年教皇ホノリウス3世により認可された。聖地陥落にともない、彼らはキプロスやシチリアなどに定住し、1245年教皇インノケンティウス4世により托鉢修道会化され、都市などに拠点を有した。この会も近世に入っ

て衰退したが、16世紀後半改革され、その跣足カルメル会からはアビラの
テレジア（1515-82）や十字架のヨハネ（1542-91）などの神秘家を輩出し
た。一方アウグスティヌス隠修士会は1244年教皇インノケンティウス4世
がトスカーナ地方の隠修士にアウグスティヌス戒律を導入させて組織化し
たことに始まる。さらに1256年教皇アレクサンデル4世はこれを含む3つ
の隠修士集団を統合し修道会として認可した。ルターの出身修道会でもあ
る。これら二つの托鉢修道会は少数で宗教生活を送る人々を把握するため、
教皇座がその権威をもって統合したもので、福音的生活を志す人々の数の
多さと、教皇権の高まりを抜きにしては考えられない。

　托鉢修道会の勢力拡大は激しい批判を巻き起こした。彼らが得た新たな
「顧客」は既存組織から奪われたものだからである。人々が托鉢修道会の
ミサに通うならば、彼らの寄付が教区教会に落ちることはない。托鉢修道
会の墓地に埋葬されるならば、手数料が教区司祭の手に入ることもない。
さらに大学に進出した托鉢修道士は在俗聖職者教師団とポストや学生を争
うようになった。これらは托鉢修道会の理念そのもの、特に清貧に対する
激しい攻撃を招いた。ウィクリフ（1320頃-84）も彼らの清貧を偽善と批
判し、ボッカッチョ（1313-75）の『デカメロン』、ラングランド（1332頃
-1400頃）の『農夫ピアズの幻想』やチョーサー（1343頃-1400）の『カン
タベリー物語』などに描かれた「間夫を働く托鉢修道士」という叙述は、
このような批判のグロテスクな反映でもある。第2リヨン公会議（1274）
では、多過ぎる修道会の整理統合が図られ、100以上の修道院を擁した
「頭陀袋兄弟会」さえもが廃止された。しかし托鉢修道会は人々の信仰心
の新しい回路として画期的だったのである。

3　民衆のキリスト教化

キリスト教によって自らの存在が是認される門は、王や大貴族、次いで

騎士へと開かれた。今度は民衆の番である。力を増した彼らの要求は既存の秩序を揺るがし、その一部を受け入れキリスト教化しなければ、教会そのものの存続に関わったであろう。一般信徒の生活にもキリスト教は浸透し、それまでの異教と結びついた伝統的な宗教心に取って代わった。社会のさまざまなところでキリスト教の刻印が目立つようになった。

インノケンティウス３世をはじめとする教皇は一般信徒の信仰心に応えるべく舵を切った。教会の先兵である托鉢修道会はさまざまなかたちで民衆に働きかけた。まず第一は説教である。これは「模範」つまり福音のメッセージの実践によった。シトー会士をはじめとする説教師が異端折伏に派遣されていたが、馬に乗った彼らの説教の反響は乏しかった。ロバであるいは徒歩で説いて回る異端者に敗れたのである。ポルシェに乗って宣教に行くようなものだったろう。托鉢修道会士は財産を棄て、異端者と同じように生きることを選択した。だが、それでも敗れることがあった。それゆえ彼らは第12章に述べるように学問に打ち込み、さらに討論の技術も磨く必要があった。スコラ学の影響を受けて、聖書を論理的に解釈して展開する説教法を編み出し、さまざまなマニュアルや素材集を作成した。フンベルトゥス・デ・ロマーニス（1194頃-1277）

14世紀のボローニャ

さまざまな衣装を着た商人や顧客が描かれているが、その中にも十字架をかかげる施設が見られる。貧富を表す服装の差も興味深い。中央の３人の人物のうち、中央のみすぼらしい人物は、右の毛皮を着た裕福そうな人物から、スリを働こうとして左の人物に見つかって腕をねじ上げられている。一つの画面に異なる時に起きた事件が描かれているのだろう。

**ボローニャの
サント・ステファノ教会**

教会の正面に、外に集まった
人々への説教のためのバルコ
ニーが張り出している。

の『説教者必携』やヤコブス・デ・ヴォラギネ
（1228頃-98）の聖人伝集『黄金伝説』（これは
黄金の埋蔵地を示すものではなく、「読むべき
偉業」という意味）や多くの説教例話集などで
ある。その多くはドミニコ会士の手になり、説
教者を助けた。

　自らの住む世界の価値観がキリスト教化され
つつあった民衆は説教に渇いていた。もちろん
関心がない者も多かったが、当時の市民の日記
を見ると、彼らが説教を聴きに行くのを楽しみ
にし、涙を流し、ときに生活を一変させたこと
がわかる。押し寄せる聴衆を教会は収容できな
くなり、正面に張り出したバルコニーを設ける
教会堂がつくられ、建物が密集するフィレン
ツェでさえも、サンタ・クローチェ修道院などの托鉢修道会の拠点の前に
は大聴衆を収容できるよう広場が設けられた。

　人気の高い説教師は多くの大衆を惹き寄せた。特に有名なのはビセン
テ・フェレール（1350頃-1419）である。彼は教会分裂期のアヴィニョン
教皇ベネディクトゥス13世（在位1394-1417廃位）の聴罪司祭を務めたが、
1399年以降顕職を棄てて説教に専心し、プロヴァンスを出発して、北イタ
リア、カタルーニャ、カスティリャ、南フランスを経て、1419年ブルター
ニュで没した。20年間連続してさまざまな地を説教して回ったのである。

　言葉も通じず、声も届かぬ大聴衆に伝えるため、さまざまな工夫がこら
された。シンボルが用いられ、身振り手振り、ときには演劇的手法も用い
られた。フランチェスコ会士シエナのベルナルディーノ（1380-1444）は
聖パウロの再来と称えられ、彼が推進したシンボルである「イエスの御名
IHS」への崇敬は各地に広まった。彼は市民の悪徳を懲らすため、堕落へ
と導く贅沢品を火に投じたりもしている。

それまで一般信徒の役割はずっと受動的であった。司祭の言葉を聴き、十分の一税を支払うことだけが求められた。だが教会は一般信徒の信仰心に応えて兄弟会という組織を考案し、彼らに能動的な役割を与えた。兄弟会とは、聖人や秘跡への信心を核として、祈りや礼拝、慈善活動を展開する組織で、古くから存在したが、さまざまな目的に適合した形態を有する。小教区を基盤としたもの、ギルドと一体となって職能組合を支えあうもの、小教区の枠組みを超えて信心に基づくものなどである。たとえばフィレンツェでは12世紀に最初の兄弟会が生まれ、13世紀末には20以上が設立され、16世紀には75を超える数が存在したという。今なおフィレンツェのサンタ・マリア・マッジョーレ大聖堂の近くでは「フィレンツェの憐れみの尊ぶべき大兄弟会」が

シエナのベルナルディーノの説教風景

シエナのカンポ広場に男性（建物に向かって右）だけでなくベールをかぶった女性（左）も詰めかけていた。声が通り、よく見えるようにとベルナルディーノは一段高い壇に上り、「イエスの御名 IHS」を示している。

活動しているが、これは現役のボランティア団体としては世界最古のもので、1224年頃にまで遡り、病人の搬送や施し、埋葬等を主な目的とする。黒死病などの際の死者の搬送は危険をともなうが、個人としての信仰心覚醒の証拠である。

　兄弟会は個人の信仰心発露の場であったが、教皇庁が隠修士をまとめてカルメル会などの托鉢修道会を組織したように、逸脱が生じないよう人々の信仰心に枠組みを与えるものでもあった。イタリアのロマーニャ地方の痛悔者団についての1220年代の規約が現存するが、その第12条は「すべての者は毎日七聖務日課、すなわち朝課、一時課、三時課、六時課、九時課、

晩課、終課を唱えなければならない」と定め、ベネディクト修道院的信心の影響がなお強かったことを示している。続いて「ラテン語が読めない者は、朝課の際には「主の祈り」を12回、他の聖務日課の際には「主の祈り」と「Gloria Patri」を7回唱えなければならない。またニカイア信条と「Miserere mei, Deus」を知っている者は一時課と終課に唱えなければならない」とあるように、兄弟会にはラテン語の知識がある者とそうではない者が混在したことを示唆している。また「この兄弟会に属する者は、染色されていない粗末な毛織の衣を着なければならず、その金額はラヴェンナの通貨で6ソリドゥスを超えてはならない」とあり、内面の表われであるとして服装についても規定が細かい。さらに第22条は病気の兄弟の世話に関して、第23・24条は兄弟の葬儀に関して、第25条は遺言に関して、第26条は兄弟会内の平和の維持に関して規定している。

　教会は結婚を聖化し（第18章2参照）、さらに告解を信徒の義務とし、1215年の第4ラテラノ公会議は年1回の告解を命じた。これはカウンセリングとしての役割も有したが、性生活などへの監督強化という面も否めない。また一般信徒の生業にも関わりを深め、かつて騎士たちの剣に名を授け勝利を祈願したように、今度は漁網や船などに名を授け祝福した。

　商業も聖化しようとした。本章1で述べたようにイエスが説く福音には富を蔑視する傾向が存在する。教会は価値観の変化を後追いし、新しく現れたものを教会による既成秩序に組み込んでいく。これまで支配的であった封建社会において商業とは混乱要因であり、利付金融はすべて高利貸しと断罪され、せいぜい必要悪として容認されたに過ぎない。しかし経済規模が拡大すると商業や金融が不可欠となり、それを担う人々の力が高まるにつれて商業や金融を正当なものとして認めようとする動きが生まれた。それを手掛けたのが都市に生まれ都市民の問題解決を担ったフランチェスコ会などの托鉢修道会で、オリーヴィ（1248-98）やベルナルディーノは適正金利の概念を考え出した。教会は信仰心を育むと同時に監督し、社会のさまざまな襞にまで分け入ったのである。

第12章

知の世界

　知の豊かさはやはり基盤となる社会の安定と活力に拠っている。10世紀後半の社会の平和はさまざまな余裕を生み、新たな可能性を開いた。それまでのように聖書などの権威に基づくのではなく、理性に基づく探求が企てられた。また外世界との接触は、知的世界の拡大を招いた。この動きを総称して「12世紀ルネサンス」と呼ぶ。これはアメリカの歴史家チャールズ・ホーマー・ハスキンズ（1870-1937）が1927年に提唱した概念だが、思想、文学、美術などさまざまな分野で、この時代の文化は開花した。

　そしてこの動きはこれ以降の世紀において西欧独自の方向性を示す。世界全体を合理的に把握したいという欲求が強まって、医学や数学などの実用的な分野から思索の分野へと及んだ。ヨーロッパは新たな飛躍のきっかけを得ることになる。本章では12世紀ルネサンス、プラトンとアリストテレス、スコラ学、大学、神秘主義について論じることとする。

1　12世紀ルネサンス

　12世紀の新しい息吹をよく示すのが教皇シルウェステル2世（在位999-1003）の生涯である。彼は940年頃中部フランスに生まれ修道士となったが、967年頃四学科（quadrivium）を学ぶためピレネー山脈を越えた。カロリング・ルネサンスでは文法学・修辞学・論理学など「ことば」に関する三学科（trivium）が重んじられたが、新たに数や比に関わる四学科（代数学・幾何学・天文学・音楽）への関心が芽生えていた。彼はローマやランスでさらに論理学や修辞学を学んで、知を得るため東奔西走する遍歴学生の先駆となった。のちに深く政治に関わりランス大司教（991）、ラヴェンナ大司教（998）、教皇を歴任するが（第6章1参照）、天球儀やオルガンについての論考を著し、算盤の一種アバクスを西欧世界に再導入した。悪魔と取引した「魔術師」と噂されるほど次元を異にする知を獲得したのである。

　シルウェステル2世の例にも見られるように、この時代の知的活動の源泉の一つは外からの刺激である。これを低く評価し、西欧内部の蓄積と東ローマとの交流によって知的覚醒は可能だったとする研究もあるが、やはり十字軍などを通じて得たイスラーム世界の学問が大きく寄与しただろう。まず医学や数学など実用的な分野でギリシア語やアラビア語からの翻訳がなされた。シチリアやトレドなどイスラームとの接点を有する地がその活動の中心である。たとえばカルタゴ生まれの「アフリカ人」コンスタンティヌス（1017-87）はアラビア医学書を、バースのアデラード（1080頃-1152頃）はエウクレイデスの『原論』を、クレモナのジェラルド（1114頃-87）はプトレマイオスの『アルマゲスト』を翻訳した。

　よく取り上げられるトレドなど以外にも、この刺激と交流はたとえばピサ（第10章3参照）でも行われた。この都市はイスラーム世界や東方ローマ帝国と衝突を繰り返す一方で、地中海のさまざまな勢力と交流して多くを摂取した。地中海においてピサが張りめぐらしたさまざまな結びつきを

端的に示すのが大聖堂である。ピサ・ロマネスク様式の大聖堂には、初期キリスト教美術やロンバルディア様式に加え、さまざまなところにビザンツ系、イスラーム系などの影響が見られ、黒色や緑色の大理石と白大理石が交互に現れるファサードはイスラーム建築のリズムの影響を受けている。略奪品も大規模に使用され、大聖堂の円柱の多くは1061年戦利品としてパレルモのモス

悪魔と取引するシルウェステル2世
（1460年頃の手稿本より）

クから運ばれたものともいわれる。大聖堂の上の円柱に置かれていたグリフィン像もイスラーム圏から略奪されたもので、胸から脇腹にはクーファ体のアラビア語で碑銘が彫られている。

　実際、東方からは優れた建築技術が伝えられた。アーチやヴォールトなどの技法がビザンツ圏やイスラーム圏から導入されて、巨大なロマネスク教会堂の建設が可能となった。また十字軍の際、ヨーロッパ人たちはより進んだ東ローマやイスラームの技術を取り入れ、塔による城壁の防御力強化などを学んだ。聖ヨハネ騎士団の拠点として12世紀シリアに建設されたクラック・デ・シュヴァリエ城はさまざまな築城法の影響を示す例であり、その後のヨーロッパの城に影響を与えた。

　そして実用を超えて、東方からの刺激は思弁的な分野への関心を高めた。たとえばピサのブルグンディオ（1110頃-93）は1136年コンスタンティノープルのピサ人居留地で東方教会と三位一体についての討論を行い、ヒポクラテスやガレノスの医学書も訳したようである。

　一方で12世紀ルネサンスの揺籃地の多くは、ランス、ラン、トゥール、

シャルトルなどカロリング・ルネサンスの中心地と重なる。また受け継がれたと思える主題もある。たとえばトゥールのベレンガリウス（999頃-1088）の聖体論は、パスカシウス・ラドベルトゥス（785-865）に提起されたカロリング期の聖餐論争を受けたものであろうし、シャルトル学派のフルベルトゥス（960頃-1028）の新プラトン主義的アプローチはヨハネス・エリウゲナ（810頃-877頃）のそれと似ている。混乱を越えて、細々ではあるが、受け継がれたカロリング期の知的伝統と関心を無視することはできないだろう。

　そのようななかで異彩を放つのはカンタベリーのアンセルムス（1033-1109）である。彼はイタリアのアオスタに生まれ、ノルマンディのル・ベック修道院でランフランクス（第9章1参照）に学んだ。のちに師と同じようにカンタベリー大司教（1093）に就任し、イングランド王に対して教皇座の権威を守ろうと奮闘するが、彼の貢献は何よりも思想面にある。主要著作『モノロギオン』および『プロスロギオン』において、彼は聖書などの権威によらず、論理のみによって神の存在を証明しようとしたのである。このように神の領域に人間の理性を適用しようとしたことから彼は「スコラ学の祖」と呼ばれるが、それは彼の意図を曲解することになるかもしれない。有名な「credo ut intelligam」という彼の主張は「私は信じる credo」を出発点とし、「理解したい intelligam」へと向かっており、彼の学問は何よりも信仰のための試みなのである。彼はまた『なぜ神は人になられたのか』においてイエスの人性についても思索を重ねているが、これは人間性そのものを肯定的に問う12世紀の思潮を反映していよう。

　12世紀ルネサンスはアプローチの多彩さでも知られる。ハスキンズはその表れとして、同じ名を有しながら傾向の異なる4人のベルナルドゥスを挙げている。シャルトルのベルナルドゥス（1130頃没）は新プラトン主義者であり、クリュニーのベルナルドゥス（1140頃没）は修道士詩人で現世蔑視を唱えた。ベルナルドゥス・シルウェストリス（1150頃活躍）は哲学者で、異教哲学とキリスト教の総合を試み、クレルヴォーのベルナルドゥ

スは哲学に対する信仰の優位を説きながら、人間性を評価したというのである。他にも同名の人物には隠修士ティロンのベルナルドゥス（1140頃没）や、吟遊詩人ヴァンタドゥールのベルナルドゥス（12世紀末没）などもいる。さまざまな花が咲こうとしていた。

　そのひとりであるクレルヴォーのベルナルドゥスは、12世紀は「ベルナルドゥスの世紀」と呼ばれるほど、この時代を象徴する人物であり（第8章3参照）、彼は騎士の心性を理解して十字軍やテンプル騎士団を擁護したが（第8章5参照）、新しい学問を敵視した。彼が受け入れられなかったのはアベラルドゥス（1079-1142）である。アベラルドゥスはパリで唯名論者ロスケリヌス（1050頃-1123頃）、実在論者シャンポーのグリエルムス（1070頃-1121）とランのアンセルムス（1050頃-1117）に師事して、神学と論理学を学んだ。当時、普遍は実在するか（実在論）、名目だけのものか（唯名論）をめぐる普遍論争が交わされていたが、アベラルドゥスは折衷的な唯名論を主張した。アベラルドゥスの主張自体は穏健なものであったが、彼は学び終えるとすべての師と対立し、罵倒して論破することさえあった。さらにエロイーズとの情事は顰蹙の種となった。ベルナルドゥスは彼の断罪へと動き、アベラルドゥスは屈服せざるを得なかった。確かに彼の方法は理性重視で、『然りと否』は教父たちの主張の矛盾を合理的に解決しようとするものであり、彼の『三位一体論』は聖書に理性を適用させるものとして非難された。しかし彼の主張はのちにスコラ学の主流となり、『然りと否』で採られた方法論はペトルス・ロンバルドゥス（1100頃-60）に受け継がれ、あらゆる神学生が学ぶ問題集「命題集」に結実している。さらに意志を重視する彼の倫理学は現代の法学にも大きな刻印を残しており、罪は結果によってではなく、「善意」によるか「悪意」によるかが重要になったのである。これらはすべて聖職者の世界の事件であるが、一般人の世界にも新しい波は寄せようとしていた。

　吟遊詩人（南仏ではトルバドゥール、北仏ではトルヴェール、ゲルマン圏ではミンネジンガーと呼ばれた）たちは、恋愛や踊りのためだけでなく、

愛する人に詩を捧げる吟遊詩人

アルバ（夜明けが来て別れなければならない恋人たちの歌）やコミアット（恋人と関係を絶つ歌）も歌った。身体的に成就する性愛だけでなく、叶わぬ恋も求められた。たとえばアキテーヌ公ギョーム9世（1071−1126）は最初のトルバドゥールとも呼ばれるが、行状の悪さによって2回も破門を言い渡された。彼の歌は自由で女たらしぶりに満ちているが、ある女性を「わが女主人 Ma dona」と崇める詩も残されている。前述のヴァンタドゥールのベルナルドゥスは低い身分出身だったが、中世プロヴァンスを代表するトルバドゥールとなり、恋愛の甘美さと苦しさをうたっている。許されざる恋に思いをはせ、心に陰翳がつき、豊かな感情が吐露され、内面が重視されるようになったのである。「個性」の発見のきっかけが「恋愛」に見られるだろう。吟遊詩人による作品は、第11章2のアッシジのフランチェスコの例にも見られるように、熱烈に求められた。英雄が称えられ、恋愛が謳われた。論理性と内面の重視という、世界観の大転換である。

2　プラトンとアリストテレス

　キリスト教から見れば、哲学は難しい立場にあった。哲学は神を前提とせず、キリスト教信仰の体系を崩す恐れがあったからである。哲学のなかでは、イデアを中心とするプラトンの思想が、アウグスティヌスを典型として、古代末期からキリスト教に摂取・吸収された。魂の不滅性や人の神化などにキリスト教との一致が見いだされ、キリスト教を理解し体系化す

るのに大いに用いられたのである。一方、アリストテレスは神をも一つの要素として組み込んだ一貫した論理を展開し、唯物主義的で危険であるとして排斥された。ただ彼の著作はボエティウスが翻訳した、いわゆる「旧論理学」、すなわち『範疇論』『分析論後書』などしかまだ知られていなかった。

　12世紀に論理性が重んじられるようになると、アベラルドゥスらはボエティウスやポルフィリウスを通じてアリストテレス論理学を摂取した。だが、次第に「旧論理学」では不十分と見なされ、13世紀中頃にはアリストテレスの他の論理学書も翻訳された。13世紀はじめにはパリ大学でアリストテレスの自然学と形而上学の講義が行われ、さらにはアラブやユダヤの哲学思想も流入した。12世紀にイスラーム教徒イブン・シーナー（ラテン名アヴィケンナ：980頃-1037）やユダヤ人イブン・ガビロル（ラテン名アヴィケブロン：1020頃-70頃）のアリストテレス解釈が、1200年頃にはイスラーム教徒哲学者イブン・ルシュド（ラテン名アヴェロエス：1126-98）の著作も伝えられ、さらなる刺激となった。権威や先例に従うのではなく、感覚でとらえられた自然界を理性によって探求しようとする彼らの一貫した理論は明晰で、多くの人々を魅了した。彼らの解釈には新プラトン主義も混入していたが、真正のアリストテレスの解釈と見なされ、ラテン・アヴェロエス主義者と呼ばれる多くの追随者を生み出した。彼らはキリスト教よりも哲学が優れていると主張し、神による世界創造を否定して世界の永遠性を説き、あらゆる人間において知性は単一であるとしてキリスト教が説く魂の個別性や不滅性も過ちとした。これらはキリスト教信仰に真っ向から衝突するものであり、1210年と1215年にはパリ大学でのアリストテレス講義を禁止する命令が出された。カタリ派などの民衆異端が跋扈するのと時を同じくして、知の世界でも地殻変動が起こっていた。

ラファエロの描くアテネの学堂
中央に立つプラトン（左）とアリストテレス（右）。知の世界における彼らの卓越した地位を象徴している。プラトンの師であり、彼の対話篇の多くの主人公であるソクラテスは埋もれている。中世・近世においてソクラテスは評価されず、むしろ妻の尻に敷かれた男として嘲笑の的であった。

3　スコラ学

　この動きに対応するなかで生み出されたのがスコラ学である。スコラ学とは単一の学派ではなく、さまざまな学派の総称であるが、後述の大学を中心とする「学校 schola」という場での学問・方法を指す。それ以前の修道院や司教座聖堂付属学校での学問とは異なり、信仰と学問の総合をめざして論理を重んじ、固有の方法を発展させた。たとえば問題を設定すると、それに対する多くの異論を提示する。次いで異論に対する反論がなされ、それらを吟味して結論が導き出されるという論法を用いた。

　スコラ学には二つの潮流があった。一つは保守的なアウグスティヌス的な道であり、ボナヴェントゥラ（1217-74）のように、伝統的枠組みを保持しながら、新しい研究から論理学などの道具だけを受け入れようとする

ものである。もう一つはキリスト教神学にアリストテレスの体系全体を統合しようとするアプローチで、その代表者はトマス・アクィナス（1225頃-74）である。研究を進めるためにもイスラーム経由ではない原典からのアリストテレスの翻訳が求められた。すでにヴェネツィアのヤコブス（1125-50頃活躍）やミカエル・スコトゥス（1175-1232頃）らがアリストテレスの原典およびイブン・シーナーやイブン・ルシュドによるアリストテレス註釈を翻訳していたが、トマスは1260年頃ムールベケのグイレルムス（1215頃-86）に正確なアリストテレスの翻訳を依頼した。そのうえでトマスはアリストテレスと格闘し、アリストテレスについての多くの註釈や、アヴィケブロンやアヴェロエス主義者に対する論駁を書き、キリスト教信仰とアリストテレスの総合をめざして二つの大全を著した。一つは『対異教徒大全』で、これは人間が生まれながらに有する理性を通じ、あらゆる存在するものの根源である神の洞察に到ることができると論じて、信仰を同じくしない異教徒にキリスト教を弁明することを目的とした総合的著作である。もう一つは『神学大全』で、創造の原理である神、人間の目的である神、神へと向かう人間が歩む道としてのキリストを論じる。ともに中世神学の金字塔である。

　トマスが企てた総合はあまりにも壮大で、彼以降もはや大全はほとんど著されず、個別の問題を論じる討論問題が主流となり、総合が崩れ、学問は分化・専門化していった。後述する神秘主義が盛んになる一方で、理性を重んじる傾向も高まった。信仰と理性は切り離され、信仰の真理と理性の真理の並存を主張する二重真理説も出現した。だが、それらの中からヨーロッパ近代思想のいくつもの萌芽が生まれつつあった。

　一つはアリストテレスの自然学などの影響を受けたオックスフォード学派で、ロバート・グロステスト（1170頃-1253）やロジャー・ベイコン（1213頃-91頃）が代表者である。彼らは数学や幾何学に基づく学の総合を構想し、経験によって裏づけられた論証を重んじた。特筆すべきは、グロステストがアリストテレスの『分析論後書 Posterior Analytics』への註釈

を著していることである。この著作はすでに12世紀中葉にラテン語に翻訳されていたものの、その真価はまだ認識されておらず、グロステストがはじめてアリストテレスの論証的学問の理念をヨーロッパ中世に導入し、現象の結果と原因の関係を分析し、科学方法論の基礎をすえたとされる。

　グロステストはギリシアやイスラームの自然学に魅せられた。当時のイスラーム世界はヨーロッパをはるかに超えた先進地であり、多くの先行する文明の遺産を継承し、さらに独自に発展させていた。光学もそのような分野の一つで、キンディー（801頃-866頃）とイブン・ハイサム（965頃-1040頃）の著作は翻訳されてヨーロッパに伝わり、深い影響を及ぽすことになる。これらの成果を取り入れ、グロステストは幾何学を援用して視覚に関する諸伝統を統合し、光は眼に入ることによって見えるという流入説を唱えた。グロステストはリンカン司教であったので、そこから得た豊かな資金力を用いて研究を促進し、ギリシア語著作の翻訳を依頼した。たとえばアテネで勉学した聖職者に大助祭職を授け、自らの研究活動を助けさせたという。

　新しい展望のなかで生まれたもう一つの学派はヨハネス・ドゥンス・スコトゥス（1265頃-1308）を主唱者とする。彼もトマスと同じように啓示と理性が一致すると主張し精緻な論理を用いたが、理性を重視するトマスの主知主義に対して意志を優位とする主意主義を展開した。また個別性を評価する理論を構想している点も注目に値する。「このもの性 haecceitas」はスコトゥスの用語で、ある個物を「他の何かには還元できない、この現前する特別なものにする特性」を指すが、個性を重視する西洋思想の源流の一つとなっている。

　他に名を挙げるべきなのはオッカムのウィリアム（1285頃-1347）で、彼は唯名論者として普遍概念は形相的には実在せず、実在するのは具体的な個々の事物であるとした。「人間」は実在せず、概念や概念を表す名辞に過ぎず、実在するのは個々の、たとえば「太郎」という人間であるとしたのだ。論理的な曖昧さを避け、「ある事柄を説明するためには、必要以

上に多くを仮定すべきでない」といういわゆる「オッカムの剃刀」も説いた。近代科学は彼の思考法に大きな影響を受けた。その一方で神は全能であり、矛盾を含まぬあらゆることを行いうると彼は主張した。

　これらの思想がすべてイングランドという周縁に関わり、フランチェスコ会という分裂的組織から生まれたことも興味深い。

4　大学

　このスコラ学が舞台としたのが大学である。「大学 universitas」とは本来は組合を意味し、教皇や君侯から自治および学位発行の特許状を得て、教員あるいは学生からなる構成員の共通利益を守ることを目的とした。大学ごとに個性があり、得意とする分野もさまざまで、ボローニャ大学（1088頃設立）は法学で、パリ大学（1150頃設立）は神学と自由学芸で名声を博した。しばしば最古とされるサレルノ「大学」は、組織を考えるとむしろ「医学校」とする方がいいかもしれない。

　中世の大学の一例としてパリ大学を挙げてみよう。この大学はパリ司教座教会、サント・ジュヌヴィエーヴ教会やサン・ヴィクトール教会の教員や学生を母体とし、1200年にフランス王フィリップ2世の特許状を、1215年にインノケンティウス3世の特許状を得たが、最終的に1231年グレゴリウス9世によって認可された。3つの上級学部（神学・法学・医学）およびその下に位置する自由学芸学部を擁し、自治権を有する4つの学生団（natio）に分かれていた。教員は聖職禄あるいは学生の授業料で生計を立てたが、1218年ドミニコ会がパリに進出して新規入会者を募るようになると事態は変わった。ドミニコ会は会士の教育において授業料を徴取しなかったのである。また待遇改善のため教員はストを打ったが、ドミニコ会などの托鉢修道会の教員らは従わなかった。さらに限られた教授ポストがひとたび托鉢修道会士の手に落ちると彼らの指定席となり、他の教員の道

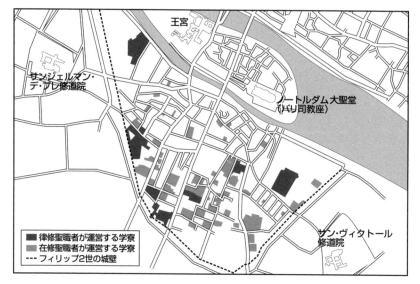

パリ大学の学寮の分布

セーヌ川左岸（ラテン語を話す者が多かったため「カルチェ・ラタン」と呼ばれた）には多くの教育施設が存在し、ライバル関係にある修道会や在俗聖職者により運営されていた。

を閉ざした。托鉢修道会以外のシトー会なども学寮を設立し、10以上の修道会運営の施設が建てられた。修道士らに対抗して貧しい在俗聖職者の教員や学生の勉学と生計を助けるため、1257年ロベール・ド・ソルボンが学寮を設立すると、次第に彼にならう者は増え、セーヌ川左岸には数十の学寮が林立することになる。刺激的で優れた教授と環境場を目指して、全欧から学生が集ったが、これは混乱のもとにもなった。学生の素行は悪く、都市とたびたび衝突したのである。

　この時代の思想はドミニコ会士などの修道士を中心に語られることが多い。確かにトマス・アクィナスらの業績には目を瞠るものがある。しかし、それは彼らの衣鉢を受け継ぐ修道会が脚光をあて続けたためでもある。修道会に属さぬ在俗聖職者の貢献を見逃してはいけないだろう。たとえば1304年創設されたパリ大学ナヴァール学寮に集った者たちである。そのう

ちの一人であるジャン・ビュリダン（1292-1363）はオッカムのウィリア
ムを凌ぐ過激な主張を展開し、アリストテレスの教えを修正して現代にお
ける運動量の概念と近いimpetusの概念を考え、近代自然学の先駆者の一
人と評価される。彼は修道会には属さず人文学部にとどまり続けた。聖職
禄には貪欲であったというが、それは制約を免れ、生涯自立の道を貫くた
めの手段だったのだろう。そして神学の不確実性を嫌って、そこには足を
踏み入れず、自然学にすべてを注いで学問の「非神学化」を目指した。

　またニコル・オレーム（1320頃-82）はフランス王シャルル5世（在位
1364-80）に仕え、アリストテレスの影響を受けて『貨幣論』を著し、貨
幣は王にのみ属するのではなく、すべての臣民も財産権を有すると主張し
た。貨幣は公共のものであり、貨幣価値の安定が必要であるとする彼の主
張は、中世におけるもっとも重要な初期の経済学論考のひとつと目されて
いる。また彼は直交座標系に近いものを構想したとされ、時間を縦軸、速
度を横軸として物体の動きを図で表している。ガリレイ（1564-1642）や
デカルト（1596-1650）の業績を先取りし、17世紀の科学革命の先駆者の
一人と見なされている。

　大学を舞台にして世界は合理的に把握されるようになり、ここで神学や
法学を学んだ者たちが教皇や王を支え、政権を運営した。多くの国々が大
学を必要とし、次々と設立されて大学は国のステータスを表すものとなっ
た。次頁の図に見られる大学新設の広がりは、国々の離陸を表してもいる。
大学はもはや大神学者を生み出すことはなく、主に学位発行機関としての
役割を果たすようになったが、やはり近代に向かって欠くことのできぬ制
度であった。

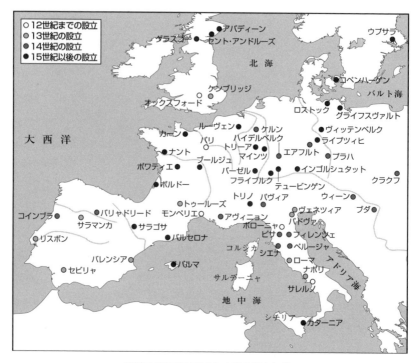

西欧中世における主な大学の設立年代

5　神秘主義

　キリスト教信仰には理性では解決しきれない問題が内在する。トマス・アクィナスは主知的アプローチで啓示と理性の矛盾を解決しようとした。現在では、かつて主張されたほどトマスはアリストテレスを全面的に摂取したわけではなく、多くの点でアウグスティヌス的であるといわれるが、彼は大胆に啓示と理性の総合へ向かった。これは多くの攻撃を招いた。実際、1277年パリ司教タンピエが発したアリストテレス禁令ではトマスの著作の一部が示唆されている。トマス自身も葛藤を感じていたのだろう。彼は死去する前に神秘体験をし、「今度自分に示されたことに比べれば、今

まで自分が書いてきたことは藁屑のように見える」と述べたという。この
発言は、彼の敬虔さや激務を表しているのかもしれないが、象徴的である。

　トマスと同じくドミニコ会士である神学者ヨハネス・エックハルト
（1260頃-1327頃）の生涯と思想も示唆的である。エックハルトはパリ大学
神学部教授を務めたスコラ学者であり、ドミニコ会管区長や副司教を歴任
した重鎮であったが、人間は神を直接的に観ることはできないというトマ
スの主張を受け、神と比べたならば無に等しい人間にとって、神へと上昇
するためには神に専心し、それ以外のすべてから離脱しなければいけない
とした。そうすることによって、はじめて神が人間の心に現前するように
なる。これが「魂における神の誕生」であり、神と自己の合一にほかなら
ないとした。彼の主張はラテン語による学問的な著作だけでなく、ドイツ
語による多くの説教によって人々に大きな影響を及ぼした。だが、1326年
異端者であると告発され、アヴィニョン教皇庁での審問を待つ間に没した。
死後、その著作からとられた28命題が異端的と宣告されたが、彼の思想は
タウラー（1300頃-61）やゾイゼ（1300-66）らに継承され、中世から近世
へかけての多くの神秘主義思想の源流の一つとなった。

　また教会が説くイエスの言葉を自ら実践したいという人々の欲求も神秘
主義の高まりに影響した。神的な存在を直接体験したいという欲求は古今
東西見られるが、西欧中世では、信仰が内面化を進めていた12世紀に花開
き始める。クレルヴォーのベルナルドゥスは「人としてのキリスト」への
信仰を説き、人としてのキリストの受難と傷について語り、肉体をもった
キリストを強調する。14世紀初めに著されたダンテの『神曲』において天
国を導くにふさわしいと見なされたのがベルナルドゥスであるのは、彼の
神秘家としての名声による。さらにアッシジのフランチェスコの生涯も大
きな刺激を与えただろう。

　中世盛期からまた数多くの女性神秘家が生まれた。ビンゲンのヒルデガ
ルト（1098-1179）やシエナのカタリナ（1347頃-80）などは、その代表的
人物である。特にカタリナは神秘家としてのカリスマに恵まれただけでな

く、教皇を説得してアヴィニョンからローマに教皇庁が帰還するきっかけ
となるほどの影響力を有した。中世のカトリック教会において女性は聖職
から排除されるなど低い地位に甘んじていたが、身体性と結びついた女性
神秘家たちの体験が人々を導くことも多かった。モンタウのドロテア
(1347-94) は無名の女性神秘家のひとりだが、その神体験において彼女は
キリストへの「燃える愛」「ほとばしる愛」「沸き立つ愛」「傷つける愛」
「思い悩む愛」「酔う愛」「狂わせる愛」「暴力的な愛」などを経験した。彼
女は最後の日々を独房で過ごしたが、巡礼者が列をなし、小さく開いた口
を通じて彼女の助言を求めたという。

　神秘主義は、理性を通じてではなく、直接的、無媒介に神との接触を求
めた。前述のトマスの言葉にも表れているように、理性の限界が感じられ
ていたのである。それらのなかにはエックハルトのように正統的でありな
がら異端視された者もいれば、「自由の霊の兄弟団」のように異端者化す
る者もいた。自由の霊の兄弟団とは13世紀初頭から北フランスやドイツに
かけて活動した集団で、自らが神のレベルに達して「もはや人間のモラル
に縛られなくなった」と主張し、1311年ヴィエンヌ公会議において断罪さ
れた。神秘体験は「奇跡」であり、これは神の恩寵を制度的に授ける教会
の「秘跡」と対立するものであった。神秘主義者は神との仲介を果たす教
会を否定することもあり、異端の温床として危険視されたのである。

第13章

国民国家

　古代以来西洋においてはプラトンに代表されるように個を超えた普遍概念が唱えられてきた。しかし13世紀に潮目が変わり、思想においては普遍ではなく、アリストテレスにみられるように個が重んじられるようになる。これに連動するかのように普遍的教会の権威も翳りを見せ、世俗の統治形態においてもかつては個人や民の上位に立つ帝国が高い権威を誇ったが、帝国はローマ教会との闘争によって打撃を受け、さらに諸侯が自立性を高めたことによって断片化しつつあった。

　代わって国民 nation という新しい統合の概念が力を得ようとしていた。この理念が猛威を揮うのはもちろん近代以降においてであるが、中世後期においても無視できぬ力を有する。また徴税制度と官僚制度を備えた国家 state も生まれつつあった。これらの動きの中でもっとも際立つのがフランスとイングランドである。百年戦争という困難を経て、両国は次代の主役に躍り出る。本章では百年戦争の概略を説明した後に、それがフランス王権の発展と国民国家形成に与えた影響について述べ、百年戦争とバラ戦争を経たイングランドの形成について論じることとする。

1 百年戦争

　いわゆる百年戦争は1337年11月１日プランタジネット家のイングランド王エドワード３世（在位1327-77）がヴァロワ家のフランス王フィリップ６世（在位1328-50）に宣戦布告して始まったとされる。だが実は第９章で示したように、それより250年以上も遡る長期にわたる抗争の一局面に過ぎない。また1453年イングランド陣営の拠点であったボルドーの陥落をもって百年戦争の終結とするが、英仏海峡に臨むカレーは1558年までイングランド領であり続け、イングランド王が1801年まで自らをフランス王と称したように両者の葛藤は長く深かった。

　1337年に火蓋が切られた戦争は休みなく続いたわけでもない。いくつもの休戦や和議がはさまれている。ここでは戦闘の細部には入らず、局面のみを示すにとどめよう。百年戦争は全体として４つの局面に分けられる。①エドワード３世の宣戦布告から、ポワティエの戦い（1356）でフランス王ジャン２世（在位1350-64）が捕虜となり、フランス側に不利なブレティニー・カレー条約（1360）が結ばれるまでの局面。プランタジネット陣営が優位に立っていた。②フランス王シャルル５世（在位1364-80）が態勢を立て直し、将軍ゲクランや有能な家臣を登用してプランタジネット勢力をほぼフランスから一掃し、1389年シャルル６世（在位1380-1422）とリチャード２世（在位1377-99）の間にレウリンゲン休戦協定が結ばれるまでの局面。③イングランドにランカスター朝が成立する一方、シャルル６世の精神的不調によりフランス側が混乱し、1415年ヘンリー５世（在位1413-22）がノルマンディに侵攻して戦いが再開された局面。フランス側の党派争いや社会不安により戦局はフランス側に著しく不利で、1420年のトロワ条約によってシャルル６世の死後はヘンリー５世がその後継者になると取り決められた。④1428年に始まったオルレアン攻囲に際してジャンヌ・ダルク（1412頃-31）が突然現れたことにより1429年戦局が大転換し、同年のシャルル７世（在位1422-61）戴冠を経て1453年ボルドーが陥

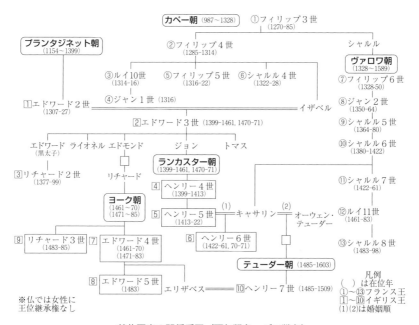

英仏王家の関係系図（百年戦争・バラ戦争）

落するまでの局面。1475年のピキニー条約によって、これ以降激しい戦闘は見られなくなった。

　この戦争の特徴は何よりもフランス出身の王家の争いとして始まったことである。プランタジネット家はアンジュー伯として台頭し、イングランドを征服しても彼らの宮廷ではノルマン・フレンチと呼ばれるフランス語が使用された。いわゆる英語が公文書に用いられるようになるのはヘンリー5世の治世になってからである。

　また和平のためのたび重なる結婚によって両家は結びついており、1328年シャルル4世の死によってカペー朝が断絶すると、王位はシャルル4世の従弟にあたる36歳のヴァロワ伯フィリップ（後のフィリップ6世）とシャルル4世の妹イザベルを母とする16歳のイングランド王エドワード3世によって争われた。諸侯は強力すぎる「外国人」の王が出現することを嫌い、摂政を務めていたフィリップを選んだ。親族同士の争いでもあった。

フランス軍とイングランド軍の激突

戦争の悲惨さと戦闘技術の発達も大きな影響を与えた。クレシーの戦い（1346）、ポワティエの戦い（1356）やアジャンクールの戦い（1415）などにおいて長弓（ロングボウ）を用いるウェールズ兵が大活躍したことは有名だが、実際にはアキテーヌなどの現地兵力がイングランド軍の大きな比重を占めた。英仏海峡を越えての襲撃を除けば、ほとんどの戦闘は大陸で行われフランスは最大の被害を蒙った。騎行（chevauchée)と呼ばれる襲撃が繰り返され、1346年エドワード３世が率いた騎行は２ヵ月にも及んで北フランス一帯を荒廃させた。多くの傭兵が投入されたが、彼らは戦争中には死と荒廃をもたらし、休戦によって解雇されるや野盗と化して「生皮剥ぎ」と呼ばれることさえあった。戦闘技術も発展し、伝統的な騎士に代わって弓兵、銃士、砲兵、さらには長槍をもって突撃するスイス歩兵なども登場し（第14章４参照）、旧式の投石機だけでなく石を射ちだす臼砲などの新しい火器も使用され始めた。戦闘の悲惨さは増し、百年戦争終盤になってフランス人やイングランド人という意識が芽生えたのには、この恐怖や憎しみが確かに影響していたであろう。

　さらにこの頃は社会不安が高まった時期でもある。戦争は人口を減少させ耕作を放棄させるが、1350年頃から気候が寒冷化に向かったことも影響を与えていよう。加えて1347年に上陸した黒死病は瞬くうちに全欧に広

がった。これらを受けて農民蜂起が頻発し、1358年にはパリ周辺を中心とした ジャクリーの乱が、1381年にはイングランドでもワット・タイラーの乱が勃発した。都市でもパリではエティエンヌ・マルセルの乱（1358）やカボシャンの乱（1413）などが発生した。

　また百年戦争はフランス王位継承をめぐる戦争ではあるが、多くの戦いが連動して行われたことも特徴的である。一つはフランドルをめぐる戦争である。この地域では織物業をはじめとする産業が繁栄し多くの都市が発展したが、羊毛取引を通じてイングランドと関係が深く、また領主と新興市民の対立も深かった。フランスは一時フランドルを併呑したが、フランドル都市同盟に敗北してその独立を認めざるを得ず、その後もフランスはフランドル伯を、イングランドは都市民を支援して緊張は続いた。一方イングランドはスコットランド併合を企てたが、それに抵抗するスコットランド王デイヴィッド2世（在位1329-71）は1334年フランスに亡命し、フィリップ6世の庇護下に入った。エドワード3世はデイヴィッドの引き渡しを求めたが、フランス側はこれを拒否した。エドワードは報復としてフランスから謀反人として追われていたアルトワ伯の息子ロベール（1287-1342）を迎え入れた。両国間に位置する低地諸国（おおよそ現ベネルクス3国にあたる）の諸侯も巻き込まれ、さらにブルターニュ継承戦争（1341-64）やカスティリャ継承戦争（1366-69）なども連動して起きた。のちにはブルゴーニュ公国をめぐって帝国やスイスが、さらにアヴィニョン教皇庁も深く関わることになる。

　問題をさらに複雑化したのは王家の内紛である。シャルル6世の未成年時の後見人である叔父アンジュー公ルイ（1339-84）、ベリー公ジャン（1340-1416）、ブルゴーニュ公フィリップ（1342-1404）らは政治を私物化して自らの利益を追求した。1388年シャルル6世の親政が宣言されると王弟オルレアン公ルイ（1371-1407）や官僚が彼らを一掃しようとするが、1392年頃シャルル6世は精神的不調に陥り、フランスは大混乱してオルレアン派、ブルゴーニュ派、アルマニャック派が入り乱れた泥仕合となった

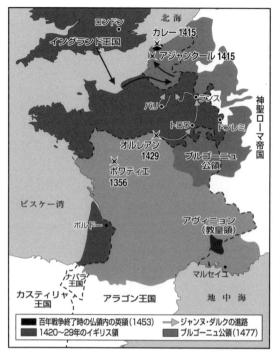

百年戦争後期におけるフランスの勢力挽回

（第14章 2 参照）。フランス王権は危機に瀕し、イングランド王ヘンリー 5 世がシャルル 6 世の後継者と定められた。ここに現れるのがジャンヌ・ダルクであり、流れは変わった。

　百年戦争を経てフランスは、単なる所領の寄せ集めに過ぎなかったものから変貌した。フランス人という一つのアイデンティティを有するようになったが、この意識と並んで重要なのが国家である。百年戦争の危機をバネに徴税、財政、軍などが大きく改革されることになる。

2　国民国家フランス

　カペー朝後半においてフランス王権は大いに伸長したが、それを継続的に支える制度に欠けており、統治の成功はなお王個人の資質にかかっていた。政策を実現するための財源も致命的に不足し、戦闘は長期にわたるようになったが、封建義務によって徴募された軍ではそれに耐えられなかった。士気と練度と軍役期間に欠けていたのである。百年戦争はさまざまな変化を要求したが、それはカペー朝およびヴァロワ朝初期の統治体制の限

界を示すととも
に、次代に向
かっての脱皮の
機会となった。
　第一の契機は
ポワティエの戦
いでフランス軍
が大敗し、王で
あるジャン2世
が捕虜となった
ことだろう。フ
ランス軍はイン

1332年のフィリップ6世の仮歳出入表

[歳入]

費目	額	割合(%)
王領地収入	280,713	68.9
裁判収入	48,000	11.7
臨時収入	79,000	19.4
合計（リーヴル・パリジ）	407,713	100.0
合計（リーヴル・トゥルノワに換算）	509,641	

[歳出]

費目	額	割合(%)
官吏への年金	82,103	22.3
王室費	285,903	77.7
合計（リーヴル・パリジ）	368,006	100.0
合計（リーヴル・トゥルノワに換算）	460,008	

グランド軍に倍する兵力を有し、単純な比較でいえば勝負にならなかった
はずである。しかし指揮の乱れや強すぎる騎士道精神によってフランス軍
は自滅し、また弓兵の活躍によってイングランド軍を率いるエドワード黒
太子に凱歌が上がった。1360年のブレティニー・カレー条約によって定め
られたジャン2世の身代金は300万エキュに上った。1332年のフィリップ
6世の仮歳出入表が残っているが、平時の財政規模と比べて、この身代金
がいかに巨額であるかが分かる。1エキュは1リーヴル・トゥルノワとほ
ぼ等しいと見なすと歳入の約6倍にもなるのである。
　上表には含まれていないが軍事費は莫大な額に上った。兵士に報酬を支
払い、装備を調え、陣営を建設し、同盟関係を買わなければならないから
である。1343年の全国三部会は300万リーヴル・トゥルノワ、1355年の全
国三部会は500万リーヴル・トゥルノワの軍事費を見積もっている。王は
貨幣改鋳を行い、貴金属の含有率などを下げ、それによって軍事費を捻出
したが、度重なる貨幣改鋳によりインフレが進んだ。多額の援助金の要求
を呑むことは、全国三部会にとっては貨幣改鋳を避けるための二者択一の
結果だったのである。すでに政治に対する不満は鬱積していた。加えるに、

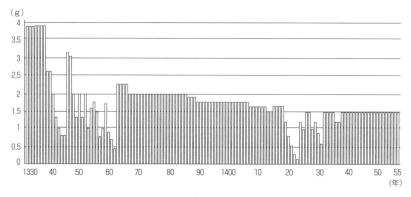

トゥルノワ銀貨の銀含有量の推移

貨幣改鋳が危機に連動していることが見てとれる。２つの大底は1360年のブレティニー・カレー条約と1420年のトロワ条約に関連していよう。

この巨額の身代金である。ジャン２世は捕虜となっても、国政を握り続けようとしてイングランドと自ら交渉した。あまりにもイングランドに有利な当初の条件は王太子シャルルと全国三部会に拒否され、結局300万エキュの身代金は５年賦で支払われることになった。講和によってジャン２世は解放されたが、代わりの人質であるアンジュー公ルイが逃亡したことから、フランス、そして自らの名誉を守るためジャンは再び人質となり捕虜として世を去ることになる。

このような状況下でフランスを立て直すのが王太子シャルル、のちのシャルル５世（在位1364-80）の課題となった。彼はエティエンヌ・マルセルとジャクリーの乱を鎮圧し、野盗と化した傭兵をフランスから出国させようとした。カスティリャ継承戦争に介入し、将軍ゲクランを登用して傭兵を率いてスペインに遠征させ、戦費はカスティリャ王となるエンリケ（２世、在位1369-79）の負担とし、カスティリャなどとの同盟を確保するとともに野盗の処理にも成功した。また長年のライバルだった帝国ともカール４世（皇帝在位1355-78）と友好関係を結んだ。さらに弟たちを王国の要所に封じて王室の藩屏とし、たとえば末弟フィリップにブルゴー

ニュ公家を継承させ、さらにフランドル伯家の女子相続人と結婚させた（第14章2参照）。これは将来に禍根を残す選択でもあったが、短期的には外交的勝利であった。同時に都市の囲壁

13世紀末から14世紀前半における貨幣変更による財源

年	総収入 (トゥルノワ・リーブル)	造幣収入 (トゥルノワ・リーブル)	総収入に対する 造幣収入の割合(%)
1296年	550,923	81,149	14.7
1298年	858,319	555,097	64.7
1299年夏	801,243	406,708	50.8
1299年冬	770,734	376,284	48.8
1301年	399,201	144,490	36.2
1322年	477,366	546	0.1
1323年	598,052	6,603	1.1
1324年	538,382	70,453	13.1
1325年	610,437	108,013	17.7
1327年	501,779	314,691	62.7
1329年夏	379,585	28,528	7.5
1329年冬	459,950	16,636	3.6
1349年	781,746	552,028	70.6

を高めて防備を固めさせ、砲兵隊と海軍を創設し、戦術や兵員徴募を変えた。そしてイングランド勢力をフランスからほぼ駆逐することに成功した。

　シャルル5世はまた地方小貴族やブルジョワ出身者を抜擢し、有能な学者を官僚として登用した。新しい規律ある「軍」を構想したフィリップ・ド・メジエール（1327頃-1405）や貨幣政策を裏付けたニコル・オレーム（第12章4参照）などである。

　財政的にはシャルル5世は貨幣改鋳による歳入を放棄し、安定した物価をもたらした。ジャン2世の身代金を支払うため、直轄領である王領地を超えて王国に属する全臣民と都市に援助金を課したが、身代金のための臨時課税は1363年に防衛目的の恒久課税に変更された。財政はそれまでの直轄領の年貢中心から王国全体への直接課税へと軸足を移し、シャルル5世は「税金王」とさえ呼ばれた。シャルル5世はこれを戦時に限定し死の床で直接税を撤廃したが、のちに復活し孫のシャルル7世（在位1422-61）の時代に歳入は120万リーヴルを超え、曾孫のルイ11世（在位1461-83）の時代には470万リーヴルを超えた。そのうち直轄領収入は10万リーヴルに過ぎず、物品税が65万リーヴル、直接税が390万リーヴルに上った。財政

証書に描かれたシャルル5世

規模は100年前の9倍に膨らみ、フランス王家は平時においては官僚制と常備軍を十分賄えるようになった。

これにともなって王権は強化された。国王課税には全国三部会の同意が必要であったが、1439年の全国三部会は直接税課税が王の専権事項であることを認めた。次に同意が求められるのは、過度の戦費や飢饉のため王国財政が破綻した1789年のフランス革命直前になる。

フランス王権はフィリップ2世以来、王権を拡張すべくローマ教会の影響力を排除して国家の自立を目指していたが、そのために聖書とアリストテレスに基づいて、「君主政」を最良の統治形態とし、同時に「暴政」を排して法に基づいた穏健な政策を進めて共通善に基づく「善政」を実現しなければならないとした。すでにルイ9世は公正な裁判を行う正義の王として、また2度にわたって十字軍を率いた聖王としてキリスト教的徳を体現し崇敬の対象であったが、いまや、さまざまなところに「善き王」のイメージが遍在することになる。古代から貨幣には統治する支配者の横顔が打刻され、貨幣を使用するたびにその存在を実感させたが、パリ市内の各所に王の立像が顕示され、証書や封蝋にも描かれるようになった。王こそが証書の効力の根源なのであった。弱小であったフランス王権は強化され、さまざまな国家機構が整備された。さらに教会の管理権も掌握していく（第16章4参照）。

またシャルル5世はフランス語を公用語化し、ラテン語ではなくフラン

ス語の公文書を次第に増やしていった。そのために父王ジャン２世も行っていた翻訳支援をさらに拡大し、実践的で有益な古典をフランス語に訳させた。次第にフランス語の地位が向上し、さまざまなフランス文学を育てていくことになる。もちろん国民という意識が十分に発達するのは19世紀ではあるが、フランスでは国家は新たに生まれつつあった国民意識と結びついて、近代へと向かっていく。

　シャルル８世（在位1483-98）やフランソワ１世（在位1515-47）による冒険主義的なイタリア戦争（1494-1559）はあったものの、フランスではユグノー戦争（1562-98）を経て、国が統一されて王権が伸張し、絶対王政へと進み、ヨーロッパ最強の国となっていくのである。

3　バラ戦争：イングランド

　百年戦争期にイングランドにおいても大きな転機が訪れていた。たとえば貴族層の変化である。イングランドでは、第９章１で述べたようにノルマン・コンクエストによって封建貴族の所領は細分化されていたが、封建貴族が従軍することが減り、代納金を支払うことで軍役を免除される方法が一般的になるにつれて、貴族は「戦士」から「地主」へと変質した。

　イングランド王家は王権の強化を進めるため、封建貴族に代わって騎士やジェントリーを治安判事に任じ、「王の平和」と地域の治安を守るよう命じた。さらにフランス寄りになっていく教皇庁の介入を減らすべく、教皇による叙任を禁じる「Provisors法」を1351年以降数次にわたって、教皇への上訴を禁じる「Praemunire法」を1353年、1365年、1393年と３度制定した。このようにして領主裁判権や教会裁判権などは削られ、次第に国王裁判権が全国を覆っていく。

　貨幣経済が浸透するにつれて、領主は荘園の経営を転換させ、純粋荘園と呼ばれるタイプが出現した。つまり領主直営地が農奴の保有地にされ、

代償として生産物または貨幣地代を納めさせたのである。他の諸国でも見られるが、従来に比べて生産力が増大し、人格的・身分的支配関係が弱められ、農奴を独立自営農民化させる一つの要因となった。さらに黒死病による人口の激減、農民の逃亡などが賦役の減少と金納化をさらに促した。領主は借り手に有利な条件で土地を貸与し、あるいは耕地を放牧用に転換した。新興の市民層に所領の売却を余儀なくさせられる場合もあった。中小貴族は淘汰され、次第に国王あるいは大貴族の勢力下に組み込まれていく。

　一方で、強大な貴族が出現する。国境に近い地域では以前から防衛のために広範な権限を与えられ、法廷や行政機構を備えて王に近い権力を擁する諸侯もいた。たとえばチェスター伯領はウェールズに対して、ランカスター伯領などはスコットランドに対処するために設置されたものである。辺境において大勢力を得る家門もあった。11世紀に起源を有するパーシー家は対スコットランドの最前線を委ねられ、北部一帯に大所領を築いた。だが強大な家門がつねに王権に忠実であるとは限らず、ときに反旗を翻すこともあった。王はパーシー家の力を削ぐべく、やはり北部の有力家門であったネヴィル家を対抗させた。似たような争いは他の地域でも繰り広げられ、多くの家門がライバルを打倒して覇を唱えることを目指した。

　加えるに、エドワード3世には成人に達した5人の男子がいた。黒太子と綽名される長子エドワードに加え、ライオネル、ジョン、エドモンド、トマスの4人である。王は彼らに所領を与えて公爵に列したが、3男ジョン（1340-99）はランカスター伯の女子相続人と結婚しイングランド北部最大の土地所有者となり、少なくとも30の城砦を有したとされる。兄エドワード黒太子の遺児リチャード2世（在位1377-99）の治世初期においてジョンは絶大な発言権を有し、カスティリャ王位を請求してスペインに遠征するほどであったが、イングランドの王位簒奪を狙っているとの噂が絶えなかった。他の王弟も富裕さにおいては劣るが絶大な力を有し、フランスにおけるブルゴーニュ公らのように時に国益より私益を優先した。

　これらの大貴族はさまざまなかたちで影響力を行使した。貨幣経済の浸

透によって土地と並んで貨幣も重要性を増していた。有力者は封土ではなく、金銭を与える、あるいは収入のある官職を提供することによって、下位者の支持を得ることが増えた。これを疑似封建制（bastard feudalism）という。この関係は世襲的ではなく個人間のもので、離合集散を繰り返した。裁判所や議会もこの権力闘争に巻き込まれ、判事は金銭と引き換えに主人に有利な判決を下し、議員はそのポストの見返りに主人に有利な政治行動をとった。

　下位者は有力者の庇護下に入ることによって急速な出世を望むことができた。多くの寵臣が現れる一方で失脚する者も絶えず、多くの党派が形成され、ときに王家とも婚姻関係を結んで権力を目指した。そして、これらのことは混乱を加速させた。例えばエドワード２世（在位1307-27）は寵臣ピアズ・ギャヴェストンを重んじすぎたことも一因となって廃位されて幽閉された。「押し込め」の伝統はその後も続き、後述のように王が殺害されることも多かった。フランス王家が1793年のルイ16世の処刑まで公然と殺害されることがなかったのとは対照的である。

　大陸や辺境での戦争はイングランドに余波を及ぼした。戦費はいつの時代も膨大な額に上るが、エドワード３世の治世にイタリア銀行家の貸付を踏み倒してペルッツィ銀行やバルディ銀行が倒産してからは、財政は窮迫し税に頼ることが増えた。議会は課税に対する同意権を有し、王権を掣肘するようになっていく。また大陸領を失うことによって多くの帰還将兵があふれていた。軍隊も個人的な関係の上に築かれ、国王の常設軍は皆無に等しく、家臣の私兵が跋扈して社会全体が党派性を増した。彼らは主人に忠誠を誓い、同じ記章や襟飾りなどを身につけて行動した。

　中世において混乱は失政によって引き金が引かれるか、あるいは幼君の治世において顕著になるが、幼くして即位したリチャード２世の宮廷でも政争が絶えず、権力強化を目指した王は従兄でランカスター公ジョンの息子であるヘンリー４世（在位1399-1413）によって王位を簒奪されてしまう。リチャードは幽閉されて餓死させられたともいう。これ以降、権力闘

争は激化し、敗れた者には死が待っており、多くの派閥が命がけの戦いを
繰り広げた。宮廷での不協和音は全土に波及し、国王の権威に対する不服
従が広がった。王位に登ったランカスター家も、1453年ボルドー陥落の報
によってヘンリー 6 世（在位1422-61、1470-71）が精神的不調に見舞われ
ると、統治不能に陥った。

　このような状況において護国卿として大権を握ったのがヨーク公リ
チャード（1411-60）である。彼はエドワード 3 世の 4 男エドモンドの孫
で母方も 2 男ライオネルの血を引く有力な王位継承者であったが、父はラ
ンカスター家のヘンリー 5 世に背いて処刑されていた。ヘンリー 6 世の療
養中ヨーク公は支持者を登用し、自派に有利な政治を行った。しかし1455
年王が回復し公務に復帰すると、ヨーク公の施策は覆された。対立は武力
抗争に至り、両陣営は1455年 5 月セント・オールバンズで会戦し、これ以
降戦いが続いていく。いわゆるバラ戦争である。

　バラ戦争の名称はランカスター家が記章として赤バラを、ヨーク家が白
バラを採用したことに由来するが、優雅な名にもかかわらず、この戦争を
通じて 3 人の王が悲惨な最期を迎えた。ヘンリー 6 世はロンドン塔に幽閉
されて死に、彼のランカスター家に取って代わったヨーク家でもエドワー
ド 5 世（在位1483）は叔父リチャードによって退位させられて謀殺され、
代わって即位したリチャード 3 世（在位1483-85）も戦死し、その遺体は
裸にされて晒された。ヘンリー 6 世の王太子エドワードも戦死し、多くの
有力貴族も処刑されたり戦死したりした。前述のパーシー家は 2 代にわ
たって当主が戦死し、その子らも投獄された。対するネヴィル家も 2 代に
わたる処刑や戦死によって断絶した。だが最大の激戦であった1461年のタ
ウトンの戦いの死傷者は 2 万人を超えたものの、一部の例外を除いて貴族
は一般市民の支持を得るために戦いを拡大することを避けたため、百年戦
争とは異なりイングランドでは田園も建物もあまり破壊されなかったとい
う。1485年母方でランカスター公ジョンの血を引くヘンリー・テューダー
がリチャード 3 世を破ってヘンリー 7 世（在位1485-1509）として即位し

たとき、彼は比較的良好な状態の国土を継承できた。

　ヘンリー7世は秩序回復に努力し、即位の翌年ヨーク家のエドワード4世の娘エリザベスと結婚した。その後も繰り返しヨーク派の王位僭称者が現れたものの、ランカスター家とヨーク家の長年の遺恨は解消された。内乱中にたびたび介入したスコットランド王国とも彼は平和条約を結び、娘のマーガレットをスコットランド王ジェームズ4世（在位1488-1513）と婚約させた。そして百年戦争で失った大陸領土を奪回しようとはせず、1492年フランスとエタープル条約を結んだ。イングランドは大陸との関わりを放棄したわけではなく、その後もヘンリー7世は長男アーサーの后にハプスブルク家からキャサリンを迎え、またヘンリー8世（在位1509-47）はスペインと同盟を結んでたびたび大陸に軍を送った。だが次第にイングランドは海上へとその関心を移していくことになる。

　国内では、30年間の内乱を経て大貴族の多くが絶え、ヘンリー6世在位時の16家の大貴族のうち無傷だったのは2家のみだったという。王は貴族層を抑える政策を採用し、断絶した貴族の所領は併合された。司法面では星室庁を強化し、国王大権の下で貴族の専横を裁いてコモン・ローでは扱えない事件を迅速に処理させた。さらに全国的に治安判事を任命して国法の順守を徹底させた。彼がもたらした平和と繁栄はテューダー朝の基礎となり、絶対王政を開始させることになる。

　1534年ヘンリー8世は離婚問題のもつれから、国王を「イングランド教会の地上における唯一最高の首長」と宣言する首長令を発布する。イングランド国教会は多くの闘争と流血の末に定着するが、エリザベス1世（在位1558-1603）は、「王は民衆の同意によって統治する」と国民に誓い、その長い治世を経て確かな自信を得た人々は新たな国民意識を育み、イングランドを支えていくことになる。そしてシェークスピア（1564-1616）に代表される作家たちは多くの優れた俗語作品を生み出し、英語の標準化に貢献した。国家、国民、宗教、言語がすべてイングランド化しつつあった。フランスと同じように、イングランドでも近代への扉が開かれたのである。

第14章

それぞれの国制の模索

　フランスとイングランドは国家と国民が重なり合った体制を築こうとしていた。宗教や帝国に代わる新しい統合原理であり、これがヨーロッパのみならず、世界中の近代、そして現在の社会を規定することになる。

　しかし、すべての国々が同じ道を歩んだわけではない。中世初期の主役であり、宗教や帝国に基づいた国制を採ったドイツは求心力を低下させた。新たな国家建設を目指した低地諸国は、伝統的な勢力拡大の手段である相続や結婚によって築かれた富強にもかかわらず、その試みを妨げられた。豊かだったイタリアは分断され、列強の介入を受けて低迷にあえいだ。これらの国々は19世紀にナショナリズムの大波をうけて、遅れをとりもどそうとして統合とアイデンティティ確立の苦闘を迫られることになる。

　一方、スイスは試行錯誤を経て、言語においても宗教においても均質的ではない国制をつくりあげた。国家とは何か、国民とは何かを考えさせる興味深い事例である。本章では、これらの国々の発展について見ていくこととしたい。

1 帝国からドイツへ ────────────

　1268年、第7章4で述べたように、コンラディンが処刑されてホーエン
シュタウフェン家は断絶した。これを帝国諸侯は皇帝権を蚕食し自らの利
益を追求する好機と見なした。内外から多くの帝位要求者が現れたが、諸
侯の策謀に翻弄されただけであった。ボヘミア王（在位1253-78）とオー
ストリア大公（在位1251-78）を兼ね強勢を誇るオタカル2世も帝位を目
指したが、誰も彼のような強力な君主の出現を望んではおらず選ばれるこ
とはなかった。しかし長引く空位は帝国内の荒廃を招き、そのため諸侯や
教皇はようやく1273年ハプスブルク家のルドルフ1世をドイツ王である
ローマ人の王（在位1273-91）に擁立するに至った。ハプスブルク家は
1020年頃建てられたスイスのハビヒツブルク城にその名を負い、皇帝フ
リードリヒ1世に仕えて頭角を現した一有力諸侯に過ぎなかった。ルドル
フはホーエンシュタウフェン家の血を引くが、傀儡として扱いやすいと思
われていたのである。だが彼は諸侯の思惑に反して有能で野心的な人物で
あり、1278年オタカル2世を敗死させてオーストリアを獲得し、自領の拡
大に努めた。彼は皇帝権の復活を試みたこともあったが、前朝を失墜させ
る原因となった教皇との対立政策は放棄した。

　ルドルフはローマ人の王とはなったが、結局皇帝に即位することはでき
なかった。教皇や諸侯による一種のいやがらせである。彼はハプスブルク
家による帝位世襲を目指したが、これも教皇と諸侯の反対にあって挫折し
た。この後は非世襲の君主が擁立され続けた。特にルドルフ1世死後の50
年間に行われた5回の選挙は、すべて前王とは違う家門から王が選出され
たことから「跳躍選挙」と呼ばれる。諸侯の力は伸び、皇帝権は弱体化し、
フランスの強大化にともなって帝国は西部境界で失地を繰り返し、フラン
ス王フィリップ4世にマース川西岸地域を譲って和平を得ることもあった。
また相続を繰り返し、婚姻や購入によって所領を加えることによって諸侯
の版図は断片化していった。有力諸侯も例外ではなく、この時期に2人の

13世紀後半から15世紀における皇帝およびローマ人の王一覧

ローマ人の王あるいは皇帝	出身家門	在位
ルドルフ1世	ハプスブルク家	1273-1291（ロ）
アドルフ	ナッサウ家	1292-1298（ロ）
アルブレヒト1世	ハプスブルク家	1298-1308（ロ）
ハインリヒ7世	ルクセンブルク家	1308-1313（ロ） 1312-1313（皇）
ルートヴィヒ4世	ヴィッテルスバッハ家	1314-1347（ロ）
フリードリヒ3世 （対立王・共治王）	ハプスブルク家	対立王 1314-1325（ロ） 共治王 1325-1330（ロ）
カール4世	ルクセンブルク家	1346-1378（ロ） 1355-1378（皇）
ヴェンツェル	ルクセンブルク家	1376-1400廃位（ロ）
ループレヒト	ヴィッテルスバッハ家	1400-1410（ロ）
ジギスムント	ルクセンブルク家	1410-1437（ロ） 1433-1437（皇）
ヨープスト	ルクセンブルク家	対立王 1410-1411（ロ）
アルブレヒト2世	ハプスブルク家	1438-1439（ロ）
フリードリヒ3世	ハプスブルク家	1440-1493（ロ） 1452-1493（皇）

注：（ロ）はローマ人の王を、（皇）は皇帝を指す。

　皇帝を生んだヴィッテルスバッハ家さえ領地はバイエルン、プファルツ、エノー、ブランデンブルクなどに分散し、いくつもの家系に分かれた。帝国外の君侯に対抗しうる一円的な版図を有したのは少数に過ぎない。またマインツ大司教をはじめとする聖界諸侯の力はきわめて大きく、彼らは伯権力を授けられ、さらに多くの特権を与えられた。それらの高位聖職には多くの場合、有力家門出身者が登り、権力闘争に加わった。

　諸侯は次第に上級裁判権、造幣権、築城権などの諸権限を得て、領邦を形成した。フランスでは王権と都市が同盟して封建諸侯の力を弱めたが、帝国では逆の流れが見られる。12世紀に皇帝ハインリヒ6世は都市を保護する政策を打ち出したが、諸侯の抵抗にあって方針を転換した。フリードリヒ2世の下でも、都市は諸侯の支配下に入り、領邦君主に対抗する同盟は禁止された。帝国都市と呼ばれる帝国に直属する都市も見られるが、ニュルンベルクやハンブルクなどの例外を除いて、これらは次第に没落し

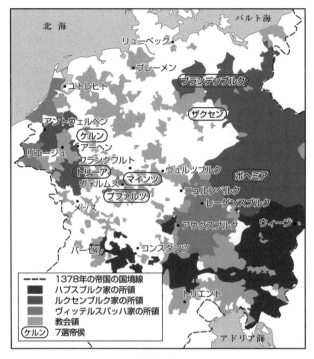

北海

バルト海

リューベック

ブレーメン

ウトレヒト

ブランデンブルク

アントウェルペン

ザクセン

ケルン

アーヘン

リエージュ

フランクフルト

トリーア

ヴュルツブルク

ボヘミア

ヴォルムス

マインツ

ニュルンベルク

プファルツ

レーゲンスブルク

メッツ

アウクスブルク

ウィーン

バーゼル

コンスタンツ

トリーエント

アドリア海

- ― ― 1378年の帝国の国境線
- ハプスブルク家の所領
- ルクセンブルク家の所領
- ヴィッテルスバッハ家の所領
- 教会領
- ケルン 7選帝侯

14世紀の帝国

ハプスブルク家、ルクセンブルク家、ヴィッテルスバッハ家のような家門でさえ所領は断片化し、聖界諸侯の領地が広がっている。

て領邦君主の軍門に下るものが多かった。

特に選帝侯と呼ばれる者たちは強い権限を有した。選帝侯は1198年教皇インノケンティウス３世がホーエンシュタウフェン家とヴェルフェン家の帝位争いに介入した際、ライン川流域の４諸侯、すなわちマインツ大司教、ケルン大司教、トリーア大司教、プファルツ宮中伯に選挙権を認めたのが始まりとされるが、ザクセン公とブランデンブルク辺境伯、さらにボヘミア王が加わり、自らの権益の保持拡大を目指した。1314年ローマ人の王選出の際もハプスブルク家のフリードリヒ３世（ローマ人の王として対立王在位1314-25、共治王在位1325-30）との際どい競争の結果だったが、ルートヴィヒ４世（ローマ人の王在位1314-47）は1327年イタリア支配を夢見て遠征に乗り出したが思うほどの結果は得られなかった。教皇による皇帝位承認もあきらめざるを得ず、1328年に彼に皇帝の冠を授けたのはローマ豪族だった。その状況を好機と捉えたのがマインツ大司教などの選帝侯たちである。彼らは1338年

同盟を結び、選帝侯による選挙のみでローマ人の王を立てることができ、教皇による承認等は不必要であると主張し、ルートヴィヒを正統なローマ人の王と認めた。一方で、この決定は彼ら選帝侯の独占的なローマ人の王選挙権を認め、他の諸特権も確認するものであった。イタリアを志向する皇帝の不在は、帝国の資源と関心を分散させる結果に終わることが多かったのである。

　このような状況を固定化させたのがカール４世である。彼はルクセンブルク家の皇帝ハインリヒ７世（皇帝在位1312-13）の息子ヨハン（ボヘミア王在位1310-46）とボヘミアのプシェミスル王家の女子相続人との間に生まれた。フランス王宮で育ちラテン語など５ヵ国語や神学に通じ、プラハを都と定めて大規模な建設活動を始め、「黄金のプラハ」と称されるほどの繁栄と、ヨーロッパ屈指の文化都市としての発展をもたらした。特にプラハ大学は東欧最古の大学であり、王の官僚を養成するとともに君主の声望を大いに高め、のちに神学者ヤン・フス（1369-1415）らを輩出する。

　カール４世はイタリア遠征やボヘミア統治などの経験を積み、力ではなく外交によって成果を上げようとした。彼の努力の結実が1356年の「金印勅書」である。この文書は全31章から成り、ローマ人の王選挙権を選帝侯に限定し、彼らには裁判権、鉱山採掘権、関税徴収権、造幣権、ユダヤ人保護権など本来は皇帝／ローマ人の王に帰属するものを含めた広範な権限が正式に与えられた。また帝国永続の保障として、領邦の不分割と世俗選帝侯における長子単独相続が定められた。「金印勅書」はそれまでの傾向を確認したに過ぎなかったが、選帝侯の特権が大幅に拡充されたためドイツにおける領邦の自立化は決定的になり、1806年の神聖ローマ帝国滅亡まで450年にわたって法的効力を有することになる。一方で同第31章は「帝国は異なる複数の言語を用いる「諸国民」より構成される国家である」とし、言語的多元性も認めている。ドイツ語やドイツ人を中心とはするものの、フランスなどとは異なった統合原理に依拠していたのである。

　カール４世は帝位を世襲させるのには成功し、長男ヴェンツェル（ロー

マ人の王在位1376-1400）が即位するが、彼はボヘミア問題に忙殺され、さらにルクセンブルク家の勢力拡大に反感を抱く諸侯により廃位された。彼の弟ジギスムント（皇帝在位1410-37）もハンガリー王女と結婚して同国の王（在位1387-1437）となるが、1396年ニコポリスの戦いでオスマン軍に大敗して彼の威信は地に堕ち諸侯の離反も相次いだ。その後ジギスムントは1414年コンスタンツ公会議を招集させることに成功し、すべての人々や党派が待望するローマ教会の再統一に尽力し、これによって彼の権威は一時的に強化された。しかし兄ヴェンツェルの跡を襲ってボヘミア王（在位1419-37）となると、フスの処刑を受け入れたことでボヘミアの国民感情に火をつけ、フス戦争を招いてしまった（第16章4参照）。ジギスムントには男子がいなかったため、彼の遺領はハプスブルク家に受け継がれ、新しい統合の模索という課題もそのまま残された。

2 ブルゴーニュ

　国民国家への道を歩み始めたフランスとは対照的なのがブルゴーニュ公国（1363-1477）である。この公国は大きな勢力を誇ったが、それは家産としての所領が集積したものに過ぎず、歴代の公たちの努力にもかかわらず、この時代には国家としてのアイデンティティを形成することができず、急速に拡大したが崩れるのも速かった。その意味で中世後期における「国民」の意義を知るためのよき反例である。

　ブルゴーニュ公国は中世の他の大諸侯領と同じく相続と婚姻によって生み出された。フランス王ジャン2世には4人の男子がいたが、そのうち長男シャルル（のちの5世）はフランス王位を継ぎ、二男ルイは曾祖母マルグリットのものであったアンジュー公領等を相続し、三男ジャンはベリー公領等を得た。武勇に優れ「豪胆」と綽名された四男フィリップは断絶したカペー家傍系のブルゴーニュ家（1031-1361）の遺領を受け継ぎ公家を

創始した（在位1363-1404）。さらに彼はフランドル伯の女子相続人マルグリットと結婚して、フランドル伯領、アルトワ伯領やブルゴーニュ伯領等を領有し、ヨーロッパでもっとも富裕な貴族の一人となった。

　フィリップの所領は大きく二つに分かれる。ブルゴーニュと低地諸国である。一方のブルゴーニュはかつてはともにブルグント王国の一部だったブルゴーニュ公領とブルゴーニュ伯領からなり、ブドウ酒をはじめとする農業や塩や鉄の生産で知られる豊かな地であった。もう一方の低地諸国は北洋経済圏とライン川などの河川交易の結節点である。南の地中海経済圏からの産品も到来し、特にジェノヴァがジブラルタル海峡を経る航路を開いてからはあらゆる地から人とモノが集まった。毛織物産業でも繁栄し、ヘントやブリュッヘなどの多くの都市が競い合うきわめて豊かな地であり、すべての君侯にとって垂涎の的であった。フィリップは、フィリップ・ファン・アルテフェルデ（1340-82）を指導者として自治を求める低地諸国の都市反乱を抑える一方で、ブルゴーニュのディジョンを首邑とし、全体を統括する書記官長を置き、会計院や中央法廷を設置し領地経営に努めた。当時フランス王国で進みつつあった機構整備と並行する動きである。

　ブルゴーニュ公フィリップの強勢ぶりは猜疑と恐れを呼び、党派争いの原因となった。兄王の在世中フィリップはフランス王国の大諸侯として振る舞ったが、シャルル6世（在位1380-1422）の治世となるとフィリップをはじめとする叔父たちは次第に自派の利益を優先させ、王弟オルレアン公ルイや「マルムゼ」と呼ばれた先王の側近との摩擦が生じた。フィリップと対立する者はオルレアン公ルイの許に結集した。これをオルレアン派と呼び、他方フィリップの勢力はブルゴーニュ派と呼ばれるようになる。だが、この時点ではまだフランス宮廷内の権力闘争にとどまっていた。

　フィリップの死後、息子のジャンがブルゴーニュ公位に就いた（在位1404-19）が、シャルル6世が1392年頃から精神を病むと事態は悪化する。対トルコ十字軍のニコポリスの戦いでの無謀さから「恐れを知らぬ」の異名を得たジャンは、フランス宮廷での主導権をめぐって従弟のオルレアン

公ルイと血みどろの抗争を繰り広げ、1407年ルイを暗殺した。オルレアン派はルイの息子シャルルと岳父アルマニャック伯ベルナール7世を中心に再編されてアルマニャック派と呼ばれ抗争は続いた。これに乗じたのがイングランド王ヘンリー5世である。ヘンリー5世はブルゴーニュ・アルマニャック両派を天秤にかけつつノルマンディに侵攻し、1415年アジャンクールの戦いでアルマニャック派を中心とするフランス軍を撃破した。カボシャンの乱などによりパリが恐怖に陥りノルマンディや自領がイングランド軍に蹂躙されるのを見て、ジャンは王太子シャルル（のちの7世：在位1422-61）率いるアルマニャック派との和平を企てた。だが1419年オルレアン公ルイ暗殺に対する復讐としてブルゴーニュ公ジャンは殺害された。

　ジャンの跡を継いだのが「善き」と綽名されるフィリップ（在位1419-67）で、彼の治世は半世紀の長きに及び、ブルゴーニュ公国の最盛期を現出させた。彼はイングランドと和し、1420年ヘンリー5世とトロワ条約を結び、父殺害の報復として王太子シャルルを廃嫡すると宣言し、ヘンリー5世にフランス王位継承権を認めた。だがイングランドとの関係には緊張もあった。イングランドはフランドルに近接するエノー伯領などを得ようと策謀し、フィリップもイングランド産原毛に過度に依存することは安全保障上危険であるため資源確保の多角化を図っていたからである。

　フィリップはイングランドと距離を置き中立を志向した。カスティリャからも原毛を輸入し、さらに王太子シャルルに接近して1424年シャルルとフィリップの間に相互不可侵が確認された。1429年のシャルル7世の戴冠以降はさらに和解を進め、1431年には休戦し、1435年にはアラスの和平を結んで、「恐れを知らぬ」ジャン殺害に関するシャルル7世の謝罪、「善き」フィリップ1代限りの臣従免除などが合意され、フランス・ブルゴーニュ同盟が成立した。

　これ以降フィリップはフランスでの覇権を放棄して自らの道を模索し、もっぱら低地諸国に精力を傾けた。すでに彼は1419年にブリュッセルに宮廷を移していたが、巧みな外交でエノー、ホラント、ゼーラントの他、フ

ブルゴーニュ公「善き」フィリップの宮廷
中央がフィリップ、向かってすぐ左に侍立しているのがニコラ・ロラン。

リースラント、ブラバント、リンブルク、ルクセンブルクなどを獲得した。たとえば従妹であるエノー女伯ジャクリーヌに圧力をかけてエノー伯領・ホラント伯領・ゼーラント伯領を事実上支配下に置き、彼女の死後継承した。同じく従弟であるブラバント公フィリップ・ド・サン・ポルが死去するとブラバントの身分制議会と謀ってこの地も手に入れた。ルクセンブルク女公エリザベートには借金の肩代わりを条件に譲渡を提案し、最終的には征服した。ナミュール伯領は購入し、さらに帝国領であるリエージュ大司教には甥を、ユトレヒト大司教には庶子を据えて実質的支配を目論んだ。

　フィリップはこれらの多様な所領をさまざまな手段で結びつけようとした。彼の宮廷は豪華さで知られ、油絵の技法を完成させたヤン・ファン・アイク（1390以前-1441）らのフランドル派絵画や、ギヨーム・デュファイ（1400頃-74）をはじめとするブルゴーニュ楽派の音楽が宮廷を彩った。ホイジンハが『中世の秋』で描く爛熟である。だが、これも政治的な側面があり、富や豪奢の顕示は当時の重要な支配の手段だった。フィリップが

ブルゴーニュ公国後期の版図

1430年創設した金羊毛騎士団も版図のエリートを束ねる手段で、騎士となった者は公に忠誠を誓った。また彼は40年以上書記官長を務めたニコラ・ロラン（1376-1462）のようなブルジョワ出身者を登用した。さらに暗殺され殉教者と見なされていたフランドル伯シャルル1世（第5章2参照）を「祖国の父」と見なして公共善の守護者とし、それぞれの主張をやめぬ多様な所領や都市を君主の下に統合しようと試みた。「善き」フィリップの下で低地諸国の統合が一気に進展するかに見えた。

　しかし、フィリップとブルゴーニュ公国の栄華は永続的なものではなかった。彼の長子「向こう見ず」なシャルル（在位1467-77）はさらなる領土拡大を夢見て低地地方とブルゴーニュをつなごうとし、1473年には間に位置するロレーヌを攻略し要塞の引き渡しを強要して自領民と軍の自由通行を認めさせた。また版図に永続的な一体性を与えるべく公国を王国に格上げすることを企て皇帝フリードリヒ3世（皇帝在位1452-93）に接近したが、1473年王号獲得に失敗する。いかなる周辺国もこのように強力な国家が永続化するのを歓迎しなかったのである。特に「向こう見ず」なシャルルと対立したのがフランス王ルイ11世である。ルイは父シャルル7

世の中央集権化政策を引き継ぎ大諸侯を次々と潰していたが、最大の標的はブルゴーニュ公であった。シャルルはフランス貴族を糾合してルイ11世に対抗する「公益同盟」を結成して3度戦ってルイを圧倒したが、次第に外交で追い詰められ無謀な戦争に頼らざるを得なくなった。その挙句に勇猛で知られるスイス盟約者団に戦いを挑み、1477年ナンシーの戦いで戦死した。乱戦のうちに倒れ、彼の遺骸は泥の中から掘り出されたという。

　シャルルの一人娘マリー（1457-82）は当時20歳に過ぎず、シャルルの公国を維持することはできなかった。ルイ11世の煽動によりブルゴーニュ公国内で反乱が起こり、一時彼女は幽閉の憂き目にあったこともある。結局ブルゴーニュ公国は分割され、低地諸国とブルゴーニュ伯領などはマリーとその夫でのちに神聖ローマ帝国皇帝となるハプスブルク家のマクシミリアン（ローマ人の王在位1486-1519、皇帝在位1508-19）の手にとどまったが、ブルゴーニュ公領やフランドル伯領などはフランス王国に帰した。ブルゴーニュ公国の夢は「向こう見ず」なシャルルの曾孫である皇帝カール5世にある意味で受け継がれるが、断片的な所領の集積に過ぎず、共通のアイデンティティを持たない大版図は、中世の秋を迎えて生き残ることができなかったのである。

3　イタリア

　中世においてイタリア（イタリアという意識は近代以前においては希薄だが、ここでは便宜上用いることとする）はいくつかの優位を有した。一つは地理的条件である。地中海の中央に位置し、東と西、南と北を結ぶ経済的文化的ネットワークの要であり、多くの物産や知見が到来し、多くの人が訪れた。また多くのローマの遺物が残され、人々はそれらを学ぶことで古代の知恵に触れることができた。文書文化の伝統が途切れることなく続いたことも有利に作用しただろう。

　だが３世紀後半にローマ帝国の繁栄が衰え、皇帝が最前線に立つべく新たな都を造営するにつれ、帝国の関心は他所に向けられてイタリア半島の重要性は低下した。特に410年の西ゴート人によるローマ略奪の心的外傷は深く、さらに飢饉と疫病をともなった東ゴート戦争は深刻な打撃を与えた。ランゴバルド人の侵攻と支配を経たのちのフランク人による征服は、外部勢力による絶えざる介入の始まりに過ぎず、オットー朝以降の帝国にも引き継がれることになる。一方でコンスタンティノープルはイタリア半島での自らの権益保持に努め、ローマ教会は世俗的勢力圏を拡大し続けた。中心が失われ、その結果イタリアは大きく北部と中部と南部の３つに分けられることになる。

　北部はアルプス越えの通商路と東方との通商路の交差点であり、織物などの手工業が発展し、運河や灌漑によって農業も栄え、他のヨーロッパ諸国に先駆けて経済的飛躍を成し遂げた。だが政治的には多くの小国が林立し、フェラーラのエステ家のような封建貴族あるいは司教が支配するものもあれば、ヴェネツィアのように共和政をとるもの、さらにミラノのように僭主政に移行するものなどさまざまな政体が存在した。

　これらの小国は皇帝フリードリヒ１世に対抗して結ばれたロンバルディア都市同盟のように団結することもあったが、互いに抗争を続け、一つの都市が覇権を打ち立てようとすると、それを阻止する同盟が結ばれた。ミラノ公ジャン・ガレアッツォ・ヴィスコンティ（1351-1402）はロンバルディア全域をほぼ征服したものの、フィレンツェやボローニャなどからなる同盟が立ちふさがった。多くの海港都市が発達したが、これらの間にも戦争が絶えず、ジェノヴァはコルシカやサルデーニャさらに黒海利権をめぐってピサと対立し、1284年のメロリアの海戦では両軍合わせて150隻以上の船が干戈を交え、この戦いでピサは8,000人もの将兵を失ったといわれる。さらにジェノヴァは東地中海と黒海の権益をめぐってヴェネツィアとも争い続ける。

　都市内も一致していたわけではない。ヴェローナ市の支配権は在地の

デッラ・スカラ家、ミラノのヴィスコンティ家、パドヴァのカッラーラ家へと移ったが、さらにイタリア支配をめぐる皇帝派と教皇派の抗争は有力貴族間の絶えざる流血沙汰をもたらした（第7章4参照）。シェイクスピアの『ロミオとジュリエット』に描かれるヴェローナの皇帝派のモンタギュー家（モンテッキ家）と教皇派のキャピュレット家（カプレーティ家）の争いはそのよい例である。一つの党派が勝利を収めたとしても対立は収まらず、フィレンツェでは勝利を収めた教皇派がさらに白党（ビアンキ）と黒党（ネリ）に分かれた。白党は自立政策を掲げる富裕市民層からなり、黒党は教皇に強く結びつく封建貴族に支持された。教皇派であったにもかかわらずダンテ（1265-1321）がフィレンツェを追放されたのは白党だったからである。絶えざる抗争はシニョリア政を導くことになる。

　中部には教皇領が存在したが、これも多様な要素からなった。確かにインノケンティウス3世は教皇領の実効支配に向けて努力したが、多くの場合、名目的な支配に過ぎなかった。北端に位置するボローニャは教皇領であることを他国からの権利主張を退けるための理由に使っているに過ぎず、ベンティヴォーリォ家などの有力家系が支配した。アドリア海沿いに位置するマラテスタ家支配のリミニや、前述のエステ家支配のフェラーラも名目的には教皇領に属した。ローマに近くその圧力を受けやすかったウンブリアでもペルージャは繰り返し独立を主張し、教皇ユリウス2世（在位1503-13）は自ら軍を率いてボローニャとペルージャを屈服させたが、教皇庁による支配は長続きしなかった。また教皇庁の支配力が強かったローマ周辺地域でも豪族の力は絶大であった。

　さらに教皇自ら教皇領を割いて親族に与えることさえあった。教皇アレクサンデル6世（在位1492-1503）による実子チェーザレ・ボルジア（1475-1507）のための企てが有名だが、これは教皇の死とともに水泡に帰した。だが教皇パウルス3世（在位1534-49）が実子ピエール・ルイージ・ファルネーゼ（1503-47）のためにつくりあげたパルマ公国は支配家を替えながらも1860年まで存続することになる。

　南部では東ローマ帝国領に加えてランゴバルド勢力さらにイスラーム勢力が割拠し、それに最終的にノルマン人が参入してシチリア王国を樹立した。この王国はギリシア人、アラブ人、ユダヤ人らも登用して、王のもとでの民族的宗教的寛容をある程度実現し先進的な統治機構を築いて経済的にも繁栄したが、王朝の断絶や繰り返される外部勢力の王位継承戦争によって、また苛税によって豊かさを失っていく。

　中世において、確かにイタリアは豊かであった。だがその経済的絶頂期は13世紀だったといわれる。それをよく示すのがバルディ家やペルッツィ家のような豪商の富である。これらの家は教皇庁の銀行家を務めて送金業務を独占し、ヨーロッパ全土に支店網を張り巡らした。フィレンツェ出身のバルディ家は1344年にイングランド王エドワード３世への融資が破綻したため倒産したが、イタリア各地のみならず、アヴィニョン、バルセロナ、ブリュッヘ、キプロス、コンスタンティノープル、エルサレム、マヨルカ島、マルセイユ、パリ、セビリャ、チュニジアなどにも支店あるいは代理人を常駐させた。富裕で知られるメディチ家も、絶頂期においてさえこれほどの規模には達していない。

　周辺列強が国家としての力を高めるとイタリアの地位は一変する。ミラノ、ヴェネツィア、フィレンツェ、ローマ、ナポリはイタリアの５列強といわれるが、単独ではまったくヨーロッパ列強に対抗できなかった。フランス王シャルル８世（在位1483-98）が1494年「アンジュー家からナポリを継承した」と主張してイタリアに遠征したのを皮切りに、さらに多くの国々がイタリア支配をめぐって侵攻して戦争が始まり、16世紀にはイタリア半島の大部分は外国勢力の実質支配下に入ってしまう。ナポリは1503年スペイン支配下に入り、ミラノも1535年スペインによって征服された。他のイタリア列強も微妙なバランスの上に独立を維持したに過ぎない。

　これ以降、政治的に主権を失ったイタリアは経済的にも立ち遅れる。規制が強いために織物などは価格的にも品質的にも他国の商品に対抗できず、さらに大航海時代は、地中海経由ではなく大西洋経由の経済圏を発展させ

た。次第にイタリアは工業国から農業国へと変わっていくことになる。近代になっても多くの人材を輩出してはいるものの、他国へと流出した者が多く、レオナルド・ダ・ヴィンチ（1452-1519）や彫刻家チェッリーニ（1500-71）はフランス王フランソワ1世（在位1515-47）に雇われて作品を後世に残した。ガリレオ・ガリレイ（1564-1642）や気圧計を発明したトリチェリ（1608-47）らも科学技術面で多くの貢献をなしたが、それをイタリアで実用化することはできなかった。イタリアには近代への離陸を可能とする国民と国家が欠如していたのである。18世紀には啓蒙主義の洗礼を受け、フランスの文化的植民地と堕してしまった。そしてフランスからもたらされたナショナリズムの波の中ではじめてイタリアという意識を抱くようになるのである。

4　スイス

　スイスといえば、現在では観光や金融で繁栄し、世界有数の国民所得を誇る先進国というイメージがあるが、中世においては異なる。国土の約半分が高山に占められ、山脈に挟まれてスイス高原が存在するものの、そこも海抜400mから800mに達する冷涼地であり、農耕にはあまり適さぬ貧しい土地であった。さらに谷ごとに独自性があり、言語的にもフランス語圏、ドイツ語圏、イタリア語圏、ロマンシュ語圏などがモザイクのように分布している。不均質な諸要素がこの地域を特色づけていた。

　だが、この地域はヨーロッパ中心部に位置し、内陸交通のネットワークに組み込まれ、地中海経済圏と北洋経済圏を結ぶジュネーヴ越えの街道やグラン・サン・ベルナール峠越えの街道が通っている。それゆえジュネーヴ、バーゼル、チューリヒなど少なくともローマ時代に遡る都市が栄え、さらにカロリング家と深く結びついたザンクト・ガレンやライヒェナウなどの修道院が大所領を展開し、これらが経済を刺激した。

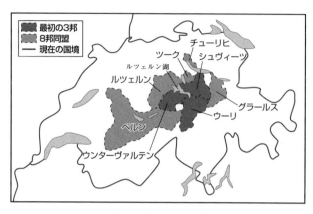

凡例:
- 最初の3邦
- 8邦同盟
- ― 現在の国境

チューリヒ
ツーク
シュヴィーツ
ルツェルン湖
ルツェルン
グラールス
ベルン
ウーリ
ウンターヴァルデン

３つの共同体（邦）から８邦同盟へ

　現在のスイス連邦共和国の源流であるスイス盟約者団の核となったのはルツェルン湖周辺の森林地帯に広がる３つの共同体（邦）であった。13世紀にイタリアと北方を結ぶゴッタルド峠が整備されると、３邦の１つとなる街道沿いのウーリ谷の邦は経済力をつけ、1231年ホーエンシュタウフェン家のハインリヒ７世（ローマ人の王在位1220-35）から特許状を得て皇帝直属となった。さらに1240年にはシュヴィーツ谷の邦も同様の特権を得た。これらの特権によって邦は自ら選んだ裁判官を選任でき、領主裁判権の軛から解放された。皇帝は有力諸侯の勢いを削ぎ、邦は領主の支配力を抑えるという点で共通の利益を有したのである。この動きと激突したのが近隣のアールガウを支配するハプスブルク家である。

　のちにハプスブルク家は大空位期を経てルドルフ１世が王位に登り、オーストリアを獲得して雄飛の足掛かりを得たが（本章１参照）、ルドルフの子アルブレヒト１世（オーストリア公在位1298-1308、ローマ人の王在位1298-1308）はすぐにはローマ人の王に選ばれなかった。アルブレヒトは自らの拠点であるスイスの経営に専念しようとしたが、スイスの人々は自らの権利が侵害されるのではないかと危惧した。1291年ウーリとシュヴィーツに加えてウンターヴァルデン（現在のオプヴァルデン準州とニトヴァルデン準州）の代表が集まり、永久同盟を結んですべての敵に対して相互に援助することを誓い、盟約者団を結成した。当初、この同盟はハプ

スブルク家に公然と向けられたものではなかったが、ハプスブルク家と競う他の皇帝家門から繰り返し支持された。1297年にはナッサウ家のアドルフ（ローマ人の王在位1292-98）によって、1309年にはルクセンブルク家のハインリヒ7世によって特権が再確認されている。ハプスブルク家と盟約者団の対立は次第に険しくなり、1315年シュヴィーツがハプスブルク家の支配下にあったアインジーデルン修道院を襲った。ハプスブルク家はレオポルト1世が懲罰軍を率いたが、モルガルテンの戦いでウーリとシュヴィーツの歩兵軍に惨敗した。この勝利はウィリアム・テル伝説の原型となるが、盟約者団はハプスブルク家の支配を否定し、盟約者団とハプスブルク家の抗争はこののち約2世紀にわたって続くことになる。

　14世紀には性格の異なるいくつもの勢力が盟約に加わった。1332年にはルツェルンが、1351年にはチューリヒが、1352年にはグラールスとツークが、1353年にはベルンが参加した。ルツェルン、グラールス、ツークはハプスブルク家の所領であったが、チューリヒとベルンは帝国都市であった。それぞれが独立の伝統を有したが、盟約者団に加わるのが有利と考えたのである。拡大する盟約者団に対抗すべくハプスブルク家のレオポルト3世（チロル伯など在位1365-86）は攻撃を仕掛けたが、1386年ゼンパッハの戦いで敗れ落命した。さらにレオポルトの兄であるオーストリア公アルブレヒト3世（在位1365-95）率いる軍も1388年ネーフェルスでグラールスの農民軍に敗北し、スイス歩兵の勇猛さが鳴り響いた。1389年ハプスブルグ家との間で休戦条約が結ばれ、盟約者団は8つの邦からなる勢力、いわゆる「8邦同盟」となった。

　盟約者団は単一の同盟によって統合されていたわけではなく、いくつもの同盟によって緩く結ばれているに過ぎず、亀裂や内部対立も激しく、1440年から46年にかけてはトッゲンブルク伯領をめぐってチューリヒと他の7邦の間で武力衝突が生じ、分裂の危機も生じた。戦いはハプスブルク家を巻き込んだ深刻なものとなったが両陣営とも疲弊し、平和が結ばれて相互の結びつきが再確認される結果となった。

16世紀のスイス歩兵の戦闘の様子（ホルバインの版画）

　さらに盟約者団は1460年ハプスブルク領であるトゥールガウを占領し、さらに1477年ナンシーの戦いでブルゴーニュ公の「向こう見ず」なシャルルを敗死せしめた。これによって勇猛なスイス傭兵の名声は頂点を迎えた。彼らは緊密な隊列を組んで突進し、槍で敵を串刺しにしたのである。1499年ハプスブルク家のマクシミリアン１世は帝国再編を企て、古くからの拠点であったスイスを再び支配すべくシュヴァーベン戦争を仕掛けたが、スイス軍に敗北し、これによってスイス盟約者団は実質的な独立を勝ち取った。スイスはなおも版図拡大を目指してイタリアなどの周辺地域に干渉したが、1515年のマリニャーノの戦いでフランソワ１世率いるフランス軍に大敗を喫したことで、拡張政策の放棄を余儀なくされる。

　スイスの歴史は複合的である。言語的にはすでに述べた４つの言語が公用語とされ、政治体制としても、16世紀初めに成立した「13邦同盟」には６つの森林邦と７つの都市邦が存在し、チューリヒ、ベルン、バーゼルなどの都市邦では富裕層による寡頭支配がなされる一方、森林邦では直接民主主義的政体が敷かれた。宗教的にも、宗教改革後はカトリックとプロテスタントが衝突を経て共存した。特定の都市や邦の覇権を許さず、君主政に向かわず、隣接するフランスのように国民国家形成にも至らなかった。その点で、国民とは何か、国家とは何かを考えさせる興味深い事例である。

第15章

隣人から一員へ

　西欧はローマ帝国崩壊後、経済的にも後退し後進地となった。しかし秩序が回復し、その力が増してくるにつれて、かつては西欧に対して優位あるいは対等であった周囲の諸勢力がその引力に捉えられるようになった。国土を蹂躙してカロリング体制を崩壊させたことのあった北欧勢も、コンスタンティノープルとの谷間にあってどのような国制をとるかはっきりしなかった東欧勢も、イスラーム支配下にあって異なる発展の道を進んでいたイベリア半島も、西欧の秩序に組み込まれていく。

　またかつては西欧をはるかに凌駕していた誇り高いコンスタンティノープルも繰り返される外敵の攻撃や社会変化によって衰退し、西欧の一員となって、もはや隣人ではなくなった。政治的にも、経済的にも、文化的にも西欧の深い影響を蒙るようになったのである。

　一方でロシアとオスマン朝という新たなライバルも出現する。両国は西欧圏に接し、帝国の伝統を受け継ぎつつも西欧とは異なる道を進もうとしていた。本章ではこれらの国々について略述しよう。

1 　北欧

　ノルマン人は9世紀から10世紀にかけて西欧各地を襲い人々を震撼させたが、西欧諸国が防衛に成功するようになるとノルマン人の定着が進んだ。彼らの故郷である北欧でも、第4章4で述べたように3つの王国が成立した。これらの王国では地域主義が優先し、その地域に根ざした貴族の力も強かったが、海を絆とする傾向が強かった。

　たとえば彼らの勢力はアイスランドやグリーンランドに達したが、イングランドとアイルランドに挟まれたアイリッシュ海にも及び、その中央に位置するマン島には8世紀末ノルマン人が定住し、ノルウェー王の宗主権下にあった。またこの地の司教は遠く離れたノルウェー王都ニーダロス（現トロンハイム）の大司教の監督下にあった。だが12世紀以降、ノルウェーの混乱によってその支配権が弱まると、代わって近くのスコットランド王国がその支配権を得ようと試みる。数次の戦いののち、1266年ノルウェーはマン島を含む島嶼部をスコットランドに割譲した。その後もマン島の支配権はスコットランドとイングランドの間で二転三転したが、1334年にはイングランド王の手中に収まった。地域や国民の枠組みが強まるにつれて、海を通じた「飛地」という従来のありかたは難しくなった。国のありかたがこの頃大きく変わろうとしていたことの一つの例である。

　同時期には北欧本国においても、本章2で述べるように、ドイツ人の東方植民運動が進展し、その強い影響にさらされた。ドイツ商人は商機を求めて東方に向かった。ハンザ同盟の拠点の一つベルゲンには大規模なコロニーが存在し、彼らは経済利権を独占しようとした。支配層ではドイツ人などの西欧人との通婚が進み、王朝の断絶にともなって王位を請求するドイツ人君侯も現れている。西欧からのキリスト教化の進展にともなって彼らの文字であるルーンも12世紀頃には使われなくなり、ラテン・アルファベットに取って代わられた。政治的にも、経済的にも、文化的にも西欧の秩序に組み入れられようとしていた。

　14世紀になると3国は王位継承問題、王と貴族の争いなどで混乱し、さらに黒死病の流行に苦しみ、強まるドイツ人の圧力と衝突する。こうしたなかでヴァルデマー4世（在位1340-75）の手腕によってデンマークは財政再建や軍の強化を成し遂げ、巧みな外交によって国力を回復させた。権益を脅かされたハンザ同盟は1362年デンマークと開戦し、脅威を感じた周辺諸勢力も加わって1370年までこの戦争は続いた。一時はハンザ同盟が優勢であったが、ヴァルデマー4世の娘マルグレーテ（1353-1412）は実質的にデンマーク、ノルウェー、スウェーデンの3国を支配することに成功した。ノルウェーやスウェーデンの貴族や高位聖職者が中央集権化を望まず「遠くの王」を欲したことも大きいが、これらの国々は言語や習慣においてほとんど違わず、ハンザ同盟とドイツ人に対抗するため結集したともいえよう。マルグレーテの後継者エーリク7世（デンマーク王在位1396-1439）は1397年スウェーデン南端のカルマルでデンマーク、スウェーデン、ノルウェーの同君連合の王として即位し、カルマル連合（1397-1523）が成立した。これによって北欧3国は列強に対抗する力を得ることができたが、一方でデンマークが優越することに他の2国で不満は高まった。1523年スウェーデンが離脱するが、デンマークとノルウェーの同君連合は1814年まで続く。その後, 三十年戦争という大乱を経て、北欧の西欧への統合はさらに進んでいくことになる。

2　東欧

　この地域の国々はラテン・カトリック圏と東ローマ帝国・正教圏という2つの文明圏の間で、どちらを向くか選択を迫られながらアイデンティティを形成した。第6章1で述べたように、すでにオットー3世はスラヴ圏へ勢力を拡大させ、これら東欧の地域を帝国に組み入れていた。

　12世紀頃からはドイツの王や大貴族が東方からの侵入を予防し、未踏の

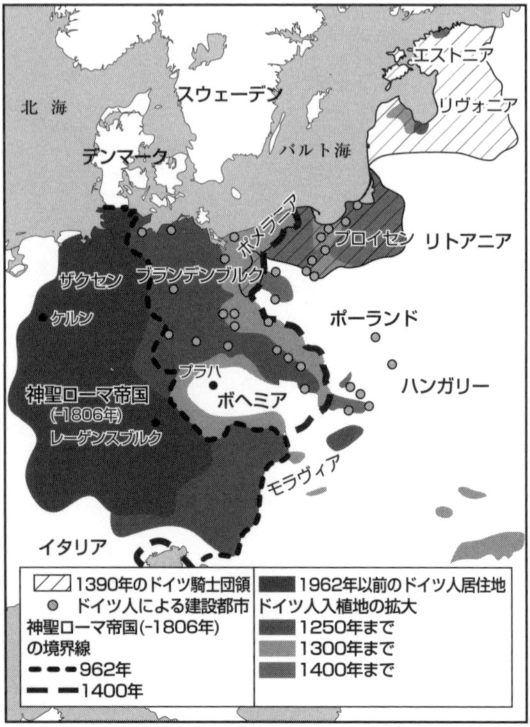

エストニア
北 海
スウェーデン
リヴォニア
デンマーク
バルト海
ポメラニア
プロイセン
リトアニア
ザクセン
ブランデンブルク
ケルン
ポーランド
プラハ
ハンガリー
神聖ローマ帝国
(-1806年)
ボヘミア
レーゲンスブルク
モラヴィア
イタリア
1390年のドイツ騎士団領
ドイツ人による建設都市
神聖ローマ帝国(-1806年)
の境界線
962年
1400年
1962年以前のドイツ人居住地
ドイツ人入植地の拡大
1250年まで
1300年まで
1400年まで

20世紀前半の東欧におけるドイツ人の分布

これは東方植民運動の一つの結果である。

大地を利用すべくエルベ川以東への植民活動を強化した。彼らはシトー会などの修道院を支援し広大な所領を寄進した。1263年ボヘミア王オタカル2世が創建したシトー会のゴルデンクローン修道院には30マイル四方にも及ぶ所領が与えられ、その地図には70もの村落が示されているという。他方で人口増の圧力にさらされていたドイツの農民層は、諸侯や修道会の勧誘を受けて東方へ向かった。ドイツ騎士団をはじめとする騎士修道会はキリスト教化を理由にバルト海東南沿岸地域で植民を推進し、広大な領土を獲得した。13世紀前半のモンゴル侵攻もドイツ人の東方植民を後押しした。東欧の国々は繰り返される攻撃によって国土を蹂躙され、13世紀に急速に衰退したのである。新たな労働力として西方からの農民移住が加速し、そのなかでもドイツ人が大きな割合を占めるようになるが、このことは後世のナショナリズムや国家形成に大きな影響を与え、「生存圏」の主張などその反響は20世紀まで続いている。

東欧のラテン・カトリック圏では次第に西欧勢力が浸透し、王位も西欧

系の王朝にとってかわられる。現在のチェコの地にはモラヴィア王国（830頃-901）、ボヘミア公国（870頃-1212）、ボヘミア王国（1212-1918）が栄え、プシェミスル朝（9世紀-1306）は帝国政治に深く関わり、ドイツ人君侯と通婚を重ねて1289年には選帝侯の一角を占めた。1300年頃にはボヘミア、ハンガリー、ポーラン

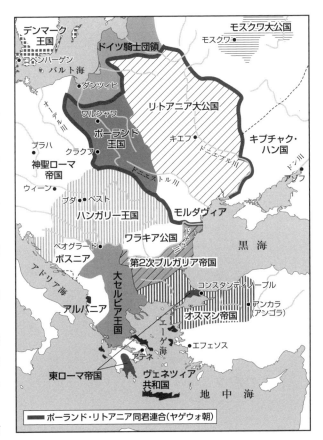

14世紀半ばから15世紀の東欧世界

ドの王位を兼ねたが、プシェミスル家最後の王が死去すると、王位は女系を通じてドイツ君侯に継承され、そこからさらにルクセンブルク家、ハプスブルク家に受け継がれ、西欧に完全に取り込まれることになる。カール4世治下においてボヘミアは発展し、ドイツ化の波との軋轢は新たな民族意識の覚醒をもたらすことになる（第16章4参照）。

　同じようにハンガリーでも土着系のアールパード朝（997-1301）が断絶すると、この王国はハンガリー・アンジュー朝（1308-95）を経て、選挙

王政下でルクセンブルク家、フニャディ家、ヤゲウォ家などの王が選ばれ、1526年以降はハプスブルク家による世襲統治が続くことになる。一時ハンガリー・アンジュー朝のラヨシュ1世（在位1342-82）はポーランド王を兼ね、ワラキアなども宗主権下に置くなど大勢力を擁した。だが、これは家門の問題であってハンガリーの国力上昇を表したものではなく、この王国も西欧に組み込まれていく。

　ポーランドでは民族系のピアスト朝（960頃-1370）が成立したが、分裂と内紛を重ね、ドイツ化の波も加わって王権は次第に弱体化し、各地の分家や有力家門が実権を握り、王は飾りに過ぎなくなった。王位はポーランド・アンジュー朝（1370-99）を経てヤゲウォ朝（1386-1572）に受け継がれ、1385年から1569年にかけてはポーランド・リトアニア同君連合を形成し大版図を築いたこともあった。これには言語の親近性も影響していよう。だが王朝の断絶にともなって選挙王政となり、出身のさまざまな王が即位することになる。ロシアやオスマン朝の圧力を受け、また貴族主導の地方分権体制が発展し、王位は権力ゲームのコマとなった。彼らの息が吹き返すのは、やはり19世紀のナショナリズムの時代においてである。

　一方、東欧の正教圏の国々は、12世紀後半にコムネノス朝が倒れて東ローマ帝国が急速に衰退すると自立的傾向を高めた。コンスタンティノープル支配に不満を持つブルガール人は1185年第2次ブルガリア帝国（1185-1396）を建国し、東ローマ帝国を破って勢力を拡大し、第4次十字軍によってコンスタンティノープルが陥落する1204年にはトラキア西北部にまで勢力を拡大し、1205年にはラテン帝国初代皇帝ボードゥアン1世（在位1204-06）を破って虜囚とした。イヴァン・アセン2世（在位1218-41）の時代にはアルバニア、マケドニアにまで進出して最大版図を実現し、帝国の最盛期を築き上げ経済的文化的にも繁栄した。ローマ教会と交渉しながらコンスタンティノープル教会から譲歩を引き出し、1235年にはブルガリア正教会の自治独立を認めさせている。しかし、その後はモンゴルの侵攻を受けて国土が荒廃し、13世紀末にはキプチャク・ハン国の属国となり、

1330年にはセルビア人に大敗し内紛も加わって急速に衰退した。14世紀後半には新興のオスマン朝に服属を余儀なくされ、1396年第2次ブルガリア帝国は滅亡した。ネマニッチ朝（1168-1371）の下でブルガリアなどと対抗したセルビア王国も同じ頃に瓦壊し、1389年コソヴォでセルビア公ラザル率いるバルカン連合軍はオスマン軍に大敗し、オスマン朝へ臣従することになる。のちにブルガリアは500年の空白を経て、西欧系君主の下で1878年国家として復活する。一方セルビアは在地貴族を擁立して19世紀後半に王国を建設した。民族のアイデンティティとは何なのかを考えさせる興味深い事例である。

3 レコンキスタ

　イベリア半島は711年の西ゴート王国の瓦解後イスラーム支配下に入り、第4章2で述べたように、ウマイア朝および後ウマイア朝の下で空前の発展を遂げた。コルドバをはじめとする都市は栄え、灌漑施設がはりめぐらされ、イスラーム教徒からはイブン・ルシュド、ユダヤ教徒からはマイモニデスのような先鋭的な哲学者を生み出した。しかしイスラーム教徒、キリスト教徒、ユダヤ教徒などの多宗教の人々を抱え、社会的にも支配層のアラブ人、北アフリカからのベルベル人、イベリア半島人、さらにユダヤ人や奴隷が混在するなど社会は複雑で、権力は不安定となり内乱や権力闘争が頻発した。

　アラブ人によるピレネー越えの侵攻は732年のトゥール・ポワティエ間の戦いののちも続いたが、キリスト教徒勢力による反攻もなされるようになった。そのもっとも顕著なものがカール大帝による遠征である。第3章3で述べたように、彼はスペインのカタルーニャに進撃し、イスラーム勢力を討って795年イスパニア辺境伯領を設置した。イスパニア辺境伯領はいくつもの伯領に分かれ、それぞれが徐々に勢力範囲を広げていくが、そ

ビスケー湾
ナバラ王国
アラゴン王国
サラゴサ
バルセロナ
ポルトガル王国
マドリード
トレド
リスボン
カスティリャ王国
バレンシア
コルドバ
セビリャ
地中海
グラナダ
ナスル朝
（イスラーム）(1492滅亡)

■ 8世紀後半　■ 11世紀後半　■ 12世紀後半
■ 15世紀末(1492)　--- 1479年における各国の境界

イベリア半島におけるキリスト教勢力の拡大

の代表例がバルセロナ伯である。当初はカロリング家の宗主権下にあったが10世紀末には事実上独立し、やはりイスパニア辺境伯領の一つとして生まれたアラゴン王国と同君連合を組んでさらに発展した。一時はフランス南部にも宗主権を及ぼしたが、アルビジョワ十字軍との戦闘やフランス王権との対立から撤退を余儀なくされた。

　イベリア半島のキリスト教勢力として忘れてはならないのがアストゥリアス王国である。この王国は西ゴート王国滅亡後もイスラームへの抵抗を続けた西ゴート貴族ペラーヨによって8世紀初めに建てられた。イスラーム勢力に対する反撃を始め、東のガリシア地方へと版図を拡大し都を遷してレオン王国と呼ばれ、レコンキスタの主な拠点となった。またイスラーム勢力との最前線であるレオン王国の東部地域には10世紀中頃カスティリャ伯領が設置されたが、伯は次第に独立色を強め王と称するようになった。さらに11世紀末にブルゴーニュ公家のアンリがレオン王家と婚姻関係を結びポルトゥカーレ伯領を得たが、これが1129年自立し、12世紀中頃にはポルトガル王を自称した。のちにナバラ王国と呼ばれることになるバスク系のパンプローナ王国もピレネー山麓に9世紀前半に誕生し、独自性を維持し続けた。これらの王国は婚姻や相続によって、場合によってはイスラーム勢力をも巻き込んで合従連衡を重ねていくことになる。

　一方で栄華を誇った後ウマイア朝はカリフ位継承をめぐる内紛やアラブ系とベルベル系の対立によって衰え、10世紀末にカリフ権力は名目化した。1031年に後ウマイア朝が滅亡すると、ターイファと呼ばれる群小王国が族生した。かつて半島北部のキリスト教諸王国は後ウマイア朝に従属したが、立場が逆転した。

　キリスト教諸王国はさまざまな方面へと拡大していく。アラゴン王国は1229年にイスラーム教徒が支配するバレアレス諸島を占領し、1238年にイスラーム系のバレンシア王国を征服して地中海へと展開した。1282年アンジュー家の圧政にシチリア人が蜂起して「シチリアの晩禱事件」が起こると、介入してシチリア王位を得た。さらにサルデーニャ島の領有権をジェノヴァと争い、14世紀にはアテネ公国を支配したこともあった。この版図拡大と並行して海上貿易が興隆した。東方からは香辛料や奢侈品、西方からはフランドル産毛織物などを中継貿易し、さらに自国産のサフランや毛織物を輸出した。航海技術や海事法の先進地としても知られ、アラゴン王国は地中海の列強の一つとなった。

　レオン王国やカスティリャ王国も南進を進め、ターイファ諸国に圧力をかけ1085年トレドを征服した。ターイファ君主たちはキリスト教徒と戦うために北アフリカ勢力のベルベル系のムラービト朝に援軍を要請した。ムラービト朝はカスティリャを撃退し、のみならずターイファ諸国をも滅ぼしてイベリア半島南部を支配下に置いた。1147年本拠である北アフリカでムワッヒド朝がムラービト朝を倒すと、イベリア半島南部では一時多くの独立したイスラーム勢力が誕生したが、結局ムワッヒド朝の支配下に入ることとなる。

　この頃からローマ教会が積極的にイベリア半島に関与するようになる。教皇アレクサンデル3世はポルトガル王位を承認し、さらにいくつかのイベリア半島系の騎士団を認可し、インノケンティウス3世はキリスト教徒間の争いを停止して対ムスリムで結束するよう呼びかけた。カスティリャ王アルフォンソ8世（在位1158-1214）を中心としたキリスト教徒連合軍

が結成され、ピレネー山脈を越えて多くの十字軍士がこれに参加し、1212年ラス・ナバス・デ・トロサでムワッヒド朝軍と激突した。この戦いはアルフォンソ8世の勝利に終わり、これ以降キリスト教徒勢力の優勢が確立した。またサンティアゴ・デ・コンポステラへの巡礼は経済的刺激をもたらし、定期市が各所で開かれ、ブルゴスなどの都市の成長を促進した。

　カスティリャ王国を中心とするキリスト教徒勢力は、一時的な停滞はあったものの、攻勢を強化して1236年コルドバを占領し、さらに1248年セビリャを陥落させた。この時点でグラナダとその周辺を除きムスリム勢力はイベリア半島からほぼ一掃された。グラナダには1230年頃建国されたナスル朝がなお1492年まで存続したが、これはキリスト教勢力の内訌とナスル朝の生存戦略によるものであった。ナスル朝は時にキリスト教徒君主に臣従し、時に北アフリカのマリーン朝に従属して2世紀にわたって命脈を保った。ヨーロッパにおけるイスラーム最後の拠点であったグラナダにはレコンキスタで追われた多くのイスラーム教徒が逃げ込み、束の間の繁栄を楽しんだ。アルハンブラ宮殿はこの時代の洗練を今なお想い起こさせてくれる。

　その後もレコンキスタが一気に完遂されたわけではない。信仰は必ずしも優先されるべき条件ではなかった。イスラーム教徒の逃亡によって人口が大きく減少し、多くの土地が未耕地となったからである。さらに黒死病の爪跡が残った。このためイスラーム教徒やユダヤ人の存在は黙認され、彼らは商人や職人あるいは役人として活動した。カスティリャ王「賢明」なアルフォンソ10世（在位1252-84）が編纂させた「七部法典」を見ると、イスラーム教徒やユダヤ人に対する配慮が窺える。ユダヤ人虐殺が行われるのは14世紀末、先祖にユダヤ人がいないという血の純潔が求められるのは15世紀中葉になってからである。

　新たな征服地は、教会や騎士修道会、そして貴族の手に渡り、議会や都市の発言力も増した。このようにイベリア半島はさまざまな背景を持つ断片からなるモザイクで、さまざまな勢力が王権と対立していたのもレコン

キスタの完了が遅れる原因の一つであった。キリスト教王国内および王国相互の衝突も深刻であった。英仏百年戦争と連動してカスティリャでは内乱が勃発し、ペドロ1世（カスティリャ王在位1350-69）は異母兄であるトラスタラマ家のエンリケ2世によって殺害された。1410年アラゴン王家が断絶し、トラスタマラ家からフェルナンド1世が王（在位1412-16）として迎えられると、王権や議会、聖俗領主や農民を巻き込んでの内戦が生じた。レコンキスタが完了し、統一国家へ前進するのは15世紀のカトリック両王すなわちアラゴン王フェルナンド2世（在位1479-1516）とカスティリャ女王イサベル（在位1474-1504）の治世においてであり、彼らにはこれらの断片を統一し、近世国家を創造するという大きな課題が残されていた。

4　コンスタンティノープルの落日

　コンスタンティノープルには、第4章1で述べたように、初期中世の西欧には到達できぬ文明があり、マケドニア朝の繁栄にはユスティニアヌス朝の栄華を髣髴とさせるものがあった。黒海経済圏と東地中海経済圏を結ぶ要衝を支配する帝国の富は、北方からはブルガール人、スラヴ人、ペチェネグ人など、東方からはトルコ人と、多くの民族を惹き寄せた。また南イタリアにはノルマン人が現れた。宮廷の乱れも加わり、混乱は増した。防衛力を強化するため地方長官に民事軍事の両権を兼ねさせるようになったが、小アジアなどにおいて実権を握った軍閥は次第に地方豪族化していき、フォーカス家やコムネノス家のように皇帝を出す家門も出現した。この頃から地方有力者に軍事力提供と引き換えに徴税権や土地を与えるプロノイア制が芽生えたが、それはさらに地方有力者の権力基盤強化とそれにともなう皇帝権の弱体化をもたらした。1071年ロマノス4世ディオゲネス（在位1068-71）がマンジケルトの戦いでセルジューク朝軍に惨敗し自らも

捕虜とされる事態が生じた。将兵が失われても領土が維持されたならば、優れた徴税機構を用いて歳入を確保し傭兵を用いることもできたかもしれないが、この大敗で小アジアの過半が失われた。

　従来からコンスタンティノープルは異民族をもって異民族を叩く手法を用いてきた。コムネノス朝（1081-1185）のアレクシオス1世（在位1081-1118）は兵力を西方に求め、援軍を教皇に呼びかけた。このことは、第8章5で述べたように、結果的に十字軍につながって西欧の歴史を変え東西関係も一変させた。彼の息子ヨハネス2世コムネノス（在位1118-43）は領土回復に成功して小アジア西半および東部沿岸地域およびバルカン半島を奪還したが、1176年孫のマヌエル1世コムネノス（在位1143-80）がルーム・セルジューク朝にミュリオケファロンの戦いで惨敗したのち急速に勢力が衰えた。アンゲロス家、ドゥーカス家、ラスカリス家などが帝位を争う間に、トルコ人やブルガール人が国境に圧力を加え、ヴェネツィアなどのラテン商人が虎視眈々と利権を狙っていた。

　1204年のコンスタンティノープル陥落はこのような状況を端的に示している。コムネノス朝に取って代わったアンゲロス朝の内紛は第4次十字軍を引き入れる結果をもたらした。だが十字軍士によって建国されたラテン帝国（1204-61）も脆弱で内部分裂が続き、在地住民の西方人への憎しみは根深く支持を得ることができなかった。東ローマ帝国の伝統はニカイア帝国、トレビゾンド帝国、エピロス専制侯国などのいくつかの亡命政権によって担われ続け、1261年ニカイア帝国のミカエル8世パレオロゴス（ニカイア皇帝在位1259-61、東ローマ皇帝在位1261-82）はラテン帝国を滅ぼしてコンスタンティノープルを奪回した。さらに彼はシチリア王シャルル・ダンジューの東方での野望を打ち砕くため、1282年シチリアの晩禱事件にも加担した。

　しかしヴェネツィアはエーゲ海の島々をなお保持し続け、アテネはアラゴン人の手中にあった。一方コンスタンティノープルはかつての繁栄を取り戻すことはなかった。14世紀中頃に金貨は造られなくなり、代わって

ヴェネツィアのドゥカート金貨などが国際決済通貨になった。経済の実権はコンスタンティノープルに近いジェノヴァ植民都市ペラが握り、クリミアなど黒海のいたるところにジェノヴァ人の町が建設され、寄生する彼らに利益は奪われた。文化的にもマヌエル1世は西欧の騎士道文化に憧れ、14世紀末にはトマス・アクィナスの『神学大全』がギリシア語に翻訳され、彼は「すべての教会博士のうちでもっとも有益なる者」とまで評せられるようになった。力関係は激変し、コンスタンティノープルはもはや誇り高い強力な隣人ではなく、西欧世界の一員として、むしろ「餌食」として組み込まれてしまったのである。

　コンスタンティノープルを奪回したミカエル8世は支援を得るため第2リヨン公会議（1274年）において東西教会合同を発議したが、この提案は西方でも東方でも受け入れられなかった。こののちもオスマン朝の侵攻に独力では対抗できぬため皇帝たちは西方からの支援を得るべく東西教会合同を何度も唱えた。ヨハネス5世パレオロゴス（在位1341-91）も1369年ローマに赴いて教皇に恭順を示したが得るものはなく、オスマン朝の属国となった。彼の息子マヌエル2世パレオロゴス（在位1391-1425）も西方からの援軍を得るべく1399年から1401年までヨーロッパを巡り請うた。だが彼らの努力は実らず、自国の民衆の支持を得ることもできなかった。

　パレオロゴス朝（1259-1453）がトルコ人の侵入に苦しみながらも早い滅亡を逃れたのは、1402年バヤズィト1世（在位 1389-1402）がアンカラの戦いでティムール（在位1370-1405）に敗れてオスマン朝の勢いが一時的に衰えたために過ぎない。帝国はコンスタンティノープル周辺と辺境に限られる小国となって存続した（本章2の図版参照）。ヨハネス8世パレオロゴス（在位1425-48）は一縷の希望にすがって1439年フィレンツェ公会議で東西教会再合同の宣言にこぎつけたが、やはり実効性に乏しく手遅れであった。1453年5月29日メフメト2世（在位1444-46、1451-81）率いるオスマン軍によって帝都は陥落し、最後の皇帝コンスタンティノス11世パレオロゴス（在位1449-53）は乱戦の中で消息不明となり、1000年以上

に及ぶ歴史に幕が引かれた。

　ヨーロッパ人は自分たちがローマ人の嫡流であるという誇りを抱き続けたゆえに、イントロダクションで述べたように、この陥落が中世の終わりであると17世紀になっても考えていたが、それは壮大な夢想だろう。だがやはり東方帝国消滅は画期である。この東方帝国は西方とまったく縁がない隔絶した存在ではなかった。コンスタンティノープルは西欧にとって、異民族に対する防壁としてだけでなく、豊穣な古典文明を伝達する役割も果たした。陥落前後から多くの学者や聖職者が、西欧では散逸した写本を携えて避難した。彼らの学識や発想もルネサンスに刺激を与え、西欧に新たな視点をもたらしたことは確かである（第20章１参照）。数多くの交流や交渉で結ばれた、西欧文明の欠くことのできない一要素だったのである。

5　帝国の後継者

　西欧において神聖ローマ帝国が衰退し、東方でコンスタンティノープルも陥落した頃、西欧世界の外周に２つの「帝国」が姿を現そうとしていた。一つはロシア、もう一つはオスマン朝である。

ロシア

　ロシアの地にはスキタイ人やハザール人をはじめとする多くの東方からの民族が定着したが、現在のロシアはスカンジナヴィアから来たルーシ人によって９世紀に建国されたノヴゴロド国に遡る。彼らは河川を通じて北洋と黒海・地中海や中央アジアを結び、交易のための集落を設け、すでに定着していた東スラヴ人と戦い、これを支配した。キエフ大公国を建設したオレーグ（在位882-912）はいくつもの河川域を統一して版図を拡大し、コンスタンティノープルとも包括的な条約を結んだ。キエフ大公国は10世紀に最盛期を迎え、大公ウラジミール（在位980-1015）は東ローマ帝国の

必要不可欠な同盟軍となり、皇帝バシレイオス2世の妹アンナを降嫁させるよう求めた。彼は異教を捨てて洗礼を受けてアンナと結婚し、正教を国教としビザンツ法を導入して統治体制を整備した。

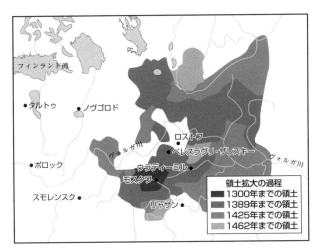

モスクワ大公国の発展（1250-1584）

だが、その後キエフ大公国は12世紀中葉には細分化して衰えていった。

　追い打ちをかけたのがモンゴル人である。1237年バトゥ率いるモンゴル軍はロシア全土を蹂躙して、キプチャク・ハン国（ジョチ・ウルスとも、1243-1502）を建てた。また現在のウクライナや西ロシアはローマ・カトリックを信奉するリトアニア大公国の支配下に入った（本章2の図版参照）。そのような状況下で次第に勢力を広げていったのが、大森林によってモンゴル帝国と隔てられた東北ロシアに位置するモスクワ大公国である。当初はキプチャク・ハン国の朝貢国であったが、イヴァン1世（在位1325-41）はキプチャク・ハンから徴税権と大公位を認められ周辺地域に支配を広げた。この頃ロシア地域で正教を統轄する総主教がカトリック圏となったキエフからモスクワへと所在地を移したため、モスクワの重要性が高まった。彼の子孫であるイヴァン3世（在位1462-1505）は周辺諸国の平定を進め、キプチャク・ハンの軛から脱した。さらに最後の東ローマ皇帝コンスタンティノス11世パレオロゴスの姪ゾエ（ソフィア）と再婚し、ローマ帝国の国章である双頭の鷲を自らの紋章に加えモスクワを「第3の

ローマ」と宣言した。彼の子孫イヴァン4世（在位1533-84）は「全ロシアのツァーリ（皇帝）」と初めて公式に称し、正教の保護者を兼ねて専制体制を敷いた。宮廷儀礼は洗練され、法典が編纂され、外国人芸術家が招聘されてモスクワの改造と美化に従事した。ロシアは正教の守護者として東方的なビザンツ的文化を奉じ、農民を搾取し隷属化させるという道を歩むことになる。

オスマン朝

　自らを東ローマの継承者と自称したロシア以上に、帝国の伝統を受け継いだのがオスマン朝である。オスマン朝はセルジューク朝が分裂して衰えていく中でオスマン1世（在位1299-1326）が自立して小アジア西部に樹立した小国に始まる。一連の優れた君主の下でオスマン朝は東ローマ帝国などと戦って勢力を拡大した。ムラト1世（在位1362-89）はコンスタンティノープルを破って朝貢させ、1389年コソヴォでセルビア公ラザル率いるバルカン連合軍を撃破してこの地を支配下に置いた。さらにバヤズィト1世（在位1389-1402）は1396年ブルガリア北境のニコポリスで、のちの皇帝ジギスムント率いる十字軍を殲滅した。バヤズィト1世がティムール（在位1370-1405）に敗れ虜囚となるという逆境もあったが、メフメト1世（在位1413-21）の下でオスマン朝は復興し、ムラト2世（在位1421-51）は1444年ポーランド王ラディスラス3世（在位1434-44）率いる十字軍を破った。

　彼の息子メフメト2世は1453年コンスタンティノープルを50日間の攻囲の後に陥落させた。彼は破壊された帝都を修復して首都と定め、コンスタンティノープルのアルメニア人やギリシア人に対して帝国全域で有効な特権を授け、信教の自由さえも認めた。またメフメト2世はイタリアから人文主義者らを招き、ギリシア語文献を収集したという。イタリア人画家ジェンティーレ・ベリーニ（1429-1507）は彼の肖像画とされるものを残している。教皇ピウス2世（在位1458-64）がコンスタンティノープル攻

略を慶賀する書簡を送ってキリスト教
への改宗を求めたのも、彼のこのよう
な態度によるものであろう。

ジェンティエーレ・ベリーニによる
メフメト2世とされる肖像画

　さらにセリム1世（在位1512-20）
はイランのサファーヴィー朝を討って
シリアを獲得し、エジプトのマムルー
ク朝を滅ぼした。スレイマン1世（在
位1520-66）の治世にオスマン朝は最
盛期を迎え、1526年モハーチの戦いで
ハンガリー王ラヨシュ2世（在位
1516-26）を敗死させてハンガリーを
支配し、1529年にはウィーンを攻囲し
た。1538年にはギリシア西岸のプレ
ヴェザの海戦でスペイン・ヴェネツィア・教皇などの連合軍を撃破した。
このようにオスマン朝は西アジアから北アフリカや東欧を支配するに至っ
たのである。

　このようにオスマン朝は西欧世界に立ちはだかった近世最強の「隣人」
であったが、強さの理由は軍事的優越だけではなく、優れた統治方法によ
るところも大きかった。それはアッシリアから続く古代型帝国の系譜をひ
くもので、被支配民を個人として支配するのではなく、共同体にある程度
の自治を許し、その代わりに貢納と服従を求めるものだった。オスマン朝
はミッレトという宗派別の共同体に対して従来の社会制度の存続や信仰を
認めて自治を許し、またカピチュレーションという制度によって外国人に
恩恵として領事裁判権や租税免除などの特権を与えた。またデウシルメと
いう制度を設けてキリスト教徒などの子弟を徴用して改宗させ、教育を施
して官吏などに登用した。イェニチェリというバルカン半島の健康で美し
い少年を改宗させて訓練し奴隷身分ながら常備歩兵軍とする制度も大いに
有効であった。異教徒であれ、異民族であれ、多くの人々にチャンスが与

えられたのである。

　以前、高校世界史などでは、オスマン朝は「オスマン・トルコ」と呼ばれたが、現在では「トルコ」という語は加えられない。それはオスマン朝が「トルコ」という「国民」を当初は前面に押し出さなかったことによる。スルタンの権力は民族を超越しており、さまざまな民族がスルタンの統治に協力した。コンスタンティノープル最後の王家であるパレオロゴス家やカンタクゼノス家は存続し、ルーマニアなどのキリスト教徒地域において封臣として重きをなした。スペインを追放されたユダヤ人が安住の地を見出したのもオスマン朝の支配地であり、ギリシア人やアルメニア人も、国は失おうとも、経済の実権を握り、繁栄を謳歌した。「国民国家」へと向かう西欧世界とは異なる道で、さまざまな民がモザイクのように分布し、バルカン半島や近東に今も見られるように民族の飛地が多数形成された。

　またオスマン朝スルタンがアッバース朝最後のカリフからカリフ位を譲られたとするのは16世紀に遡るとされるが、宗教を統治の重要な柱として「スルタン・カリフ」を強く主張するのは18世紀後半で、それ以前は宗教に訴えることも少ない権力であった。これらの特徴はひとたび衰退の道を歩み始めると弱みに変じ、モザイクのような民族分布はナショナリズムの狂気が燃え上がると民族浄化の衝動を惹き起こした。だが、この時代においてオスマン朝は西欧をはるかに優る力量を有していたのである。

第16章

中世後期の教会

　教皇権を過大視して、ボニファティウス8世はアナーニ事件がもとで憤死した。しかし教皇権が一気に失墜したわけではない。教皇権にはさまざまな面があり、それらの機能は当時の体制や社会には必要不可欠であったからである。だが教皇権がかつてのメリットを失いつつあり、多くの者に負担に感じられていたことは確かである。教会の莫大な財源は本来的に使われるべき使途には回されず、奢侈と浪費に消えることもあった。世俗国家に分配されることもあった。これはなされるべき司牧活動が顧みられないことを意味した。

　このような状況を前にして、ある者たちは普遍性を保ちながらも清新な教会を実現しようとした。ある者たちは国民を志向し、国王を頂点とする教会を築こうとした。キリスト教の内面化により、さまざまな実践が試行されていた。本章では、そのような中世後期の教会におけるアヴィニョン教皇庁の長所と繁栄について論じ、教会大分裂がもたらした教皇権への打撃、公会議主義運動の可能性と挫折について、そして国民教会の芽生えについて概括する。

1 アヴィニョン教皇庁

　ボニファティウス8世の死から11日で、次のベネディクトゥス11世（在位1303-04）が満場一致で教皇に選出された。彼はボニファティウス8世に選ばれた枢機卿であったが、いずれの派閥にも闘争にも加わってはいなかったからである。彼はボニファティウス8世が下したフィリップ4世の破門を解きはしたが、アナーニ事件の首謀者であるノガレとコロンナ家に対する断罪を解除することはなかった。彼が8ヵ月余りで急死したのち教皇選挙は難航した。選出に有効な票数を得られる枢機卿がいなかったのである。1年近い空位期を経てふたたび枢機卿以外から教皇が選ばれた。クレメンス5世（在位1305-14）である。彼から7代にわたる聖ペテロの代理人が、いわゆるアヴィニョン教皇である。

　彼はガスコーニュに生まれ、教皇選出前はボルドー司教に就いていた。今の地理感覚でいえば完全にフランス人である。しかし当時この地域はイングランド王家の領地であり、クレメンス5世もイングランド王エドワード1世に仕えており、さらにフィリップ4世とも友好関係にあった。この人間関係が彼をダークホースとした。だが即位後クレメンス5世はフィリップ4世の圧力に翻弄されることになる。フィリップはボニファティウス8世を死後の裁判にかけて異端宣告し、その遺骸を焼却して川に流そうとした。クレメンス5世はボニファティウス8世の名誉を守ろうとした。先任者が異端と断罪されることは教皇権にとって測り知れない打撃となるからである。彼は譲歩を重ねた。

アヴィニョン教皇在位表

教皇	対立教皇
クレメンス5世 （1305-14）	
ヨハネス22世 （1316-34）	ニコラウス5世 （1328-30）
ベネディクトゥス12世 （1334-42）	
クレメンス6世 （1342-52）	
インノケンティウス6世 （1352-62）	
ウルバヌス5世 （1362-70）	
グレゴリウス11世 （1370-78）	

クレメンスはアナーニ事件に関わった者らを復権させ、多くのフランス人枢機卿（彼自身の親族も多く含まれ、ルネサンス期の親族贔屓(ネポティズム)の先駆とみなされる）を任命し、フィリップ４世に何回もの聖職者課税を許した。最終的にはフィリップ４世が強く求めるテンプル騎士団を1312年解散させ、その幹部たちを火刑に処すことにも甘んじた。クレメンスがフランス王の圧力に後ずさりしたことは確かである。

　しかしフィリップが狙ったテンプル騎士団の莫大な富の幾分かは聖ヨハネ病院騎士団に移管されたとされ、クレメンスは必ずしもフランス王に全面屈服したわけではない。最終的に教皇がアヴィニョンに動座したのも、一つにはローマの混乱が著しかったからである。以前からコロンナ家やオルシーニ家などの豪族がローマで跋扈し、教皇庁は何度となくオルヴィエトなどに避難を余儀なくされ、ローマにいないのがむしろ常態であった。また教皇権の伸長にともなって教皇座は必ずしもローマに所在する必要もなくなっていた。教皇が座するところが「ローマ」なのである。またローマはヨーロッパの中心から遠く、アヴィニョンの方が交通の要衝といえる。たとえばロンドンから教皇座に早飛脚を送るにもアヴィニョンならば１週間以上の旅程の短縮が見込めた。さらにアヴィニョンはフランスに近接しているが名目的には帝国領に属しており、教皇座はこの地を1348年購入することになる。地理的にもフランスに呑みこまれていたわけではない。

　クレメンス５世から始まるアヴィニョン教皇庁は、一方で教皇中央集権制の頂点をなしている。教皇が下した決定はすでに教皇令として法的効力を持つようになっていたが、この時代にも多くの教皇令が発せられた。1917年まで有効だったカトリック教会法典全６部のうち２部はクレメンス５世とヨハネス22世（在位1316-34）の時代に成立したもので、これらの編纂は彼らの権威の高さを示すものである。

　教皇庁はさまざまな官僚組織を展開し、ヨハネス22世の治下で頂点を迎えた。ヨハネス22世は個性の強い人物で、1314年に難敵であるフィリップ４世が逝去しフランスに強い王が不在であった時期に教皇座にあったが、

旧カトリック教会法典（Corpus Juris Canonici）

名称	編纂者／公布者	成立年／公布年
グラティアヌス教令集 (Decretum Gratiani)	グラティアヌス（私撰）	1140年頃
グレゴリウス9世教皇令集 (Decretales Gregorii IX)	グレゴリウス9世公布 ペニャフォールのライムン ドゥス編纂	1234年
第六書（Liber sextus）	ボニファティウス8世公布	1298年
クレメンス集（Clementinae）	クレメンス5世指示、 ヨハネス22世改訂・公布	1317年
教皇ヨハネス22世追加教皇令集 (Extravagantes Johannis XXII)	（私撰：ヨハネス22世の 教皇令集）	1325年頃
普通追加教皇令集 (Extravagantes communes)	ジャン・シャプイ編纂（私 撰：1261-1484年の教皇 令集）	15世紀末

皇帝ルートヴィヒ4世と対立した。フランチェスコ会聖霊派を異端とし、フランチェスコ会の清貧を詭弁と断じる一方で、人は神を死後において直接みることができるかという「至福直観」をめぐって自らが異端者教皇と断罪されるほどであった。だがヨハネス22世は有能な組織者であった。彼の下で教皇座は巨富を蓄え、教皇文書を発給する教皇書記局はいわば西方世界全体の記録所となり、聖俗のさまざまな権利が登記され確認された。内赦院は教会が下した霊的罰に対する赦しを与えた。控訴院は西方教会全体の最高裁判所となり、ときに世俗の案件が持ち込まれることもあった。カトリック世界全体の紛争に最終的な決着をつける機関となったのである。

　これらの組織を維持するには巨額の資金が必要であったが、そのためにも教皇は歳入システムを強化し、大小の聖職禄を直接任命するようになった。司教や修道院長の選出において王や創設者などの意向はきわめて重要であったが、13世紀以降教皇座はトラブルが生じた高位聖職者の選出に積極的に介入するようになり、これがすべての聖職禄に適用されて、ローマ

教会は全聖職禄に対する全面的留保権を主張した。もちろん聖職禄がすべて教皇庁の利益となるように分配されていたわけではない。果実は王侯や有力者にも分け与えられた。多くの人員とコストを必要とする徴税システムが機能していなかった時代において、教皇による高位聖職禄の

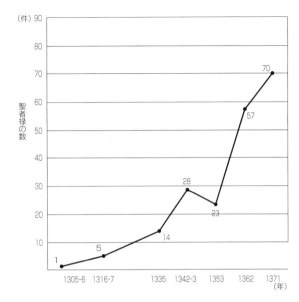

コンスタンツ司教区の聖職禄に対する教皇直接任命の変化

右肩上がりに推移し、特にインノケンティウス6世（在位1352-62）以降顕著であることが見てとれる。

直接任命は聖俗における官僚制を維持するのに必要不可欠な手段であった。のちになっても宰相リシュリュー（1585-1642）やマザラン（1602-61）などが枢機卿の称号を得て、多くの聖職禄を累積したようにである。

　収益のためにさまざまな便法が編み出された。司教座に就いた際には初年度の収入が「初年度収益金」としてローマ教会に上納された。教会改革の手段であった巡察も収益の手段とされ「巡察料」という貢納金に替わった。聖職禄は、その禄を得た者が任務を果たすために与えられるが、ポストを空位にしてその収入を転用する不在聖職禄も頻発した。一人が複数の聖職禄を多数保有する聖職禄兼併の悪弊もはびこっていた。アヴィニョン教皇庁の腐敗を嫌う詩を綴ったペトラルカ（1304-74）でさえも、一方で教皇庁の庇護を得て4つの聖職禄を兼併したという。

　ベネディクトゥス12世（在位1334-42）以降の教皇の治世において教皇庁

アヴィニョンの教皇宮殿

の徴税システムがもたらす巨富は顰蹙の種であったが、その弊害を抑えることはできなかった。これらの富は人件費だけでなく、建築活動にも費やされた。教皇に仕えるスタッフは1,000名を超え、彼らの執務室や住居も必要だった。また、この時期は黒死病流行と百年戦争とも重なる。安全のためにも巨大で堅牢な建物が造られ、同時に美しさも追い求められた。アヴィニョンには各国から多くの芸術家が招かれた。繊細な画風で知られるシエナ派のシモーネ・マルティーニ（1285頃-1344）らが1340年アヴィニョンに招かれ、新教皇宮殿建設の仕事に従事した。シエナ派は北方のゴシック様式などと融合して国際ゴシック様式を生み出し、14世紀後半から15世紀にかけてヨーロッパ各国の宮廷、たとえば北フランス、フランドル、プラハ、カタルーニャなどに共通した様式の芸術が流行するようになる。

　富は豪奢な宮廷生活にも費やされた。金銀の大皿が食卓で使われ、高価な白テンの毛皮が祭服に用いられた。クレメンス6世（在位1342-52）は学芸のパトロンとして知られるが、金遣いの派手さでかなう者はいないと評され、ギャンブルや競馬にも打ち興じた。アヴィニョンの祝祭は耳目を集め、のちの宮廷の模範になったという。さらに親族贔屓（ネポティズム）の悪弊は進み、甥や郷党の人々に顕官がばらまかれ規律は緩んだ。アヴィニョン教皇期の枢機卿の半分近くは南フランス出身で、ほとんどの教皇は甥たちを枢機卿に選んでいる。クレメンス6世は6人の親族を枢機卿とし、そのうちの一

シエナ派のマッテオ・ジョヴァネッティによる
アヴィニョン教皇宮殿内の壁画

人はグレゴリウス11世となる。ルネサンス教皇の先駆と呼ばれるにふさわしかろう。さらに枢機卿アルボルノス（1310頃-67）によって1353年始められた教皇領回復事業は莫大な資金を必要とした。アヴィニョン教皇庁後期に飛躍的に歳入が増えている理由の一つである。教皇庁がもたらすメリットよりも、税負担や悪弊などのデメリットが上回ると見なされるようになった。

　教皇権への批判は高まった。以前から皇帝に近い論者によって批判はなされ、たとえばダンテは『帝政論』を著して教会の統治と世俗の統治の分離を主張した。アヴィニョン教皇期ではパドヴァのマルシリウス（1275頃-1342)が『平和の擁護者』を著し、清貧を奉じるフランチェスコ会士オッカムのウィリアムが反ヨハネス22世の主張を掲げた。さらにクレメンス6世がかつてフランス国王顧問会議の一員であったように、アヴィニョン教皇後期にはフランスの強い影響力が感じられるようになり、イングランドの司教座が不在聖職録としてフランス側に渡ることも起きた。イングランド王は敏感に反応し一連の反教皇立法を行った（第13章3参照）。ウィクリフもイングランド王権を背景に教皇権に辛辣な批判を行っている。

　批判がうずまくなかで教皇はローマに帰ることを企てた。一つには「ローマに帰れ」というイタリアからの声が強まり、また百年戦争の余波でアヴィニョンも安全とは言い切れず、枢機卿アルボルノスが進めていた

教皇領回復作戦も成果を上げつつあったからである。ウルバヌス5世（在位1362-70）は1367年ローマに帰還したが、予想以上にローマが荒れ果て治安が悪かったためアヴィニョンに戻った。次のグレゴリウス11世（在位1370-78）も1377年ローマに教皇庁の一部を移したが、ふたたびアヴィニョンに帰ることを考えていた。その矢先に教皇はローマで急逝した。この死が教皇庁の威信を大きく揺さぶることとなる。

2　教会大分裂

　教皇グレゴリウス11世の死によって教皇選挙が行われることになった。教皇選挙令の規定により、新教皇は前任者が死去した地で選ばれなければならない。新教皇を選ぶ選挙人である枢機卿はそのとき23名、そのうち選挙に加わった枢機卿は16名だった。長年のアヴィニョン滞在によって枢機卿の構成は大きく変わり、当然フランス人教皇が選ばれるはずだった。だが1303年以来の教皇選挙にローマの民衆は興奮した。選挙が行われる部屋の外で人々はイタリア人教皇を声高に要求した。

　生命の危険を感じた枢機卿団が1378年4月に選んだのは南イタリアのバーリ大司教バルトロメーオ・プリニャーノだった。彼はイタリア人だったがフランス系のナポリ王家に仕えており、野心がない操縦しやすい人物と見なされたのである。しかし新教皇ウルバヌス6世（在位1378-89）の行動は彼らの予想を超えていた。ウルバヌス6世は世俗君主からの仲介手数料を受け取る当時の慣行を禁じ、多くの聖職禄を兼併する枢機卿を非難し、彼らの贅沢な生活を断罪した。枢機卿たちは自らの選択を後悔し、フランス系のみならずイタリア系枢機卿さえもローマから逃亡し、脅しによってなされた選挙は無効であるとして1378年9月教皇クレメンス7世（在位1378-94）を選出した。彼はジュネーヴ伯の末子でフランス王の近親者でもあった。ウルバヌス6世はこれに対抗してすぐに枢機卿24名を任命

した。これによって2
人の教皇と2つの枢機
卿団が生まれた。ウル
バヌス6世はローマを、
クレメンス7世はア
ヴィニョンを本拠とし
た。彼らはライバルの
権威を貶め自らが唯一
の教皇であると主張し
た。

　ウルバヌスを正統な
教皇と認めたのはイン
グランド、スカンジナ
ヴィア諸国、ハンガ
リー、ポーランド、
ヴェネツィアなどで、
一方クレメンスを認め
たのがフランス、ス

教会大分裂期の両陣営

コットランド、イベリア諸国などである。帝国は大半がウルバヌスを支持
したが、フランスの影響力が強い西部ではアヴィニョン支持の領邦がいく
つも見られた。帝国の宗教的統一はすでに綻んでいたのである。どちらの
教皇を支持するかは国家の対立関係にも左右された。百年戦争でフランス
と対立するイングランドはローマ教皇を支持し、イングランドの侵攻に苦
しむスコットランドは反対にアヴィニョン教皇を支持した。内乱下のポル
トガルでは対立する陣営が異なる教皇に支持を表明した。イニシアチブは
世俗国家に移り、教皇は各国の支持を取り付けるのに汲々とした。

　対立する陣営が異なる教皇を支持することは教会内でも見られた。内部
対立が激しかったフランチェスコ会では総長がウルバヌス6世を見捨てて

教会大分裂期の教皇在位表

```
                    グレゴリウス11世
                      (1370-78)
        ┌──────────────┴──────────────────────────┐
〈ローマ〉                                        〈アヴィニョン〉
┌─────────────────┐                      ┌─────────────────────┐
│  ウルバヌス6世   │                      │                     │
│   (1378-89)     │                      │    クレメンス7世    │
├─────────────────┤                      │     (1378-94)       │
│ ボニファティウス9世│   〈ピサ教会会議〉  │                     │
│   (1389-1404)   ├──┬─────────────────┤                     │
├─────────────────┤  │ アレクサンデル5世 ├─────────────────────┤
│インノケンティウス7世│  │    (1409-10)     │                     │
│   (1404-06)     │  ├─────────────────┤  ベネディクトゥス13世 │
├─────────────────┤  │  ヨハネス23世    │   (1394-1417廃位)   │
│ グレゴリウス12世 │  │  (1410-15廃位)   │                     │
│  (1406-15退位)  │  │                 │                     │
└────────┬────────┘  └────────┬────────┘  └──────────┬──────────┘
         └──────────┬─────────┴───────────────────────┘
              〈コンスタンツ公会議〉
            ┌─────────────────────┐
            │    マルティヌス5世    │
            │     (1417-31)       │
            └─────────────────────┘
```

クレメンス7世支持に寝返る混乱が生じた。国ごとに修道会が分断され、支持を得るために恩典がばらまかれるなど規律の緩みを惹き起こした。司教選挙をめぐっても、敗れた陣営が対立教皇に承認を求めることが起こった。1378年のリエージュ大司教選挙では司教領内の勢力争いと結びつき、ウルバヌス派の司教に対してクレメンス派の対立司教が立てられた。

　教会分裂解消のためにさまざまな努力が払われた。まず試みられたのは自発的辞任をうながす説得である。しかしウルバヌス6世もクレメンス7世も耳を貸さなかった。ウルバヌス6世が1389年に死去した際に統一のチャンスが訪れたが、ローマの枢機卿団は教皇ボニファティウス9世（在位1389-1404）を選出した。教皇はなお強い権限を握り、彼ら枢機卿の富や権力も教皇に負っていたからである。さらに1394年クレメンス7世が死去した際にも統一の可能性はあったが、教皇ベネディクトゥス13世（在位1394-1417廃位）が選出された。それぞれの教皇は統一の努力のふりはするが、惰性をとめられなかったのである。

　このような状況のなかで熱心に議論されたのが支持の撤回である。この

企ては特にフランスにおいて顕著で、パリ大学を中心に主張された。1396年フランス聖職者団とパリ大学は討論の結果、アヴィニョン教皇への支持を撤回した。ベネディクトゥス13世は多くの枢機卿に見放され、アヴィニョン教皇宮殿はフランス軍に攻囲されたが、教皇は籠城を続けた。その間にローマでは2人の教皇が亡くなったが、やはり教皇は選出され続け教皇座に自己解決能力がないことは明らかとなった。

　ベネディクトゥス13世とグレゴリウス12世（在位1406-15）は解決のため会談の準備があると表明したが、これも結局言葉だけに過ぎなかった。各国の我慢は限界に達しつつあった。ローマの枢機卿たちは危機感を抱いてグレゴリウス12世の宮廷から離脱し、アヴィニョンの枢機卿たちもベネディクトゥス13世を見限った。両陣営の枢機卿らは合同して1409年ピサで改革のための教会会議を開き、新たに教皇アレクサンデル5世（在位1409-10）を選出してベネディクトゥス13世とグレゴリウス12世の廃位を宣言した。しかし両教皇はこれを認めず、またも枢機卿団を任命した。これによって3教皇と3枢機卿団が鼎立することになった。問題の根は深く解決への道程は遠かった。

3　公会議主義運動

　教会分裂は「譲位による道」では解決できなかった。第7章2で見たように、グレゴリウス改革を経て教皇権は高まり、ラテン世界全体の教会管理権を主張し、それを実現していた。権限を集中させていったのが教皇個人と枢機卿団である。教皇は選挙制によるため選ばれるまでは弱いが、ひとたび選ばれたならば「キリストの代理人」として誰もその権能を掣肘することはできなかった。教会大分裂を招き起こしたウルバヌス6世の事例がよく示しているようにである。一方で枢機卿団にも権限が集まり、教皇選出にあたり枢機卿らの事前の合意を守るよう新教皇を条件づけることも

あった。最初はインノケンティウス 6 世（在位1352-62）選出の時になされ、枢機卿の人数制限、権限、収入などを定めていた（選出されると教皇はつねにこれを無効と宣言した）。こうして重大な案件は教皇と枢機卿の会議である教皇枢密会議（consistorium）で決せられるようになっていた。教会大分裂はこれらがともに機能不全に陥ったことから生じたのである。

　「譲位による道」に代わって注目されたのが「会議による道」である。教皇への権力集中はすでに多くの批判を呼んでいたが、教会法でも以前から安全弁が考えられていた。教皇権を擁護する傾向にあるグラティアヌス「教令集」でさえも「教皇は誰にも裁かれることはない」としつつも「信仰から逸脱していると認められる場合はその限りではない」と留保していた。ボニファティウス 8 世に対してフランス王フィリップ 4 世が求めた裁判開催の要求もこのような根拠に基づいていた（第 9 章 2 参照）。

　またローマ教皇を頂点とする秩序が主張される際、教会は「教皇を頭とし、他の諸教会を四肢とする有機体」とする理論が展開されたが、この有機体説は四肢である諸国の教会の復権のきっかけともなった。ローマ法の「共通善 bonum comune」、すなわち「すべての構成員に善い」の概念を採用し、四肢も頭の行動を正す権限を有するとしたのである。教会法学者でフランス王権に近かったギヨーム・デュラン（1330頃没）は「全員に関わる事柄は全員に認められなければならない」と主張し、公会議こそ教会全体の意見であるとし、10年ごとの公会議開催をすでに求めていた。

　1378年に 2 人の教皇が並び立つ教会大分裂が始まると、すぐに公会議開催を求める声が上がった。教会法学者ゲルンハウゼンのコンラート（1390没）やランゲンシュタインのハインリヒ（1397没）らが公会議での問題解決を呼びかけた。彼らはともにパリ大学で学んでおり、この地を中心に教皇権の制限が説かれていたことが想起される。彼らの主張はピエール・ダイイ（1351-1420）やジャン・ジェルソン（1363-1429）らに受け継がれ、のちのピサ教会会議やコンスタンツ公会議の理論的基礎となった。

　ピサ教会会議の失敗は、より高い権威を有する正式の公会議開催が必要

であるとする主張を強めた。しかし問題は誰が招集するかであった。ラテン世界において公会議は教皇のみが開催できるとされたからである。ジェルソンらの声に動かされ、1396年ニコポリスの戦いでオスマン朝軍に大敗するも、ローマ人の王となったジギスムントが自らの権威を高めようと公会議開催のため奔走した。これに応じたのが、ローマ教皇グレゴリウス12世を支持するナポリ王ラディズラーオ1世（在位1386-89、1399-1414）に破れた教皇ヨハネス23世（在位1410-15）である（本章4参照）。彼は海賊とも関係があったと噂されるいかがわしい人物だったが、ともあれ解決のためにピサ教会会議で選出された教皇アレクサンデル5世の後継者だった。彼は自らの正統性が公会議によって信任されると目論んだ。会議はイタリアに近い帝国都市コンスタンツで1414年11月開会され、多くの枢機卿、司教、修道院長が参加した。ジギスムントの主導によって始まったこの公会議は、参加者の多いイタリアの発言力を減じようとして採決法を変更し、それまで1人1票であったものを国民（natio）ごとの投票とした。これは国民意識の高まりを表しており、公会議という普遍的な存在にも国民が入り込もうとしていたことの表れでもある。

　3教皇の廃位が議題に上がり、自らの目論見が外れたことを悟るやヨハネス23世が1415年3月逃亡したため、公会議は危機に瀕した。招集者であり、それまでの教会法解釈によれば公会議の権威の源泉である教皇が不在となったからである。しかし公会議は開き直って活動を続け、直後に採択された教令「この聖なる（会議）はHaec Sancta」は「公会議はキリストから直接その権限を受け、教皇にも優越する」と主張した。そして教会分裂を収拾し、教会全体の改革を行って教会内の異端を一掃することを目指した。ヨハネス23世は連れ戻されて5月廃位され、ローマのグレゴリウス12世は1415年7月に自ら退位を宣言した。残ったアヴィニョンのベネディクトゥス13世は1417年7月に廃位が宣言されたが、アラゴン王の庇護を受けて退位を拒み、死去するまで自身が正統な教皇だと主張し続けた。こうして3人の教皇はどうにか排除されて教会大分裂は収束し、改革に向かう次

の一歩が待たれた。

　改革は急務だと全員が理解していたが、どのように実行するかとなると意見の一致を見なかった。不在聖職禄や聖職禄兼併がいけないと誰もが考えていたが、しかし悪弊はやみがたく存在理由もあった。教会が莫大な富を有する一方で、世俗国家の徴税機構は未発達で、国庫はつねに空で公僕に支払う財源に事欠いていたからである。公会議主義運動を主導したダイも、多いときは同時に14聖職禄を享受していたという。改革者でさえもこうなのである。各国の利害も衝突し陰謀も渦巻いた。ジェルソンはフランス分裂の一因となったオルレアン公ルイ殺害を擁護した神学者を断罪しようとしたが、ブルゴーニュ派の反対にあって挫折しフランスにはしばらく戻れなかった。

　公会議は多くの問題を先送りにし1417年10月教令「頻繁にFrequens」を採択した。これは教皇による召集がなくとも公会議を定期的に開くことを可能とし、最初は５年後、さらに７年後、以降は10年ごとに定期的に開催すると定めた。新教皇は就任にあたってこの教令の順守を誓わなければならなかった。1417年11月公会議はローマ豪族出身の枢機卿オド・コロンナを新教皇マルティヌス５世（在位1417-31）として選出した。新教皇のローマ帰還は暗黙の前提であり、教皇領におけるコロンナ家の強力な地盤も考慮されたのであろう。教皇選挙は通常の選挙人である枢機卿に加え、イングランド、フランス、ドイツ、イタリア、スペインの５国民各６名の代表者も参加して行われた。前代未聞の手続きである。こうして教会大分裂に一応の終止符が打たれたが、教会改革という課題が残されていた。

　その後の教皇座の努力は、しかしながら教会改革にではなく公会議の優位を覆すことに費やされた。コンスタンツでの決定に従ってマルティヌス５世は1423年北イタリアのパヴィアに会議を招集したが、疫病を理由に開催地をシエナに変更させ、さらに参加者が少ないことを理由に７年後の開催地をバーゼルに決めて1424年会議を解散させた。その間に彼は教皇領の治安を回復してローマに入城し権威の復活に努めた。

　彼の跡を襲ったエウゲニウス４世（在位1431-47）は前任者が招集した
バーゼル公会議を無力化することに傾注した。シエナ教会会議同様に解散
を目論んだが、参加者たちはコンスタンツ公会議の精神を再確認し、逆に
教皇を公会議に召喚して、事態は教皇対公会議の対決という様子を呈し始
めた。結局エウゲニウス４世は譲歩を余儀なくされ、公会議の存続を認め
ざるを得なかった。このように公会議派はなお優勢で多くの改革を主張し
たが、オスマン朝の侵攻を受けてコンスタンティノープルが軍事支援と引
き換えに東西教会合同の提案をするという好機が訪れた。教皇は東方から
の使節を迎えるに都合がいいとして、1437年アドリア海に近接するフェ
ラーラへの会議の移転を実行した。これに反対する公会議派はフランスや
ドイツの支持を受けてバーゼルに留まり、エウゲニウス４世の廃位を一方
的に宣言し、サヴォイア公アメデオを教皇フェリクス５世として擁立した。
一方フェラーラには東ローマ皇帝ヨハネス８世パレオロゴスやコンスタン
ティノープル総主教などの東方正教会の高位聖職者たちが到着し、東西教
会合同に向けて1438年会議が始められた。さらにエウゲニウス４世は疫病
の流行や資金難などを理由に、メディチ家の支援を受けて1439年公会議を
フィレンツェに移した。主導権は教皇に移りつつあった。

　フィレンツェでの討議はいくつかの点をめぐって難航はしたものの、東
西教会の不一致を解決すべく妥協が探られ、1439年合意が得られた。しか
し、これは東方正教会全体の同意を得たものではなく軍事支援を得るため
の政治的な方便であったため、東方の一般聖職者や民衆から強い敵意が示
された。東西教会合同を目指した1274年の第２リヨン公会議の決定が、東
ローマ皇帝ミカエル８世パレオロゴスの努力にもかかわらず、やはり一般
の支持が得られず立ち消えになったのと同じように（第15章４参照）実効
性はなかった。さらに1453年のコンスタンティノープル陥落によってこれ
らの努力は水泡に帰した。

　この経緯において顕わになったのは公会議派の分裂である。公会議参加
者には伝統的な教皇君主政を支持する者もいれば、あらゆる積年の弊害を

一掃しようとする改革者もいた。しかし多くの中間派も存在し、世俗国家の利益を最優先しようとする勢力もいた。中間派は成果の上がらぬ議論に疲れて東西教会合同に希望を見出し、教皇派に切り崩された。その代表例がニコラウス・クザーヌス（1401-64）である。彼は中世後期を代表する神学者でバーゼルでは公会議派として活躍するが、のちに教皇派に転じ枢機卿に叙せられている。人文主義者エネア・シルヴィオ・ピッコローミニのように教皇（ピウス2世（在位1458-64））となる者さえもいた。バーゼル公会議は中間派を失ってますます過激化していった。

　各国は自らの利益に従って行動した。フランスはバーゼル公会議の決定のうち自国に有利な一部を採用したものの、公会議への強い支持は示さなかった。ドイツでは皇帝フリードリヒ3世を中心に教皇庁と「諸侯の政教条約」が結ばれ、皇帝が教皇の同意なく一部の司教を任命する権限が認められ、これは翌1448年のウィーン政教条約につながることになる。教皇は、不本意ながらも、公会議派を潰すためには譲歩を惜しまなかった。世俗勢力は公会議派支持を仄めかしつつ、できうる限りの利益を狙った。原則に終始し妥協できない過激な公会議派と比べると教皇庁は話の分かる交渉相手だったのだろう。各国が得たものはその交渉力に比例し、16世紀になると、その差が次の大事件である宗教改革の起爆剤となる。

　教皇との合意を受けてフリードリヒ3世はバーゼル市長に対して公会議派の安全を保障せぬよう命じた。1448年公会議派はバーゼルを退去して対立教皇フェリクス5世の地元ローザンヌに移ったが、公会議派を支持する者はほとんどいなくなりフェリクス5世も1449年に退位した。

　教会大分裂は教皇庁への大打撃だった。さらに公会議主義運動に勝つため教皇座は多くの譲歩を重ね、その衰退は決定的となった。なお教皇権には多くの権限と有用性は残っていたものの、次第にイタリアの地方勢力と化し、ルネサンス教皇の時代を迎える。帝国に続いて教皇権という普遍的権威も失墜し、国民が大きく力を伸ばしてくる。

4　「国民教会」に向かって ─────────

　15世紀の教会大分裂を経て教皇権が衰退し、表舞台に出てくるのが国民
教会である。これはもちろん国民の形成を受け国家制度の整備発展と並行
するもので、次の時代の主役となる。その先頭を進むのがフランスである。

ガリカニスム

　ガリカニスムとは、王権の下でのガリア（フランス）教会の自由と一体
性を唱え教皇権の介入を排除しようとする主張を指すが、アヴィニョン教
皇期後半からフランス聖職者団は次第に教皇庁に距離を置き、フランス王
権に接近した。教会はローマ皇帝コンスタンティヌス１世の時代に見られ
るように君主の支配下にあることが通例であった。これはゲルマン諸王国
にも受け継がれ、カール大帝は神に対して責任を負うのは自分であり、教
皇や司教はその補助者に過ぎないと考えていた。教皇を頂点とする秩序が
むしろ例外的なのである。

　またフランス教会は古くからローマ教会に対する独立傾向が強かった。
そのよい例は第３章６で取り上げたランス大司教ヒンクマールである。彼
は自らが座すランス教会を頂点とするフランク教会の確立を目指し、教皇
ニコラウス１世（在位858-867）やヨハネス８世（在位872-882）と対立し
た。必ずしもヒンクマールの野心が満たされたわけではないが、彼の動き
はフランク教会の自立への傾きをよく表していよう。グレゴリウス改革に
おいてもローマ教会の首位権を越権とし、教皇権による独身制の強制を伝
統に反すると主張する司教も多く存在した。さらに13世紀のパリ大学にお
ける托鉢修道会出身教員と在俗聖職者出身教員の抗争は、パリ大学に反托
鉢修道会の思潮を生み、彼らを支持し恩恵を与える教皇庁への反発も育ん
だ。これらがガリカニスムの下地となる。

　ルイ９世の治世においては教皇座の介入に不満を伝えることもあったが、
フランス王権が教皇権と対立することは少なく、むしろ皇帝権へのカウン

ターバランスとして恩恵を受け「ローマ教会の長女」と呼ばれるほど親密な関係にあった。しかしフランス王権が伸長するにつれて両者の利害は衝突した。特にフィリップ4世はローマ教会の権限に真っ向から反対した（第7章5参照）。教会裁判権は王権にとって一種の治外法権であり、これを弱めることは王権支配の貫徹に必須のことだったからである。さらに聖職者課税や司教区新設などの問題からボニファティウス8世が教皇勅書「唯一聖なる（教会）をUnam Sanctam」を発すると、フランス王は1303年フランス聖職者団を招集し、自らを支持させて教皇の越権を非難させた。さらに教皇への反論を執筆するようパリ大学の神学者に指示した。

アヴィニョン教皇期にはガリカニスムの主張は喧しくはなかった。フランス王権とフランス聖職者団は十分なものを得たからである。だがこの間に両者の統合は進み、教会改革の先導者としての王の役割も強調された。事態を加速させたのが教会大分裂である。アヴィニョンに戻ったクレメンス7世はフランス王権とフランス聖職者団の固い支持を信じたが、辞任の圧力さえ受けるようになった。すでに1380年頃にはフランス王は「神によって立てられた者」と讃えられ、解決の主導権を取るよう求められた。1394年クレメンス7世が死去しベネディクトゥス13世が選出されると、1396年フランス聖職者団とパリ大学は教皇座に自力解決能力なしとしてアヴィニョン教皇への支持を撤回した。1398年には「ガリア教会の自由」が主張され、フランス王はガリア教会の保護者とされた。

バーゼル公会議の議論と混乱の中にシャルル7世と側近はフランス教会を王権に有利に再編する好機を見出した。1438年王はブールジュに高位聖職者を招集し「ブールジュのプラグマティク・サンクション」を発した。公会議主義にそって公会議が教皇の上位にあり、10年ごとに定期開催すべきことを主張し、教皇権の悪弊を断罪してその権限を霊的領域に制限し、教皇の人事権、課税権、裁判権を公式に否定した。フランス聖職者団は教皇から離れて王権と手を結び、フランス教会は実質的にフランス王の管理下に入った。ガリカニスムはルイ14世時代のボシュエによる「4ヵ条の宣

言」（1682年）によって明確になるにしても、ここにその端緒が存在する。

　教皇座はこれを黙認せざるを得なかった。シャルル7世はバーゼル公会議派の対立教皇クレメンス7世ではなく、エウゲニウス4世を支持してくれたからである。その後もフランス王と教皇庁の間で交渉は繰り返されたが、1516年フランス王フランソワ1世（在位1515-47）と教皇レオ10世（在位1513-21）がボローニャで会談して政教条約が結ばれ、フランス王と教皇の関係は正常化した。この条約によって「ブールジュのプラグマティク・サンクション」は廃止され、公会議優位の主張は撤回されて、教皇の長年の悪夢は払われた。だがフランス王は司教の指名権を得て、教皇は重大な違反がなければフランス王が指名した者を叙階するとされた。実質的に「ブールジュのプラグマティク・サンクション」下で行われていたことと大差はない。ルターによる『95ヵ条の論題』の前年に、すでにフランス王はドイツでは宗教改革後でなければ君侯が得られなかった権限を手にしていた。ある意味でフランスでは宗教改革が必要なかったのである。

フス派

　この時期の国民教会に向かっての歩みとして忘れてはいけないのは、神学者ヤン・フスを指導者として始まったフス派の運動である。フスは先鋭的な思想を展開したが、プラハ大学で教育を受け現在のチェコにあたるボヘミアを出ることはなかった。だが、彼はもっと広い同時代の知的動きに属していた。一つにはプラハのヒエロニムス（1379-1416）を通じてのイングランドのウィクリフの影響である。ウィクリフは聖体の実体変化説を唯名論によって否定し、聖書の俗語訳を推進し、百年戦争にあってフランス支持に傾く教皇権を制限することを主張していた。またフスはパリや低地地方の「新しい信心」の影響を受けていた可能性がある。さらにボヘミアには異端ワルド派の系譜をひく人々が住んでいた。フスはこれらの影響を受け、教会改革者として人々の信仰心を鼓舞した。

　その頃チェコではドイツ人とチェコ人の対立が激化しつつあった。皇帝

位に就けなかった王ヴェンツェルがチェコ人勢力と結んで勢力回復を目論んだのである。大学内でも同じような嵐が吹き荒れ始め、1409年ドイツ人教員はプラハ大学を去った。チェコ人に敵対する人々はローマ教皇グレゴリウス12世に訴えた。教皇はウィクリフの教えを禁じて著作の焼却を命じ、禁令はフス派にも適用された。この決定はチェコの人々に大変な困惑をもたらした。さらに状況を激化させたのが贖宥状の問題である。1411年教皇ヨハネス23世は対立するローマのグレゴリウス12世を支持するナポリ王ラディズラーオ1世を討つため十字軍を計画し、その費用を賄うために贖宥状の販売を始めた。フスはウィクリフに従って断固としてこれに反対した。一部の人々は教皇よりもフスを信じた。

　1414年コンスタンツ公会議が召集されると、皇帝ジギスムントはこの問題を解決すべくフスに出頭を命じ、会議中の彼の身の安全を保障した。フスは自らの主張の正しさを信じて応じたが、ジギスムントの介入にもかかわらずフスはウィクリフ主義の咎で有罪とされ、1415年火刑に処せられた。

　フスの死は人々の信仰に終止符を打たなかった。貴族層に加えて都市の細民さらに農民もフス派に加わった。教会当局の圧力は彼らを硬化させ、1419年フス派を排除しようとするドイツ人市長と市参事会員をフス派が襲撃した（プラハ窓外投擲事件）。この事件を契機にドイツ人の追放やカトリック教会への襲撃が広がり、フス戦争が勃発した。1420年春にはターボル派と呼ばれる急進フス派の拠点がチェコ南部に形成され、彼らは自らの戦いを聖戦と見なした。彼らはこの当時一般信徒には許されなかったパンとブドウ酒による聖体拝領を主張し、説教の自由、教会財産の世俗化なども求め、終末論も吹き荒れた。フス派は分裂して彼らの一部は略奪者と化し、1436年最終的にはポーランド軍によって鎮圧された。信仰と国民が結びつき、それが既存の秩序に受け入れられず排除された事例である。

第17章

衣食住

　ヨーロッパ中世を理解するうえで欠かすことができないのが物質文明である。中世初期のヨーロッパはなお貧しく、豊かさを享受できるのは一部の人々に限られた。古代ローマのような水準には達していなかったのである。身分の高い者だけが飽食し、豪華な衣服をまとい、清潔な住居に暮らすことができた。多くの人々は余裕ある生活を送ることはできなかった。それゆえ中世初期の一般庶民の生活道具で現存するものはきわめて少ない。鉄は釘でさえも回収され再利用された。

　しかし中世後期になって西欧の経済が回復し余裕が生まれると、以前よりも多くの人々が生活を楽しむことができるようになった。衣食住は健康を守ると同時に差異化の指標でもあった。中世後期については遺物も多く残されている。本章では中世の人々の衣食住について中世後期を中心にさまざまな地域と時代のトピックをとりあげて、中世の一面を明らかにしたい。

1　衣服 ──────────────────

　人を識別するものといえば衣服である。身体を保護し寒暖から身を守るという機能に加え、その人物の身分や富、出身を明示するのが服装であり、その違いに貧富が表れた。中世を通じて衣服は高価なもので、ワット・タイラーの乱の指導者の一人ジョン・ボール（1338頃-81）は「アダムが耕しイヴが紡いだとき、誰がジェントリだったのか」と言ったとされるが、必ずしもすべての農家の女性が機織りに従事していたわけではない。第10章2で述べたように機織りには何段階もの工程が必要で、素材も地域条件に左右される。農村でつくられたものであっても、新たな衣服を得るためには対価が必要であり、現金収入の乏しい中世前半の農民には難しかった。

　そのため農民の服装は中世後期に農村の経済的状況が改善されるまであまり変化がない。彼らは肌着にズボンを穿き、あるいは長靴下をつけて、それにチュニックを羽織るのが一般的だった。素材は亜麻あるいは毛織物で木綿や絹は考えられなかった。織物は高価であったため一着しかない場合がほとんどで、多くは農作業で汚れ擦り切れあるいは継ぎが当たっていた。服を大切にするため肌脱ぎで作業することもあっただろう。

　対照的なのは王侯や高位聖職者の服装である。彼らはローマ風の装束に憧れ競って模倣した。カール大帝はアインハルトの『カール大帝伝』によれば伝統的な衣服を好み、亜麻の肌着とズボンをつけ、その上に絹で縁飾りをしたチュニックを着たという。だが彼の息子や孫はローマ人のように着飾って肖像画に現れる。服装は着ている者の高貴さを体現した。

　服装は出身も明示した。第10章5でユダヤ人には独自の服装が強制されたと述べたが、地域差も大きかった。11世紀の年代記作者ラウール・グラベルは「1000年頃フランス王ロベール2世がアキテーヌよりコンスタンスを后に迎えると、この王妃のせいでフランスとブルゴーニュに軽佻浮薄な人々がオーヴェルニュとアキテーヌから流れ込み始めた。彼らは行いにおいても服装においても捻じ曲がっており、武具についても無様で、頭の半

ばから髪を切り、道化のように髭を剃り、不潔きわまりない編上げ靴と脛当てを着けていた。彼らは信仰と平和の盟約をなおざりにした」と述べている。アキテーヌの人々の服装が北フランスの人々にとって奇異に感じられたことはサンティアゴ・デ・コンポステラ巡礼の案内記にも記されているが、服装や習俗の違

中世の農民の服装

いは人間性や信仰に対する疑いと結びつくこともあった。

　社会が次第に豊かになり、また新しい素材が舶来するにつれて服装は変化した。12世紀にはいると十字軍の影響により東ローマやイスラームの文化が西欧に流入し、絹織物や高価な毛皮、宝石、染料などが盛んに輸入された。衣服のデザインも従来のゆるやかなチュニックをただ重ねただけのものから、襞を取ったり腰を紐で締めたり袖を広げるなど変化し豊かになった。黒海周辺など東方から高価な毛皮ももたらされた。アーミンという白テンや黒テン、キツネ、ラッコ、カワウソなどが人気であったが、特

中世王侯貴族の服装

中世人は誇示することを好んだ。王は白テンの毛皮で
縁取られたロイヤル・ブルーの衣装をまとい入城する
が、それを汚れた服を着た細民たちが仰ぎ見ている。

権階級だけが身につけられる
素材であった。

　衣服の色も重要な要素で
あった。中世で用いられた染
料はさまざまな動物や植物か
ら抽出した天然のものであっ
た。赤色はアカネなどの根や
貝紫から、青色は大青（たいせい）など藍
科の植物から得られたが、そ
の多くは原料を大量に処理し
てもわずかな量しか得られな
いため希少品であった。美麗
な服は高貴な人物しか着られ
なかったのである。

　13世紀になるとフランドル
などで毛織物の生産が活発に
なる。絹織物は11世紀頃から
イタリアで生産されリヨンで
の生産も始まった。輸入に頼
らず、金襴緞子、サテンやビロードなどがヨーロッパでも織られるように
なった。このころ木綿も流通し始めた。木綿は吸湿性や肌触りに優れるが、
気候的にヨーロッパは栽培に適さないため輸入品に限られた。

　時代が進み社会に余裕が生まれるにつれ、身分の高い人々や豊かな人々
は衣服への出費を厭わなくなった。それに応じてファッションが誕生する
ことになる。人々は衣裳に大金を投じ、髪型に工夫を凝らした。有力市民
も流行形成に加わった。服装は身分と密接に結びついているため、富裕で
あろうと、一般市民に対しては華美な服装を規制する「贅沢禁止令」が繰
り返し発布された。

身分に見合った衣服は身分
にふさわしい振る舞いとも関
わり、貴族は身分に応じて
「正しく」振る舞わねばなら
なかった。宮廷には厳格な序
列が存在し、人々は君主を頂
点とする宮廷社会の構造に組
み込まれており、それぞれの
序列の礼儀作法が存在した。
下位の者は上位の者を助け、
若年者は年長者を手伝わなけ
ればならず、女性が服を汚さ
ずにすむよう男性は手を添え
なければならなかった。礼儀
作法は自らを顕示する手段で

宮廷人の服装

もあり、一見したところでは優美な振る舞いをしているに過ぎなかったが、
彼らは礼儀によって自分を認めさせる闘争を礼儀によって密かに繰り広げ
ていたのである。バルダッサーレ・カスティリオーネ（1478-1529）が著
した『宮廷人』は、正しく振る舞う必要に迫られた貴族の教科書となった。
　中世において衣服に贅沢ができる人は限られていたが、これらの人々は
男性性や女性性を強調した。男性は盛りあがった胸と広い肩を自慢し、二
の腕や脛に詰めものをして筋肉を強調し、股袋（コッドピース）を装着し
た。中世ではイヴは否定されマリアが崇められたが、女性は脚を隠しつつ
も腰や胸を強調し、女性の貞淑さと魅惑が同時に顕示されていた。性差は
秩序であり、それゆえ男性の女装や、特に女性の男装は秩序に対する挑戦
と見なされた。各人は地位と身分に見合った服装と振る舞いをしなければ
ならなかったのである。

2　食生活 ————————————————————

　現在知られている中世料理のレシピの多くは中世後期に属し、貴族の宴席用のものである。それゆえホストの力や富を顕示することが目的であり、高価な香料や砂糖が過度に用いられ、珍しい食材が大量に使われている。西欧社会の地力は高まり豊かな食生活が可能となったが、中世社会はつねに凶作や飢饉に脅かされており、食料は貴重だった。しかし人々が工夫をして食生活を豊かにしようとしていたことは言うまでもないだろう。

　食事は1日2回昼と夜に摂られ、昼が中心であった。貴族は暴飲暴食のため朝は食欲がわかず聖職者は食欲に屈するのを嫌ったため、正規の食事は減らされた。それゆえ間食を摂らないことが社会的ステータスにもつながった。しかし労働者や女子供・病人は朝に軽食を摂った。英語の朝食 breakfast は「断食を破る」という意味で否定的な意味を含んでいるが、現実的には多くの人に必要だった。農繁期など体力を使う場合には10時や3時に「おやつ」を摂ることも珍しくなかった。

　まず庶民の食事と中世の食材について触れよう。彼らの主食は穀類で、さまざまな穀類が用いられた。そのまま粥にしたり、あるいは製粉してパンを焼いたりした。粥は製粉やパン焼きのコストがかからないため、より安価な食事だった。パンには小麦、ライ麦、大麦などに加えてオーツ麦なども挽かれ、豆や木の実が加えられることもあった。穀物の種類によってパンの色や食感は異なり、白いものから黒いもの、ふんわりしたものからボロボロしたものまでさまざまあり、価格もそれに応じて異なった。パンは決して捨てられなかった。一つにはミサにおいてキリストの身体と同一視されたからだが、食糧が乏しかったからでもある。古くなったパンも粥にされ、ときには発酵させて酒とすることもあった。パンは主食として重要であったためパンの価格や質を安定させるための都市条例が定められ、大きさ、重量、価格が決められた。

　彼らの副食は限られていた。野菜を肉や脂の一片と一緒に煮込んだもの

が一般的だった。野菜も大航海時代以前には種類が限られていた。新大陸からジャガイモ、トマト、トウモロコシ、南瓜、インゲン豆、唐辛子などがもたらされる前は、人参、玉葱、キャベツ、蕪、青菜、ニンニク、そしてヒヨコマメ、ソラマメ、エンドウマメなどの豆が主だった。

　肉は貴重であった。家畜を育てるにはその肉で得られるカロリーの数倍もの飼料が必要だからである。それゆえ残すことなく利用した。冬に備えて豚は屠殺され、肉は塩漬けあるいは燻製にされ、脂はラードに、血もソーセージにされた。貴重なタンパク源であり、料理に風味を与えるものだったのである。北洋の鱈や鰊なども、商業が活発になるにつれ重要な蛋白源となった。

　冷蔵庫もない時代にあって保存技術は限られていた。塩蔵、燻製、酢漬け、乾燥などの方法に頼るしかなかったが、長期に及ぶ保存のため風味が低下し臭いがつきやすかった。保存のためには大量の塩が必要で、そのため産地が限定される塩は間接税徴収のため最適の物品となった。ブドウ酒は贅沢品であったが、やはり産地が限られるため重要な担税商品とされた。

　香辛料はもっとも贅沢なものの一つであり、胡椒、シナモン、ナツメグ、生姜、クローブ、サフランなどは、アジアやアフリカから輸入されたためきわめて高価であった。砂糖は十字軍によって知られるようになりイベリア半島などでも栽培されたが、高価で香辛料の一種とみなされた。輸入品でない香辛料としてはセージ、マスタード、パセリ、ミント、ディル、などが栽培され、次第に庶民の料理にも用いられるようになった。

　庶民と対照的なのが貴族の食事である。彼らは大量の肉を食し、家畜である豚や羊よりも、家禽類や貴族の特権である狩猟の獲物である鹿、猪、野兎などを好んだ。宴席のみならず日常にも大量の肉が消費された。1450年頃ブルゴーニュ公「善き」フィリップの妃の食卓には毎日羊の骨つき背肉4切れ、肩肉6切れ、脚6本、仔牛半頭、牛脛肉、去勢鶏1羽、鶏16羽、鳩5つがい、さらに雉などの獲物が供せられたという。食べきることを考えたのではなく、側近や従者にも振る舞うためでもあっただろう。主人の

貴族の食卓

誇らしげにクジャクが供せられている。

大度を表現するためであったが、けた違いの量である。これは貴族と庶民の体格の違いをもたらした。だが、過度の肉食は体調にも影響し、食事療法も盛んになった。ヒポクラテスおよびガレノスの四体液説に基づいた中世の「養生法」が多く残されているが、これらは睡眠と散歩、運動と休息、瀉血や下剤などとならんで大食や暴飲の戒めについて説いている。

　忘れてはいけないのが聖職者の食事である。聖職者の食事は修道戒律に影響され、本来的には質素なものであった。ベネディクトゥス戒律に従えば修道士の食事はパンとブドウ酒が基本で、それ以外は毎食2皿、それも肉類は病気のときなどに特別に許されるものであった。食事中には沈黙が課せられた。聖書が朗読されるなかで美味に溺れることなく神に専心することが求められた。だが一方で手話が発達し、食事中もせわしく手が動き続けてうるさいほどだったという。

　修道院が富裕化し修道士が特権身分出身の者ばかりになると次第に規律は緩んだ。修道院は薬草酒だけでなく、その農業生産の余力でブドウ酒やビールも大量生産した。多くは流通に回されたが内部消費に向けられるものもあった。規律が厳しかったシトー会士ですら毎日の酒量は増えた。修道院では卵も多く使用されたが、現代と違って鶏が数日に1回しか卵を産まず大量飼育もされていない時代にあっては大御馳走だった。

教会が定める暦は食事にも影響した。四旬節や、水曜日と金曜日の斎日に聖職者は肉、乳製品、卵などの動物性食品を避けた。この影響は一般信徒の生活にも波及した。人々は敬虔に規定を遵守したが、他方で不満を漏らし抜け道を探した。斎日でも魚は許されたため魚料理は次第に手が込むようになった。大豆でできたガンモドキが肉団子を擬したものであるように、魚がハムやベーコンにされ、アーモンドミルクが本物の乳の代用品となった。

修道女の食事風景
聖書が朗読されている。

　食事はこのように身分と深く関わっており、ステータスの重要な指標だった。貴族は遠い外国からもたらされた香辛料で味つけされた獲物の肉と白いパンを食するのが当然と考えられ、庶民はボロボロした黒いパンや少量の塩漬け豚肉と野菜や豆で我慢すべきだとされた。鹿や白鳥などを庶民が食べることは厳禁され、従わぬことは社会秩序への挑戦と見なされた。食事についても庶民の豪華さに制限を掛けようとする贅沢禁止令が繰り返し発せられ、身分にふさわしくない食事を非難する説話が多くつくられた。

　中世後期に商人らが富を蓄えて新たな階層を形成すると、彼らは貴族をまねて豊かな食生活を営むようになる。黒死病によって労働人口が激減して賃金が上昇し、広大な農地が農民不足のため牧草地へ転換され市場に多くの肉が出回るようになると、肉が庶民の手にも届くようになった。庶民

のブドウ酒やビールの消費量も増えた。修道院だけでなく都市内外の醸造所の記録が増えていくことも、このことを裏づけていよう。

3 住居

　住まいも人々の生活を映す鏡である。住む人の財産、生業や文化を反映する。それゆえさまざまな形態が存在する。教会は巨費を投じて残ることを想定して建造されたが、他のものはそうではなかった。城でさえも西欧で遺構が残るのは11世紀頃に建てられたものからであるという。永続するものを建てるには社会全体の余裕が前提なのである。

　まず王侯の居館について触れよう。ローマ帝国の壮麗な宮殿の時代が終わり、貧しい資源しか持たない中世においては王侯の居館さえも小さかった。物資の調達が難しく、その存在をつねに身近に感じさせるため宮廷は巡幸し続けなければならなかったためでもある。フランク王国が衰えて異民族の侵入が激しくなると、各地の領主は半ば自立して居館の周りに柵を設け濠を掘った。多くは木造の簡易なもので櫓と若干の付属施設を備えるに過ぎなかった（第5章3の図版参照）。だが次第に石造の天守や外壁が建築されるようになり、12世紀には十字軍の影響によってビザンツやアラブの技術を取り入れ築城技術に革新がみられた。囲壁は二重三重に増築されて厚くなり、塔はより衝撃に強い円筒型になった。だが居住空間は相変わらず貧しいままだった。石造は建設期間と経費が掛かり、大きな空間は建造だけでなく防衛のためにも多大なマンパワーが必要だったからである。

　王権が強化されて物流が向上すると、宮廷は定着し成長した。フランスではフィリップ2世がパリに城壁をめぐらしルーヴル宮を居館とした。会計院や高等法院がシテ島に設けられ、キリスト受難の荊冠が納められた王家の荘厳な礼拝堂サント・シャペルもやはりシテ島内に建てられた。これらの機関は実務を執行するという機能だけでなく、王の権威を体現してい

た。豪華さはその主の力に比例したのである。

　美しい建物には経費が掛かり、最高の素材、最高の製作者、そして最高の審美眼が必要である。中世において重要なのは顕示である。力ある者はその力を誇示しなければならなかった。君主はあらゆる手段を尽くし、祝祭にも全力を尽くした。それらのうちでもっとも有名なものの一つが「金襴の陣」である。これ は1520年6月カ

15世紀のルーヴル宮
現在のものとは大きく異なる。

レー近郊でヘンリー8世とフランソワ1世が両国の友好を深めるために開いた会見場を指すが、金襴でできたテントや衣装、盛大な饗宴や音楽、馬上槍試合などのため、このように呼ばれる。王たちは華美によって相手よりも優位に立とうとした。ヘンリー8世は特に力を入れ、彼の装備は金と真珠で埋め尽くされ、さらに約1万㎡の仮設宮殿を建てさせ、使われた板ガラスは人々を驚かせたという。ヘンリー8世の随行員は1ヵ月で2,200頭の羊と同程度の量の他の肉を消費し、2つの噴水から赤ワインが湧きだしたという。一方のフランソワ1世も著名な音楽家に作曲を依頼し、当時のヨーロッパでもっとも優れた楽師を用意した。集った人々はダンスに興じ豪華な晩餐に列なった。莫大な経費である。17世紀の市民革命の原因の一つがこのような贅沢を可能とする苛税に対する不満であったという説が

あるのも頷ける。

　一方、庶民の住まいは、都市であれ農村であれ、ほとんど残存していない。木組みは火災や腐朽に弱く、石材は運搬に経費が掛かるため、既存の建物から剝がされて再利用されるのが常であったことも、古い民家が現存しないことに影響していよう。ローマ市に残る古代遺跡の多く（たとえばコロッセオ）は利用できる壁面の大理石を剝がしきった残骸に過ぎず、撤去する費用も惜しまれて広大な市域に放置されたものであるという。中世の住まいを再現するには考古学に頼って、柱跡の位置などから再構成する必要がある。

　住まいの形態は地域差が大きい。一般的にヨーロッパ北半では木軸の建物が多く、南半では石壁の建物が多いというが、これは入手可能な建材や気候、建築の伝統が大きく影響するからである。クリュニー市に現存する民家を見ると、教会建築に用いられた技術が波及することもあったと思われる。

　土地に余裕がある場合は平屋あるいは２階建てが多かったが、密集した都市内では５階建てあるいは６階建ての建物も存在した。そのような場合には街路に建物が張り出すこともあった。個人の利益と共同体の福祉の両立が図られ、都市条例が高さやファサードなどを規定した。家をめぐって「公」と「私」の複雑な攻防が交わされたのである。

　間取りも多様である。居間、寝室、台所、倉庫などに分けられるのが典型的だったが、農民や商工民の場合には職住の機能が同一家屋に収まっているものが多かった。商工民の場合には１階が作業場や店舗を兼ね、農民の場合、たとえばブドウ酒生産農家の場合には酒樽が置かれ、あるいは家畜が一つ屋根の下に同居している場合もあった。

　家具は少なく、貴族でなければテーブル、ベンチ、櫃（ひつ）など数個しかないのが一般的だった。ベッドもあまり一般的ではなく、ベンチの上に広げられた毛皮や藁を詰めた敷布団の上に寝ることが多かった。夜着はほとんどなく、人々は裸でシーツの間に入るか、昼と同じ肌着で寝た。近世になる

と豊かな人々は膝まである肌着を着たが、替えは少なく、肌着や敷布の数はその家の財産に比例した。プライバシーの概念は弱く１つの寝室に幾人もの成人が寝起きすることも多く、隔てるのは垂れ布であった。隙間風や湿気を防ぎ石壁の冷たさを緩和するためにも、余裕のある家ではタピストリーを掛けた。

　窓は少なかった。建物の強度の問題や雨風の問題があったからだが、採光や通気のためには必要でもあった。窓が設けられた場合には動物の皮を薄く鞣して透過性を高めたものを用いることもあった。大理石を薄く切ったものやガラスもあったが、これらはきわめて高価だった。特にガラスは大きな板状のものをつくる技術がなく、ステンドグラスのように組み合わせたり、あるいは吹きガラスの技術を利用して円盤状の「クラウンガラス」を組み合わせ大きな窓を覆うよう試みられたりしたが、教会や宮殿に限定された。一般民家に用いられるようになるのは後世のことである。

　それゆえ部屋は薄暗かった。明かりは炉の火、あるいは蠟燭で得られたに過ぎない。オリーブオイルのランタンも照明に用いられたが、オリーブが栽培できない地域では油は輸入するしかなく庶民には高嶺の花であった。多くは蠟燭が利用されたが、当時のヨーロッパには２種類の蠟燭があった。蜜蠟でつくられたものと獣脂でつくられたものである。蜜蠟蠟燭は高価なため王侯の邸宅や教会で用いられ、庶民の家では比較的安価な獣脂蠟燭が点けられたが、臭いと煤が生じた。節約のためにも明かりはなるべく灯されず、人々の生活は夜明けと日の入りを基本とした。

　下水施設はローマ時代につくられたものの多くが使用不可能となっており、当時の技術では新設は不可能だった。個人宅にトイレはほとんどなく、施療院でさえ備えていなかったという。あったとしても便槽に直結している穴があるだけだった。多くの場合、用はおまるで済まされ、雨天や夜間に道に投げ捨てられた。ゴミも家の周辺に棄てられることが多く、道路はこうしたものでつねに一杯で、豚や羊などの家畜を夜間に放ち、汚物やゴミを処理させたという。

　人口増にともなって環境汚染が進むと、都市は河川に沿って建設されることが多くそこから飲料水を取ったため、水質の問題が生じた。ローマ時代の水道施設が残っていたところでは修理しながら使用したが、水道を新たに建設することは難しかった。豊かな人々はきれいな水を買い、貧しい人は川の水を飲んだが、これは病気の原因となった。また大量の湯を沸かすのが難しかったため、個人の家には風呂がなかった。さらに公衆浴場は売春と結びつき疫病の感染源と見なされたため、日常的には簡単な沐浴が行われることが多かった。

　中世ヨーロッパでは家畜や灯りのために家に臭いが籠もり街路にも悪臭が広がっていた。ヨーロッパで香水が発達した背景には、体臭やさまざまな臭いを解消するという目的があったという。悪臭は病気の原因と見なされて忌避され、黒死病の流行後に人々は公衆衛生に敏感になっていき、都市の美観や環境について都市当局は多くの条例を発したが、事態が大きく改善されたわけではない。道路や下水道の整備には巨額の資金が掛かるからである。中世人の住空間はなお未開だったのである。

第18章

人の一生

　人は生まれたならば、必ず死ぬ。人は自分の人生の意味を考え、合理化して受け入れようとする。いかなる時代、社会であろうと同じである。ヨーロッパ中世においても、人はその生の諸局面にあって喜び、怒り、悲しみ、恐れ、苦しんだ。その様子は現代と共通するものもあれば、趣を異とするものも多い。喜びも嘆きも激しく、時には誇張されて表現された。

　人はどのように生まれ、どんな子ども時代を過ごしたのか。家族や性はどのように見られて、結婚はどのように考えられていたのか。病気にどのように対処し、医療はどのような水準にあったのか。黒死病は中世社会にどのような刻印を押したのか。不安や死にどのように直面し、死後はどのように考えられていたのか。

　本章ではヨーロッパ中世におけるいくつかのライフステージをとりあげ説明することとする。なおとりあげたトピックは多岐にわたり時代や地域を超えているため、前章と同じく点描的であることをお断りしなければならない。

1　子ども

　人生の出発は誕生である。少子化社会の現代と異なり女性は可能な限り
出産したため、10人を超える兄弟姉妹も珍しくはなかった。だが低い医療
水準や栄養状態のため子どもの死亡率は高かった。さまざまな試算がなさ
れているが、たとえばイングランドでは生まれてから1年のうちに25%が、
1歳から4歳の間に約12%が、5歳から9歳の間に6％の子どもが死んだ
という研究もある。幼児のうちに半分近くが死んでしまったのである。

　それゆえ中世では洗礼を受けずに死ぬ子どもも多く、古代教会において
洗礼は大人に対してなされたが、彼らの魂を案じる親たちの歎きに応えて
幼児洗礼が広まり、かつて洗礼は復活祭など特定の日に行われていたのが
生まれてすぐなされるようになった。また以前は洗礼盤の水に浸る浸水礼
（第7章1の図版参照）が行われていたが、聖別された水を降りかける灌
水礼に変わったのも幼児が受ける負担を軽減したいという気持ちが反映し
たともいう。避妊や中絶は罪と見なされたが、一方で戦乱や飢饉の際には
嬰児殺しが口減らしとして行われた。

　フィリップ・アリエスは、『〈子供〉の誕生』（1960年）において、中世
には子どもに対する言及が少なく、ヨーロッパでは近代に至るまで「子ど
も」という概念は存在せず、死亡率が高いため家族の親密な情愛も薄かっ
たと主張した。彼の見解は中世における子どもへの態度に対する活発な研
究を刺激した。現在では埋葬における副葬品や玩具などの遺物を通じて、
また挿絵や文献などを通じて研究が進み、中世においても子どもに対する
情愛は存在したといわれる。子ども独自の遊び文化なども記録されている。

　女子は12歳、男子は14歳で大人になった。その年齢までは世俗裁判で罪
に問われることもなく、教会で告解することも聖体拝領することも結婚す
ることもできなかった。大人になるには生業を身に付けなければならない
が、そのための教育は最初の段階では主に家庭内で行われ、躾にはときに
厳しい体罰が用いられた。その後身分の高い者たちは教会や城などで、庶

民は年季奉公で、あるいは家庭内で教育を受けることになる。成長につれて仕事が任されるようになり、子どもは特に庶民において重要な労働力であった。女子は多くの場合学校ではなく家庭内で家事や手わざなどの教育を受けた（学校教育については、第10章4を参照）。

イエスの子ども時代を描いた15世紀の挿絵
父ヨセフが大工仕事に、母マリアが糸仕事に没頭する間、幼子イエスは補助車を使って歩いている。おそらく、この時代の家庭の幸せの姿を反映していよう。

2　家族

　家族は社会全体の枠組みと連動し、社会を構成する基本単位であり、消費の場であり中世においては生産の中心でもあった。そして人生の多くのステージが繰り広げられるところでもあった。だが中世の家族の様相を数値データで知ることは難しい。江戸時代の宗門改帳や近代ヨーロッパの教区簿冊などのような出生、婚姻、死亡や家族構成を記した史料が存在しないからである。

　家族が成立するのは結婚によってである。貴族は10代で結婚することも多かったが、一般には20代半ばであったとされる。手に職をつけるため男性の結婚年齢は高く、遠隔地商人などは一定の経験と資産を得た後で同郷の女性と結婚することが多かったようである。一方、女子の結婚年齢は比較的低かった。

　さまざまな文化において結婚の際には多くの儀式や承認が存在するが、

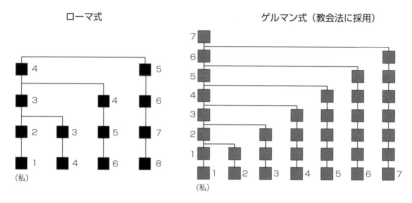

ローマ式　　　　　　　　　　ゲルマン式（教会法に採用）

親等の数え方の違い

ローマ式では個人を数えるのに対してゲルマン式は共通の先祖に遡って世代を数える。それゆえローマ式では４親等にあたるイトコはゲルマン式では２親等にあたる。教会はゲルマン式を採用し、その主張する近親婚の範囲は広かった。

西欧中世において圧倒的な意義を有したのはやはりキリスト教である。結婚は性的要素を含み異教的風習を色濃く残していたが、12世紀頃から教皇座は結婚を秘跡とし教会のコントロール下に置こうとした。教会は結婚を受け入れ聖化したが、その過程は結婚式が行われる場所に反映されているという。当初、結婚に対して距離を置いていた頃、結婚式は教会の外の前庭で行われた。その後結婚を受け入れるにつれ新郎新婦は教会堂の扉の前で祝福されるようになり、最終的には教会堂の中の祭壇の前で結婚は司式され秘跡とされた。教皇座は婚姻に関する多くの法令を発布し、７親等以内の近親婚を禁じた。ゲルマン式親等の数え方による範囲は現在の数え方では14親等にあたり、きわめて範囲が広かった。教会の権限は大きく、王の結婚や離婚に対する多くの断罪はその効力をよく示していよう。婚姻や性は教会の影響力が強く浸透しやすい分野だったのである。

　また教会は守るべきモラルを広めた。性欲を節制すべきものとして、大祝日には性交を避け、教会に入るにも清浄を求めた。同性愛は倒錯として否定され、姦通は断罪された。もちろんこれは原則に過ぎず、『モンタイユー』に描かれるカタリ派信者たちの性行動を見れば、現実が時代や地域、

階層によって大きく異なっていたことは明らかである。

　中世社会には聖職者や修道女という多くの無性者が存在し、彼らは性に否定的であった。聖職者教育を受けた人々による反結婚文学というべき文学ジャンルも存在し、それらの作品は結婚生活を揶揄した（第19章1参照）。15世紀初頭の『結婚十五の歓び』は反女性的な風刺文学だが、若者と老人を対比させ、翻弄される老人を皮肉に描いている。ルネサンス期の「聖家族」

ラファエロ「聖母子と髭のない聖ヨゼフ」

画で、嬰児のイエスを抱く少女のマリアの横に寂し気な老いたヨゼフが描かれているのもそのような傾向の表れだろう。一方で新婚において性はあからさまで、シャリヴァリという儀式において若衆組から祝福と揶揄を浴びることもあった。

　家族像にも教会の影響力は及んだ。家族は父系的であり、血統が重視され、家父長の権力が強かった。夫は強く、勇敢でなければならず、一方で妻は貞淑で、敬虔でなければならなかった。女性は、ある場合にはマリアとして崇敬され、ある場合にはイヴの娘として恐れられたが、家庭が生産の中心だった中世において女性労働はきわめて重要で、勤勉などの徳が求められ、女性の発言権も大きかったであろう。遺産相続権もさまざまであり、女性が財産の管理権を相続できることもあれば、女系継承を禁じたサリカ法などに基づいて認められないこともあった。疑似家族的なメンバーとして郎党も重要な役割を果たし、召使や家内奴隷も家族とともに居住した。中世の家族もさまざまな要素で構成されたのである。

3 病気

　人は誰でも病気になる。だが中世においてその意味合いは現代とは大きく異なっていた。病気の原因がよくわからなかったのである。微生物の存在が知られるのは17世紀であり、病気の原因として細菌が理解されるのはルイ・パストゥール（1822-95）やロベルト・コッホ（1843-1910）の時代になってからである。病気に真に対抗できるようになるのも19世紀後半以降といっても過言ではなかろう。それ以前は伝染病には隔離するしか術がなかった。それゆえ人々は疫病で病院に入れられるのを恐れたという。生きて退院することが難しかったのである。

　中世においても医学教育は存在し、サレルノ医学校やモンペリエ大学がその中心であった。サレルノ医学校は11世紀頃からギリシア・ローマ医学の伝統にアラブやユダヤからの新知識を加えた医療で名声を得たが、12世紀頃からはモンペリエ大学などが代わって台頭した。大学で教えられるのは伝統的な机上の学であった。特に有力であったのはローマ時代のギリシア人医学者ガレノス（129頃-200頃）の教えである。彼はヒポクラテス

瀉血

（前460頃-前370頃）の四体液説を継承し、人体は血液、粘液、黒胆汁、黄胆汁からなり、これら体液の調和が崩れることで病気は生じるとした。学校でのほとんどの時間はヒポクラテスなどの古代作家を読むことに費やされ、臨床研究や解剖は行われなかった。

　よく用いられた医療法は瀉血で、体内にたまった不要物や有害物を血液とともに外部

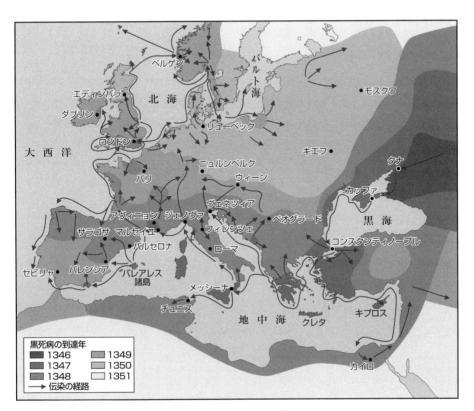

黒死病の広がり

に排出させることで健康を回復できるという考えによるものであった。理
髪店の看板が赤・青・白の縞模様であるのは剃刀を用いる中世の理髪師が
瀉血にも従事していたからであり、赤は血、白は包帯を表すともいわれる。
経験知に基づく民間医療も多用されたが、迷信や呪いも多く混入していた。
栄養状態もよくない者は簡単に死んでしまった。

　疫病のうちでも他を圧倒する被害をもたらしたのが黒死病と呼ばれるペ
ストである。542年から543年にかけ東ローマ帝国で流行した疫病もペスト
によるものとされ、人口の半分が死亡して帝国に大打撃を与えた。この黒死
病が800年を隔てて1347年10月中央アジアからシチリアのメッシーナに上陸

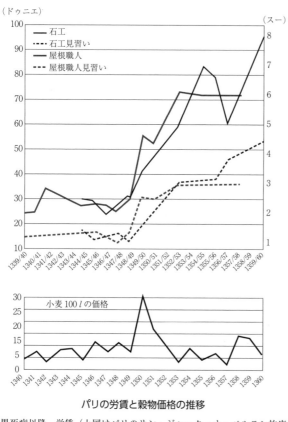

パリの労賃と穀物価格の推移

黒死病以降、労賃（上図はパリのサン・ジャック・オ・ペルラン施療院の記録に基づく）が上昇する一方で、それと比較すると穀物価格は直後は高騰したが安定している（1スー＝12ドゥニエ）。

した。瞬く間にアルプス以北のヨーロッパにも伝わり、当時のヨーロッパ人口の半数前後である約2000万から3000万人が死亡したと推定されている。その後も黒死病は数年に1回の割合で繰り返され、17世紀までに100回以上の大流行が生じ多くの死者を出した。もちろん地域差があり規模も異なっているが、たとえば15世紀だけでも1438-39年、1456-57年、1464-66年、1481-85年、1500-03年に流行したといわれる。

　黒死病は無数の死をもたらしたが、これが次の時代の可能性を引き出したとする主張もある。黒死病以前の西欧は「人口は幾何級数的に増加するが食糧は算術級数的にしか増加せず、放置すれば人口過剰、すなわち貧困が発生する」とするマルサスの罠に陥っており発展の可能性が狭まっていたが、この危機によって人口圧から解放され生活の向上と省力化による技

術革新がもたらされたとするのである。また写字生不足が活版印刷誕生への刺激の一つとなり、大量死が臨床医学への関心を惹き起こしたとする研究もある。

4　不安

　中世で繰り返された戦乱や飢饉だけでなく黒死病の強い衝撃によって、中世後期の人々は不安に苛まれていた。災厄や病気に対して無力さを感じる人々は聖人のとりなしにすがった。中世後期には十四救難聖人という、危急の際にその名を呼ぶと困難を救ってくれる聖人が崇敬されたが、頭痛のアカキオス、発熱のバルバラ、喉の痛みのブラシウス、腺ペストのクリストフォロス、腸の病気のエラスムス、出産のマルガリタ、癌や結核のパンテレイモン、癲癇のヴィトゥスなど、その多くが病気に関わっている。聖人のうちでもっとも呼びかけられたのは聖母マリアである。キリストにもっとも近しい存在として、慈愛溢れる母として祈願され、その助けが求められた。その外套の下にあって人々が聖母の慈愛に訴えるさまが描かれた「慈愛の聖母」と呼ばれる主題は、災厄を前にして無力さを感じる人々がどれほど彼女を崇めたかを示していよう。

　聖人の骨や持ち物はその功徳が宿る聖遺物と崇められ、救いを求める人々はそれに触れるあるいは見るこ

慈愛の聖母（アンゲラン・カルトン作、14世紀）

とを願った。不安と切望は多くの聖遺物を生み出させた。キリストが架けられた十字架の破片は西欧全域のものを合わせれば森一つ分もあり、イエスに洗礼を授けた洗礼者ヨハネの右腕は千本あると皮肉混じりにいわれることもある。昇天して遺骸が地上にないはずのキリストの遺物も探し求められた。このようにしてイエスが十字架上で流した血あるいは乳歯が発見されて聖遺物とされたのである。

　戦争、飢饉、疫病は不安を増幅した。人々は神の赦しを乞い叫び、災厄が終わることを祈願した。ときにヒステリーによる大爆発が生じた。有名なのは鞭打ち苦行である。これは自らの身体を鞭打つ苦行で11世紀頃には修道院内の実践として行われていたが、やがて敬虔な一般信徒にも広がった。12世紀中頃イタリアに出現した際には過激化し、瞬く間にドイツ、フランス、低地諸国、ハンガリーなどにも伝播した。人々の絶望は高まり、行列をつくって町々を練り歩いて自らを鞭打って人々に悔い改めを説き、神罰の原因となった聖職者の堕落を糾弾した。これは教会による断罪を招いたが、類似した運動がやむことはなかった。

　鞭打ち苦行の大発生にも影響し不安をさらに刺激したのが終末論である。キリスト教の救済論には最後の審判と神の国の到来が組み込まれており、終末論は根本的な要素の一つであるが、世界の終末を現実の歴史の流れの中で理解しようとするとき、さまざまな暴発が生じる。当時、世の終わりは天地創造から6000年目に訪れるという解釈が支配的だった。それゆえ6000年目がいつになるかということが熱心に計算され、具体的な年が挙げられた。人々は世の終わりを恐怖しつつ、一方で待望した。救われると確信する人々にとっては、神の国の一員となって永遠の幸福を得られる機会でもあったからである。終末の計算方法は他にもあった。キリストの生誕や受難から計算する方法である。区切りのよい年、たとえば西暦で1000年目や100年刻みで終末の待望が繰り返された。1399年夏頃「白派」という運動がイタリア北部および中部で生じた。ある農民が白い服をまとった聖母を幻視して世界を新生させるというお告げを受けたのである。老若男女

を問わず人々は白い服を着て行列を組み「神の平和」を求めた。これも
1400年という特別な年と連動した運動である。

　フィオーレのヨアキムの主張も大きな波紋を呼んだ。彼は歴史を3期に
分け、第1期を律法による「父の時代」、第2期を新約による「子の時
代」とし、それぞれが42世代続くとした。そして1260年に「子の時代」が
終わり、新しい第3期「聖霊の時代」が訪れると予言した。ヨアキム自身
には動揺をもたらす意図はなかったが、彼の予言はさまざまに解釈された。
特にフランチェスコ会ではアッシジのフランチェスコと関連して理解され
異端的分派を生じさせた。皇帝フリードリヒ2世が再び現れ終末を導くと
いう予言も大きな影響を有していた。

　フィレンツェ・ルネサンスの暗黒部分といわれるサヴォナローラの生涯
もこのような背景で理解されなければならない。彼は1452年北イタリアの
フェラーラで生まれたドミニコ会士で、フィレンツェ生まれではないよそ
者であった。彼は罪の悔い改めを説き、神罰が切迫しているという黙示録
的説教で大衆に人気を博した。この手法は当時珍しいものではなく、ボッ
ティチェッリ（1445-1510）に絵筆を一時捨てさせた虚栄の焼却にもシエ
ナのベルナルディーノのような先駆者がいた（第11章4参照）。1491年頃
サヴォナローラはサン・マルコ修道院院長に選出されるが、この修道院が
コジモ・デ・メディチによって建てられた実質的にメディチ家の菩提寺的
修道院であったことを考えると当時はメディチ派と考えるべきだろう。

　サヴォナローラの人生が変わる契機は1492年頃神から直接の預言を受け
たとして「アルプスの北からキュロス大王がイタリアを征服に来る」と説
いたことである。これは1494年フランス王シャルル8世のイタリア遠征に
よって「実現」した。この時メディチ家当主ピエロ（1472-1503）は外交
に失敗し亡命を余儀なくされた。和平のための使節団がシャルル8世の陣
に送られ、サヴォナローラもその一員であった。和平後のフィレンツェ新
体制においてサヴォナローラはラッパの役割を果たし、大衆の政治的不満
を汲み上げて毎日説教を行い、この都市を「新しいエルサレム」として鼓

舞した。サヴォナローラ派が「泣き虫派」と呼ばれるのは、彼らがサヴォナローラの説教を聴いて涙を流したからである。彼の全盛は3年間続く。

　新体制がサヴォナローラの独裁だったわけではない。メディチ体制を支えていたが、状況の暗転によってピエロを追放したヴァローリ家などの名門が、実権を握っていた。1497年教皇アレクサンデル6世（在位1492-1503）による破門や、フィレンツェ商人を逮捕し財産没収するというメディチ家出身のレオ10世の威嚇は新体制を動揺させ、メディチ派によるクーデタ計画も存在した。そのような状況でライバルのフランチェスコ会から「火の審判」の挑戦がなされた。これは彼が予言者ならば火の上を歩いても大丈夫なはずだとする試練で、サヴォナローラは受諾せざるを得ず、日程も決められたが結局実行されなかった。サヴォナローラは逮捕され、異端審問にかけられて火刑に処せられ、ヴァローリ家のフランチェスコらはリンチによって殺された。サヴォナローラは異常な怪僧であったのではなく、中世後期における人々の宗教性と都市内の権力闘争の狭間で咲いた仇花というべきだろう。

5　老いと死

　戸籍調査がなかったため平均寿命の試算はできないが、老人は少なかっただろう。現代と同じように、老いても元気で生活を楽しんでいる者もいれば、早くに老け悲惨な者もいたし、その知恵と希少性ゆえに尊敬される者もいれば、老いのため負担と見なされる者もいた。さらに性差や地域差も考慮に入れなければならないため、老人の状況は一概には言い切れない。老人の英知や年の功に代わって教育で得られた新しい知が評価されるようになったといわれるが、元気であれば引退することなく生涯現役であることが多かった。そのため老いた夫と若い妻という組み合わせもしばしば見られた（本章2参照）。一方で老年を恐れや自己憐憫のうちに眺め、死へ

の準備に努めなければならないとする著作も多く見られた。

　キリスト教が西欧の死生観を支配する前は、死者は生者の近くにいたとされる。第5章3で触れた贖罪規定書では異教的な死者たちがさまざまに生者に関わっていたことが示されている。しかしキリスト教がヨーロッパの価値観となると、死もキリスト教化される。死にあたっては終油の秘跡を受け、埋葬は教会が認めた墓地でなされる必要があり、そうでなければ復活の保証はなかった。教会が死者と来世を管理したのである。

　さらに煉獄の概念が生まれ、人々は眼前の死だけでなくあの世での罰に慄いた。煉獄とは天国や地獄と並んで死後の魂が行く場で、死者のほとんどは天国には行けないが、地獄に墜ちるほどでもなければ、煉獄に行くと考えられた。すべての人が裁かれる最後の審判の前に、死者はここで個々に生前の罪を自ら償わなければならなかった。煉獄の概念は死者の魂を慰め生前の善行を勧めることを目的としたが、トマス・アクィナスらの托鉢修道士によって体系的に展開された主張によれば、煉獄での罪の償いは厳しく「地上の生での最大の苦痛よりも煉獄での最小の苦痛の方が苦しい」とされた。地獄と異なって煉獄は救われることが大前提だったが、煉獄は地獄化したといえる。

　そのため人々の切なる願いは死後の罰を軽くすることであった。さもなければ劫火に身を焦がされるのである。中世では、天秤のように、罪に見合うだけの償いを果たすべく善行に励まなければならないと説かれたが、これを業の信仰という。ルターらが説く「信仰のみ」あるいは予定説は存在したが、中世では主流ではなかった。人々は生前善行を積もうとして、日々何千回とロザリオの祈りを捧げ、高価な蝋燭を大量に祭壇に供えた。実践への傾斜は終わりがないマラソンのようだった。

　黒死病によるあまりにも多くの死は、死に慣れていた中世にとっても衝撃であった。ボッカッチョは「姉妹は兄弟を棄て、しばしば妻は夫を棄てるに至り、父や母は子どもたちをまるで自分のものではないかのようにみなし、訪問したり面倒をみたりすることを避けた」と『デカメロン』に記

蛆が這いまわる遺骸を描いたラ・グランジュ枢機卿（1402没）のトランジ

している。人々は黒死病を神罰と捉え、神の慈悲を乞い自らを鞭打ち行進
した。疫病をユダヤ人の所業と考えて虐殺を惹き起こすこともあった。世
の終わりが近づいたと考える者もいた。

　彼らは死に憑りつかれた。「メメント・モリ」、すなわち「いつか必ず死
することを忘れるなかれ」と呟き、現世での楽しみや名誉は空虚として来
世に思いを馳せた。高い栄誉と富を誇る者たちも競ってトランジと呼ばれ
る腐朽しつつある遺骸を彫った墓廟をつくらせた。時代は遡るが、教皇イ
ンノケンティウス３世の著作『人間の条件の悲惨さについて』は、このよ
うな心性を垣間見させてくれる。

　死を前にしての彼らの思いは遺言状の中に知ることができる。彼らは生
前の罪を悔い改め自らの魂のために祈ってくれるよう願った。命日には鎮
魂ミサを挙げるよう定め、救いの功徳のある神の言葉が常に聴ける祭壇前
に埋葬されることを望んだ。教会への寄進が遺言され、富裕な者は礼拝堂
を建て、そこに司祭を置くよう書き残した。莫大な負担を嫌う遺族と受益
者である教会の間で遺言の実行をめぐって訴訟が生じることも多かった。
これも中世の現実である。

第19章

宗教改革

　古代ローマ帝国が崩壊したのちも中世は帝国を模倣し続けた。しかし神聖ローマ帝国は力を失い、覇を競ったローマ教皇座も昔日の輝きを失った。国民国家の萌芽が見られ、コンスタンツ公会議で明らかなように教会も国民を軸に管理・再編されようとしていた。ヨーロッパは新たな時代へと移りつつあった。キリスト教は西欧社会に深く定着したが、きわめて多様な理解を生み出し、繁茂するツタのように枝分かれした。フス派問題は弾圧というかたちで収まったが火種は尽きず、小さな事件が西欧全体を揺るがす可能性があった。

　本章では新しいアプローチである人文主義について考え、その系譜に列なるルターの活動と意義について、そして彼の活動がもたらした亀裂について説明する。そして中世の終わりに立ちあったカール5世の帝国の性格と限界について述べ、反宗教改革とその余波について、つまり中世の終わりについて論じることとする。

史論』や『イタリア史』を、フランチェスコ・グイッチャルディーニ（3-1540）は『フィレンツェ史』や『イタリア史』を著して後世に大きな響を与えた。人文主義は危険な、だが無視できない方法だったのである。

ペトラルカからの影響を受けて、フランスでも人文主義が14世紀に開花しっとしていた。その中心の一つはアヴィニョン、もう一つはパリであっ

　これらの都市の官吏は職務を果たすためには事務処理能力に加えて麗い文章が書けなければならず，キケロの如き文章が求められた。また女も読者として、また作者としても重要になりつつあった。このような状をよく表すのが14世紀末の『バラ物語』をめぐる論争である。1230年頃女性をバラに喩え女性讃美的な宮廷風恋愛詩である『バラ物語』が書かたが、1275年頃女性蔑視的で「反結婚文学」的な続編が著された（第18、2参照）。フランス最初の女性職業文筆家とされるクリスティーヌ・・ピザン（1364-1430頃）は1399年これに反対し女性擁護の論陣を張っ。一方、この論争でピザンを攻撃したジャン・ド・モントルイユ（1354418）はパリで国王に仕え、アヴィニョンやイタリアでもさまざまな人主義者と交流した人物であった。文学が聖職者の独占物ではなくなりつつあった。

　パリ大学では議論のための議論に堕したスコラ学に代わって、新しいアローチが生まれつつあった。ジャン・ジェルソンのような人々は教会大裂の終結に努力して教会内の悪弊を正そうとする一方で、信徒の魂の救を重視した。その友人であるニコラ・ド・クラマンジュ（1360頃-1434頃）は一般信徒も聖書に直接触れるべきと主張した。一般信徒が聖書を求めることは異端的とされワルド派のように迫害の対象とされたが（第11章参照）、正統信仰の枠内においても聖書研究は認められようとしていた。

　この動きと並行して現れたのがデヴォティオ・モデルナ、すなわち「現代の信心」という意味の宗教運動である。これは14、15世紀の低地諸国やドイツで栄え、個人の内面的宗教生活を重視してスコラ学的アプローチを批判した。そのエッセンスはトマス・ア・ケンピス（1380-1471）によって

1 人文主義

　ローマの栄光に照らされた古典ラテン語への憧れは尽きなかった。古典ラテン文学を模倣してラテン語の詩を書こうする者は跡を絶たず、13世紀イタリアには早期人文主義者と呼ばれる人々が現れる。その代表格のロヴァート・デイ・ロヴァーティ（1240頃-1309）は、キリスト教的というよりは、どこか古典古代の刹那主義の香りがする詩を書いた。中世を継承するのではなく、格調高きラテン語で、古典へ回帰することを目指したのである。

　人文主義の歴史における巨人はやはりフランチェスコ・ペトラルカである。彼は作品の美しさだけでなく、いくつもの境界線を跨いでいるという点でも特筆すべき存在である。彼は1304年イタリアに生まれるが、フィレンツェを追放された公証人の父に従って5歳の時フランスへと移住する。教皇庁の書記となり、その才能ゆえに厚い庇護を受けた。彼は教皇庁を嫌ったが、そこで幾人もの友人知己を得た。最終的にはイタリア君侯の庇護を受けて北イタリアで没するが、彼の名声は高く1341年ローマで桂冠詩人に列せられ国境を超えた評価を得た。ペトラルカは永遠の女性ラウラをめぐる俗語の恋愛抒情詩によってルネサンス文学の先駆者として知られるが、熱烈な古典ラテン文学の礼讃者でもあった。特にキケロを崇拝し、その写本を求めて各地の修道院を訪れたり、手紙を書いて書き写してくれるよう依頼した。ペトラルカは俗語文学と古典研究の幕を開けたのである。

　イタリアの人文主義者はペトラルカが敷いた二様の道を歩んでいく。彼の友人であったジョヴァンニ・ボッカッチョは人々の性格や欲望を生き生きと描いた『デカメロン』で有名で、フランコ・サケッティ（1330頃-1400）の『小話三百編』など市井の生を描く文学の先駆となったが、恋人フィアンマを歌う恋愛抒情詩を著し古典研究にも従事した。

　教皇や君主の官房や宮廷で活躍する者も多く現れた。フィレンツェ都市政府ではコルッチョ・サルターティ（1331-1406）やレオナルド・ブルーニ

が書記官長に就いた。サルターティは洗練されたラテ
に送り、ブルーニは『フィレンツェ史』を著して都市の
た。彼らの活動はラテン語による著作を刺激しただけで
エル・クリュソロラス（1350頃-1415）などの学者を招い
を始めさせるきっかけとなった。

　またローマ市に溢れるローマの遺物は人文主義研究の
なり、教皇座のローマ帰還（1420年）にともなって古典研
威信を回復する方策の一環ともなった。ポッジョ・ブラッ
-1459）はサルターティの弟子で教皇座に勤務し、碑文、
し、ザンクト・ガレンやクリュニーなどの修道院を訪れて
本を発見した。フラヴィオ・ビオンドは世俗的な「3時代
世・近代）」の先駆の一人だが（イントロダクションの1参
誌や歴史に関する著作を残した。

　ロレンツォ・ヴァッラ（1407-57）のような人物も教皇
これ以前にヴァッラは教皇の世俗権の根拠の一つであっ
ティヌスの寄進状」を偽作と断定し、スコラ学がアリスト
解釈していると主張し、のみならず権威あるウルガタ聖書
指摘しており、多くの文書が新しく批判的な目で再検討さ
わらず教皇ニコラウス5世（在位1447-55）は彼を招聘した

　もちろん、人文主義に好意的な立場が支持され続けたわ
獄される学者も現れる。ヴァッラの弟子ポンポニオ・レート
アカデミア・ロマーナという学校を組織して文献研究を行う
の誕生祭」を祝い、異教を信仰しているとの嫌疑もかけられて
の弟子バルトロメオ・サッキ（プラティナ）（1421-81）は教皇
（在位1464-71）と対立して投獄された。そのためプラティニは
らか『教皇列伝』でパウルス2世を非難しているが、史料批
論を重視した面もあり、彼は歴史叙述に転機をもたらした。こ
受けて、『君主論』を著したニッコロ・マキャヴェリ（1469-152

書かれたとされる『キリストに倣いて』によく表れている。キリストへの信仰を中心として理性よりも意志を重視し、段階的な進歩を目指して一貫した方法を重視した。その影響はルターやメソディスト運動の創始者ジョン・ウェスレー（1703-91）などのプロテスタント諸派のみならず、イエズス会を創立したイグナティウス・デ・ロヨラ（1491-1556）にも及び、ロヨラが著した『霊操』には

ヒメネス・デ・シスネロスの多言語対訳聖書

その深い刻印がうかがえる。スコラ学的な理性によるアプローチでもなく、際限のない神秘主義的なアプローチでもない。意志と実践を重視した方法は近代へとつながっている。

　キリスト教の枠内で人文主義の原則に従って聖書などを探究しようとするアプローチをキリスト教的人文主義と呼ぶが、多くの国で聖書研究が産声を上げつつあった。カトリック教会内で先駆的に取り組んだのはスペインのフランシスコ・ヒメネス・デ・シスネロス（1436-1519）である。彼は敬虔なフランチェスコ会士でカスティリャのイサベル女王の聴罪司祭を務め、さらにトレド大司教兼カスティリャ王国宰相、カール5世未成年時には摂政を務めるほどの有力者だった。1499年彼は既存の組織を改組支援してアルカラ大学（現在のマドリード・コンプルテンセ大学の前身）を創立して学芸を奨励し、さらに聖書の多言語対訳を企て1514年には新約聖書を、1517年には旧約聖書を刊行させた。この多言語対訳聖書にはヘブライ

語、ラテン語、ギリシア語、さらにアラム語のテキストが並行して付せられ参照できる。

　イングランドではジョン・コレット（1466頃-1519）が1512年セント・ポール学院を設立し、聖書に基づいて初代教会の生活に戻ろうと主張した。彼の友人には、イングランド王ヘンリー8世の離婚に反対し首長令を否定して処刑された『ユートピア』の著者トマス・モア（1478-1535）がいる。フランスにおける代表的人物としてはジャック・ルフェーヴル・デタープル（1450-1536）が挙げられる。彼は繰り返し異端宣告を受けたが、聖書研究を進め新約聖書を1523年に、旧約聖書を1530年に翻訳して刊行した。ドイツではヨハネス・ロイヒリン（1455-1522）が活動した。彼はラテン語とギリシア語を学んだのち聖書を原典で読むべくヘブライ語を修得し、1506年にはヘブライ語の辞書や教科書を著して聖書理解を大きく前進させた。

　だがキリスト教的人文主義者のなかでもっとも有名なのはやはりデジデリウス・エラスムス（1469頃-1536）であろう。彼は一時修道士となるものの修道生活を棄ててギリシア語の研鑽に努め、各地を遍歴したのち1516年に新約聖書の校訂版を翻訳刊行して当時の神学研究に新風を吹き込み、ヒメネス・デ・シスネロスの多言語対訳聖書刊行事業の助言者となった。

　これらの人文主義者の多くはルターとはいくつもの点で考えが合わず、宗教改革を支持することはなくカトリック教会にとどまった。エラスムスは1509年の『痴愚神礼讃』の痛烈な教会批判で有名となり、ある意味では宗教改革を準備したのだが、エラスムス自身はルターに与せず1524年に『自由意志論』を著してルターと対立した。

2　ルター

　マルティン・ルター（1483-1546）は宗教改革の幕を切って落とした人

物だが、その生涯は当初は普通の教会人のものであった。

1483年ルターは鉱山主の息子として生まれた。貧しい境遇から成り上がった父は息子が法学士となることを望んだという。ペトラルカもそうであったように、教育の価値が尊ばれた時代にあって法学士は出世の道であり、一族全体が上昇するきっかけでもあったのだ。若きルターはエアフルト大学に通い法学を学んだが深刻な危機を迎えた。黒死病や死の恐怖や人生の目的に苦しんだのである。1505年の夏、彼はエアフルト近郊の草原で激しい雷

マルティン・ルター
（ルーカス・クラナッハ作）

雨にあう。落雷の恐怖にルターは「聖アンナ、助けてください。修道士になります」と叫んだという。彼は父の反対を押し切ってアウグスティヌス隠修士会に入った。当時アウグスティヌス隠修士会では規律の緩みや停滞を脱すべく、改革派が盛んに活動を繰り広げていた。

修道士となって祈りを繰り返しても、ルターはやはり自分が神の求める厳格な基準に達していない、救われないのではないかと苦しんだ。当時広く信じられていた「業の信仰」にも確信を得られなかった。どれほど善行を積んでも十分だと安心できなかったのである。哲学と神学を学んだが、彼はスコラ学的なアプローチの限界を感じ、神を理性で捉えることは困難だと考えるようになった。そして修道会の「父」であるアウグスティヌスの著作に親しんで人間の無力さと神の恩寵について考え、1512年から15年にかけてルターはパウロの「ローマの信徒への手紙」において義認論に出会う。人間は善行でなく神への信仰によってのみ（sola fide）正しいとされ、人間を義（正しいもの）とするのはすべて神の恵みであるという理解に達した。これが「塔の体験」と呼ばれるルターの転機である。

義認論はルター個人の独創によるものではない。アウグスティヌス以来

積み重ねられた伝統があり、ガブリエル・ビール（1410頃-95）などのカトリック的先行者もいた。のちにルターの思想は燎原の火のように広がるが、それは多くの人がその頃同じ問題に苦しみ共感の土壌がすでに形成されていたからであろう。ルターは内面的な転機をいくつも乗り越えながら、一方で通常の出世コースを歩んでいく。1507年には司祭に叙せられ、1512年には神学博士号を得てヴィッテンベルク大学の聖書学講座教授となった。1510年にはローマに修道会の代表として赴き、失敗はしたが改革派アウグスティヌス隠修士会の特権を教皇座から得るべく努力した。1514年にはヴィッテンベルクの説教師に任じられ、1515年にはアウグスティヌス隠修士会の地区責任者として多くの修道院を統括した。もしこのまま過ごしていたならば、おそらく修道会の上長とはなっただろうが、他の多くの平凡な人々のように歴史の霧の中で忘れ去られたに違いない。

　ルターの人生を、そして西欧世界を激動に投げ込んだのは1517年この地域で贖宥状（免罪符）が販売されたことである。これは煉獄での罪の償いを軽減するとしてカトリック教会が発行する証明書で、十字軍士に与えられたのが始まりだが、次第にさまざまな名目で販売されるようになった。この地域における1517年の販売は、のちにマインツ大司教となるアルブレヒト（1490-1545）の野心に端を発する。彼はブランデンブルク選帝侯ヨアヒム１世の弟であり、すでにマクデブルク大司教位とハルバーシュタット司教位を有していた。23歳で大司教となり２つの司教位を兼併するという状況自体がすでに教会法に反していたが、アルブレヒトはさらに選帝侯であるマインツ大司教位も得ようとした。特別許可を得るため彼はサン・ピエトロ大聖堂建築費捻出に苦慮する教皇庁に多額の献金を申し出た。フランスでは教会管理権はすでに王権に渡っていたが、ドイツではなお教皇がある程度、教会管理権を握り続けていたからである。教皇レオ10世はアルブレヒトにマインツ大司教就任を認める一方で、この献金を賄うためサン・ピエトロ大聖堂建築のための全贖宥を宣言し、贖宥状購入者にすべての罪の赦しを与えると布告した。1517年アルブレヒトはヨハン・テッツェ

ルというドミニコ会士らを贖宥状販売促進のための説教師に任命した。ア
ルブレヒトは自らの懐を傷めずに野心を遂げレオ10世も巨額の資金を得た
が、教会の統治はないがしろにされた。テッツェルは「贖宥状を購入して
コインが箱に音を立てて入ると、（罪を赦されて）魂は天国へ向かって飛
ぶ」と宣伝したと伝えられるが、これはルターを大いに憤らせた。彼は罪
をめぐって文字通り血のにじむ苦闘を味わっており、この安易さを許せな
かったのである。

　1517年11月ルターは『95ヵ条の論題』を公開し、贖宥状の有効性に疑い
を投げかけた。これがヴィッテンベルク大学の聖堂の扉に貼りだされたか
については議論があるが、一般人には読めないラテン語で書かれていた。
ルターがこれを純粋に神学問題と考えていたことは明らかである。彼は写
しをマインツ大司教らに送付したが、これは大きな波紋を呼び、すぐにド
イツ語に訳されて広く流布した。1518年ルターは『95ヵ条の論題』を神学
論文にまとめなおし『免償についての説教』として明らかにしたが、これ
は教皇の不可謬性への疑義と見なされ、ルターは異端者フスと同じ主張を
していると非難された。ルターの念頭に教皇権の否定はなく、彼はなお神
学問題と考え、教皇庁もこれは地方的な問題であり修道会内の規律によっ
て解決できると楽観していたが、論争は次第に険しくなった。1518年10月
アウクスブルクでの審問で教皇使節は贖宥に関する主張を撤回するようル
ターに迫ったが、ルターは聖書に明白な根拠がない以上認められないと拒
否した。1519年7月ライプツィヒでルターは友人である神学者ヨハン・
エックと議論を戦わせ、教皇権を否定することになった。エックに議論を
誘導された結果であり、彼が当初考えていた一線を越えてしまったのであ
る。学問レベルでは議論に負けたともいえよう。しかし、これによってル
ターは腹を固めて突き進み、素直に自らの理論を展開していくことになる。

　1520年ルターは、のちに宗教改革三部作と呼ばれる『ドイツ貴族に与え
る書』、『教会のバビロン捕囚』、『キリスト者の自由』の3論文をあいつい
で発表した。『ドイツ貴族に与える書』では教会の聖職位階制度を否定し、

『教会のバビロン捕囚』では聖書に根拠のない秘跡や慣習を否定した。そして『キリスト者の自由』では人間は制度や行いによってではなく信仰によってのみ義とされると主張した。ルターの周囲にはフィリップ・メランヒトン（1497-1560）やマルティン・ブーツァー（1491-1551）、トマス・ミュンツァー（1489-1525）などの賛同者が集まり始めた。1521年1月ルターはローマ教会から正式に破門された。

　1521年4月ルターはヴォルムス帝国議会へ召喚された。ジギスムントがコンスタンツ公会議を開いたように皇帝には信仰の統一を守る使命があった。カール5世はルターに自説の撤回を求めたが彼は拒否し、「聖書に書かれていないことを認めるわけにはいかない。私はここにいる。それ以上のことはできない。神よ、助けたまえ」と述べたとされる。フスの二の舞が心配されたが、帝国議会が処分を決定する前にルターは姿をくらませた。ザクセン選帝侯フリードリヒ3世（1463-1525）に匿われたのである。フリードリヒはカール5世を皇帝に選出させた立役者だが、アルブレヒトによる贖宥状販売に激しく反対していた。フリードリヒは膨大な聖遺物コレクションを有し、その中には「聖母マリアの母乳」や「嬰児のイエスが寝かされていた飼い葉桶の藁」などがあったという。聖遺物は見るだけで免償が得られるとされ人々はこぞって拝みに訪れ対価を支払ったが、これと贖宥状が競合したのである。フリードリヒは自領での贖宥状販売を禁じたが、人々はより大きな功徳を願って他領に出かけて贖宥状を手に入れていた。ルターは聖遺物を迷信的と断罪したが、フリードリヒは死ぬまでこのコレクションを手放さなかったという。ここには信仰だけでなく政治や金銭の臭いがする。フリードリヒに保護されたルターはフスの轍を踏むことなく、ヴァルトブルク城に潜んで聖書のドイツ語訳に没頭した。のちにドイツ語、さらには俗語一般の発展に大きな影響を与える『ルター聖書』である。その間に1521年5月ルターは法律の保護外にあると宣せられ、異端者として彼の著作の所持は禁じられた。

　ルターの伝統破壊はなおも続く。聖書に論拠はなく実際には多くの内縁

関係が存在したものの、カトリック教会では聖職者の独身が義務づけられていた。ルターはこれにも疑義を唱え多くの修道士に結婚を奨めた。自らも1525年6月41歳の時にカタリーナ・フォン・ボラという15歳年下の元修道女と結婚し三男三女を儲けた。家庭は円満で、お金には困っていたが幸福だったという。

　だが先導者としてのルターの歴史的役割はこの頃に終わる。彼は伝統的な環境で形成された、本来的には保守的な人物であった。聖体をめぐって彼は共在説を説くが、これは聖体のパンにはキリストの肉の実体とパンの実体が共に現存するという折衷的なものであった。幼児洗礼を否定して成人の信仰告白に基づく洗礼のみを有効とする急進的な再洗礼派にルターは反対した。この運動が社会的騒乱を惹き起こし、賦役・貢納の軽減や農奴制の廃止などを求める農民反乱と結びつくと、ルターは初めは同情して支持したが、最後には反乱側ではなく貴族や諸侯の側に立って暴徒の鎮圧を求めるようになり、1525年彼は『盗み殺す農民に対して』を著して秩序を乱す農民の殺害を認めるに至る。ルターにとって現世の秩序は神が定めたものであり、それを転覆しようとすることは神に背くことだったのかもしれない。これ以降君主が領民の信仰を管理する領邦教会へとドイツは進んでいくことになる。

　ルターによって中世的なキリスト教秩序は崩壊した。何度も裂けながらもどうにか繕われていた教会の一体性が元に戻ることはもはやなかった。これ以降ルターが切り拓いた道を多くの人々が進んでゆき、ツヴィングリ（1484-1531）、さらにカルヴァン（1509-64）などの第2世代に受け継がれ、ドイツだけでなく、スイス、イングランド、フランス、イタリアにも広がっていく。

3 カール5世

　新大陸にまで及ぶ太陽の沈むことなき帝国の主として知られ、ハプスブルク家最盛期の帝王として華やかなイメージをまとうカール5世は、一方で多くのジレンマに悩まされた。アイデンティティなき大版図の統治に苦しんだのである。

　ハプスブルク家はアルブレヒト2世（ローマ人の王在位1438-39）が100年以上の空白を経て1438年帝国君主の座を奪回した。だがその基盤は弱かった。フリードリヒ3世の長期で忍耐強い治世ののち、彼の息子で「中世最後の騎士」と謳われたマクシミリアン1世は版図の拡大と防衛を目指して多くの戦争を重ねたが戦費調達に苦しんだ。1495年彼は帝国議会を開催して諸領邦の代表に帝国税の導入を求めた。自立化を進める聖俗諸侯は課税を受け入れたが、同時に改革を逆提案した。マクシミリアン1世は妥協を余儀なくされ帝国改造に同意した。帝国に単一の法体系を確立して私闘を禁止する永久ラント平和令が発布され、帝国全土の最高裁判所であり皇帝個人から独立した帝国最高法院、聖俗諸侯と帝国自由都市の代表が帝国の運営に参加する常設の帝国統治院の設置などの内政改革が行われた。その後、紆余曲折はあるものの帝国は中央集権的ではなく領邦国家の連合体としての道を歩み、ハプスブルク家の権力は帝国内で大きく制約されることとなる。

　15世紀中頃には帝国のラテン語名称「Sacrum Romanum Imperium」に「ドイツ国民の nationis germanicae」という部分が加わった。これは帝国の支配領域がドイツに限られるのを追認したと理解されよう。そして1512年マクシミリアン1世は「ドイツ国民の神聖ローマ帝国 Heiliges Römisches Reich Deutscher Nation」というドイツ語表記の名称を正式に採用し、世界帝国建設の放棄を明確にした。ナポレオン1世がフランス第一帝政を樹立（1804年）して帝国諸邦がナポレオンに従ってライン同盟を結成し、1806年皇帝フランツ2世（神聖ローマ皇帝在位1792-1806，オー

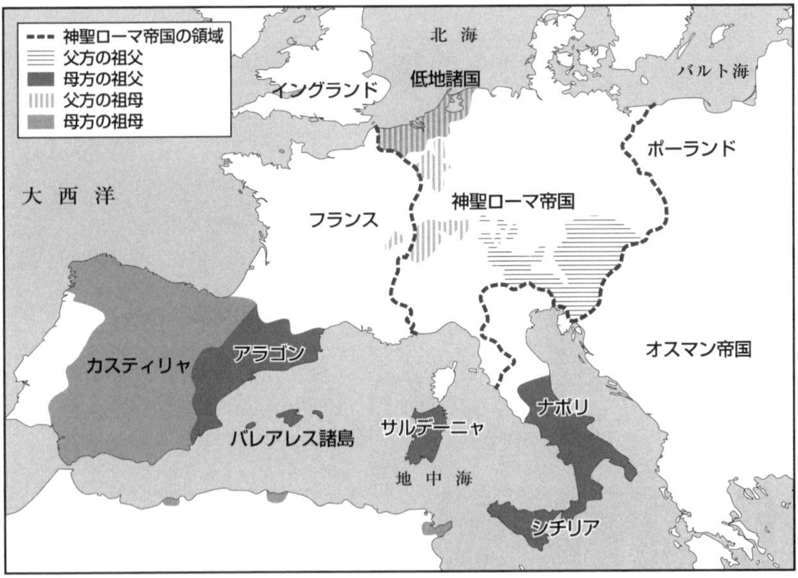

神聖ローマ帝国の領域
父方の祖父
母方の祖父
父方の祖母
母方の祖母
北 海
バルト海
イングランド
低地諸国
ポーランド
大 西 洋
フランス
神聖ローマ帝国
オスマン帝国
カスティリャ
アラゴン
ナポリ
バレアレス諸島
サルデーニャ
地 中 海
シチリア

カール５世の相続財産

ストリア皇帝在位1804-35）が退位するまで神聖ローマ帝国は存続するが、その性格は時期によって大いに異なるのである。

ハプスブルク家は「戦争は他の者に任せよ。幸いなるオーストリア、汝は結婚せよ」のモットーで知られるように帝国の外への婚姻によって版図を拡大した。これは中世では普通の拡張政策であったが、弱小な家門が淘汰されつつあった15世紀においては強力な君主権の連合を生み、顕著な成功を収めた。マクシミリアンはブルゴーニュ公「向こう見ず」なシャルルの娘で唯一の継承者であったマリーと結婚し、ブルゴーニュ伯領と低地諸国などを獲得した。さらに彼は２人の間に生まれた息子ブルゴーニュ公フィリップ（在位1482-1506）と娘マルグリットをそれぞれカスティリャ・アラゴン王家の王女フアナ（カスティリャ女王、在位1504-55）と王太子フアンと二重結婚させ、フアンらの早世によりイベリア半島の大部分とナポリおよびシチリアなど、さらには新大陸での領地を獲得した。次

代におけるカールの大帝国はこのようにして生まれたのである。

　だがカール5世の権力は決して安泰なものではなかった。彼は1500年祖母マリーから父フィリップが受け継いだ地であるフランドルのヘントで生まれ、曾祖父であるブルゴーニュ公「向こう見ず」なシャルルの名を受け継ぎカールと名付けられた。母語は当時のフランドル貴族の公用語であるフランス語で、1506年父が急死すると6歳にしてブルゴーニュ公となる。1516年母方の祖父フェルナンド2世が死去するとカールは精神に変調をきたしていた母フアナと共同統治というかたちでカスティリャ・アラゴン王となった。弟で次の皇帝（在位1556-64）となるフェルディナント1世がスペインで生まれ、祖父フェルナンドの名を受け継いでその膝下で幼少期を過ごしスペイン語を母語としたのに対し、カールはスペイン語を解さなかった。外国人支配に反発するカスティリャ議会は言葉を身に付けることを即位の条件として突きつけた。1519年父方の祖父マクシミリアン1世が死去するとカールはオーストリアをはじめとするハプスブルク家領を継承し、低地諸国、ブルゴーニュ、カスティリャ、アラゴン、ナポリ、シチリア、サルデーニャ、ハプスブルク家領、さらに新大陸領に至る広大な領域の統治者となった。

　祖父マクシミリアンから当然帝位を継承すると考えていたカールにも競争相手がいた。ザクセン選帝侯フリードリヒ3世、イングランド王ヘンリー8世、そしてフランス王フランソワ1世である。歴代のフランス王は国力と王権の上昇にともない自らが皇帝と等しい権威を有するとすでに主張していたが、フランソワ1世は帝冠も獲得しようと本気で試みた。カールはこれに対抗すべく南ドイツの富商フッガー家から巨額の資金を引き出し、スペインから莫大な貴金属を持ち出してライバルを懐柔し選帝侯を買収した。その結果1519年彼は皇帝に選ばれ、同じ名をいただくカール大帝の故地アーヘンで戴冠された。

　帝位に就いたカールの第一の敵はやはりフランス王フランソワ1世であった。カールはフランスとその文化に親近感を抱いていたが、1519年の

皇帝選挙以降繰り返しフランソワ1世と激突する。イタリアをめぐり両者の間で4次にわたって戦争が起こった（1521-26、1526-29、1536-38、1542-46）が、これらの戦いには教皇庁やイタリア諸邦のみならず、イングランド、ドイツ諸侯、さらにはオスマン朝さえも関わり、カールとフランソワ1世が死去しても彼らの息子であるフェリペ2世（在位1556-98）とアンリ2世（在位1547-59）に受け継がれる（1551-59）。これはイタリア全土に大きな被害をもたらしてイタリア衰退の一因となり、1527年のローマ略奪は精神的にも深い爪痕を残してルネサンスに幕を引いた。

　カールはオスマン朝との争いにも直面せざるを得なかった。オスマン朝は、第15章5で述べたようにバルカン半島を席捲して中欧に迫り、1529年スルタンのスレイマン1世率いる軍はウィーンを攻囲した。この戦いは短期間で終わったが、アラゴン王家から多くの飛地を受け継いだカールはさらに地中海でオスマン朝と制海権をめぐり戦った。カールは宿敵フランソワ1世とも対オスマン同盟を結んだがフランスはオスマン朝と単独講和して離脱してしまい、1538年のプレヴェザの海戦でカールはローマ教皇・ヴェネツィア共和国と連合したがオスマン海軍に敗退した。オスマン朝の背後を突くべくイランのサファーヴィー朝との同盟さえも検討された。オスマン朝との決着も、やはり息子フェリペ2世に引き継がれることとなる。

　カールは支配地の反抗にも悩まされた。新大陸からは莫大な金銀が流れ込んだが、彼はこれをハプスブルク家のために費した。軍費捻出のためにスペインに課された巨額の上納金と売上税は1520年コムネロスの乱と呼ばれる一揆を惹き起こし、鎮圧には1年以上かかった。これ以降スペインはハプスブルク家の搾取の対象となり、新大陸から収奪された金銀はスペインのために使われることはなかった。イベリア半島における自治都市の中世的自由は失われ、織物工業などの発展の芽は摘み取られてしまった。

　低地諸国はその富強ゆえに重要だったが自治を求める声は強く、1548年カールは低地諸国17州にハプスブルク家支配下での17州の一体性を認めた。だがこの地を故郷とするカールを継いでスペイン生まれのフェリペ2世が

即位し搾取の対象とすると、独立運動が激化することになる。

　さらにルターによる宗教改革が帝国の求心力を弱めた。カール5世は帝国における信仰の一体性堅持を目指し公会議開催に努力したが、戦況に追われ迷走した。1526年カールはオスマン朝に対する戦争への支持を得るためシュパイアー帝国議会でルター派諸侯に譲歩し、領邦内の教会を統制下におくことを各領邦君主に認めた。だが、1529年にはこの決定を撤回したため、ルター派諸侯は帝国議会に抗議文（protestatio）を提出した。いわゆるプロテスタントの語源である。ルターを支持しカールに対抗しようとする諸侯と都市は、1531年シュマルカルデン同盟を結成した。これにフランソワ1世や教皇の策動も加わり、事態は深刻化した。トリエント公会議（1545-63）の開会で和解が探られつつあるなか1546年両陣営は衝突した。1547年カール5世は同盟の指導者ザクセン選帝侯ヨハン・フリードリヒ（選帝侯在位1532-47）とヘッセン方伯フィリップ（方伯在位1509-67）を捕えて優位に立ったが、ルター派を異端とする皇帝の専横に諸侯は反発した。皇帝支持派であったザクセン選帝侯モーリッツ（選帝侯在位1547-53）が1552年反皇帝派に転じると、カールは孤立し逃走を余儀なくされた。弟フェルディナントはモーリッツとの間に1552年パッサウ条約を結んでカトリックとプロテスタントの共存を認め、これが雛型となって1555年アウクスブルクの宗教和議が結ばれる。この和議によって領邦君主にはカトリックとルター派を選ぶ権利が与えられ、ルター派諸侯が教会や修道院の組織や財産を支配することが事実上認められた。だがルター派以外のプロテスタント諸派はまだ認められず、個人としての信仰の自由もなく、君主の信仰にその臣民は従わなければならなかった（Cuius regio, eius religio）。これをもって領邦教会体制が成立したとされ、統一された信仰に支えられた中世的な帝国に終止符が打たれた。

　カールは皇帝としての尊厳を維持し、責務を果たし領土を守るべく東奔西走した。最晩年に彼は「ドイツへ9回、スペインへ6回、イタリアへ7回、フランドルへ10回、フランスへ4回、イギリス、アフリカへは2回ず

つ、合計40回に及ぶ旅をした」と述べたが、12世紀のイングランド王ヘンリー2世と同じような馬上の人生であった。多くの公文書が作成されカールの許へと送られたが、移動し続ける皇帝に追いつかず書類箱の中で誰の目にも触れず眠ったままであったという。彼の大帝国はあまりに多様でアイデンティティが定まらなかった。1556年カールは退位してスペインのユステ修道院に隠棲し、58年修道院内で死去した。

　すでに1521年に弟フェルディナント1世にはオーストリアなどの領地が譲られていたが、それに彼自身の婚姻によるボヘミアとハンガリーが加わった。息子フェリペにはカスティリャ、アラゴン、ナポリ、シチリア、サルデーニャ、低地諸国、ミラノ、そして新大陸領が受け継がれ、さらに彼はポルトガル王位をも手中に収めた。スペイン・ハプスブルク家とオーストリア・ハプスブルク家に分かれる分割相続は当時のハプスブルク家の慣習だが、アイデンティティなき統合の困難さに苦闘したカール5世の思いでもあったろう。戦勝によってではなく婚姻政策の結果だったカール5世の大版図は、フランスやイングランドなどの国民国家の勃興に対抗できなかった。のちにフェリペ2世の無敵艦隊はイングランド艦隊に敗れ（1588年）、低地諸国は独立に走った。フェルディナントのオーストリア・ハプスブルク家も多様性ゆえに、20世紀になっても近代国家としての脱皮に苦しむことになる。

4　反宗教改革

　中世において教会は大成功を収めた。大聖堂は都市を支配し、キリスト教は人々の内面に消化され、教会の権威は絶頂を迎えた。しかし成功は堕落の入口であり退廃があらゆるところに入り込んでいた。多くの聖職禄は空位のままで、その収入は転用された。修道士の規律も弛緩し大修道院は封建領主として機能するに過ぎないものも多かった。クリュニー修道院長

職やサン・ドニ修道院長職は利権化し、フランスのギーズ家などの大貴族
出身の枢機卿らに代々受け継がれていくことになる。伝統的修道院の宗教
的役割はすでに低下していた。

　コンスタンツ公会議やバーゼル公会議が失敗に終わっても改革の努力は
続けられた。ルターが声を上げる前夜にも第5ラテラノ公会議が1512年か
ら17年に開かれたが、ほとんど成果を上げられなかった。教皇座はルネサ
ンスの豪奢と親族贔屓（ネポティズム）にまみれ、世俗権主導の公会議を恐れた。一方で君
主は甘い汁を欲して教会に譲歩を重ねさせた。

　ルターの活動は当初はその破壊力を認識されなかったが、最終的には太
平の夢を醒まさせた。亀裂を塞ぐため教皇パウルス3世（在位1534-49）
によってトリエント公会議が招集された。この会議は3期に分かれるが、
その推移をみると当時の状況がよくわかる。第1期（1545-47）では義認
論や聖体論などが討議されプロテスタントに否定的ではあったが、福音主
義的な人々も参加していた。コンスタンツ公会議のような分裂の解消を目
指したのだろう。だがカール5世とパウルス3世の対立によって公会議は
中断した。パウルス3世に代わって教皇位に就いたユリウス3世（在位
1550-55）は、プロテスタントの代表者に道中の安全を保障したうえでオ
ブザーバーとして会議に参加することを呼びかけて、第2期（1551-52）
を開催した。なお和解は実現可能と目されていたのであろう。だが皇帝と
帝国諸侯の争いは激化し再び中断を余儀なくされた。その後アウクスブル
クの宗教和議を経て両陣営の決裂は決定的となり、統一は帰ってこなかっ
た。穏健派は敗北し、強硬派が勝利して、第3期（1562-63）の目的はプ
ロテスタントの主張を排斥しローマ教会の自己改革を目指すことであった。

　教会改革を推進したトリエント公会議の影響力は教皇の妻帯にも表れて
いる。よく知られるようにルネサンス教皇は公然と妻帯し子もなした。有
名なボルジア家のアレクサンデル6世だけではなく、インノケンティウス
8世（在位1484-92）はその子だくさんぶりを揶揄されて「まさにこの人こ
そローマの父である」とさえ落書されたという。グレゴリウス13世（在位

1572-85）も若い頃庶子を儲けたが、トリエント公会議の後は時代精神と同調するように厳格な生活を送った。彼の頃から教皇の公然とした女性関係は影を潜めていくことになる。

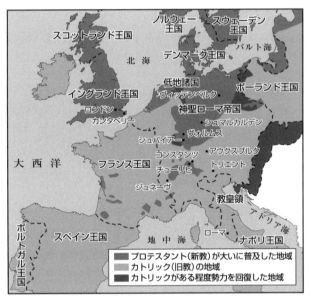

17世紀前半におけるカトリックとプロテスタントの勢力図

改革に刺激されて多くの修道会が設立されるが、その代表的存在がイエズス会である。この修道会は1534年イグナティウス・デ・ロヨラが、日本への宣教で知られるフランシスコ・ザビエル（1506-52）など6人の仲間とともに結成して1540年教皇パウルス3世によって認可され、その後のカトリック教会で隠然とした勢力を有することになる。特にディエゴ・ライネス（1502-65）は非妥協的な態度でトリエント公会議を主導し、プロテスタントを断罪した。だがイエズス会の主張はある意味ではルターと同根であるともいえよう。ロヨラ自身もデヴォティオ・モデルナの影響を受け、ヒメネス・デ・シスネロスの聖書翻訳に刺激されてエラスムスの著作を読んだ。彼がパリに来たのも異端の疑いで出国せざるを得なかったからだという。

大航海時代という環境にあって修道士は修道院の結界に閉じこもるのではなく、世界に向かい宣教にのりだした。イエズス会はドイツや東欧におけるカトリック教会の失地回復に貢献し、インドや南米にもキリスト教を

伝えた。イエズス会だけでなく、1524年に設立されたテアティノ会も海外に向かい、フランチェスコ会などの伝統的修道会も先を争うように海を渡った。一方でそれまでなおざりにされていた庶民にも注意が払われるようになり、内なる宣教が奨励された。その一つの成果に1535年イタリアのブレシアで設立されたウルスラ会がある。これは最初の教育修道女会で女子教育や病人弱者の救済に従事した。従来修道女には許されなかった修道院外の活動が認められたのである。1572年設立された神の聖ヨハネ病院修道会は病人への奉仕を第4の修道誓願として慈善活動に従事した。

　カトリック陣営とプロテスタント陣営の間に越えがたい溝が掘られた。中世後期のキリスト教は過度であったかもしれないが、豊かな世界であった。しかし宗教改革派と反宗教改革派に分かたれたのちは、グレーゾーンにとどまることは許されなかった。ルターのような福音主義や義認論はかつては多くのカトリック信徒にも奉じられたが、もはや許されず異端とされた。これをよく表すのがイタリアの福音主義者がたどった道である。宗教改革以前、聖書に基づいた生活を求める人はイタリアにも多くいた。その一人フアン・デ・バルデス（1509頃-41）はナポリで活動したが、論争が激化する前に死去した。だが福音主義者で彼より長命なフランチェスコ会士ベルナルディーノ・オキーノ（1487-1564）やピエトロ・マルティーレ・ヴェルミリ（1499-1562）は亡命を余儀なくされた。ピエトロ・カルネセッキ（1508-67）は処刑され、バルデスの遺骸は墓から掘り出され焼かれて川に流された。17世紀のジャンセニスムのようにカトリック世界でも神の恩寵を重視する思潮はこの後も現れるが、二分された信仰において、あの過剰なまでの豊かさは失われたのである。

第20章

近代へ

　宗教改革は長く続いてきた一枚岩的信仰の世界を打ち壊した。しかしプロテスタントもカトリックもキリスト教を最高の真理体系とする点では変わらない。その意味では極言すれば「コップの中の嵐」に過ぎない。

　16世紀頃から異なる真理体系が力を増してくる。聖書という権威に基づくのではなく、観察や実験を通じて得られた知見を重視するアプローチである。そして西欧は「人間の価値」を再認識した。これらこそが「国民」と並んで、西欧が世界に与えたもっとも大きな影響だろう。人々は古代を再発見するなかで人間や法則性を問い直し、海の彼方へ乗り出して世界の広さを知った。それらに基づいた地図は世界観が一変したことを明示している。さまざまな技術が社会を変革し、活版印刷は知の伝達速度と保持を根本的に変え、生産技術、医学や天文学は自らの経験や観察を重視するようにさせた。これに応じて人間観も転回した。本章では古代への憧憬に続いて、近代への扉を開いた大航海時代と地図、技術と科学について、そして人間性の再評価について触れることとする。

1　古代の再発見

　ジュール・ミシュレ（1798-1874）以降、ルネサンスという語は新たな意味を見出した。もともとは「再生」「復興」を意味するが、ミシュレはルネサンスという時代が人間の解放をもたらしたとしたのである。これを受けて、ヤーコプ・ブルクハルト（1818-97）は、彼自身が生きたスイスの状況と対比して14・15世紀のイタリアに近代国家の誕生と創造的個人の解放を見出した。彼の『イタリア・ルネサンスの文化』（1860年）はその後のルネサンス理解に深い影響を与え、ルネサンスは「古代文化の復興」だけでなく「合理性」「人間中心」など、さまざまな意義を有することになった。

　15世紀にはさまざまに古代が再発見された。コンスタンティノープル陥落前後、多くのギリシア人が西欧にたどりついた。マヌエル・クリュソロラスは著作のみならず直接の教育によっても多くの人文学者にギリシア語を教え、その後の古典研究の基礎を築いた。ヴィットリーノ・ダ・フェルトレ（1373頃-1446）が建てた学校では人文学だけでなく、体育も正規の

三美神

左：ローマ時代の三美神（2世紀頃）、中：フランチェスコ・デル・コッサ作の三美神（1470年頃）、右：ボッティチェッリ作の三美神（1480年頃）。

教科として重視された。これは中世には見られないことであった。中世には職業教育しか存在せず、聖職者となるための学校、法律家となるための学校、あるいは商人となるための学校や徒弟制しかなかったのに対し、よい人間となるための学校が生まれたのである。人間を育てるという新たな目的のため、健全なる肉体が目指された。否定されてきた肉体が評価され、人体の美や肉感が強く意識されるようになった。

　古代の遺物が新たな模倣を生み出したこともある。三美神は古代から作例の多いモチーフだが、15世紀に発掘された三美神像がすぐに絵画に影響を及ぼしたとする説もある。1470年頃にはフランチェスコ・デル・コッサ（1430頃-77頃）が中央で背を向けている女神の失われた頭部と四肢を補って描き、ボッティチェッリの有名な「春」（1480年頃）に描かれた三美神像もこれらに触発されたともいう。

マザッチオ「聖三位一体」
（サンタ・マリア・ノヴェッラ教会）

　しかし、それ以上に重要なのは均整や法則性の評価であろう。ブラックボックスのような神の摂理に身を委ねるのではなく、次第に人々は自然界の法則を理性で見出し、その主人となろうとした。再発見されつつあったギリシア・ローマの遺産、さらに技術や観測の発展も影響して現実に秩序を見出した。それをよく示すのが遠近法である。チマブーエ（1240-1302）やジョット（1267頃-1337）にも奥行を表す技法は見られ、アンドレア・ピサーノ（1290頃-1348）やドナテッロ（1386頃-1466）などの彫刻家による立体表現の試みも大きな影響を与えたが、建築家ブルネレスキ（1377-1446）は3次元のものを2次元で表現する透視図法を考案した。それを絵画に応用した最初の一人がマザッチオ（1401-28）である。彼は空

間を把握して自然で写実的な絵画を描くことに成功した。サンタ・マリア・ノヴェッラ教会（フィレンツェ）の「聖三位一体」には精緻な透視図法が用いられ、見ている者にそれまでなかった奥行と立体感を示してくれた。人々は現実にも秩序が存在することに気づいたのである。

2　大航海時代

　どのような時代であれ、人はさまざまな必要から旅をする。静止的とされるヨーロッパ中世においても巡礼などの宗教的目的のものや物見遊山ゆえのものがあったし、外交使節など特別な用務のために移動することもあった。手に入らないものを得るべく移動することもあった。たとえば塩は、岩塩であれ海塩であれ、限られた産地でしか得られず、鉄や銅なども同様である。ミサに欠かすことのできないブドウ酒も生産は気候条件に左右されるため遠方からでも調達せざるを得なかった。中世においても、人は移動し交易を行わなければならず、その過程で多くを見聞したのである。

　十字軍によって、また経済活動の復興によって西欧人の世界は開かれた。だがまだ地理上の情報は古典古代から伝来したテキストに影響された部分も大きかった。12世紀に「アレキサンダー大王叙事詩」と呼ばれる作品群がつくられ人気を得たが、これらにはなおヘロドトスなどによる情報が多く用いられ、第8章5で示した怪物的種族に見られるように、空想もこれらの知識を大きく歪曲させていた。

　しかし現実に人々が動くなかで得られた知見は次第に積み重ねられていった。13世紀にモンゴル帝国は黄禍と呼ばれる災厄をもたらしたが、一方でハンガリーから広東にいたるまでの広大な地域をつないだ「モンゴルの平和」を出現させた。モンゴル人は関税を撤廃し、駅逓を設けて人の交流を促進したとされる。さまざまな経済圏がモンゴルの覇権によって連結され、人々は絹の道や海上の道を経て東方へ向かった。

　この交流はなお覚束ないものであった。マルコ・ポーロ（1324没）が著した『東方見聞録』や1357年から71年に書かれたとされる『ジョン・マンデヴィル卿の旅行記』には実際の知見だけでなく空想が満ちている。マルコ・ポーロには「百万男」という綽名があったが、それは中国の人口や富の規模について百万単位で物語ったことからきたともいう。いずれにせよヨーロッパの人々の欲望と夢は刺激された。

　また東方にはキリスト教徒の王国が存在すると古くから信じられていたが、12世紀にはその王であるとされる司祭王ヨハネからの手紙が西欧に届けられた。モンゴルこそがこのキリスト教徒の王国に違いないと考えられ、イスラーム教徒への共同戦線を模索すべく西欧は使者を送った。1245年には教皇インノケンティウス4世がプラノ・カルピニを、1253年にはフランス王ルイ9世がギヨーム・ルブルックをモンゴル宮廷に派遣した。フランチェスコ会士モンテコルヴィーノ（1247-1328）は中国への布教を命じられて北京に教会を建てた。カルピニの『モンゴル人の歴史』やルブルックの『東方諸国旅行記』、あるいはモンテコルヴィーノの書簡には彼ら自身の目で見た光景が描かれ、情報の質も次第に変化した。

　海上においても大きな変化が訪れていた。ノルマン人の航路が示すように中世人の行動範囲はかなり広いものであったが、航行距離や速度あるいは積載量などの問題があった。地中海では古代以来両舷に櫂を備えたガレー船が支配的であったが、積載容量が少ない一方で漕ぎ手の数が多く頻繁に寄港・補給を要するという欠点を有した。さらに地形が分かるよう海岸線を辿って進まなければならず、夜空の星を観測して位置を特定せざるを得なかったのである。

　12世紀頃からバルト海ではコグ船が広く使われるようになった。これは1本マストで1枚の横帆を備えたもので、風上に向かって帆走することはできなかったが、乗組員が少なくても操船でき運航費用をおさえることができた。地中海圏あるいは北海圏にとどまらずジブラルタル海峡を越える大西洋航路が重要になると、15世紀には新たなタイプの帆船が出現した。

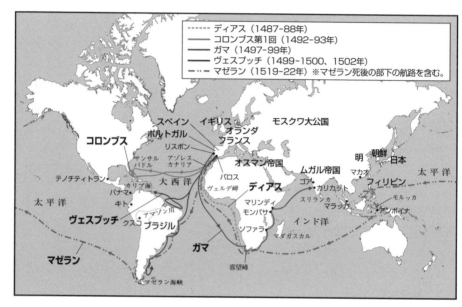

大航海時代

　３本マストで高い操舵性を有する小型帆船のキャラベル船や、３本マスト
に三角帆などさまざまな種類の帆を組み合わせ逆風でも航行できるキャ
ラック船である。キャラック船は遠洋航海が可能で、大きいものでは全長
60メートルに達し大量輸送に適した広い船倉を備えていた。コロンブスが
新大陸に到達した際に乗船していたサンタ・マリア号、あるいは日本に来
た南蛮船もこのタイプの船で、海上輸送の能力は飛躍的に伸びた。

　さらに海上交易を変えたのが航海法の発達である。中国から羅針盤がも
たらされ13世紀後半に広く用いられるようになると、船は海岸線から離れ、
荒天などにより航海できなかった冬にも海に乗り出すことができるように
なった。港間の距離や方角を集めた資料がつくられ、地図として示される
ようになった（本章３参照）。

　レコンキスタを終えたポルトガルとスペインは、これらの進歩の恩恵を
受けて、ジブラルタル海峡を越えてアフリカあるいは大西洋を目指した。

アフリカからイベリア半島を征服したイスラーム諸王朝の逆を企て、1415年ポルトガルは北西アフリカのセウタを攻略した。国王ジョアン1世の息子で「航海王子」と綽名されるエンリケ（1394-1460）は自ら船に乗りこむことはなかったが、アフリカ内陸に位置するマリの伝説の「金の山」を見つけようと探検を続けさせ、ポルトガルは1460年頃にはシエラレオネ付近まで進出した。さらにポルトガルはカナリア諸島やマデイラ諸島を探検し、象牙海岸や黄金海岸を経て1482年にはガーナに城塞を築いて金や奴隷の交易を行った。

　1488年バルトロメウ・ディアス（1450頃-1500）がアフリカ南端に到達し、帰路に発見した岬をその気象のままに「嵐の岬」と名づけたが、ポルトガル王ジョアン2世（在位1481-95）はこの名称を「喜望峰」と改めさせた。これは彼がインド貿易にどれほど期待を抱いていたかを示していよう。さらに1497年ヴァスコ・ダ・ガマ（1460頃-1524）が船団を率いて喜望峰を回ってモザンビーク海峡を経て1498年インドのカリカットに到着し、翌年香辛料とともにポルトガルに帰還した。ポルトガルは東方へとさらに進出を続けてセイロン島やマレー半島に達し、1557年にはマカオに拠点を築いた。彼らの事業は征服と呼ぶには程遠く、イスラーム商人や中国商人のネットワークに乗ったに過ぎず、ポルトガルの進出は沿岸部の拠点を占めるに過ぎなかった。

　同じ頃ジェノヴァ商人コロンブス（1451頃-1506）がカスティリャ女王イサベルの援助を得てサンタ・マリア号などの3隻からなる船団を率い、1492年10月12日、現在の西インド諸島に到着した。彼はインドに着いたと思い込み、翌年スペインに帰還して西回りインド航路を発見したと宣言した。彼の航海はバレアレス諸島やジェノヴァの航海術に基づきトスカネッリ（1397-1482）の世界球体説や新しい地図作成の恩恵を受けていたが、マルコ・ポーロの『東方見聞録』の夢を追いかけて西回りで黄金の島ジパングに達しようとしたのである。コロンブスに続いてアメリゴ・ヴェスプッチ（1454-1512）らが探検を続け、そこがアジアではないと知るが、

スペインはインカやアステカを征服し金銀や奴隷を収奪していくことになる。

　さらに、1519年セビリャを出帆したマゼラン（1480-1521）は1520年南アメリカ大陸南端のマゼラン海峡を通過して太平洋を横断し、1521年にフィリピン諸島に到着した。マゼランはこの地で殺害されたが、部下が率いる船は航海を続けて1522年にセビリャに帰港し世界周航を果たした。世界球体説が実証され、「コロンブス交換」と呼ばれる動植物や人間、病原体や銃の世界的な交換を生じさせることになる。

　その後もポルトガルとスペインは新航路開拓と海外領土獲得を競い、両国間に激しい紛争が生じ、さらに他のヨーロッパ諸国も海外進出を始めた。そのため両国はローマ教皇に仲介を依頼し、1494年にトルデシリャス条約を締結して世界を分割して支配しようとしたが、スペインとポルトガルの覇権は長くは続かなかった。また西洋と東洋の実力差がなかったため、両国の支配は19世紀の帝国主義的支配とは異なるものであった。だが両国の海外進出によりヨーロッパ世界の視界は大いに開け、世界は大きく変わることになる。

3　地図

　大航海時代における世界理解の変化が端的に表れるのが地図である。現代では地図は3次元の地形や建物をできるだけ正確に平面上に表わすものと考えられているが、中世においては異なっていた。地図とは何よりも世界観を表わすもので実用性は目的ではなく、個人あるいは集団が世界においてどのような位置を占めるかが図示された。古代の知識の多くが失われた中世ヨーロッパでは、TO図と呼ばれる地図が多く見られた。世界は円と理解され、大陸は地中海、ナイル川、そしてドン川からなるTによってアジア、ヨーロッパ、アフリカの3つに分けられ、その周囲を大洋である

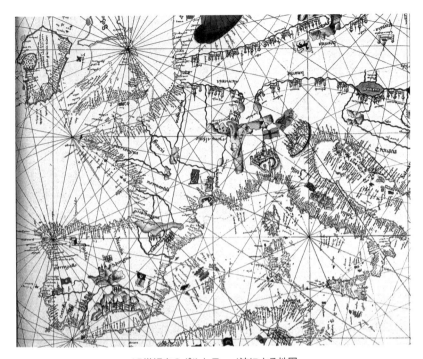

15世紀末のポルトラーノ法による地図
航海用のため、沿海部は正確だが、内陸部には関心が払われていない。

Oが取り巻き、中央には聖都エルサレムが位置した。TO図をさらに展開してさまざまな情報を記入した「マッパ・ムンディ」も考案されたが、これも実際の旅には役立たず、世界を理解するためのものだったのである。

　ヨーロッパ世界の地平線が広がり、さまざまな地域と交易がなされるにつれて、新しいタイプの地図が求められた。海岸線に沿って航海するのではなく羅針盤で位置を確認して直線的に目的地に向かうため、方位や相互関係が正確に描かれたポルトラーノ法による地図が13世紀末に現れた。これは世界をアプリオリな権威によってではなく、現実に即しながら一定の規則を見出して把握していこうとするものである。

　すでに中世でも唱えられていたが、大航海時代を迎えて地球が平面では

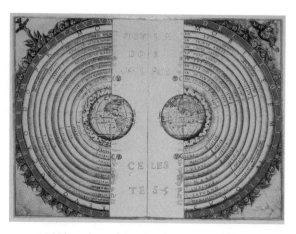

1568年のポルトガルの研究書にみられる「宇宙」
世界球体説と天動説が折衷的に統合されている。

なく球体であることを誰もが認めざるを得なくなると、世界球体説に沿った地図が作製された。現在から見ると奇妙な折衷であるが、天動説（本章4参照）と世界球体説を両立させる地図もつくられた。その時々の知の体系と実際の知見を総合して、繰り返し「答え」を問い直すことが始まった。知の体系が新しい知見をもたらすこともあれば、新しい知見が知の体系を正すこともあったのである。

4　技術そして科学

農業革命について触れた際に示したように（第5章4参照）、技術は社会を変革する。中世では文法学などの七自由学芸や哲学などの理論学が評価され、その上には神学が位置しており、実際の用に立つ技術や建築などの「機械学」は身分ある者にふさわしくない卑しいものとされた。しかし16世紀において多くの技術が新しい時代の幕を開き、現実と理論をともに重視する科学革命が始まった。

活版印刷

忘れてはいけないのはやはりグーテンベルク（1398頃-1468）によると

シャルル4世の王妃ジャンヌ・デヴルーの時禱書（9.4×6.4cm）

されるこの発明であろう。これ以前、本は高価で、大判で美麗な彩色が施されたものは邸宅が買えるほどの値がしたという。だがすべての本が大きなフォリオ判であったわけではなく、さまざまなタイプが存在した。大学の授業は教師が自分の本を朗読する形式で行われ、大学が各地に設置されて学生が増えるにつれ、講義内容が筆写されたノートを買い求める不心得者が多く現れ、新品あるいは中古の教科書の需要が高まった。また一般信徒の信仰心が深まるにつれて、小型判の聖書や祈禱書を所有する者も増えた。貴婦人が携帯した美しいものもあるが、小型本の多くは美術的価値に乏しく損耗が著しいこともあり、研究の対象となっていない。だが読書する女性像を描いた絵画が多くつくられたことなどからも、本に対する需要はかなり高まっていたといえよう。

　書籍が大量に流布するための難関の一つは素材であった。その当時多く用いられたのは羊皮紙であったが、良質のものを得るには皮膚病の跡などがない原皮を探さなければならず、傷の部分を外した小型判ならある程度の枚数をつくることはできたが、フォリオ判の羊皮紙は1頭から1枚ないし2枚しかつくれなかった。さらに多くの工程と時間を要した。蠟板のような一時的メモも多用されたが、かさばって保管性に問題があった。

　新しい知の媒体となる書籍が多く製作されるためには、かさばらず扱いやすい紙が大量に生産される必要があった。中国で発明された紙はイスラーム世界を経て、すでにイベリア半島やイタリアなどで生産されるよう

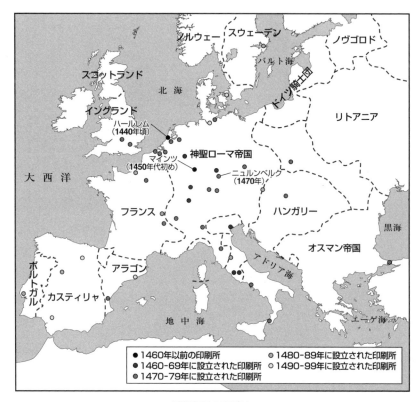

活版印刷の広がり

になっていた。だが19世紀に木材パルプが使用されるようになる以前、紙の原料の多くは古着などを叩いて繊維にしたもので稀少だったため、紙も決して安価だったわけではない。だが羊皮紙と比べると手頃ではあった。

　活版印刷の発明はこれらの条件を前提とする。すでに鉛と錫の合金活字は発明されており、プレスにはブドウ果汁を搾る技術を用いたとされるなど活版印刷はいくつもの既存の技術を転用したものだったが、写字生に頼らないため効率もよく、筆写ミスのない同一内容のものを大量生産できた。グーテンベルク聖書の製作収支が赤字であったように、なお彩色を施して大判で良質な羊皮紙も用いることもあったが、本の生産は大きく変わった。

　さらにローテクの集積であったため容易に模倣でき、ヨーロッパ各地に
すぐに広まった。そしてルターの主張が広まった（第19章２参照）のは印
刷術によるといわれるように、知の伝達に革命をもたらし、暦やパンフ
レットなどさまざまな印刷物の需要も掘り起こした。多くの文書がそのま
ま同じように複製され、図版の使用によって文字では表現しきれなかった
情報を伝えることができるようにもなった。また同一内容の著作がたくさ
んつくられることによって、その著作が失われる危険性が減り、これによ
り失われた著作の再発見という意味でのルネサンスがなくなったともいわ
れる。

冶金

　農業や戦争は多くの金属を必要とし（第５章４、第13章１参照）、それ
らの需要は中世後期において製鉄業や鉱山業の発展を刺激した。熱や化学
物質を加えることによって新しい物質が生じる過程は、卑金属から貴金属
を生み出そうとする錬金術への関心を高めた。イスラーム世界から導入さ
れた錬金術（al-kimiya）は多くの発見をもたらし化学（chemistry）の語
源となったが、パラケルスス（1493頃-1541）に見られるように新プラト
ン主義的な神秘主義に基づいており、魔術に近かった。

　だが錬金術は現場で得られた知見に基づく新しい科学へのアプローチを
生み出した。鉱山学の父といわれるゲオルク・アグリコラ（1494-1555）
が著した『金属について』は鉱山師の心得、測量法、金属の生産工程、
ミョウバンやガラスの製法などの実用的知識だけでなく、学問のあり方に
も論及している。アグリコラはヴェスヴィオ山の噴火を観察しようとして
死んだ大プリニウス（22頃-79）の実証的精神を評価し、パラケルススと
同世代でありながら彼は錬金術を疑い、詐欺的な錬金術師は死刑に値する
とさえ述べている。そして自らの知識を体系化し、多くの挿絵を入れて分
かりやすくし、門外不出の秘伝ではなく公共的知としようとした。著作権
なき時代においては不利益をもたらしかねなかったが、職人知から科学へ

と転じつつあったことを示していよう。

医学

　武器生産が製鉄業の発展を促したように、戦争は医学の発展にも影響を及ぼした。第10章 2 で述べたように中世において評価された医学は大学で学ぶ理論学の内科学であり、その治療法は限られ効果は疑わしかった。だが中世後期における戦争は戦傷者を対象とする外科学の発展を促した。さらにフランス王アンリ 2 世は1559年馬上槍試合において右目を貫かれ重傷を負うという事件が起こった。この治療のために呼ばれたアンブロワーズ・パレ（1510-90）は身分の低い理髪師医者出身であったが、多くの戦傷者治療の経験から、それまで行われていた煮えたぎった油を傷口に注ぐ無謀な方法をやめた。代わりに軟膏による治療を行って苦痛を和らげて治癒率を高め、血管を糸で縛って止血する治療法を考案していた。パレはアンリ 2 世の治療法を検討するため多くの死刑囚を実験台にしたという。さらに王の治療のためハプスブルク家侍医のアンドレアス・ヴェサリウス（1514-64）が招かれた。彼は解剖学の父といわれ、それまで理髪師医者に委ねられていた解剖を自ら行って権威とされてきたガレノスの主張を再検討し、多くの中傷や批判にもかかわらず彼は皇帝侍医の地位にまで昇っていた。アンリ 2 世の負傷は、臨床の重要性が意識されつつあったことを示す象徴的な事件である。

　もちろん当時の医学は未発達なものであった。教皇インノケンティウス 8 世が熱病にかかったとき輸血が試みられたが、血液型不適合のため死去し、その際輸血させられた少年 3 名も出血多量で死去したという伝説がある。現在その信憑性は疑われているが、おそらく似たような輸血の試みは当時なされたのであろう。さまざまな実験や治療が多くの犠牲の上に試みられ、臨床医療の発展を促したのである。

天文学

　また観測が変革したものには天文学がある。星は暦をつくるためにも太古から見つめられ続けた。中世はギリシアの天文学を忘れ去ったといわれるが、トマス・アクィナスは自分の読者が世界球体説を支持することを当然の前提にしていたともいわれ、中世に世界平面説が流行したという誤解は1870年から1920年にかけて支配的だった反中世主義の偏見によるものという説もある。近代は自らの評価を高めるために中世を暗黒とする傾向が強かったのである。ミシュレによって「迷信的」と非難された11世紀の修道士ラウール・グラベルも、転変地異は神の意思の表明とする一方で、蝕は太陽と月と地球の関係で生じることを知っていた。

　ただ中世人にとって理性だけでは説明できない領域が多く存在したことは確かで、占星術は強く信じられていた。占星術とは「天上の星辰の相対的位置や見かけ上の運動と、地上の人間や事件の間に一定の照応関係があると想定し、星辰を指標として地上的事象の本性を理解し、その帰趨を知ろうとする学問または技術」である。君侯たちは不安や躊躇などから政策決定や開戦の最適のタイミングを占星術により知ろうとし、さらに黒死病という人知を超えた災厄が占星術への信仰を高めたという。

　皇帝フリードリヒ２世の占星術への傾倒は有名だが、賢王と称えられたシャルル５世も占星術に傾倒し占星術師を重用した。その後も占星術への依存はさらに高まり、シャルル７世の治世には「王の占星術師」と呼ばれるアルヌール・デ・ラ・パリュ（1466没）が宮廷に現れ、大きな発言力を得たという。占星術は一種の科学として認められ、たとえ的中しなくとも、それは術師あるいは術式の誤りのせいであると考えられた。また神学的に禁じられたのは占星術が迷信で的中しないからではなく、「未来」という神だけに属する領域に踏み込むからであった。

　そして歴史上もっとも有名な占星術師であるミシェル・ノストラダムス（1503-66）が活躍した頃、ニコラウス・コペルニクス（1473-1543）が暦の改定のため太陽と地球の関係について考察し、プトレマイオス（83頃-

168頃）が集大成した天動説に対して観測に基づいて異論を唱えた。天動説は太陽と神を一致視する中世の世界観とよく適合し、これを疑うことは教会の権威を否定することにつながりかねなかった。コペルニクスは生前には自説である地動説を公表せず、断罪を免れたが、ジョルダーノ・ブルーノ（1548-1600）は宇宙の無限性と多くの惑星を主張して火刑に処せられた。

　それでも宮廷付きの占星術師らは天を観測し情報を蓄積させた。ティコ・ブラーエ（1546-1601）は30年間にわたって肉眼による観測を続けて大量の精密な記録を残し、1577年には彗星が月よりも遠方にあることを証明して天動説を覆す重要な証拠の一つを提供した。彼の記録は後継者であるヨハネス・ケプラー（1571-1630）に渡り、ケプラーはこれらに基づいて「ケプラーの法則」、すなわち太陽系と惑星の運動に関する法則を考えた。自然現象を法則で捉えるようになったのである。

　ガリレオ・ガリレイ（1564-1642）は実験と観察を重んじる新しい世代の一人である。ピサ大聖堂で揺れるシャンデリアを見て振り子の等時性を発見し、ピサの斜塔の頂上から大小2種類の球を同時に落とす実験を行って両者が同時に着地するのを見せて落体の法則を証明したなどの伝説は彼の個性をよく示していよう。彼はオランダの望遠鏡の噂を聞き1609年自作して月面に凹凸を発見し、以後も天体観測を行って翌年には木星の衛星を発見した。この発見は天動説には不利で、繰り返し審問の対象とされて1633年に有罪判決を下されて終身刑（直後に軟禁に減刑）に処せられた。だが彼らに代表されるアプローチは次なる科学革命をもたらすのである。

5　人間性の肯定

　世界観の変化と連動して、人間観も変わろうとしていた。中世において人間は価値なきものであった。戦乱、自然や疫病を前にして人間は無力で

あり、絶対的な神と対比して人間は卑小なものにすぎなかった。原罪が強く意識され、人間性は否定されるべきものであり、肉体は妨げであり、罪の源だった。現実の悲惨に目をそらし神に専心することが良き生と見なされたのである。

だが神について考えることは人間について考えることにつながった。救い主であるイエスは「真に神」であるとともに「真に人」と定義されたからである（第1章2参照）。多くの人々が来世における救済を得るべく救い主について思いをめぐらした

審判のキリスト
スペインのタウルのサント・クリメント聖堂、1123年以前。

が、これは人間性について、他の文明圏では見られなかったような必死さとエネルギーをもって考察されたことを示している。このことはキリスト教が西欧文明に与えた贈り物の一つだろう。

11世紀になって西欧社会の混乱が次第に収まり社会が良い方に向かうと人間性の評価も変わった。カンタベリーのアンセルムスは『なぜ神は人となられたのか』という論考を著し（第12章1参照）、人間の罪を贖うためには神が受肉して人間の条件を共にすることが絶対に必要だったと論じて神の無限の愛の偉大さを讃え、「神が人となったこと」を議論の出発点とした。それ以前の時代においてキリストは多くのロマネスク教会のタンパンなどに世の終わりに再臨する厳格な審判者として描かれたが、アンセルムスの主張やシトー会士リーヴォーのアエルレッド（1110-67）の『イエスが十二歳だったとき』のような「人となった神への親密な信心」がめば

え、キリストは一人の人として表わされるようになった。また神の教えに忠実に従おうという要求は、12世紀頃から福音書に記されたキリストとその弟子の生活に文字どおりに従おうとする動きを生み出した（第8章2参照）。彼らは聖書に則って可能な限りイエスの生涯を自らの肉体で忠実に模倣しようとした。かつて妨げの源とみなされた肉体が救いへの一手段となったのである。

このような潮目の変化を示すのがアッシジのフランチェスコである（第11章2参照）。彼は福音書に従って生きることを願い、俗世のすべての財産を棄ててイエスと使徒に従うよう説いた。彼はイエスの生涯を模倣し、その晩年に聖痕を得たという。聖痕とは十字架刑に処せられたキリストの5ヵ所の傷（両手、両足と脇腹）と同じものが身体に現れることを指すが、これは前代未聞の出来事であり真偽をめぐる論争が長く続く。だが信奉者にとって聖痕とはフランチェスコが追求したキリストの模倣の到達点であり、神の賜物だった。彼以降、聖痕を受けた人は数百人に達するという。人類の罪を贖うため人として処刑されたイエス・キリストの傷が（自傷ではなく）超自然的に同じところに顕現したことは、人間性の価値を神が承認した証しと受けとめられたのである。

このことは、たとえばルネサンス期の哲学者ピコ・デラ・ミランドラ（1463-94）の著書『人間の尊厳について』においてさらに進展する。彼は人間を評価し「天使はよきことしかなしえず」、その意味で自由がないが、人間は「自由意志によって、神のようにも獣のようにもなることができる。天使より劣るが、自由によって天使に勝ることもできる」と考え、罪へのきっかけと捉えられがちだった自由を積極的に評価した。これは当時の社会の向上とも相関するが、人間性に対する自信が生まれたことを証していよう。

このような人間性の肯定は肉体や快楽の受け入れともつながった。確かにサヴォナローラに見られるように（第18章4参照）、ルネサンスはなお不安の時代であり禁欲や苦行が奨められた。だが肯定的な人間観の可能性

が開け、自然や物質界にも新たな眼差しが向けられるようになった。かつては現世を超えたところにこそ真実在があり、現世はかりそめに過ぎず、人は彼方へと集中しなければならなかった。だが現世が評価され、人間が自然の脅威に少し対処できるようになるにつれ、現世に関心を向けるようになった。ここに realism の意味の変化が生じる。かつてリアリズムとは現世を超えた普遍的な観念（イデア）に関わるものであり個物はいわば記号に過ぎなかったが、今や現世における個人や個物に関わるものになった。リアリズムは「観念実在主義」から「現実主義・写実主義」へと転換した。

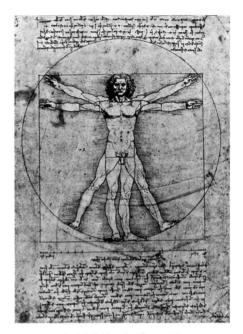

レオナルド・ダ・ヴィンチ作
「ウィトルウィウス的人体図」

　現実にも秩序が存在することに人々は気づき、理想的な人体が追究された。レオナルド・ダ・ヴィンチは遠近法やさらに解剖学の知識を取り入れて精緻な自然描写を行ったが、人体の比に強い関心を抱いて人体の機能は宇宙の動きと関連していると信じた。新プラトン主義の延長線上にはあったが、理想的な人体の追究である。個や人間を重んじる近代への扉が開かれつつあったのである。

エピローグ

　16世紀に姿を現そうとしていた社会は、もはや中世とはかなり異なっていた。ローマ帝国崩壊とともに大きく落ち込んだ生活水準や知的生活は復活し、ローマ帝国の水準にかなり近づきつつあった。人々の世界は広がり、西欧の商品は世界各地で買い求められ、その通貨は決済に用いられた。それにともない社会にはさまざまな余裕が生まれた。

　教会も社会そのものの動きと連動して影響を受け、宗教は必ずしも最優先の事項ではなくなった。確かにユグノー戦争（1562-98）や三十年戦争（1618-48）のように宗派紛争がきっかけで勃発したものもなお存在するが、カトリックであるハプスブルク家とブルボン家が相争い、ときにプロテスタント勢力を助けたようにキリスト教の役割は後退し、三十年戦争以降、宗教を大義とする戦争は起こらない。また帝国は力を失ってフランスやイングランドなどの国々が上昇し、国民という新しい統合概念が生まれて国家が優先されるのである。

　理性の力も重視され、17世紀啓蒙主義の時代には神は世界を創造したがその後は世界が自立するに任せ干渉しないという理神論が現れる。万有引力の法則で知られるアイザック・ニュートン（1642-1727）も表面的には正統信仰を奉じたが、内心では「アリウス派」と自認していたという。神であると同時に人であるというのは論理的ではないと考えていたらしい。パラダイムは転換しようとしていた。

　人々は次第に自信を抱くようになった。ロンサール（1524-85）に代表されるプレイヤード派もそのような時代精神の産物だろう。かつては自分たちよりも大きく優るとしか考えられなかった古代人に挑み、古典ラテン語の詩よりもフランス語の詩が決して劣るものではないと主張できるようになったのである。世界を指導するヨーロッパの近代への道が拓かれた。

　しかし近代は突然無から現れるのではない。人間はいつも事物や事象についての納得できる説明を求めているが、カルロ・ギンズブルグの『チーズとうじ虫』（1976年）に描かれる粉挽屋メノッキオ（1599年火刑）のようにとんでもない世界観をつくりだしてしまうことがあったものの、中世においてもできうる限りの努力をして世界を捉えようとした。このような無数の試行錯誤の末に近代は生み出されたのである。

　近代の発想の苗床となったのは中世であり、中世なくば今のような現在は存在しなかったであろう。ヨーロッパを理解するために、そして今を理解するためにも、中世ヨーロッパを学ぶことは必要なのである。

文献案内——さらに学びたい人のために

　本書は大学でヨーロッパ中世史を学ぶ人のための「入口」にあたりますが、さらに学び卒業論文を書こうとする人に必要な要素を以下に簡単に示します。

論文の書き方について

　卒業論文を書くにあたって、やみくもに書き始めても、深い森に突入して迷うだけです。卒業論文作成は予想以上に苦しいものであり、自分に適したテーマの設定と、効率的な作成手順が不可欠です。そのために最初になすべきことは、自分の関心を見つめ直すことです。

　その上で、論文の書き方に関するマニュアルを読まなければなりません。分野に応じて多数の参考書が出版されていますが、たとえば井下千以子『思考を鍛えるレポート・論文作成法〔第3版〕』（慶應義塾大学出版会、2019年）や佐藤望他編著『アカデミック・スキルズ—大学生のための知的技法入門〔第3版〕』（慶應義塾大学出版会、2020年）などがあります。澤田昭夫『論文の書き方』（講談社、1977年）は多くの点で時代遅れとなってしまいましたが、アウトライン作成の重要性の指摘という点では、なお有益な点もあります。そして論の進め方、インターネット情報の利用法、註の付け方などについても知らなければなりません。

研究入門

　取り組みたいテーマが浮かんだならば、それについてどのような研究がこれまでなされてきたか調べましょう。その際に有益なのが「研究入門」です。ヨーロッパ中世史に直接あるいは間接に関わるものとしては、たとえば佐藤彰一・池上俊一・高山博編『西洋中世史研究入門〔増補改訂版〕』（名古屋大学出版会、2005年）、池上俊一・高山博編『西洋中世学入門』（東京大学出版会、2005年）、金澤周作監修『論点・西洋史学』（ミネルヴァ書房、2020年）、伊藤貞夫・本村凌二編『西洋古代史研究入門』（東京大学出版会、1997年）、望田幸男・藤本和貴夫・若尾祐司・野村達朗・川北稔編『西洋近現代史研究入門〔第3版〕』（名古屋大学出版会、2006年）があります。

　国ごとの歴史の研究入門としては、近藤和彦編『イギリス史研究入門』（山川出版社、2010年）、佐藤彰一・中野隆生編『フランス史研究入門』（山川出版社、2011年）、木村靖二・千葉敏之編『ドイツ史研究入門』（山川出版社、2014年）などがあります。

　また毎年『史学雑誌』の第5号に掲載される「回顧と展望」は、前年に日本の歴史学界において発表された研究成果を地域・時代ごとに論評しています。1985年以前については、まとめて書籍化され、史学会編『日本歴史学界の回顧と展望1949～85　20　ヨーロッパ古代』『日本歴史学界の回顧と展望1949～85　21　ヨーロッパ中世』『日本歴史学界の回顧と展望1949～70　22　ヨーロッパ　近代1』（山川出版社、1988年）となっています。これらによって、研究動向を知っておくことは、その後の執筆の助けとなります。

概説・事典・地図図説

　問題があるていど定まり、それに対してなされてきたアプローチが分かったならば、対象に対する基本的な情報を得ましょう。そのためには「概説」が有益です。国ごとのスタンダードな概説としては、山川出版社の「世界歴史大系」シリーズがあり、本書に特に関わるものとしては『アイルランド史』（全1冊）、『フランス史』（全3冊）、『イタリア史』（全2冊）、『スペイン史』（全2冊）、『ドイツ史』（全3冊）、『イギリス史』（全3冊）があります。また「世界歴史大系」シリーズでは取り上げられていない地域については、山川出版社の「新版世界各国史」シリーズがあり、たとえば『8　西アジア史Ⅰ』（2002年）、『9　西アジア史Ⅱ』（2002年）、『14　スイス・ベネルクス史』（1998年）、『17　ギリシア史』（2005年）、『18　バルカン史』（1998年）、『19　ドナウ・ヨーロッパ史』（1999年）、『20　ポーランド・ウクライナ・バルト史』（1998年）、『21　北欧史』（1998年）などがあります。英国に特化した大部の概説としては、ポール・ラングフォード監修／鶴島博和監訳『オックスフォード　ブリテン諸島の歴史』全11冊（慶應義塾大学出版会、2009-2015年）があります。

　また『岩波講座　世界歴史』（第2期）も有益で、本書に関わる巻としては「4　地中海世界と古典文明　前1500年-後4世紀』（1998年）、「5　帝国と支配　古代の遺産』（1998年）、「7　ヨーロッパの誕生　4-10世紀』（1998年）、「8　ヨーロッパの成長　11-15世紀』（1998年）、『16　主権国家と啓蒙　16-18世紀』

（1999年）がありますが、『岩波講座　世界歴史』（第３期）全24巻が2021年より刊行され始めてます。

　分野ごとの概説も多数ありますが、キリスト教については、上智大学中世思想研究所監訳『キリスト教史』全11巻（平凡社、1996-97年）が不可欠です。また F. W. **メイトランド**／小山貞夫訳『イングランド憲法史』（創文社、1981年）、オリヴィエ・**マルタン**／塙浩訳『フランス法制史概説』（創文社、1986年）、リーベリッヒ・**ミッタイス**／世良晃志郎訳『ドイツ法制史概説〔改訂版〕』（創文社、1971年）、あるいは金井雄一・中西聡・福澤直樹編著『世界経済の歴史——グローバル経済史入門〔第２版〕』（名古屋大学出版会、2020年）なども展望を与えてくれます。

　また「事典」も有益です。ヨーロッパ中世史に関わる日本語のものは多くはありませんが、ヘンリー＝R. ロイン／魚住昌良監訳『西洋中世史事典』（東洋書林、1999年）、アニェス・ジェラール／池田健二訳『ヨーロッパ中世社会史事典』（藤原書店、2000年）、J. R. ヘイル編／中森義宗監訳『イタリア・ルネサンス事典』（東信堂、2003年）、ハンス＝クルト・シュルツェ編／千葉徳夫・五十嵐修・小倉欣一他訳『西欧中世史事典』全３冊（ミネルヴァ書房、1997-2013年）などがあります。ヨーロッパ中世の基礎をなす宗教性については、上智学院新カトリック大事典編纂委員会『新カトリック大事典』〔全４巻＋別巻〕（研究社、1996-2010年）、ユーリウス・H. シェプス編／石田基広他訳『ユダヤ小百科』（水声社、2012年）、E. A. リヴィングストン編／木寺廉太訳『オックスフォード　キリスト教辞典』（教文館、2017年）、あるいは大塚和夫他編『岩波イスラーム辞典』（岩波書店、2002年）などがあります。また地理的条件を知るために「地図図説」も欠かせませんが、たとえばドナルド・マシュー／橋口倫介監訳『中世のヨーロッパ』（朝倉書店、2008年）、木村尚三郎監訳『ラルース世界歴史地図』（ぎょうせい、1991年）などがあります。しかし、これらの分野における日本語のものは手薄で、欧米のものに頼らざるを得ません。なお上記の概説に含まれる研究は、各章の「参考文献」としては挙げていないので注意してください。

総論・「シリーズ」

　また１冊ないし数冊でヨーロッパ中世史全体についての展望を与えてくれるものも有益です。たとえば、R. W. **サザーン**／森岡敬一郎・池上忠弘訳『中世の形

成』（みすず書房、1978年）、佐藤彰一・服部良久・江川温他編著『西欧中世史』全3冊（ミネルヴァ書房、1995年）、ロバート・バートレット／伊藤誓・磯山甚一訳『ヨーロッパの形成―950年-1350年における征服、植民、文化変容』（法政大学出版局、2003年）、服部良久・南川高志・山辺規子編著『大学で学ぶ西洋史［古代・中世］』（ミネルヴァ書房、2006年）、R. W. サザーン／上條敬子訳『西欧中世の社会と教会―教会史から中世を読む』（八坂書房、2007年）、ジャック・ル＝ゴフ／桐村泰次訳『中世西欧文明』（論創社、2007年）、佐藤彰一・池上俊一『世界の歴史10　西ヨーロッパ世界の形成』（中央公論新社、2008年）、堀越宏一・甚野尚志編著『15のテーマで学ぶ中世ヨーロッパ史』（ミネルヴァ書房、2013年）、河原温・堀越宏一『西洋中世史』（放送大学教育振興会、2021年）、ウィンストン・ブラック／大貫敏夫監訳『中世ヨーロッパ―ファクトとフィクション』（平凡社、2021年）などがあります。

　また山川出版社の「世界史リブレット」は、テーマごとに基本事項がコンパクトに90ページ前後で論じられているもので、「入門書」としての性格が強いが、見逃すことができないものも多くあります。たとえば、甚野尚志『中世の異端者たち』（1996年）、亀長洋子『イタリアの中世都市』（2011年）、新井由紀夫『中世のジェントリと社会』（2020年）などがあります。また「世界史リブレット人」は特定の人物を取り上げるもので、佐藤彰一『カール大帝―ヨーロッパの父』（2013年）、家島彦一『イブン・ジュバイルとイブン・バットゥーター―イスラーム世界の交通と旅』（2013年）なども興味深い研究です。

　創元社から翻訳刊行されている「知の再発見」双書にも、ヨーロッパ中世史に関わるものが多く刊行されています。たとえば、ミシェル・ヴォヴェル／富樫瓔子訳『死の歴史―死はどのように受けいれられてきたのか』（1996年）、アンドレ・ジスベール、ルネ・ビュルレ／深沢克己監修『地中海の覇者ガレー船』（1999年）、レオン・プレスイール『シトー会』（2012年）、ジャン＝ポール・ブリゲリ／池上俊一監修『モン・サン・ミシェル―奇跡の巡礼地』（2013年）などは、図版も多く、それらから得られる刺激は大きいです。

翻訳史料

　先行研究のみに基づいて卒業論文を作成しようとすると、論文ではなく、「まとめ」に陥ってしまうことが多く、そのためには当時の状況などを伝える「史

料」に当たる必要があります。だがヨーロッパ中世史の史料にはラテン語で記されたものが多く、初心者にとっては困難ですが、近年、多くの一次史料が翻訳されています。

　たとえば上智大学中世思想研究所編『中世思想原典集成』全20巻＋別巻（平凡社、1992-2002年）が特筆すべきものです。『宗教改革著作集』全15冊（教文館、1983-1998年）や池上俊一氏が監修する『原典　イタリア・ルネサンス人文主義』（名古屋大学出版会、2010年）、『原典　ルネサンス自然学〔1・2〕』、（名古屋大学出版会、2017年）、『原典　イタリア・ルネサンス芸術論〔1・2〕』（名古屋大学出版会、2021年）も見逃せません。京都大学学術出版会による「西洋古典叢書」にも、リウィウスの『ローマ建国以来の歴史』、クインティリアヌス『弁論家の教育』やガレノスの『解剖学論集』など、ヨーロッパ中世に強い影響を与えた作品群が翻訳されつつあります。またヨーロッパ中世史研究会編『西洋中世史料集』（東京大学出版会、2000年）では、あらゆるジャンルの史料から多くの有名な史料の部分が抜粋・翻訳され、その解説がコンパクトにまとめられています。

　翻訳史料については、欧米で数多く刊行されており、それらを活用することも重要です。たとえばキリスト教著作家の作品を刊行する〈*Sources Chrétiennes*〉シリーズ、〈*Classics of Western Spirituality*〉シリーズなどは有益で、またPatrick J. Geary, *Readings in Medieval History*, 5th ed., University of Toronto Press, 2015のようなものも、興味深い。

データベース

　最近20年間で情報をめぐる環境は激変し、インターネット上に存在する情報を活用することが求められます。日本語文献については、国立情報学研究所が運営するなどの学術情報データベースCiNiiが必須です。このサイトでは、学協会刊行物・大学研究紀要などの学術雑誌記事、全国の大学図書館等が所蔵する図書・雑誌、国内の大学および独立行政法人大学評価・学位授与機構が授与した博士論文についての情報を検索できます。ただヨーロッパ中世史に特化した国内の検索サイトはまだありません。

　一方、欧米には有益なサイトが多くあります。たとえば、International Medieval Bibliography（ヨーロッパ中世史）、L'Année philologique（古典学研究）、

Historical Abstracts（1450年以降の全世界を対象）などのオンライン版は有益です。また教父や聖職者たちの著作を集めた『ラテン教父全 *Patrologia Latina*』初版（全221巻、1844-1855年刊）および索引4巻（1862-1865年刊）のデジタル版 Patrologia Latina The Full Text Database、教父著作の標準的批判版である *Corpus Christianorum* などを含む Library of Latin Texts、1473年から1700年までに刊行されたあらゆる分野の初期英語文献13万点を収録する Early English Books Online なども欠かせません。

　上記のデータベースの多くは有料ですが、J. マビヨン（1632-1707）らが編纂した『聖ベネディクト修道会聖人伝 *Acta Sanctorum Ordinis S. Benedicti*』、G. マンシ（1692-1769）による『教会会議集 *Sacrorum Conciliorum nova et amplissima collectio*』などが利用できる Documenta Catholica Omnia や、アメリカ合衆国のフォーダム大学が運営する Internet Medieval Sourcebook、枢機卿を調べるのにきわめて便利な The Cardinals of the Holy Roman Church など、無料のものも数多く存在します。

　またWikipediaに代表されるネット上の事典も無数にあります。ヨーロッパ中世史に関しては、日本語のオンライン事典の水準は低いが、フランス語版などの水準はかなり高く、冊子体の事典では項目立てされていない人物や事件も取り上げられています。さらにリンクされている他言語のWikipediaにつながることによっての知見も見逃すことができません。Catholic Encyclopedia や Stanford Encyclopedia of Philosophy などを含め、多くのサイトを活用することは、ヨーロッパ中世を学ぼうとする者にとって不可欠となっていますが、その際にルールとモラルに十分に配慮しなければなりません。

参考文献

　以下に、章ごとに参考文献を挙げます。本書で扱った期間は1000年を超え、地域も広大であるため、関連する文献は膨大になります。それゆえ「入門書」として、一般的な性格の書籍を優先してとりあげて読者の関心を刺激することを目指したため、外国語文献および雑誌論文は残念ながら割愛せざるを得ませんでした。これらについては、前述の情報、および以下の研究に記載された書誌、および巻末の「図版出典一覧」に挙げた洋書を活用して探してください。また章ごとに挙げた点数に差があるのは、日本における研究状況に応じたものでもありますが、

何よりも筆者の能力のためです。

　なお書籍については、比較的入手しやすい最近の版のみを挙げました。複数の時代に関わる文献も多いが、紙幅の都合で1回だけ、筆頭著者の姓（外国人は太字）の50音順で挙げてあります。また関連する翻訳史料のうち、前述のシリーズなどに含まれず、それぞれの内容に関わるもののみを各章の最後に記載し＊を付しました。著者名などが書籍ごとに異なって表記されていることがありますが（たとえばジャック・ル＝ゴフやイスラーム）、それぞれの書籍の表記に従いました。

イントロダクション

・岡崎勝世『聖書VS. 世界史——キリスト教的歴史観とは何か』（講談社、1996年）

・ジェイコブ・**ソール**／村井章子訳『帳簿の世界史』（文藝春秋、2018年）

・ロベール・**ドロール**／桃木暁子・門脇仁訳『環境の歴史——ヨーロッパ、原初から現代まで』（みすず書房、2007年）

・中川毅『人類と気候の10万年史——過去に何が起きたのか、これから何が起こるのか』（講談社、2017年）

・二宮書店編『データブックオブ・ザ・ワールド2021——世界各国要覧と最新統計〔Vol. 32〕』（二宮書店、2020年）

・テルモ・**ピエバニ**、バレリー・**ゼトゥン**／小野林太郎監訳『人類史マップ——サピエンス誕生・危機・拡散の全記録』（日経ナショナルジオグラフィック社、2021年）

・J.＝ドナルド・**ヒューズ**／村山聡・中村博子訳『環境史入門』（岩波書店、2018年）

・ブライアン・**フェイガン**／東郷えりか・桃井緑美子訳『歴史を変えた気候大変動』（河出書房新社、2009）

・イビッド・**モントゴメリー**／片岡夏美訳『土の文明史——ローマ帝国、マヤ帝国を滅ぼし、米国・中国を衰退させる土の話』（築地書館、2010年）

・ジャック・**ル＝ゴフ**／菅沼潤訳『時代区分は本当に必要か？——連続性と不連続性を再考する』（藤原書店、2016年）

・カトリーヌ・**ルブタン**／南条郁子訳『ヨーロッパの始まり——新石器時代と巨石文化』（創元社、1994年）

第1章　大いなるローマ

・本村凌二『ポンペイ・グラフィティ─落書きに刻むローマ人の素顔』（中央公論社、1996年）

・ロバート・**クナップ**／西村昌洋他訳『古代ローマの庶民たち─歴史からこぼれ落ちた人々の生活』（白水社、2015年）

・ケヴィン・**グリーン**／本村凌二監訳『ローマ経済の考古学』（平凡社、1999年）

・クリストファー・**ケリー**／藤井崇訳『ローマ帝国』（岩波書店、2010年）

・ロナルド・**サイム**／逸身喜一郎他訳『ローマ革命─共和制の崩壊とアウグストゥスの新体制〔上・下〕』（岩波書店、2013年）

・ジョイス・E.**ソールズベリ**／後藤篤子監修『ペルペトゥアの殉教─ローマ帝国に生きた若き女性の死とその記憶』（白水社、2018年）

・土井健司『古代キリスト教探訪─キリスト教の春を生きた人びとの思索』（新教出版社、2003年）

・戸田聡『キリスト教修道制の成立』（創文社、2008年）

・南川高志『ローマ五賢帝─「輝ける世紀」の虚像と実像』（講談社、2014年）

・────『海のかなたのローマ帝国─古代ローマとブリテン島〔増補新版〕』（岩波書店、2015年）

・G. W.**バワーソック**／新田一郎訳『背教者ユリアヌス』（思索社、1986年）

・ピーター・**ブラウン**／宮島直機訳『古代末期の世界─ローマ帝国はなぜキリスト教化したか？〔改訂新版〕』（刀水書房、2006年）

・K.＝ズゾ・**フランク**／戸田聡訳『修道院の歴史─砂漠の隠者からテゼ共同体まで』（教文館、2002年）

・保坂高殿『ローマ史のなかのクリスマス』（教文館、2005年）

・────『多文化空間のなかの古代教会』（教文館、2005年）

・フィリップ・**マティザック**／安原和美訳『古代ローマ帝国軍─非公式マニュアル』（筑摩書房、2020年）

・バーバラ・**レヴィック**／マクリン富佐訳『アウグストゥス─虚像と実像』（法政大学出版局、2020年）

＊エウセビオス／秦剛平訳『コンスタンティヌスの生涯』（京都大学学術出版会、2004年）

＊エウセビオス／秦剛平訳『教会史〔上・下〕』（講談社、2010年）

第2章　古代世界の終焉とゲルマン人

・ブライアン・**ウォード＝パーキンズ**／南雲泰輔訳『ローマ帝国の崩壊—文明が
　終わるということ〔新装版〕』（白水社、2020年）
・マガリ・**クメール**、ブリューノ・**デュメジル**／大月康弘・小澤雄太郎訳『ヨー
　ロッパとゲルマン部族国家』（白水社、2019年）
・鈴木康久『西ゴート王国の遺産—近代スペイン成立への歴史』（中央公論社、
　1996年）
・E. A. **トンプソン**／木村伸義訳『フン族—謎の古代帝国の興亡史』（法政大学出
　版局、1999年）
・南川高志『新・ローマ帝国衰亡史』（岩波書店、2013年）
・ピーター・**ブラウン**／足立弘明訳『古代末期の形成』（慶應義塾大学出版会、
　2006年）
・松谷健二『東ゴート興亡史—東西ローマのはざまにて』（白水社、1994年）
・ベルトラン・**ランソン**／大清水裕・瀧本みわ訳『古代末期—ローマ世界の変
　容』（白水社、2013年）
・ピエール・**リシェ**／岩村清太訳『大グレゴリウス小伝—西欧中世世界の先導
　者』（知泉書館、2013年）
・L. D. **レイノルズ**、N. G. **ウィルソン**／西村賀子・吉武純夫訳『古典の継承者た
　ち—ギリシア・ラテン語テクストの伝承にみる文化史』（国文社、1996年）

＊大沢一雄『アングロ・サクソン年代記』（朝日出版社、2012年）
＊トゥールのグレゴリウス／杉本正俊訳『フランク史——○巻の歴史』（新評論、
　2019年）

第3章　フランク王国

・五十嵐修『地上の夢キリスト教帝国—カール大帝の〈ヨーロッパ〉』（講談社、
　2001年）
・加藤磨珠枝編著『教皇庁と美術』（竹林舎、2015年）
・佐藤彰一『ポスト・ローマ期フランク史の研究』（岩波書店、2000年）

・―――――『フランク史Ⅰ　クローヴィス以前』（名古屋大学出版会、2021年）

・多田哲『ヨーロッパ中世の民衆教化と聖人崇敬―カロリング時代のオルレアンとリエージュ』（創文社、2014年）

・アンリ・**ピレンヌ**／増田四郎監訳『ヨーロッパ世界の誕生―マホメットとシャルルマーニュ』（講談社、2020年）

・ロベール・**フォルツ**／大島誠編訳『シャルルマーニュの戴冠』（白水社、1986年）

・ルネ・**ミュソ＝グラール**／加納修訳『クローヴィス』（白水社、2000年）

・山田欣吾『教会から国家へ―古相のヨーロッパ』（創文社、1992年）

・ピエール・**リシェ**／岩村清太訳『中世における教育・文化』（東洋館出版社、1988年）

・ピエール・**リシェ**／岩村清太訳『中世の生活文化誌―カロリング期の生活世界』（東洋館出版社、1992年）

・レジーヌ・**ル＝ジャン**／加納修訳『メロヴィング朝』（白水社、2009年）

＊エインハルドゥス・ノトケルス／国原吉之助訳『カロルス大帝伝』（筑摩書房、1988年）

＊久保正幡『サリカ法典』（創文社、1977年）

＊ドゥオダ／岩村清太訳『母が子に与うる遺訓の書―ドゥオダの『手引書』』（知泉書館、2010年）

＊ニタルト／岩村清太訳『カロリング帝国の統一と分割―ニタルトの『歴史四巻』』（知泉書館、2016年）

第4章　隣人たち

・カレン・**アームストロング**／小林明則訳『イスラームの歴史―1400年の軌跡』（中央公論新社、2017年）

・タミム・**アンサーリー**／小林千重子訳『イスラームから見た「世界史」』（紀伊國屋書店、2011年）

・ゲオルク・**オストロゴルスキー**／和田廣訳『ビザンツ帝国史』（恒文社、2001年）

・熊野聰・小澤実『ヴァイキングの歴史』（創元社、2017）

・佐藤次高『イスラーム世界の興隆』（中央公論新社、2008年）

・嶋田襄平『イスラムの国家と社会』（岩波書店、2003年）

・田中創『ローマ史再考―なぜ「首都」コンスタンティノープルが生まれたのか』（NHK出版、2020年）

・中谷功治『ビザンツ帝国―千年の興亡と皇帝たち』（中央公論新社、2020年）

・服部文昭『古代スラヴ語の世界史』（白水社、2020年）

・ジョナサン・バーキー／野元晋・太田絵里奈訳『イスラームの形成―宗教的アイデンティティーと権威の変遷』（慶應義塾大学出版会、2013年）

・ジャン＝レミ・パランク／久野浩訳『末期ローマ帝国』（白水社、1977年）

・ハンス＝ゲオルグ・ベック／戸田聡訳『ビザンツ世界論―ビザンツの千年』（知泉書館、2014年）

・ジュディス・ヘリン／足立広明他訳『ビザンツ　驚くべき中世帝国〔新装版〕』（白水社、2021年）

・ピエール・マラヴァル／大月康弘訳『皇帝ユスティニアヌス』（白水社、2005年）

・渡辺金一『中世ローマ帝国―世界史を見直す』（岩波書店、1991年）

＊プロコピオス／和田廣訳『秘史』（京都大学学術出版会、2015年）

＊リウトプランド／大月康弘訳『コンスタンティノープル使節記』（知泉書館、2019年）

第5章　鉄の時代

・J. E. カウフマン、H. W. カウフマン、ロバート＝M. ジャーガ／中島智章訳『中世ヨーロッパの城塞―攻防戦野の舞台となった中世の城塞、要塞、および城塞都市』（マール社、2012年）

・兼岩正夫『ヨーロッパの暗黒時代―人とその歴史的映像』（河出書房新社、1976年）

・F. L. ガンスホーフ／森田敬一郎訳『封建制度〔改訂新版〕』（慶応通信、1982年）

・フランシス・ギース／椎野淳訳『中世ヨーロッパの騎士』（講談社、2017年）

・クリストファー・グラヴェット／森田敬一郎訳『中世ヨーロッパ騎士事典』

414

（あすなろ書房、2005年）
・佐藤彰一『修道院と農民―会計文書から見た中世形成期ロワール地方』（名古屋大学出版会、1997年）
・丹下栄『中世初期の所領経済と市場』（創文社、2002年）
・ジョルジュ・**デュビィ**／若杉泰子訳『紀元千年』（公論社、1975年）
・野口洋二『中世ヨーロッパの教会と民衆の世界―ブルカルドゥスの贖罪規定をつうじて』（早稲田大学出版部、2009年）
・ロバート・**バートレット**／竜崎喜助訳『中世の神判―火審・水審・決闘』（尚学社、1993年）
・ロベール・**フォシェ**／渡辺節夫訳『ヨーロッパ中世社会と農民』（杉山書店、1987年）
・ヨアヒム・**ブムケ**／平尾浩三訳『中世の騎士文化』（白水社、1995年）
・マルク・**ブロック**／新村猛訳『封建社会〔1・2〕』（みすず書房、1987年）
・J. C. **ホウルト**／有光秀行訳『ロビン・フッド―中世のアウトロー』（みすず書房、1994年）
・リン・**ホワイトJr.**／内田星美訳『中世の技術と社会変動』（思索社、1985年）
・堀越宏一『中世ヨーロッパの農村世界』（山川出版社、1997年）
・水島司『グローバル・ヒストリー入門』（山川出版社、2010年）
・森本芳樹『中世農民の世界―甦るプリュム修道院所領明細帳』（岩波書店、2003年）
・―――『比較史の道―ヨーロッパ中世から広い世界へ』（創文社、2004年）
・ヴェルナー・**レーゼナー**／藤田幸一郎訳『農民のヨーロッパ』（平凡社、1995年）
・リチャード・**ローズ**／秋山勝訳『エネルギー400年史―薪から石炭、石油、原子力、再生可能エネルギーまで』（草思社、2019年）
・渡辺節夫『西欧中世社会経済史関係資料集』（杉山書店、1987年）

第6章　皇帝
・池谷文夫『神聖ローマ帝国―ドイツ王が支配した帝国』（刀水書房、2019年）
・井上雅夫『西洋中世盛期の皇帝権と法王権―ハインリヒ三世・グレゴリウス七世・ハインリヒ四世をめぐって』（関西学院大学出版会、2012年）

・岩波敦子『誓いの精神史——中世ヨーロッパの〈ことば〉と〈こころ〉』（講談社、2007年）
・ヴァルター・**ウルマン**／朝倉文市訳『中世ヨーロッパの政治思想』（御茶の水書房、1983年）
・オットー・**ギールケ**／阪本仁作訳『中世の政治理論』（ミネルヴァ書房、1985年）
・瀬原義生『ドイツ中世前期の歴史像』（文理閣、2012年）
・ハインツ・**トーマス**／三佐川亮宏・山田欣吾編訳『中世の「ドイツ」——カール大帝からルターまで』（創文社、2005年）
・オーギュスタン・**フリシュ**／野口洋二訳『叙任権闘争』（筑摩書房、2020年）
・ウルリッヒ・**マンテ**／田中実・瀧澤英治訳『ローマ法の歴史』（ミネルヴァ書房、2008年）
・三佐川亮宏『ドイツ史の始まり——中世ローマ帝国とドイツ人のエトノス生成』（創文社、2013年）
・三佐川亮宏『紀元千年の皇帝——オットー三世とその時代』（刀水書房、2018年）

＊コルヴァイのヴィドゥキント／三佐川亮宏訳『ザクセン人の事績』（知泉書館、2017年）

第7章　教皇

・ゲルト・**アルトホフ**／柳井尚子訳『中世人と権力——「国家なき時代」のルールと駆引』（八坂書房、2004年）
・フーベルト・**イエデイン**／出崎澄男・梅津尚志訳『キリスト教会公会議史』（エンデルレ書店、1967年）
・ポール・**ヴィノグラドフ**／矢田一男他訳『中世ヨーロッパにおけるローマ法（日本比較法研究所叢書）』（中央大学出版部、1984年）
・勝田有恒・山内進編著『近世・近代ヨーロッパの法学者たち——グラーティアヌスからカール・シュミットまで』（ミネルヴァ書房、2008年）
・エルンスト・**カントーロヴィチ**／小林公訳『皇帝フリードリヒ二世』（中央公論新社、2011年）
・佐藤眞典『中世イタリア都市国家成立史研究』（ミネルヴァ書房、2001年）

416

- U. シュトゥッツ／増淵静四郎・淵倫彦訳『私有教会・教会法史』（創文社、1972年）
- 関口武彦『教皇改革の研究』（南窓社、2013年）
- 高山博『中世地中海世界とシチリア王国』（東京大学出版会、1993年）
- 野口洋二『グレゴリウス改革の研究』（創文社、1978年）
- ジェフリー・バラクロウ／藤崎衛訳『中世教皇史〔改訂増補版〕』（八坂書房、2021年）
- 服部良久『中世のコミュニケーションと秩序——紛争・平和・儀礼』（京都大学学術出版会、2020年）
- 藤崎衛『中世教皇庁の成立と展開』（八坂書房、2013年）
- マルセル・パコー／坂口昂吉・鷲見誠一訳『テオクラシー——中世の教会と権力』（創文社、1985年）
- スティーブン・ランシマン／榊原勝・藤澤房俊訳『シチリアの晩禱——13世紀後半の地中海世界の歴史』（太陽出版、2002年）

- ＊ロタリオ・デイ＝セニ（インノケンティウス3世）／瀬谷幸男訳『人間の悲惨な境遇について』（南雲堂フェニックス、1999年）

第8章　修道士

- アミン・マアルーフ／牟田口義郎・新川雅子訳『アラブが見た十字軍』（筑摩書房、2001年）
- 池上俊一『ヨーロッパ中世の宗教運動』（名古屋大学出版会、2007年）
- 金澤正剛『中世音楽の精神史——グレゴリオ聖歌からルネサンス音楽へ』（河出書房新社、2015年）
- 櫻井康人『十字軍国家の研究——エルサレム王国の構造』（名古屋大学出版会、2020年）
- 佐藤彰一『贖罪のヨーロッパ——中世修道院の祈りと書物』（中央公論新社、2016年）
- ————『剣と清貧のヨーロッパ——中世の騎士修道会と托鉢修道会』（中央公論新社、2017年）
- ダン・ジョーンズ／ダコスタ吉村花子訳『テンプル騎士団全史』（河出書房新

・杉崎泰一郎『修道院の歴史—聖アントニオからイエズス会まで』（創元社、2015年）

・―――『沈黙すればするほど人は豊かになる—ラ・グランド・シャルトルーズ修道院の奇跡』（幻冬舎、2016年）

・関口武彦『クリュニー修道制の研究』（南窓社、2005年）

・ペーター・ディンツェルバッハー編／朝倉文市訳『修道院文化史事典』（八坂書房、2014年）

・B. テッパァー／渡部治雄訳『民衆と教会—フランスの初期「神の平和」運動の時代における』（創文社、1975年）

・ヴォルフガング・ブラウンフェルス／渡辺鴻訳『図説西欧の修道院建築』（八坂書房、2009年）

・ルドー＝J. R. ミリス／武内信一訳『天使のような修道士たち—修道院と中世社会に対するその意味』（新評論、2001年）

・八塚春児『十字軍という聖戦—キリスト教世界解放のための戦い』（NHK出版、2008年）

・ジャン・ルクレール／神崎忠昭・矢内義顕訳『修道院文化入門—学問への愛と神への希求』（知泉書館、2004年）

・ルイス＝J. レッカイ／朝倉文市・函館トラピスチヌ訳『シトー会修道院』（平凡社、1989年）

・渡辺昌実『巡礼の道—西南ヨーロッパの歴史景観』（中央公論社、1980年）

＊灯台の聖母トラピスト大修道院編訳『シトー修道会初期文書集』（灯台の聖母トラピスト大修道院、1989年）

第9章　英仏の葛藤

・朝治啓三・渡辺節夫・加藤玄（編著）『中世英仏関係史1066-1500—ノルマン征服から百年戦争終結まで』（創元社、2012年）

・城戸毅『マグナ・カルタの世紀—中世イギリスの政治と国制1199-1307（歴史学選書）』（東京大学出版会、1980年）

・桜井俊彰『消えたイングランド王国』（集英社、2015年）

- ジョルジュ・**デュビー**／松村剛訳『ブーヴィーヌの戦い—中世フランスの事件と伝説』(平凡社、1992年)
- 中村英勝『イギリス議会史〔新版〕』(有斐閣、1977年)
- レジーヌ・**ペルヌー**／福本秀子訳『リチャード獅子心王』(白水社、2005年)
- 山代宏道『ノルマン征服と中世イングランド教会』(渓水社、1996年)
- アシル・**リュシェール**／福本直之訳『フランス中世の社会—フィリップ・オーギュストの時代』(東京書籍、1990年)
- アンリ・**ルゴエレル**／福本秀子訳『プランタジネット家の人びと』(白水社、2000年)
- ジャック・**ル゠ゴフ**／岡崎敦・森本英夫・堀田郷弘訳『聖王ルイ』(新評論、2001年)
- 渡辺節夫『フランス中世政治権力構造の研究』(東京大学出版会、1992年)
- ————『フランスの中世社会—王と貴族たちの軌跡』(吉川弘文館、2006年)

第10章　都市

- ジャネット゠L.**アブー゠ルゴド**／佐藤次高訳『ヨーロッパ覇権以前—もうひとつの世界システム〔上下〕』(岩波書店、2001年)
- 池上俊一『公共善の彼方に—後期中世シエナの社会』(名古屋大学出版会、2014年)
- F.**イルジーグラー**、A.**ラゾッタ**／藤代幸一訳『中世のアウトサイダーたち』(白水社、1992年)
- E.**エネン**／佐々木克己訳『ヨーロッパの中世都市』(岩波書店、1987年)
- ノルベルト・**オーラー**／藤代幸一訳『中世の旅〔新装版〕』(法政大学出版局、2014年)
- イリス・**オリーゴ**／篠田綾子訳『プラートの商人』(白水社、1997年)
- 河原温『中世ヨーロッパの都市世界』(山川出版社、1996年)
- ジョゼフ・**ギース**、フランシス・**ギース**／青島淑子訳『中世ヨーロッパの都市の生活』(講談社、2006年)
- ジョゼフ・**ギース**、フランシス・**ギース**／栗原泉訳『大聖堂・製鉄・水車—中世ヨーロッパのテクノロジー』(講談社、2012年)
- アルフレッド゠W.**クロスビー**／小沢千恵子訳『数量化革命—ヨーロッパ覇権

をもたらした世界観の誕生』（紀伊国屋書店、2003年）

・ブロニスワフ・**ゲレメク**／早坂真理訳『憐れみと縛り首——ヨーロッパ史のなか
の貧民』（平凡社、1993年）
・ニコル・**ゴンティエ**／藤田朋久・藤田なち子訳『中世都市と暴力』（白水社、
1999年）
・齊藤寛海・藤内哲也・山辺規子編『イタリア都市社会史入門——12世紀から16世
紀まで』（昭和堂、2008年）
・清水廣一郎『中世イタリア商人の世界——ルネサンス前夜の年代記』（平凡社、
1993年）
・レイモンド・P. **シェインドリン**／入江規夫訳『ユダヤ人の歴史』（河出書房新
社、2012年）
・関哲行『旅する人びと（ヨーロッパの中世４）』（岩波書店、2009年）
・高橋理『ハンザ「同盟」の歴史——中世ヨーロッパの都市と商業』（創元社、
2013年）
・カルロ＝M. **チポラ**／常石敬一訳『時計と文化』（みすず書房、1977年）
・カルロ＝M. **チポラ**／佐田玄治訳『読み書きの社会史——文盲から文明へ』（御茶
の水書房、1983年）
・ナタリー＝Z. **デーヴィス**／宮下志朗訳『贈与の文化史——16世紀フランスにお
ける』（みすず書房、2007年）
・シャルル＝プティ・**デュタイイ**／高橋清徳訳『西洋中世のコミューン』（東洋
書林、1998）
・中谷惣『訴える人びと——イタリア中世都市の司法と政治』（名古屋大学出版会、
2016年）
・ジャン・**ファヴィエ**／内田日出海訳『金と香辛料——中世における実業家の誕生
〔新装版〕』（春秋社、2014年）
・ジーン＝A. **ブラッカー**／森田義之・松本典昭訳『ルネサンス都市フィレンツ
ェ』（岩波書店、2011年）
・A. **フルヒュルスト**／森本芳樹・藤本太美子・森貴子訳『中世都市の形成——北
西ヨーロッパ』（岩波書店、2001年）
・ルードルフ・**ボルヒャルト**／小林澄栄訳『ピサ——ある帝国都市の孤独』（みす
ず書房、1992年）

・ジャック・**ロシオ**／阿部謹也・土浪博訳『中世娼婦の社会史』（筑摩書房、1992年）

＊*イブン・ジュバイル*／藤本勝次・池田修監訳『イブン・ジュバイルの旅行記』（講談社、2009年）

第11章　新しい宗教生活

・カエタン・**エッサー**／伊能哲太訳『フランシスコ会の始まり─歴史が語る小さき兄弟会の初期理念』（新世社、1993年）
・大黒俊二『嘘と貪欲─西欧中世の商業・商人観』（名古屋大学出版会、2006年）
・小田内隆『異端者たちの中世ヨーロッパ』（NHK出版、2010年）
・上條敏子『ベギン運動の展開とベギンホフの形成─単身女性の西欧中世』（刀水書房、2001年）
・河原温・池上俊一編『ヨーロッパ中近世の兄弟会』（東京大学出版会、2014年）
・ヘルベルト・**グルントマン**／今野国夫訳『中世異端史』（創文社、1980年）
・G. **コンスタブル**／小澤実他訳『十二世紀宗教改革』（慶應義塾大学出版会、2014年）
・坂口昂吉『中世の人間観と歴史─フランシスコ・ヨアキム・ボナヴェントゥラ』（創文社、1999年）
・下村寅太郎『アッシジのフランシス研究』（みすず書房、1990年）
・将基面貴巳『ヨーロッパ政治思想の誕生』（名古屋大学出版会、2013年）
・キアーラ・**フルゴーニ**／三森のぞみ訳『アッシジのフランチェスコ─ひとりの人間の生涯』（白水社、2004年）
・アルノ・**ボルスト**／藤代幸一訳『中世の異端カタリ派』（新泉社、1975年）
・松田隆美『チョーサー『カンタベリー物語』─ジャンルをめぐる冒険』（慶應義塾大学出版会、2019年）
・ラウール・**マンセッリ**／大橋喜之訳『西欧中世の民衆信仰─神秘の感受と異端』（八坂書房、2002年）
・宮松浩憲『金持ちの誕生─中世ヨーロッパの人と心性』（刀水書房、2004年）
・イエンス＝ヨハンネス・**ヨルゲンセン**／永野藤夫訳『アシジの聖フランシスコ』（平凡社、1997年）

・ジャック・ル＝ゴッフ／渡辺香根夫訳『中世の高利貸—金も命も』（法政大学出版局、1989年）
・ジャック・ルゴフ／池上俊一・梶原洋一訳『アッシジの聖フランチェスコ』（岩波書店、2010年）
・ミシェル・ロクベール／武藤剛史訳『異端カタリ派の歴史—十一世紀から十四世紀にいたる信仰、十字軍、審問』（講談社、2016年）
・渡邊昌実『異端カタリ派の研究—中世南フランスの歴史と信仰』（岩波書店、1989年）
・―――――『異端者の群れ—カタリ派とアルビジョア十字軍』（八坂書房、2008年）

＊イエズスの聖テレジア（アビラのテレジア）／東京女子跣足カルメル会訳『創立史〔改訂版〕』（ドン・ボスコ社、2012年）
＊十字架の聖ヨハネ／奥村一郎訳『カルメル山登攀〔改訂版〕』（ドン・ボスコ社、2012年）
＊チョーサー／桝井迪夫訳『完訳　カンタベリー物語』全3冊（岩波書店、1995年）
＊フランシスコ会日本管区監訳『アシジの聖フランシスコ伝記資料集』（教文館、2015年）
＊ジョヴァンニ・ボッカッチョ／平川祐弘訳『デカメロン』全3冊（河出書房新社、2017年）
＊ヤコブス・デ・ウォラギネ／前田敬作・西井武訳『黄金伝説』全4冊（平凡社、2006年）
＊W.ラングランド／池上忠弘訳『農夫ピアズの幻想』（中央公論社、1993年）跋

第12章　知の世界
・上尾信也『吟遊詩人』（新紀元社、2006年）
・エーリヒ・アウエルバッハ／小林澄栄訳『中世の言語と読者—ラテン語から民衆語へ』（八坂書房、2020年）
・石井美樹子『王妃エレアノール—十二世紀ルネッサンスの華』（朝日新聞社、1994年）

422

・ジャック・ヴェルジェ／野口洋二訳『入門十二世紀ルネサンス』（創文社、2001年）
・ジャック・ヴェルジェ／野口洋二訳『ヨーロッパ中世末期の学識者』（創文社、2004年）
・大黒俊二『声と文字』（岩波書店、2010年）
・沓掛良彦『トルバドゥール恋愛詩選』（平凡社、1996年）
・マルティン・グラープマン／保井亮人訳『スコラ学の方法と歴史—教父時代から12世紀初めまで〔上〕』（知泉書館、2021年）
・E. R. クルツィウス／南大路振一・岸本通夫・中村善也訳『ヨーロッパ文学とラテン中世』（みすず書房、1988年）
・F. コプルストン／箕輪秀彦・柏木秀彦訳『中世哲学史』（創文社、1987年）
・坂口昂吉・前川登・福田誠二編著『フランシスコ会学派〔上・下〕』（聖母の騎士社、2007年）
・ロジェ・シャルティエ、グリエルモ・カヴァッロ編／田村毅他訳『読むことの歴史—ヨーロッパ読書史』（大修館書店、2000年）
・クリストフ・シャルル、ジャック・ヴェルジェ／岡山茂・谷口春彦訳『大学の歴史』（白水社、2009年）
・上智大学中世思想研究所編『中世の教育思想〔上・下、教育思想史Ⅲ・Ⅳ〕』（東洋館出版社、1984-1985年）
・ミシェル・ソ、ジャン＝パトリス・ブデ、アニータ・ゲロ＝ジャラベール／桐村泰次訳『中世フランスの文化』（論創社、2016年）
・アンリ・ダヴァンソン／新倉俊一訳『トゥルバドゥール—幻想の愛』（筑摩書房、1972年）
・ペーター・ディンツェルバッハー編／植田兼義訳『神秘主義事典』（教文館、2000年）
・クリストファー・デ・ハメル／加藤磨珠枝監訳『中世の写本ができるまで』（白水社、2021年）
・ジョルジュ・デュビィ／池田健二・杉崎泰一郎訳『ヨーロッパの中世—芸術と社会』（藤原書店、1995年）
・J＝P. トレル／保井亮人訳『トマス・アクィナス　人と著作』（知泉書館、2018年）

- 中内克昌『アキテーヌ公ギヨーム九世—最古のトゥルバドゥールの人と作品』（九州大学出版会、2009年）
- チャールズ・**ハスキンズ**／野口洋二訳『十二世紀ルネサンス』（創文社、1985年）
- クラウディア・ブリンカー・**フォン・デア・ハイデ**／一條麻美子訳『写本の文化誌—ヨーロッパ中世の文学とメディア』（白水社、2017年）
- ジョゼフ・**ヘルマン**／新村猛訳『俗ラテン語』（白水社、1994年）
- 山内志朗『新版　天使の記号学—小さな中世哲学入門』（岩波書店、2019年）
- 山内志朗『普遍論争—近代の源流としての』（平凡社、2008年）
- デイヴィッド・**ラスカム**／鶴島博和・吉武憲司編訳『十二世紀ルネサンス—修道士、学者、そしてヨーロッパ精神の形成』（慶應義塾大学出版会、2000年）
- クラウス・**リーゼンフーバー**／矢玉俊彦訳『西洋古代・中世哲学史』（平凡社、2000年）
- ジャン・**ルクレール**、フランソワ・**ヴァンダンブルーク**／上智大学中世思想研究所監訳『キリスト教神秘思想史２—中世の霊性』（平凡社、1997）
- リチャード・E. **ルーベンスタイン**／小沢千恵子訳『中世の覚醒』（筑摩書房、2018）

第13章　国民国家

- ベネディクト・**アンダーソン**／白石隆・白石さや訳『定本　想像の共同体—ナショナリズムの起源と流行』（書籍工房早山、2007年）
- エルンスト・**カントーロヴィチ**／小林公訳『王の二つの身体〔上・下〕』（筑摩書房、2003年）
- パトリック・**ギアリ**／鈴木道也・小川和幸・長谷川宜之訳『ネイションという神話—ヨーロッパ諸国家の中世的起源』（白水社、2008年）
- 城戸毅『百年戦争—中世末期の英仏関係』（刀水書房、2010年）
- 佐藤猛『百年戦争—中世ヨーロッパ最後の戦い』（中央公論新社、2020年）
- ジョゼフ・**ストレイヤー**／鷲見誠一訳『近代国家の起源』（岩波書店、1975年）
- 陶山昇平『薔薇戦争—イングランド絶対王政を生んだ骨肉の内乱』（イースト・プレス、2019年）
- アルド・**セッティア**／白幡俊輔訳『戦場の中世史—中世ヨーロッパの戦争観』

424

（八坂書房、2019年）

・高山一彦『ジャンヌ・ダルク処刑裁判』（白水社、2015年）

・マイケル・ハワード／奥村房夫・奥村大作訳『ヨーロッパ史における戦争』（中央公論新社、2010）

・マルク・ブロック／井上泰男・渡邊昌美訳『王の奇跡─王権の超自然的性格に関する研究／特にフランスとイギリスの場合』（刀水書房、1998年）

・M. モラ、Ph. ヴォルフ／瀬原義生訳『ヨーロッパ中世末期の民衆運動─青い爪、ジャック、そしてチオンピ』（ミネルヴァ書房、1996年）

・山瀬善一『百年戦争─国家財政と軍隊』（教育社、1981年）

＊堀越孝一訳・校注『パリの住人の日記1405-1434』全3冊（八坂書房、2013-2019年）

第14章　それぞれの国制の模索

・青谷秀紀『記憶のなかのベルギー中世』（京都大学学術出版会、2011年）

・池谷文夫『神聖ローマ帝国─ドイツ王が支配した帝国』（刀水書房、2019年）

・今谷和徳『中世・ルネサンスの社会と音楽〔新版〕』（音楽之友社、2006年）

・岩崎周一『ハプスブルク帝国』（講談社、2017年）

・ピーター＝H. ウィルスン／山本文彦訳『神聖ローマ帝国─1495-1806』（岩波書店、2005年）

・D. ウェーリー／森田鉄郎訳『イタリアの都市国家』（平凡社、1971年）

・ジョゼフ・カルメット／田辺保訳『ブルゴーニュ公国の大公たち』（国書刊行会、2000年）

・瀬原義生『ドイツ中世後期の歴史像』（文理閣、2011年）

・ジルベール・トラウシュ／岩崎充彦訳『ルクセンブルクの歴史─小さな国の大きな歴史』（刀水書房、1999年）

・中平希『ヴェネツィアの歴史─海と陸の共和国』（創元社、2018年）

・アレッサンドロ・バルベーロ／西澤瀧生監訳『近世ヨーロッパ軍事史─ルネサンスからナポレオンまで』（論創社、2014年）

・ブルゴーニュ公国史研究会編『ブルゴーニュ国家の形成と変容─権力・制度・文化』（九州大学出版会、2016年）

・古谷大輔・近藤和彦編『礫岩のようなヨーロッパ』（山川出版社、2016年）
・マルク・**ボーネ**／河原温編訳『中世ヨーロッパの都市と国家――ブルゴーニュ公国時代のネーデルラント』（山川出版社、2016年）
・ウィリアム＝H. **マクニール**／清水廣一郎訳『ヴェネツィア――東西ヨーロッパのかなめ1081-1797』（講談社、2013年）
・森田安一『物語　スイスの歴史――知恵ある孤高の小国』（中央公論新社、2000年）
・I. **モンタネッリ**、R. **ジェルヴァーゾ**／藤沢道郎訳『ルネサンスの歴史〔上・下〕』（中央公論新社、2016年）

第15章　隣人から一員へ

・阿部俊大『レコンキスタと国家形成――アラゴン連合王国における王権と教会』（九州大学出版会、2016年）
・シャルル・**イグネ**／宮島直機訳『ドイツ植民と東欧世界の形成』（彩流社、1997年）
・井上浩一『生き残った帝国ビザンティン』（講談社、2008年）
・アルフォンサス・**エイディンタス**他／梶さやか・重松尚訳『リトアニアの歴史』（明石書店、2018年）
・小笠原弘幸『オスマン帝国――繁栄と衰亡の600年史』（中央公論新社、2018年）
・黒川祐次『物語　ウクライナの歴史――ヨーロッパ最後の大国』（中央公論新社、2002年）
・黒田祐我『レコンキスタの実像――中世後期カスティーリャ・グラナダ間における戦争と平和』（刀水書房、2016年）
・小岸昭『スペインを追われたユダヤ人』（筑摩書房、1996年）
・志摩園子『物語　バルト三国の歴史――エストニア・ラトヴィア・リトアニア』（中央公論新社、2004年）
・ペーテル＝F. **シュガー**他編／東欧史研究会訳『東欧のナショナリズム――歴史と現在』（刀水書房、1981年）
・ジョン・**ダーウィン**／秋田茂他訳『ティムール以後――世界帝国の興亡1400-2000〔上・下〕』（国書刊行会、2020年）
・ラインハルト・**バウマン**／菊池良生訳『ドイツ傭兵（ランツクネヒト）の文化

史—中世末期のサブカルチャー／非国家組織の生態誌』（新評論、2002年）

・橋本淳編『デンマークの歴史』（創元社、1999年）

・林佳世子『オスマン帝国500年の平和』（講談社、2016年）

・藤井真生『中世チェコ国家の誕生—君主・貴族・共同体』（昭和堂、2014年）

・マリア＝ロサ・**メノカル**／足立孝訳『寛容の文化—ムスリム、ユダヤ人、キリスト教徒の中世スペイン』（名古屋大学出版会、2005年）

・山内進『北の十字軍—「ヨーロッパ」の北方拡大』（講談社、2011年）

・スティーブン・**ランシマン**／護雅夫訳『コンスタンティノープル陥落す』（みすず書房、1998年）

・D. W. **ローマックス**／林邦夫訳『レコンキスタ—中世スペインの国土回復運動』（刀水書房、1996年）

・渡辺克義編著『ポーランドの歴史を知るための55章』（明石書店、2020年）

＊アンナ・コムニニ／相野洋三訳『アレクシアス』（悠書館、2019年）

第16章　中世後期の教会

・A. **ケニー**／木ノ脇悦郎訳『ウィクリフ』（教文館、1996年）

・今野國雄『西洋中世世界の発展』（岩波書店、2005年）

・薩摩秀登『プラハの異端者たち—中世チェコのフス派にみる宗教改革』（現代書館、1998年）

・モーリス・**キーン**／橋本八男訳『ヨーロッパ中世史』（芸立出版、1978年）

・小林公『ウィリアム・オッカム研究—政治思想と神学思想』（勁草書房、2015年）

・エメ＝ジョルジュ・**マルティモール**／朝倉剛・羽賀賢二訳『ガリカニスム—フランスにおける国家と教会』（白水社、1987年）

・E. R. **ラバンド**／大高順雄訳『ルネサンスのイタリア』（みすず書房、1998年）

＊ダンテ・アリギエーリ／小林公訳『帝政論』（中央公論新社、2018年）

第17章　衣食住

・阿部謹也『中世を旅する人びと—ヨーロッパ庶民生活点描』（筑摩書房、2008

年）

・伊藤亜紀『青を着る人びと』（東信堂、2016年）

・河原温・堀越宏一『図説　中世ヨーロッパの暮らし』（河出書房新社、2015年）

・ジョゼフ・**ギース**、フランシス・**ギース**／栗原泉訳『中世ヨーロッパの城の生活』（講談社、2005年）

・ジョゼフ・**ギース**、フランシス・**ギース**／青島淑子訳『中世ヨーロッパの農村の生活』（講談社、2008年）

・後藤久『西洋住居史—石の文化と木の文化』（彰国社、2005年）

・徳井淑子『色で読む中世ヨーロッパ』（講談社、2006年）

・――――『図説　ヨーロッパ服飾史』（河出書房新社、2010年）

・フランソワーズ・**デポルト**／見崎恵子訳『中世のパン』（白水社、2004年）

・ロベール・**ドロール**／桐村泰次訳『中世ヨーロッパ生活誌』（論創社、2014年）

・服藤早苗・新實五穂編『歴史のなかの異性装』（勉誠出版、2017年）

・モリー・**ハリスン**／小林祐子訳『台所の文化史』（法政大学出版局、1993年）

・ブリジット＝アン・**ヘニッシュ**／藤原保明訳『中世の食生活—断食と宴』〈新装版〉（法政大学出版局、2015年）

・ミシェル・**ボーリュウ**／中村祐三訳『服飾の歴史　古代・中世篇』（白水社、1974年）

・堀越宏一『ものと技術の弁証法（ヨーロッパの中世5）』（岩波書店、2009年）

・キャサリン・**モリス＝レスター**、ベス＝ヴィオラ・**オーク**／古賀敬子訳『アクセサリーの歴史事典〔1・2〕』（八坂書房、2019-2020年）

・マッシモ・**モンタナーリ**／山辺規子・城戸照子訳『ヨーロッパの食文化』（平凡社、1999年）

・ブリュノ・**ロリウー**／吉田春美訳『中世ヨーロッパ食の生活史』（原書房、2003年）

第18章　人の一生

・阿部謹也『ハーメルンの笛吹き男—伝説とその世界』（筑摩書房、1988年）

・フィリップ・**アリエス**／杉山光信・杉山恵美子訳『〈子供〉の誕生—アンシァン・レジーム期の子供と家族生活』（みすず書房、1980年）

・フィリップ・**アリエス**／成瀬駒男訳『死を前にした人間』（みすず書房、1990

428

・年）

・池上俊一『魔女と聖女——中近世ヨーロッパの光と影〔増補〕』（筑摩書房、2015年）

・石坂尚武『苦難と心性——イタリア・ルネサンス期の黒死病』（刀水書房、2018年）

・ミシェル・ヴォヴェル／立川孝一・瓜生洋一訳『死とは何か——1300年から現代まで〔上・下〕』（藤原書店、2019年）

・ノルベルト・オーラー／一條麻美子訳『中世の死——生と死の境界から死後の世界まで』（法政大学出版局、2005年）

・パトリック・ギアリ／杉崎泰一郎訳『死者と生きる中世——ヨーロッパ封建社会における死生観の変遷』（白水社、1999年）

・ジョゼフ・ギース、フランシス・ギース／栗原泉訳『中世ヨーロッパの結婚と家族』（講談社、2019年）

・木間瀬精三『幻想の天国——ルネサンス文化の本質』（中央公論社、1981年）

・エンツォ・グアラッツィ／秋本典子訳『サヴォナローラ——イタリア・ルネサンスの政治と宗教』（中央公論社、1987年）

・クリスティアーヌ・クラピシュ＝ズュベール／杉村和子・志賀亮一監訳『女の歴史Ⅱ　中世』（藤原書店、1994年）

・アローン・グレーヴィチ／中沢敦夫訳『同時代人の見た中世ヨーロッパ——十三世紀の例話』（平凡社、1995年）

・小池寿子『死者のいる中世』（みすず書房、1994年）

・キャスリーン・コーエン／小池寿子訳『死と墓のイコノロジー——中世後期とルネサンスにおけるトランジ墓』（平凡社、1994年）

・アラン・コルバン他編／鷲見洋一監訳『男らしさの歴史Ⅰ　男らしさの創出〔古代から啓蒙時代まで〕』（藤原書店、2016年）

・ノーマン・コーン／江河徹訳『千年王国の追求〔新装版〕』（紀伊国屋書店、2008年）

・ジャン＝クロード・シュミット／松村剛訳『中世の身ぶり』（みすず書房、1996年）

・―――――／松村剛訳『中世の迷信』（白水社、1998年）

・―――――／小林宣子訳『中世の幽霊——西欧社会における生者と死者』（みすず

書房、2010年）

・ジョルジュ・**デュビー**他／福井憲彦・松本雅弘訳『愛と結婚とセクシュアリテの歴史〔増補版〕』（新曜社、1993年）

・ジョルジュ・**デュビー**／篠田勝英訳『中世の結婚――騎士・女性・司祭』（新評論、1994年）

・ジャン・**ドリュモー**／佐野泰雄他訳『罪と恐れ――西欧における罪責意識の歴史／十三世紀から十八世紀』（新評論、2004年）

・二宮宏之・樺山紘一・福井憲彦編『魔女とシャリヴァリ〔新版〕』（藤原書店、2010年）

・アイリーン・**パウア**／三好洋子訳『中世に生きる人々』（東京大学出版会、1969年）

・ピーター・**バーク**／中村賢二郎・谷泰訳『ヨーロッパの民衆文化』（人文書院、1988年）

・速水融編『歴史人口学と家族史』（藤原書店、2003年）

・ジーン・**ブラッカー**／在里寛司訳『ルネサンス期フィレンツェの愛と結婚』（同文舘出版、1988年）

・ヨハン・**ホイジンガ**／堀越孝一訳『中世の秋〔上・下〕』（中央公論新社、2018年）

・ジョン・**ボズウェル**／大越愛子・下田立行訳『キリスト教と同性愛――1～14世紀西欧のゲイ・ピープル』（国文社、1990年）

・ウィリアム＝H. **マクニール**／佐々木昭夫訳『疫病と世界史〔上・下〕』（中央公論新社、2007年）

・松田隆美『煉獄と地獄――ヨーロッパ中世文学と一般信徒の死生観』（ぷねうま舎、2017年）

・ミラード・**ミース**／中森善宗訳『ペスト後のイタリア絵画』（中央大学出版部、1978年）

・宮崎揚弘『ペストの歴史』（山川出版社、2015年）

・ジャック・**ル＝ゴフ**／渡辺香根夫・内田洋訳『煉獄の誕生〔新装版〕』（法政大学出版局、2014年）

・フランソワ・**ルブラン**／藤田苑子訳『アンシアン・レジーム期の結婚生活』（慶應義塾大学出版会、2001年）

・エマニュエル・**ル=ルワ=ラデュリ**／井上幸治他訳『モンタイユー――ピレネーの村1294〜1324〔上・下、新装版〕』（刀水書房、2021年）

＊石坂尚武編訳『イタリアの黒死病関係史料集』（刀水書房、2017年）
＊ジローラモ・サヴォナローラ／須藤祐孝訳『ルネサンス・フィレンツェ統治論――説教と論文』（無限社、1998年）
＊マルクス、ヘンリクス／千葉敏之訳『聖パトリックの煉獄〔西洋中世奇譚集成〕』（講談社、2010年）
＊L. ランドゥッチ／中森義宗・安保大有訳『ランドゥッチの日記――ルネサンス一商人の覚え書』（近藤出版社、1988年）

第19章　宗教改革

・石坂尚武『どうしてルターの宗教改革は起こったか――ペストと社会史から見る〔第2版〕』（ナカニシヤ出版、2021年）
・江村洋『中世最後の騎士――皇帝マクシミリアン一世伝』（中央公論社、1987年）
・H. A. **オーバーマン**／日本ルター学会・日本カルヴァン研究会訳『二つの宗教改革――ルターとカルヴァン』（教文館、2017年）
・樺山紘一『パリとアヴィニョン――西洋中世の知と政治』（人文書院、1990年）
・ルネ・**ゲルダン**／辻谷泰志訳『フランソワ一世――フランス・ルネサンスの王』（国書刊行会、2014年）
・近藤恒一『ペトラルカ研究〔新版〕』（知泉書館、2010年）
・アンドレ・**シャステル**／越川倫明他訳『ローマ劫掠――一五二七年、聖都の悲劇』（筑摩書房、2006年）
・瀬原義生『皇帝カール五世とその時代』（文理閣、2013年）
・立石博高『フェリペ2世――スペイン帝国のカトリック王』（山川出版社、2020年）
・田上雅徳『初期カルヴァンの政治思想』（新教出版社、1999年）
・徳善義和『マルティン・ルター――ことばに生きた改革者』（岩波書店、2012年）
・永田諒一『宗教改革の真実』（講談社、2004年）
・野々瀬浩司『ドイツ農民戦争と宗教改革――近世スイス史の一断面』（慶應義塾大学出版会、2000年）

・ウィリアム・**バンガート**／上智大学中世思想研究所監修『イエズス会の歴史〔上・下〕』（中央公論新社、2018年）
・ローランド・**ベイントン**／青山一浪・岸千年訳『我ここに立つ—マルティン・ルターの生涯〔第3版〕』（聖文舎、1981年）
・アドリアーノ・**プロスペリ**／大西克典訳『トレント公会議—その歴史への手引き』（知泉書館、2017年）
・A. E. **マクグラス**／矢内義顕・辻内宣博・平野和歌子訳『宗教改革の知的な諸起源』（教文館、2020年）
・マリア＝ジュゼッピーナ・**ムッツァレッリ**／伊藤亜紀訳『フランス宮廷のイタリア女性—「文化人」クリスティーヌ・ド・ピザン』（知泉書館、2010年）
・諸田実『フッガー家の時代』（有斐閣、1998年）
・森田安一『木版画を読む—占星術・「死の舞踏」そして宗教改革』（山川出版社、2013年）
・マルティン＝H. **ユング**／菱刈晃夫・木村あすか訳『宗教改革を生きた人々—神学者から芸術家まで』（知泉書館、2017年）
・アンリ・**ラペール**／染田秀勝訳『カール五世』（白水社、1975年）
・渡辺一夫『フランス・ルネサンスの人々』（岩波書店、1992年）

＊エラスムス／沓掛良彦訳『痴愚神礼讃』（中央公論新社、2014年）
＊日本トマス・モア協会『ユートピアと権力と死—トマス・モア没後四五〇年記念』（荒竹出版、1987年）
＊マルティン・ルター／深井智朗訳『宗教改革三大文書—付「九五箇条の提題」』（講談社、2017年）

第20章　近代へ

・E. L. **アイゼンステイン**／別宮貞徳監訳『印刷革命』（みすず書房、1987年）
・伊東俊太郎『近代科学の源流』（中央公論新社、2007年）
・I. **ウォーラーステイン**／川北稔訳『近代世界システム』全4巻（名古屋大学出版会、2013年）
・応地利明『「世界地図」の誕生—地図は語る』（日本経済新聞出版、2007年）
・マーク・**カーランスキー**／川副智子訳『紙の世界史』（徳間書店、2016年）

・エウジェニオ・**ガレン**／近藤恒一訳『ルネサンスの教育―人間と学芸との革新』（知泉書館、2002年）

・――――／澤井繁男訳『ルネサンス文化史―ある史的肖像』（平凡社、2011年）

・北田葉子『近世フィレンツェの政治と文化―コジモ1世の文化政策（1537-60)』（刀水書房、2003年）

・ロス・**キング**／田辺希久子訳『天才建築家ブルネレスキ』（東京書籍、2002年）

・カルロ・**ギンズブルグ**／杉山光信訳『チーズとうじ虫〔新装版〕』（みすず書房、2021年）

・P. O. **クリステラー**／佐藤三夫監訳『イタリア・ルネサンスの哲学者〔新装版〕』（みすず書房、2006年）

・坂井建雄『図説　医学の歴史』（医学書院、2019年）

・佐藤彰一『宣教のヨーロッパ―大航海時代のイエズス会と托鉢修道会』（中央公論新社、2018年）

・上智大学中世思想研究所編『ルネサンスの教育思想〔上・下、教育思想史Ⅴ・Ⅵ〕』（東洋館出版社、1986年）

・田中一郎『ガリレオ裁判―400年後の真実』（岩波書店、2015年）

・C. M. **チポラ**／大谷隆昶訳『大砲と帆船―ヨーロッパの世界制覇と技術革新』（平凡社、1996年）

・コスタンティーノ・**ドラッツィオ**／植野真弓訳『レオナルド・ダ・ヴィンチの秘密―天才の挫折と輝き』（河出書房新社、2016年）

・ピーター・**バーク**／森田義之・柴野均訳『イタリア・ルネサンスの文化と社会〔新版〕』（岩波書店、2000年）

・エルヴィン・**パノフスキー**／木田元・川戸れい子・上村清雄訳『"象徴（シンボル）形式"としての遠近法』（筑摩書房、2009年）

・東慎一郎『ルネサンスの数学思想』（名古屋大学出版会、2020年）

・フェルナン・**ブローデル**／浜名優美訳『地中海〔普及版〕』全5冊（藤原書店、2004年）

・ハンス・**ボーツ**、フランソワーズ・**ヴァケ**／池端次郎・田村滋男訳『学問の共和国』（知泉書館、2015年）

・ケネス・**ポメランツ**、スティーヴン・**トピック**／福田邦夫・吉田敦訳『グローバル経済の誕生―貿易が作り変えたこの世界』（筑摩書房、2013年）

・マイケル・**ポラード**／松村佐知子訳『グーテンベルク』（偕成社、1994年）

・T. S. **ホール**／長野敬訳『生命と物質——生理学思想の歴史〔1・2〕』（平凡社、1990-1992）

・増田義郎『図説　大航海時代』（河出書房新社、2008年）

・チャールズ＝C. **マン**／鳥見真生訳『1493　入門世界史——コロンブスからはじまるグローバル社会』（あすなろ書房、2017年）

・八木健治『羊皮紙のすべて』（青土社、2021年）

・山本紀夫『コロンブスの不平等交換——作物・奴隷・疫病の世界史』（角川書店、2017年）

・山本義隆『一六世紀文化革命〔1・2〕』（みすず書房、2007年）

・吉村正和『図説　錬金術』（河出書房新社、2012年）

・アーサー＝O. **ラヴジョイ**／内藤健二訳『存在の大いなる連鎖』（筑摩書房、2013年）

・ロベルト・**リドルフィ**／須藤祐孝訳『マキァヴェッリの生涯』（岩波書店、2009年）

＊ロレンツォ・ヴァッラ／高橋薫訳『「コンスタンティヌスの寄進状」を論ず』（水声社、2014年）

＊伝カリステネス／橋本隆生訳『アレクサンドロス大王物語』（筑摩書房、2020年）

＊高馬三良『山海経——中国古代の神話世界』（平凡社、1994年）

＊高田英樹『原典　中世ヨーロッパ東方記』（名古屋大学出版会、2019年）

＊ヴェスパシアーノ・ダ＝ビスティッチ／岩倉具忠・岩倉翔子・天野恵訳『ルネサンスを彩った人びと——ある書籍商の残した『列伝』』（臨川書店、2000年）

＊ジョヴァンニ・ピコ＝デッラ＝ミランドラ／大出哲他訳『人間の尊厳について』（国文社、1985年）

＊マルコ・ポーロ／愛宕松男訳『東方見聞録〔1・2〕』（平凡社、2000年）

エピローグ

・明石欽司『ウェストファリア条約——その実像と神話』（慶應義塾大学出版会、2009年）

434

・伊東俊太郎・村上陽一郎・広重徹『思想史のなかの科学〔改訂新版〕』（平凡社、2002年）

・今井宏編訳『十七世紀危機論争』（創文社、1975年）

・C.=ヴェロニカ・**ウェッジウッド**／瀬原義生訳『ドイツ三十年戦争』（刀水書房、2003年）

・ヘンリー・**キッシンジャー**／伏見威蕃訳『国際秩序』（日本経済新聞出版、2016年）

・ウィリアム・**ドイル**／福井憲彦訳『アンシャン・レジーム』（岩波書店、2004年）

・イヴォンヌ・**ベランジュ**、高田勇・伊藤進訳『プレイヤード派の詩人たち』（白水社、1981年）

・ジョン・**ヘンリー**／東慎一郎訳『一七世紀科学革命』（岩波書店、2005年）

・ロイ・**ポーター**／見市雅俊訳『啓蒙主義』（岩波書店、2004年）

・ジョルジュ・**リヴェ**／二宮宏之・関根素子訳『宗教戦争』（白水社、1973年）

・スティーヴン・**ワインバーグ**／赤根洋子訳『科学の発見』（文藝春秋、2016年）

もっとも重要なこと

　西洋中世史を学ぶ上で、以上の事柄よりもっと重要なものがあります。それは問題意識と情熱です。それなくしてはできません。Fight！

人名索引

442

事項索引

450

456

460

図版出典一覧

（数字は掲載頁、太字は本文中の図表のタイトル、続いて出典あるいは所蔵元を示した）

5　ルカ・パチョーリ『スムマ（算術、幾何、比および比例大全）』〔初版〕（1494年）　慶應義塾図書館蔵。画像提供慶應義塾図書館。

7　ヨーロッパの地形　Angus Mackay and David Ditchburn eds., *Atlas of Medieval Europe*, 1997, London, Routledge.

10　グリーンランドの氷柱からみた気候の変化　W. Dansgaard, S. J. Johnson, N. Reeh, N. Gunderstrup, H. B. Clausen and C. U. Hammer, "Climatic changes, Norsemen and modern man." *Nature*, Vol. 255, 1975, pp.24-28.

13　ローマ帝国の領土拡大の過程　木村靖二・佐藤次高・岸本美緒『詳説世界史』2012年、山川出版社。

14　ローマ帝国の交易ネットワーク　クリス・スカー著、吉村忠典監修、矢羽野薫ほか訳『ローマ帝国』1998年、河出書房新社。

15　南フランス・トゥーロン沖で発見された1世紀頃の難破船。多くのアンフォラを積んでいた。　John Boardman, Jasper Griffin and Oswyn Murray eds., *The Roman World*, 1986, Oxford, Oxford University Press.

19　シャープール1世に腕をねじ上げられるウァレリアヌス帝（ナクシュ・イ・ルスタムの磨崖像）　イラン・シーラーズ、ナクシュ・イ・ルスタムの磨崖像、3世紀頃。

20　肩を抱き合う正帝と副帝たち（ヴェネツィア、サン・マルコ教会）　イタリア・ヴェネツィア、サン・マルコ教会所蔵、4世紀頃。

22　コンスタンティヌス帝のコイン（317年頃トリーアで打刻）
http://houseofconstantinecoins.reidgold.com/

24-25　3-4世紀における教会の所在地　Jochen Martin, *Atlas zur Kirchengeschichte*, 1987, Freiburg, Herder.

26　シメオンを描いた6世紀のプレート　ルーブル美術館蔵、6世紀頃。

31　4-5世紀の危機　木下康彦・木村靖二・吉田寅『詳説世界史研究〔改訂版〕』2008年、山川出版社。

33　アウィトゥス帝の金貨（455年頃、ラヴェンナで打刻）
http://commons.wikimedia.org/wiki/File:Tremissis_Avitus-RIC_2402.jpg

35　アンブロシウス（ミラノの聖アンブロシウス教会）　ミラノ、聖アンブロシウス教会蔵、470年頃。

38　5-6世紀におけるローマ帝国西部の状況　浜島書店編集部『ニューステージ世界史詳覧』1997年、浜島書店。

44　アルルの石棺彫刻（4世紀末）　フランス、アルル古代博物館蔵、4世紀末。

46　トゥールのグレゴリウスの一族　トゥールのグレゴリウス著、杉本正俊訳『フランク史―10巻の歴史』2019年、新評論。

48　ドーレスタットの交易図
http://www2.rgzm.de/Navis2/Home/HarbourFullTextOutputDE.cfm?HarbourNR=Dorestad

199 フィリップ2世による領土拡大　Georges Duby, *Atlas Historique*, 1987, Paris, Larousse.

209 12世紀末のアルビ市　Florian Mazel, *Féodalités*, 2010, Paris, Belin.

215 13～14世紀における経済ネットワーク　木下康彦・木村靖二・吉田寅『詳説世界史研究〔改訂版〕』2008年、山川出版社。

216 シャンパーニュの大市　フランス国立図書館蔵、15世紀初頭。

217 フローリン金貨（1252年頃、フィレンツェで打刻）　フィレンツェ、バルジェッロ美術館蔵、1252年頃。

218 ジャネット・アブー・ルゴドによる中世の経済圏　Abu-Lughod, Janet L., *Before European Hegemony: The World System A.D. 1250-1350*. 1989, New York, Oxford University Press.

220 16世紀初めにストラスブールで出版された百科全書の扉絵　フランス国立図書館蔵、16世紀初頭。

221 14世紀の機械式時計　Robert Delort, *Life in the Middle Ages*, 1974, London, Phaidon.

224 パリにおけるユダヤ人居住区の変遷　Philippe Lorentz and Dany Sadron, *Atlas de Paris au Moyen Âge*, 2006, Paris, Parigramme.

225 ユダヤ人の流浪　Martin Gilbert, *The Routledge Atlas of Jewish History, 6ed.*, 2003, London, Routledge.

237 フランチェスコの回心　アッシジ、サン・フランチェスコ大聖堂蔵、13世紀後半。

241 14世紀のボローニャ　ボローニャ市立中世博物館蔵、14世紀。

242 ボローニャのサント・ステファノ教会　Donald Matthew, *Atlas of Medieval Europe*, 1983, Oxford, Phaidon.

243 シエナのベルナルディーノの説教風景　ピエトロ・ディ・サーノ作、シエナ大聖堂博物館蔵、1445年。

247 悪魔と取引するシルウェステル2世（1460年頃の手稿本より）　オパヴァのマルティン「教皇皇帝年代記」、1460年頃。

250 愛する人に詩を捧げる吟遊詩人　マネッセ写本、ハイデルベルク大学図書館蔵、1300-1340年頃。

252 ラファエロの描くアテネの学堂　バチカン宮殿蔵、1509-10年。

256 パリ大学の学寮の分布　Philippe Lorentz and Dany Sadron, *Atlas de Paris au Moyen Âge*, 2006, Paris, Parigramme.

258 西欧中世における主な大学の設立年代　木下康彦・木村靖二・吉田寅『詳説世界史研究〔改訂版〕』2008年、山川出版社。

263 英仏王家の関係系図（百年戦争・バラ戦争）　浜島書店編集部『ニューステージ世界史詳覧』1997年、浜島書店。

264 フランス軍とイングランド軍の激突　ジャン・シャルティエ『シャルル7世の治世の年代記』の挿絵、パリ国立図書館蔵、15世紀頃。

266 百年戦争後期におけるフランスの勢力挽回　浜島書店編集部『ニューステージ世界史詳覧』1997年、浜島書店。

267 1332年のフィリップ6世の仮蔵出入表　Boris Bove, *Le Temps de la Guerre de Cent Ans*, 2009, Paris, Belin.

268 トゥルノワ銀貨の銀含有量の推移　Boris Bove, *Le Temps de la Guerre de Cent*

Ans, 2009, Paris, Belin.

269 13世紀末から14世紀前半における貨幣変更による財源　山瀬善一『百年戦争―国家財政と軍隊』1981年、教育社。

270 証書に描かれたシャルル5世　パリ国立中央文書館蔵、1379年。

279 13世紀後半から15世紀における皇帝およびローマ人の王一覧　Lexikon des Mittelalters, 1977-99, München/Zürich, Artemis.

280 14世紀の帝国　Donald Matthew, *Atlas of Medieval Europe*, 1983, Oxford, Phaidon.

285 ブルゴーニュ公「善き」フィリップの宮廷　ベルギー王立図書館蔵、1447年。

286 ブルゴーニュ公国後期の版図　城戸毅『百年戦争』2010年、刀水書房。

292 3つの共同体（邦）から8邦同盟へ　森田安一『スイス―歴史から現代へ』1994年、刀水書房。

294 16世紀のスイス歩兵の戦闘の様子（ホルバインの版画）　ウィーン、アルベルティーナ美術館、16世紀初頭。

298 20世紀前半の東欧におけるドイツ人の分布　Andrew Jotischky and Caroline Hull, *Historical of the Medieval World*, 2005, London, The Penguin.

299 14世紀半ばから15世紀の東欧世界　木村靖二・佐藤次高・岸本美緒『詳説世界史』2012年、山川出版社。

302 イベリア半島におけるキリスト教勢力の拡大　木村靖二・佐藤次高・岸本美緒『詳説世界史』2012年、山川出版社。

309 モスクワ大公国の発展（1250-1584）　Donald Matthew, *Atlas of Medieval Europe*, 1983, Oxford, Phaidon.

311 ジェンティエーレ・ベリーニによるメフメト2世とされる肖像画　ヴィクトリア＆アルバート博物館蔵、1480年。

314 アヴィニョン教皇在位表　上智学院新カトリック大事典編纂委員会『新カトリック大事典』(1)〜(4)、1996-2009年、研究社。

316 旧カトリック教会法典（Corpus Juris Canonici）　Frank Cross and Elizabeth Livingstone, *The Oxford Dictionary of Cristian Church 3ed.*, 2005, Oxford, Oxford University Press.

317 コンスタンツ司教区の聖職禄に対する教皇直接任命の変化　R. W. Southern, *Western Society and the Church in the Middle Ages*, 1970, Harmondsworth, Penguin Books.

318 アヴィニョンの教皇宮殿　Jean Favier, Les Papes d'Avignon, 2006, Paris, Fayard.

319 シエナ派のマッテオ・ジョヴァネッティによるアヴィニョン教皇宮殿内の壁画　アヴィニョン教皇宮殿蔵、1344年頃。

321 教会大分裂期の両陣営　Jochen Martin, *Atlas zur Kirchengeschichte*, 1987, Freiburg, Herder.

322 教会大分裂期の教皇在位表　浜島書店編集部『ニューステージ世界史詳覧』1997年、浜島書店。

335 中世の農民の服装　トリーア大司教座図書館蔵、1190-1200年。

336 中世王侯貴族の服装　フランス国立図書館蔵、1455-60年。

337 宮廷人の服装　パリ服飾美術館蔵、1460-65年。

340 貴族の食卓　パリ、プチ・パレ美術館蔵、15世紀。

341 修道女の食事風景　フィレンツェ、ウフィツィ美術館蔵、1341年頃。

343 15世紀のルーヴル宮 「ベリー侯の華麗なる時禱書より」 フランス、コンデ美術館蔵、1412-16年。

349 イエスの子ども時代を描いた15世紀の挿絵 ニューヨーク、ピエポント・モーガン図書館蔵、1440年頃。

350 親等の数え方の違い Geneviève Bührer-Thierry and Charles Mériaux, *La France Avant la France*, 2010, Paris, Belin.

351 ラファエロ「聖母子と髭のない聖ヨゼフ」 サンクトペテルブルク、エルミタージュ美術館蔵、1506-07年。

352 瀉血 大英図書館蔵、13世紀末。

353 黒死病の広がり Andrew Jotischky and Caroline Hull, *Historical of the Medieval World*, 2005, London, The Penguin.

354 パリの労賃と穀物価格の推移 Boris Bove, *Le Temps de la Guerre de Cent Ans*, 2009, Paris, Belin.

355 慈愛の聖母（アンゲラン・カルトン作、14世紀） フランス、コンデ美術館蔵、1452年。

360 蛆が這いまわる遺骸を描いたラ・グランジュ枢機卿（1402没）のトランジ アヴィニョン、プチ・パレ美術館蔵、1403年。

365 ヒメネス・デ・シスネロスの多言語対訳聖書 大英博物館蔵、1514年。

367 マルティン・ルター（ルーカス・クラナッハ作） ドイツ・ブレーメン、ルートヴィヒ・ロゼリウス美術館、1529年。

373 カール5世の相続財産 James D. Tracy, *Emperor Charles V, Impresario of War*, 2002, Cambridge, Cambridge University Press.

379 17世紀前半におけるカトリックとプロテスタントの勢力図 木村靖二・佐藤次高・岸本美緒『詳説世界史』2012年、山川出版社。

382左 ローマ時代の三美神（2世紀頃） シエナ大聖堂ピッコロミーニ図書館蔵、ローマ時代の模作。

382中 三美神（フランチェスコ・デル・コッサ作） 「4月の寓意、ヴィーナスの勝利」フェラーラ、スキノファイア美術館蔵、1470年頃。

382右 三美神（ボッティチェッリ作） 「春」フィレンツェ、ウフィツィ美術館蔵、1478年。

383 マザッチオ「聖三位一体」（サンタ・マリア・ノヴェッラ教会） フィレンツェ、サンタ・マリア・ノヴェラ教会蔵、1427年。

386 大航海時代 木村靖二・佐藤次高・岸本美緒『詳説世界史』2012年、山川出版社。

389 15世紀末のポルトラーノ法による地図 イギリス王立地理協会蔵、1497年。

390 1568年のポルトガルの研究書にみられる「宇宙」 バルトロメオ・ヴェリュ作、フランス国立図書館蔵、1568年。

391 シャルル4世の王妃ジャンヌ・デヴルーの時禱書（9.4×6.4cm） ニューヨーク、メトロポリタン美術館蔵、1324-28年。

392 活版印刷の広がり Andrew Jotischky and Caroline Hull, *Historical of the Medieval World*, 2005, London, The Penguin.

397 審判のキリスト バルセロナ、カタルーニャ美術館、1123年以前。

399 レオナルド・ダ・ヴィンチ作「ウィトルウィウス的人体図」 ヴェネツィア、アカデミア美術館蔵、1492年。

神崎忠昭（かんざき　ただあき）

略　　　歴：1957年生まれ。1989年3月慶應義塾大学大学院博士課程単位取得満期退学。慶應義塾大学文学部教授。
専　　　攻：ヨーロッパ中世史
主要著作：『断絶と新生』（編、慶應義塾大学出版会、2016年）、『自然を前にした人間の哲学——古代から近代にかけての12の問いかけ』（編、慶應義塾大学出版会、2020年）、ジャン・ルクレール『修道院文化入門——学問への愛と神への希求』（共訳、知泉書館、2004年）、「ヴェッティヌスの幻視 Visio Wettini について」『慶應義塾大学言語文化研究所紀要』26、1994年など。

新版　ヨーロッパの中世

2015年5月15日　初版第1刷発行
2022年5月18日　新版第1刷発行

著　　　者———神崎忠昭
発 行 者———依田俊之
発 行 所———慶應義塾大学出版会株式会社
　　　　　　　〒108-8346　東京都港区三田 2-19-30
　　　　　　　TEL［編集部］03-3451-0931
　　　　　　　　　［営業部］03-3451-3584＜ご注文＞
　　　　　　　　　［　〃　］03-3451-6926
　　　　　　　FAX［営業部］03-3451-3122
　　　　　　　振替 00190-8-155497
　　　　　　　https://www.keio-up.co.jp/
デザイン———渡辺澪子
地図作成———五十嵐重寛
印刷・製本———三協美術印刷株式会社
カバー印刷———株式会社太平印刷社

©2022　Tadaaki Kanzaki
Printed in Japan ISBN 978-4-7664-2808-7